苏东坡传

王水照 崔铭

著

A Life
of
Su Dongpo

人民文学出版社

图书在版编目（CIP）数据

苏东坡传／王水照，崔铭著．—北京：人民文学出版社，2023（2024.1 重印）
ISBN 978-7-02-018116-2

Ⅰ.①苏… Ⅱ.①王… ②崔… Ⅲ.①苏轼（1037—1101）—传记 Ⅳ.①K825.6

中国国家版本馆 CIP 数据核字（2023）第 121350 号

责任编辑　李　俊　葛云波
装帧设计　刘　远
责任印制　王重艺

出版发行　人民文学出版社
社　　址　北京市朝内大街 166 号
邮政编码　100705

印　　刷　北京盛通印刷股份有限公司
经　　销　全国新华书店等

字　　数　452 千字
开　　本　890 毫米×1290 毫米　1/32
印　　张　18.5　插页 3
印　　数　10001—15000
版　　次　2019 年 5 月北京第 1 版
印　　次　2024 年 1 月第 2 次印刷

书　　号　978-7-02-018116-2
定　　价　88.00 元

如有印装质量问题，请与本社图书销售中心调换。电话：010-65233595

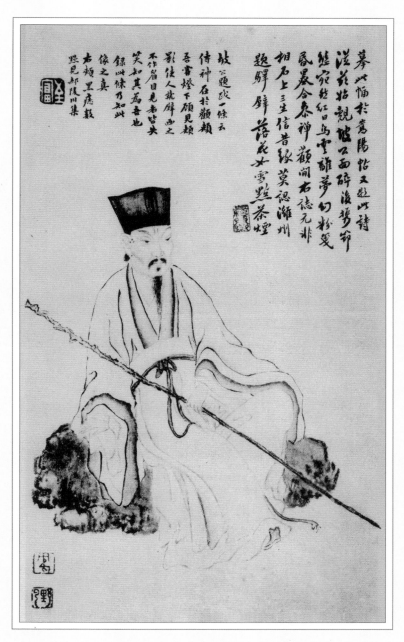

传〔宋〕李公麟 绘 〔清〕朱野云 摹"苏轼坐像"

（〔宋〕苏轼 书《天际乌云帖》局部）

上海博物馆藏

〔宋〕苏轼 绘《枯木怪石图》局部

〔宋〕苏轼 书《黄州寒食诗帖》局部
台北故宫博物院藏

〔宋〕佚名　绘《赤壁图》

故宫博物院藏

目　录

引言　物华地灵铸伟才

　　在四川省眉山县境内,有一座秀丽的彭老山。宋仁宗景祐三年,这座山忽然变得荒瘠起来,百花不放,草木枯萎,禽鸟野兽远走高飞。眉山的父老议论纷纷,百思不得其解。直到多年以后,他们才恍然大悟,原来就在这一年,一位令人惊羡、受人敬慕的不世之才——苏轼(字子瞻)诞生在这片富饶美丽的土地上,彭老山的灵秀之气,独钟于他一人身上,因而出现了这样奇异的现象。六十六年后,这位旷代的伟人,走完他不平凡的人生历程,辞别人世,将英灵之气还给自然,彭老山才又变得郁郁苍苍。

　　这当然只是一个不可以确信的民间传说,在我们这个崇奉天人感应的古老国度,随着每一位天才人物的诞生,都不免会有这样一些神异的故事在民间广为流传。

　　传说虽然不可以确信,却非常形象地说明,正是蜀地(四川的古称)的奇山秀水给予了苏轼最早的陶冶和启迪。以后他长大成人,宦游四海,对于故乡的回忆总激起他满怀深情。他吟唱那条莹净如玻璃的美丽江水:

　　吾家蜀江上,江水绿如蓝。(《东湖》)

他回想那座举世闻名的峨眉山：

> 每逢蜀叟谈终日，便觉峨嵋翠扫空。(《秀州报本禅院乡僧
> 文长老方丈》)

他思念那片温暖富饶的神奇土地：

> 岂如吾蜀富冬蔬，霜叶露芽寒更苗。(《春菜》)
> 想见青衣江畔路，白鱼紫笋不论钱。(《寄蔡子华》)

他羡慕朋友能有机会到他的故乡做嘉州(今四川乐山)太守：

> 少年不愿万户侯，亦不愿识韩荆州(即韩朝宗，唐朝人，曾任
> 荆州长史，喜欢推荐人才，李白《与韩荆州书》说："生不用封万户侯，但
> 愿一识韩荆州。")。颇愿身为汉嘉守，载酒时作凌云游。(《送张
> 嘉州》)

在大自然的怀抱中，少年苏轼健康、快乐、生气勃勃，对一切都充满好奇。

有时，他和表弟一起"狂走从人觅梨栗"(《送表弟程六知楚州》)，漫山遍野地跟着人乱跑，寻找可食的野果。

有时，他悠闲自在地坐在牛背上一边放牧，一边读书：

> 川平牛背稳，如驾百斛舟。(《书晁说之考牧图后》)

田野宽广平坦，牛背安稳无虞，那感觉就像在波平浪静的水面，驾一

叶扁舟：

　　　　舟行无人岸自移，我卧读书牛不知。（同上）

　　有时，他会和小伙伴们一起"凿地为戏"——或者是挖一条小沟，灌上些水，把它想象成长江大河；或者是筑一个小土墩，在上面燃放"烽火"。有一次，他们挖出一块浅绿色的鱼形石块，这石块周身散布着细细的银色星点，敲起来铿然有声，竟是一块上乘的砚石。父亲认为，这是苏轼兄弟在文学上有辉煌发展的吉祥征兆。

　　风花雪月之中，苏轼一年年成长，故乡的山水给予他无穷的乐趣和灵感！

　　除了它的富饶美丽，四川自古便以名人辈出、富有浓郁的文化氛围著称于世。

　　早在汉代就产生了著名的文学家司马相如、扬雄、王褒等，他们的流风余韵经百世而不衰，年轻一代读书作文动辄便以"作赋凌相如"（唐·李白《赠张相镐》）为期许，把这些文学前辈视为自己的楷模。此后，李唐一朝，诸多在文学史上有名的人物都与四川结下不解之缘：以"前不见古人，后不见来者，念天地之悠悠，独怆然而涕下"（唐·陈子昂《登幽州台歌》），几行不朽的诗句喊出一个崭新时代的陈子昂是四川人；最杰出的浪漫主义天才诗人李白，五岁随父亲移居四川，在那里度过奠定他一生伟业的青少年时代；还有杜甫，这位在诗歌的思想艺术各方面集大成又开风气、影响了中国诗坛上千年的大诗人，也在四川生活了八年之久，写下无数辉煌的诗篇；此外，"初唐四杰"——王勃、卢照邻、杨炯、骆宾王，都曾先后到过四川；高适、岑参、刘禹锡、白居易等，都曾在四川留下不朽的诗篇。于是，"天下诗人皆入蜀"一时传为美谈。

到了晚唐五代,军阀混战,十国并起,以成都为中心的西蜀国相对来说较为安定,大批文人前往避难,进一步促进了蜀地文化的繁荣,使西蜀成为当时全国的文化中心之一。宋代初年,宋太祖赵匡胤为统一全国,发兵征服西蜀政权;西蜀灭亡之后,又发生兵变和农民起义,战争因而延续三十多年,给四川造成很大破坏,蜀地文化一度陷入低谷。但是,"野火烧不尽,春风吹又生"(唐·白居易《赋得古原草送别》),经过一个阶段的休养生息,四川的经济和文化又逐渐繁荣起来。

到苏轼出生的年代,已经有很多蜀地士人"相继登于朝,以文章功业闻于天下"(《谢范舍人书》),崇尚读书的风气日益浓厚。苏轼和弟弟苏辙(字子由)进京参加进士考试那年,仅眉山一县举荐参加礼部进士考试的竟达四十五人之多,进士及第的就有十三人。人文荟萃,全国瞩目。六七十年后,著名诗人陆游来到眉山,瞻仰苏轼故居。他面对灵山秀水,追忆文采风流,抑制不住内心澎湃的诗情,挥笔写道:

蜿蜒回顾山有情,平铺十里江无声。孕奇蓄秀当此地,郁然千载诗书城!(《眉州披风榭拜东坡先生遗像》)

苏轼生活在这"孕奇蓄秀"的诗书之城,从小就接受不仅仅来自书本的丰富多彩的文化熏陶。

七岁那年,他曾和小伙伴们一起,听一位九十岁的老尼姑讲述蜀宫旧事。这位老尼姑年轻的时候曾跟随师父到蜀主孟昶(chǎng)的宫中做法事,在一个繁星满天的夏夜,亲眼看到孟昶和他的宠妃花蕊夫人在摩诃池边闲坐乘凉,吟诗作词。几十年过去了,老尼姑还能背诵那天晚上听来的词篇。这些优美而充满岁月沧桑感的陈

年往事,在苏轼幼小的心灵里留下了深深的痕迹。四十年后,他还记得这首词的开头两句:

> 冰肌玉骨,自清凉无汗。水殿风来暗香满。

那时的苏轼已是诗、词、文、赋各方面的全才,熟谙各种词调,将这两句玩味再三,断定这首早已亡佚的蜀宫词词牌应是《洞仙歌》,于是,便以这两句为基础,续写成一首完整的优美词章。

少年时代,苏轼常和弟弟苏辙一起外出游玩。有一次,他们经过一个乡村院落,看见墙壁上题着两行诗句:

> 夜凉疑有雨,院静似无僧。

不知是什么人留在这里的。兄弟俩反复吟咏,对于诗中意境似懂非懂。多年以后苏轼贬谪黄州,夜宿黄州禅智寺,寺中僧人都不在,满院寂静。夜半时分,忽有细雨敲竹,发出淅淅沥沥的声音。此情此景,使苏轼油然想起年少时读过的那两句诗来,他说:

> 知是何人旧诗句,已应知我此时情。(《少年时,尝过一村院,见壁上有诗云:"夜凉疑有雨,院静似无僧。"不知何人诗也。宿黄州禅智寺,寺僧皆不在,夜半雨作,偶记此诗,故作一绝》)

前人诗中意境恰与此时情景两相契合,隔着岁月的流光,苏轼心领神会,颔首称颂。

除了这些充满文化气息的所见所闻,蜀地文坛的风尚也给予少年苏轼以正确的引导。宋初文坛承袭了晚唐五代辞藻华丽而内容空虚的文风,蜀地文人则逆流而动,"通经学古,以西汉文词为宗师"(《眉州远景楼记》),主张文章针对实际问题,有为而作,就像五谷可以充饥,医药可以治病,追求文风的朴实,文笔的自然流畅。

所有这些潜移默化的影响,又与他的家庭教养完全一致。

苏轼的家坐落在眉山县城纱縠行,是一个富有文学气氛的书香之家。虽不十分富有,却也还殷实,勤谨自足地过着小康的生活。他曾有诗记述:

> 门前万竿竹,堂上四库书。高树红消梨,小池白芙蕖。常呼赤脚婢,雨中撷园蔬。(《答任师中、家汉公》)

竹林、梨树、开满洁白荷花的小水池、清新整洁的蔬菜园,这些平常而美丽的景致,构成了苏家的外部环境,而屋里丰富的藏书,则使苏家显得并不平常。家学渊源,得天独厚,这是苏轼成才的一个重要条件。

童年时代,父亲苏洵常常游学在外,因此,家庭教育的重任主要落在母亲程氏夫人的肩上。程氏夫人仁慈、果决,并且具有良好的文化素养。她非常注重孩子的人格培养,常常挑选古往今来人事成败的关键问题进行讲述。年幼的苏轼反应敏捷,思维清晰,回答问题简明扼要,深得母亲喜爱。有一天,程夫人教儿子读《后汉书·范滂传》。范滂是东汉名士,学问气节深得乡里敬重,担任朝廷官员受命前往冀州视察灾情,"登车揽辔,慨然有澄清天下之志"(南朝宋·范晔《后汉书·范滂传》),查办贪官污吏,铁面无私。当时朝中宦官弄权,政风败坏,仁人志士共起抗争,于是发生了党锢之祸,范滂也被牵连其中,为了坚持自己的理想,必须以付出生命为代价。临危赴命,与母亲诀别,他说:"母亲,我对不起您。弟弟孝顺,足以供养您，我跟随父亲在九泉之下，存亡各得其所，希望母亲不要悲伤。"

他母亲说："一个人既想有美好的品德名声，又想有长寿富贵，怎么可以两全呢？我愿意你舍弃生命，实现自己的理想。"

读到这里，程氏夫人不禁慨然长叹，母子俩都被这一段荡气回肠的历史深深感动，沉浸在一种无比庄严的情绪之中。一阵沉默过后，年仅十岁的苏轼站起身来，激动地说："母亲，倘若我也要做一个范滂这样的人，你会同意吗？"

程氏夫人回答说："你如果能做范滂，我怎么就不能做范滂的母亲呢？"

在母亲的言传身教之下，年少的苏轼就已立下远大志向，要做一个为理想不惜以死相争的时代巨人。

程氏夫人天性善良，又信奉佛教，对世间一切有情生命皆心存爱惜。苏家庭院，竹柏丛生，杂花满树，许多鸟雀都来这里筑巢、栖息。程氏夫人严禁家人捕鸟取卵，天长日久，来苏家庭院安巢的鸟儿越来越多，而且都不怕人，有的甚至把窝筑到了低矮的枝丫上，小孩子可以俯身而视。苏轼兄弟和他们的小伙伴常常围在鸟窝边，看毛绒绒的小鸟，给它们喂食。这些情况，苏轼在《异鹊》诗中都有非常形象的记述：

> 昔我先君子，仁孝行于家。家有五亩园，幺凤集桐花。是时乌与雀，巢縠可俯拿。忆我与诸儿，饲食观群呀。

程氏夫人从细小事情上入手，培养儿子的仁心慈念，对于苏轼一生有着非常重大的影响。九百余年来，苏轼为历代人民所热爱、所敬仰，不仅在于他给后世留下大量具有高度艺术成就的文学作品，更在于这些作品处处表现出的博大、仁慈、热情、温厚的心灵世界。

在苏轼的成长过程中,父亲的影响也是至关重要的。苏轼的父亲苏洵,曾经被编入《三字经》,在封建时代是妇孺皆知的人物。他早年读书不太努力,二十七岁以后"始发愤,读书籍"(《三字经》),终于成为北宋著名的散文家。苏洵论文推崇先秦两汉的古文和韩愈的文章,曾专心研读这些先贤著作达七八年之久。他反对玩弄辞藻的文字游戏,主张作文要有真实的情感和充实的内容。他的这些思想,与当时正在酝酿中的北宋诗文革新运动遥相呼应。在父亲的指导下,苏轼少年时代起步学文就站在一个很高的基点上,跟随着时代最先进的文学思潮,这直接促成他日后能脱颖而出,成为北宋诗文革新运动的领袖人物。

父亲的施教是非常严格的,五十年后,苏轼在海南还曾梦见年少时读书的情形:

> 夜梦嬉戏童子如,父师检责惊走书。计功当毕《春秋》余,今乃粗及桓庄初。怛然悸悟心不舒,起坐有如挂钩鱼。……(《夜梦》)

儿时的苏轼像所有的孩子一样贪玩,可是父亲布置的功课一天一天都有具体的安排,不能有半点马虎,到了限定该读完《春秋左氏传》的日子,他还只粗略地读到桓公、庄公部分,不足此书的一半,心中忧伤惶急,仿佛鱼儿吞了钓钩……童年的印象是这样深刻,以致在长长的岁月之后,偶然梦见还历历如在目前。

在父亲的严厉督促下,苏轼不敢以天资颖悟沾沾自喜,而是终日苦学不辍,他说:

> 我昔家居断往还,著书不暇窥园葵。(《送安惇秀才失解西归》)

儿时嬉游的伙伴也暂时中断了往来,两耳不闻窗外事,一心一意读书作文。他读诸子百家,也读史传。"初好贾谊、陆贽书……既而读《庄子》"(苏辙《亡兄子瞻端明墓志铭》)。西汉文学家贾谊和唐朝宰相陆贽的文章,剖析古今朝政的成败得失,议论锋发,无不紧密切合现实,苏轼曾经非常喜欢,从中学习论证的方法,特别是干预现实的精神。《庄子》是一部非常优美而奇妙的著作,书中讲了许多故事来表明道家的思想,在人生的苦难中,在尴尬艰难的缝隙中,怎样追求自我精神的保全,达到高远的、不受约束的自由境界。年少的苏轼被深深地吸引了,他说:

> 吾昔有见于中,口未能言,今见《庄子》,得吾心矣。(苏辙《亡兄子瞻端明墓志铭》)

他觉得《庄子》所讲的这些道理,正是自己向来心中所思所想,只是没有合适的语言表达出来。苏轼从小就将道家的思想融汇到自己的人格修养中,对他以后坎坷动荡的一生裨益匪浅。除了思想的启迪,《庄子》汪洋恣肆的文风对苏轼的影响也非常大。古人读书讲究抄书,苏轼也不例外,青少年时代,他曾将有一百二十卷之多的《汉书》手抄两遍,既加深记忆,又练习书法。早年的博闻强记,终身受用无穷。在担任翰林学士知制诰时,他起草过八百多道皇帝的诏命,不仅文辞优美准确,而且运用史料和典故灵活自如,信手拈来,从来不需要临时找书。

"严师出高徒",父亲严格有方的教育很快就见出了效果。十多岁时,苏轼作文就显得出手不凡。有一次,遵父命以《夏侯太初论》为题作文,苏轼的习作令父亲叹赏不止。夏侯太初(名玄,字太初)

是三国时魏国的重臣。当时司马师继其父司马懿之后专权篡政，任大将军。夏侯玄参与了推翻司马师的密谋，事泄被捕。临刑时，他颜色不变，举止自若。据说他平日即处事镇静，一次"倚柱作书。时大雨，霹雳破所倚柱，衣服焦然，神色无变，书亦如故"（南朝宋·刘义庆《世说新语·雅量》）。苏轼借以评论道：

> 人能碎千金之璧，不能无失声于破釜；能搏猛虎，不能无变色于蜂虿。

一个勇敢的人，可以像蔺相如一样，面对暴君强敌，持价值连城的和氏璧以死相争，却可能因瓦锅猝然的破裂而失声惊呼；同样，一个勇敢的人，可以与猛虎搏击，却可能在突然面对野蜂毒蝎时惨然失色。这两句话，用简洁的语言、妥帖而形象的比喻，极力形容人们在有思想准备和无思想准备时表现的不同，推崇夏侯玄临危不惧的精神，初次显露出苏轼随机生发、翻空出奇的雄辩才情，得到苏洵的称赞。苏轼成年后还把这得意之句用在他的《黠鼠赋》和《颜乐亭诗序》中。又有一次，苏洵读到欧阳修的《谢宣诏赴学士院，仍谢赐对衣、金带及马表》，大为赞赏，叫苏轼认真研读，并拟作一篇。苏轼的拟作令父亲十分满意，他高兴地对人说："我儿子将来一定会用得着这篇文章。"

父亲的预言真的成了现实，后来，苏轼曾多次入学士院，并多次得到皇帝赏赐的对衣、金带和马，所以也就多次地写这一类的谢表，有一次还果然将儿时拟作中的一对句子用进去了。

苏洵早年游历名山大川，后来又三次离开家乡四处游学，因而见多识广，回到家中，常给苏轼兄弟讲述旅途见闻，带领他们神游大江南北。苏轼十二岁那年，苏洵从虔州（今江西赣州）回来，告诉儿

子,在虔州城附近的山上,有一座天竺寺,寺壁上保留着白居易的一首亲笔题诗:

> 一山门作两山门,两寺元从一寺分。东涧水流西涧水,南山云起北山云。前台花发后台见,上界钟清下界闻。遥想吾师行道处,天香桂子落纷纷。

笔势奇逸,墨迹如新。这些有趣的事情,令苏轼听得入迷,真想自己能够亲自前往,一睹为快。以后他宦游四海,每到一处,公余之暇,总是不顾严寒酷暑,寻幽揽胜,对于人文古迹尤其情有独钟,大概就是父亲影响所及吧。

除了读书作文,苏洵还是一个艺术鉴赏家。他平时生活简朴,物欲淡漠,不苟言笑,唯独爱好收藏,为了购买一件艺术珍品,可以不惜一切代价。他曾脱下身上的貂皮袄换回一座木假山(形状像山的一块楠木),他家道小康,但收藏的名人字画与爱好此道的王公贵族不相上下。苏轼耳濡目染,从小就培养了对艺术的浓厚兴趣。他能弹古琴,苏家珍藏着一张著名的唐代古琴——雷琴,为了弄清雷琴的发音原理,他还专门把它拆开进行过一番研究;他也爱下棋,自己棋艺不高,所以常常整天坐在一旁看人下棋,丝毫也不感到厌倦;他更酷爱书法和绘画,并取得了很大的成就。在书法上,苏轼与黄庭坚、米芾、蔡襄,并称宋代书法四大家;在绘画上,苏轼是"文湖州竹派"的重要人物,与米芾等倡文人墨戏画派,至今有《枯木怪石图》存世。

儿子是如此的聪明颖悟,苏洵深感自豪和欣慰。但是,他也看出了儿子性格中可能成为致命伤的一个特点:豪放不羁,锋芒毕露,所以特意写了一篇《名二子说》,语重心长地告诫说:

"车轮、车辐(车轮上凑集于中心毂上的直木)、车盖、车轸(车厢底部四面的横木),在一辆车上都各司其职,唯有车轼(车上露在外面的横木)显得没有什么实际的用处。虽然是这样,如果去掉车轼,车也就不成其为一辆完整的车了。儿子啊,我之所以给你取名为轼,就是担心你不知道人生在世,不可以太直露,而应该有所'外饰'呀!"

然而,苏轼终究不懂外饰,他真挚坦率,每与人交谈,无论亲疏都吐以肺腑之言,结果一生屡遭贬斥,历尽风波。但是,正是这种心灵本质,成就了他的人品和文品,使他和他的作品具有永不衰减的魅力。

一位不朽的巨人,来自故土,来自家庭,他更来自历史和时代。当代著名学者陈寅恪先生说:

> 华夏民族之文化,历数千载之演进,造极于赵宋之世。(《邓广铭〈宋史职官志考证〉序》)

苏轼出生于宋仁宗景祐三年,距宋朝建立已有七十六年。半个多世纪的安定统一,使社会经济得到迅速发展。经济的发展推动着文化的繁荣,雄心勃勃的宋代知识分子厌倦了宋代初年对于唐末五代文学的陈陈相因,开始寻求自家面目。他们勤奋耕耘,继承开拓,试图迈进一个崭新的天地,创造一个可与唐代相媲美的辉煌时代。李白、杜甫、韩愈、白居易,都已随着光辉灿烂的唐代文明消失在滚滚的历史波涛之中。历史在沉默中等待,等待着一个全新时代的出现;时代在急切地呼唤,呼唤着时代巨人的产生。苏轼的出生适当其时! 在他之前,王禹偁、范仲淹、梅尧臣、欧阳修等一大批锐意求新的文化贤哲,经过艰苦的探索与努力,总结历史,清除路障,初步确定了宋代文学的基本走向,又以自己的尝试开风气之先。苏轼从小受到这种时代新风的濡染,站在巨人的肩膀上看高山大海。

庆历三年(1043),宋仁宗锐意改革弊政,撤换吕夷简、夏竦等保守派大臣,起用范仲淹、富弼、韩琦、欧阳修等革新派人物,要他们提出改革方案,范仲淹随即写了著名的《条陈十事》,欧阳修等也提出了一系列补充意见。宋仁宗采纳了他们的建议,并颁行全国,号为"庆历新政"。一时之间,政局因而有所刷新,国子监直讲(教育管理机关和最高学府的官员)石介写了《庆历圣德颂》一诗加以颂扬。当时苏轼八岁,开始在乡校读书,有人从京城带来这首《庆历圣德颂》诗给乡校的老师看,年幼的苏轼忍不住好奇心,也踮起脚尖在一旁张望,而且还脱口吟诵全诗,朗朗上口,但是对于诗中所歌颂的十一个人却没有丝毫的了解,因此急不可待地向老师请教,老师说:"你一个小毛孩不需要知道这些。"

苏轼一听不服气,他说:"这些人难道是天上的神仙? 果是神仙,那我就不敢打听他们的情况,如果他们也跟我一样是人,那我怎么就不能打听打听呢?"

老师一听苏轼出语不凡,满心欢喜,便耐心地将这十一个人的人品功业逐一地向苏轼解说了一遍,并且强调说:"其中韩琦、范仲淹、富弼、欧阳修四人,是我们这个时代的人杰。"

八岁的苏轼当时虽然还不能完全理解老师所说的一切,但这四个人的名字则牢牢地记在心中,以后每当读到这些人的文章诗篇,总要特别细细地加以揣摩,所以,当父亲命他模仿欧阳修《谢宣诏赴学士院,仍谢赐对衣、金带及马表》试作一篇时,他能写得那么成功。

总之,蜀中良好的自然人文环境、得天独厚的家庭文化氛围,以及重视文化、锐意求新的时代文化大背景,共同作用,使苏轼成长为一名气宇轩昂、才华卓著的青年。怀着经世济时的远大抱负,年轻的苏轼像一只展翅欲飞的雄鹰,仰望着辽阔的长天,心中充满了凌空搏击的渴望!

第一章　奋厉当世雄鹰出

嘉祐元年(1056)三月的一天,风和日丽,湛蓝的天空上舒卷着朵朵柔软的白云。这一天,对于二十一岁的苏轼,实在是极不平常的日子,他将和弟弟苏辙一道告别母亲,告别亲友乡邻,跟随父亲第一次远离家乡,前往京城汴梁(今河南开封),参加进士考试。送别的亲友热切地说着祝福的话,年轻的苏轼满脸荡漾着笑意,他的心却早已飞向了远方。

欧阳修的热情奖掖,使苏轼一时之间名满天下

父子三人启程北往,来到嘉陵江畔的阆中(今四川阆中),自阆中走上褒斜谷(今陕西勉县北)曲折陡峭的古栈道,然后翻过秦岭,进入关中。唐代大诗人李白在他的著名诗篇《蜀道难》中,曾反复咏叹:"蜀道之难,难于上青天!"在崇山峻岭的包围下,蜀地通往中原的道路艰险异常,令飞鸟敛翅,猿猴发愁。攀行于这样的道途,一路的艰辛危难,是可以想象的。但是,初出茅庐的苏氏兄弟,正当壮志满怀,始终兴致勃勃,不知疲倦,一边赶路,一边还抽时间游览名胜、欣赏古迹。当他们到达汴京时,已是石榴花开满枝头的五月。刚刚洗去旅途的风尘,还来不及领略一下京城的旖旎风光,兄弟俩就在

父亲的督促下投入了紧张的复习备考之中。

八月，苏轼与苏辙在开封府考进士，首战告捷，双双获选。按照宋朝的规定，府试以后还要经过中央礼部（负责礼仪、祭享、贡举等事）的考试和皇帝的殿试。所以，兄弟俩不敢松懈，继续闭门攻读。

第二年正月，礼部侍郎（礼部的最高长官）、翰林侍读学士（给皇帝讲书的侍从官）欧阳修受命担任礼部考试的主考官。当时文坛盛行内容空虚、矫揉造作、奇诡艰涩的文风，欧阳修对此深恶痛绝，发起诗文革新运动，与一批志同道合、才识远大的文人共同革除这种文坛积弊。由于当时科举考试是知识分子进入仕途的主要途径，而主考官对于文章的裁判，又具有至高无上的权威，所以，树立试场评文的新标准，是变更文风的关键。这次负责礼部考试，欧阳修便下定决心，冲破一切阻力，利用科考的机会，推动诗文革新运动，以便刷新文风。他告诫阅卷的同僚，应试文章必须言之有物，平易流畅，至于险怪奇涩、空洞浮华的文章，一律不予录取。

苏轼兄弟在父亲的教导下，自幼作文，即从师法先秦两汉的古文和韩愈、柳宗元的文章入手，注重内容的充实和感情的真挚，文风质朴，文笔自然流畅，没有受到时风的影响，这次应考，可说是适当其时。

礼部考试那天，苏氏兄弟天不亮就起床，自备干粮，匆匆赶往考场。当时考试，纪律十分严明，考生进入考场，各自关闭在斗室之内，不到考完不准出场。每间斗室，都配有皇宫侍卫严加看守。

无哗战士衔枚（枚，古代行军时为防止喧哗，让士兵衔在口中的竹棒或木片）勇，下笔春蚕食叶声。（欧阳修《礼部贡院阅进士试》）

寂静的考场上听不到一点点喧闹,只有笔尖触在纸上发出的沙沙声响,仿佛春蚕食叶,又仿佛行军的战士衔枚急走。

考题是《刑赏忠厚之至论》。苏轼苦心经营,三易其稿,仅用六百余字阐明了他一生所遵循的以仁治国的思想。文章指出,为政者应"以君子长者之道待天下",一方面,赏罚必须分明:

> 有一善,从而赏之,又从而咏歌之嗟叹之,所以乐其始,而勉其终。有一不善,从而罚之,又从而哀矜惩创之,所以弃其旧,而开其新。

另一方面,又须做到立法严而责人宽:

> 可以赏,可以无赏,赏之过乎仁;可以罚,可以无罚,罚之过乎义。过乎仁,不失为君子;过乎义,则流而入于忍人。

可赏可不赏时,要选择奖赏,可罚可不罚时,就不要惩罚,因为奖赏重了仍不失为君子,而惩罚重了则流于残忍。总之,无论赏罚,都应本着"爱民之深,忧民之切"的忠厚仁爱之心,这样便可以达到"使天下相率而归于君子长者之道"的文治昌明的理想世界。

当苏轼放下笔,满怀信心地走出考场的时候,也许压根儿就没有想到,他这篇应试之作将成为千古传诵的名篇。

按照宋代的考试法规,为了防止徇私舞弊,试卷收齐之后,先由办事人员登记在册,重抄一遍,再呈交考试官评阅。重抄之后的试卷,既没有原作者的笔迹,也略去了姓名。在考生出场之前,考试官就已进入试院,与外界隔绝,直到阅卷完毕才能放出来。按房分卷,国子监直讲(五品官,负责以经术教授国子监诸生)、本次考试的详定官梅尧臣最先读到苏轼这篇应试文章,大为激赏,立即呈荐给主考官。欧阳修一气读过,又惊又喜,深觉文章引古喻今,说理透辟,既阐发了传统的儒家仁爱思想,又富于个人独到的见解,语意敦厚,笔力稳健,质朴自然,颇具古文大家的风采。本想评为第一,名列榜首,但是转念一想:这样出色的文章,除了自己门下弟子曾巩之外,天下恐怕不会有第二人能写得出来。如果把曾巩取为第一,岂不是有徇私舞弊之嫌? 于是决定忍痛割爱,使该文屈居第二。

接着礼部复试,苏轼以"春秋对义"(即回答《春秋》一书的问题)获得第一。三月,礼部考试合格者参加殿试,仁宗皇帝亲临崇政殿主持策问,苏轼兄弟同科进士及第。这时苏轼二十二岁,苏辙十九岁。气宇轩昂、才华出众的苏氏兄弟,给仁宗皇帝留下了十分深刻的印象。殿试结束,仁宗兴冲冲地回到后宫对皇后说:"我今天为子孙得了两个太平宰相!"

金榜题名之后,主考官与新中进士之间,便有了师生的名分和情谊。苏轼循惯例向恩师呈递了《谢欧阳内翰书》,表达自己对欧阳修知遇之恩的诚挚谢意。

这封不足五百字的短简,极为精要地概述了宋朝立国以来文学发展的艰难进程。文中说:宋初文坛深受"五代文弊"的影响,"风俗靡靡,日以涂地"。朝廷对此深感忧虑,曾明诏天下,希望能正本清源,"罢去浮巧轻媚丛错采绣之文",恢复先秦两汉的朴实文风。但是,矫枉往往过正,旧弊未除,新弊复作,为文者,有的求深而"至于迂",有的务奇而至于"怪僻不可读",究其原因,即在于学韩愈未能学到精髓,而是继承了由皇甫湜(唐代文学家,韩愈的弟子)片面发展的韩愈古文创作中险怪奇奥的一面。该文高屋建瓴,精炼而透辟,有一览众山小的气势,充分显示出苏轼不凡的见识和高超的文字驾驭能力。欧阳修读后赞不绝口：

> 读轼书，不觉汗出。快哉！快哉！老夫当避此人，放出一头地也。可喜！可喜!(欧阳修《与梅圣俞》)

并且感叹："更三十年，无人道着我也!"他预言，未来的文坛必将属于苏轼！

后生可畏，而欧阳修宽广的胸怀、发现人才的识力，以及提携后进的热忱也同样可敬可佩，千载之下，仍令人为之深深感动！

呈上《谢欧阳内翰书》之后，在父亲的带领下，苏氏兄弟一同到欧阳修府上拜见恩师。对于这两位青年才俊，欧阳修看在眼里，爱在心上，几句寒暄之后，彼此就觉得非常亲切，从此结下了绵延几代的亲密情谊。谈话之间，欧阳修问苏轼："你那篇《刑赏忠厚之至论》中说：远古尧帝的时候，皋陶为司法官，有个人犯罪，皋陶三次提出要杀他，尧帝三次赦免他。这个典故出自哪本书？"

苏轼回答道："在《三国志·孔融传》注中。"

苏轼父子走了以后，欧阳修立即将《孔融传》注细细地重读一遍，却没有这个典故，十分纳闷。下一次见面，又问苏轼。

苏轼说："曹操灭袁绍，将袁熙(袁绍子)美貌的妻子赏赐给自己的儿子曹丕。孔融对此不满，说：'当年武王伐纣，将商纣王的宠妃妲己赏赐给了周公。'曹操忙问此事见于哪本书上。孔融说：'并无所据，只不过以今天的事情来推测古代的情况，想当然罢了。'所以，学生也是以尧帝为人的仁厚和皋陶执法的严格来推测，想当然耳。"

欧阳修一听击节称叹，事后多次和人谈起，说："此人可谓善读书、善用书，他日文章必独步天下。"

作为一代宗师,欧阳修以他当时的声望,一句褒贬之词,足以关涉青年学子一生的荣辱成败。苏轼有幸数次得到他如此高度的评价,因而一时之间,名满天下。

通过欧阳修的介绍,苏轼先后拜见了宰相文彦博、富弼,枢密使(掌管军务的大臣)韩琦。幼年时代读石介《庆历圣德颂》即已心识神交的这些当代英杰,如今都将他延为上宾,待为国士。唯一令他引为平生之恨的是,范仲淹已于几年前去世,无缘相见,亲聆教诲。尽管如此,范仲淹以其"先天下之忧而忧,后天下之乐而乐"(范仲淹《岳阳楼记》),为国为民,奋不顾身的崇高博大的精神境界为表率,"大厉名节,振作士气"(朱熹语),开启有宋一代崭新的士风,这位伟大人物的流风余韵,对于青年苏轼的影响是难以估量的。

正当苏轼像光彩熠熠的明星照亮文坛的上空,一举成名、声誉鹊起之时,意想不到的噩耗从天而降,母亲程氏夫人已于四月初八日病故,临终之际,还不知道一双爱子已在京城双双高中。

苏轼父子于五月底闻此噩耗,悲痛欲绝,仓促离京,连与亲友告别都来不及。父子三人日夜兼程,赶回家中,眼前一派荒凉景象,"屋庐倒坏,篱落破漏,如逃亡人家"(苏洵《与欧阳内翰第三书》)。回想当年,屋里屋外,整洁清新,书声笑语,其乐融融的情形,不禁悲从中来。

苏洵将夫人安葬在武阳安镇山下老翁泉旁,并在泉上筑了一座亭子,作《祭亡妻文》,寄托哀思。在封建时代,父母或祖父母死去,子孙辈必须谢绝人事应酬,如果是做官的人,还需解除职务,在家守孝,叫作守制或丁忧。从嘉祐二年六月起,苏轼便丁忧家居。

时隔三年,第二次远游,苏轼依然豪情万丈

光阴荏苒,转眼已是嘉祐四年的秋天,苏轼兄弟服丧期满,而在此之前,苏洵也已先后两次接到朝廷诏命,召他进京。父子三人商量之后,决定举家迁往京城,行期就定在十月初。

常言道:"十月小阳春",正是南方一年中最舒爽的季节。天高云淡,四野缤纷,漫山红遍,层林尽染,到处有一种成熟热烈的感觉。因为带着家小,他们这次是走水路。经嘉州(治所在今四川乐山)、泸州(治所在今四川泸州)、渝州(治所在今重庆)、涪州(治所在今重庆涪陵)、忠州(治所在今重庆忠县)、夔州(治所在今重庆奉节),出三峡、到江陵(今湖北江陵)。江陵以后的路程,改由陆路北上。

时隔三年,第二次离家远游,苏轼兄弟显得沉稳多了。现在他们已经进士及第,并且声名远播,辉煌灿烂的前景清晰可见。他们依然豪情万丈,但是,心中涌动着的不再是单纯的热望,而是一些有为当世造福生民的更具体、更实际的思考。"立德、立功、立言",儒家"三不朽"的古训早已深深地烙进他们的心灵,而现在,他们更把自我道德人格的完善、社会责任的完成和文化创造的建树,三者融合一体,确定为自己的人生目标,并且打算身体力行地去实现这一目标。

苏轼一家在嘉州登船。嘉州位于岷江和青衣江的汇合处,那里有驰名的"乐山大佛",佛像高达七十一米,背倚陡峭的山崖,面临湍急的江流,气魄十分雄伟。初发嘉州,苏轼豪气凌云地唱道:

朝发鼓阗阗,西风猎画斿。故乡飘已远,往意浩无边。(《初

发嘉州》)

鼓声喧阗,西风猎猎,画旗招展,美丽的故乡渐渐消失在远方。此一去不知何时才能回来,心中不免有几分依恋之情,但是崭新宽广的生活道路已在眼前展开,伟大壮丽的功业等待着他去建立,苏轼无暇伤感,对未来的热烈向往已完全占据了他的整个心灵。

> 故巢何足恋,鹰隼岂能容。(《涪州得山胡》)

眉山已不能施展自己的抱负,他要到广阔的天地里展翅高飞。江流湍急,船行迅速,水面上不时涌起欢乐的浪花,这一切正与苏轼愉快的心情相一致:

> 船上看山如走马,倏忽过去数百群。前山槎牙忽变态,后岭杂沓如惊奔。仰看微径如缭绕,上有行人高缥缈。舟中举手欲与言,孤帆南去如飞鸟。(《江上看山》)

山如奔马,船似飞鸟,舟移山动之间,前峰后岭,形态各异,纷至沓来,瞬息万变,带给人无限乐趣。高山绝壁之上,小径迂回盘旋,上山打柴的樵夫行走其上,恍如上界仙人,舟中开朗的诗人情不自禁挥舞双手,想向他传递一声热情的问候,然而小船飞速前进,眨眼之间已驶过数丈之遥。全诗飞动流转,一气呵成,善用比喻,形象生动,显示出苏轼敏锐的观察力和丰富的想象力。

就这样一路高歌,苏轼和家人顺流而下,沿途盘桓,欣赏名山大川,了解风土人情,瞻仰先贤遗迹。

一天,他们来到忠州,听说那里有一座屈原塔,便专程前往。忠

州古属楚地,但屈原并未去过那里,生平事迹也与忠州无关,"原不
当有碑塔于此"(《屈原塔序》),大概是后人有感于屈原崇高的精神
品质,追怀思念,所以建造此塔,供人凭吊。

伫立塔前,苏轼心潮起伏,思绪联翩,吟咏出《屈原塔》一诗:

> 楚人悲屈原,千岁意未歇。精魄飘何处,父老空哽咽。至
> 今沧江上,投饭救饥渴。遗风成竞渡,猿叫楚山裂。屈原古壮
> 士,就死意甚烈。世俗安得知,眷眷不忍决。

屈原,这位伟大的爱国诗人,为了坚持自己的理想和节操,决不随
波逐流,向污浊黑暗的环境屈服,而不惜慷慨赴死,无怨无悔。"众
人皆醉,唯我独醒。众人皆浊,唯我独清。"(屈原《渔父》)这是一
种多么深刻的孤独,但这孤独的背后是永恒不朽的高风亮节,他
终将赢得人民的景仰和怀念! 这份景仰和怀念跨越时间,也跨越
地域:

> 南宾旧属楚,山上有遗塔。应是奉佛人,恐子就沦灭。此
> 事虽无凭,此意固已切。(同上)

在忠州这片古老的土地上,至今还有纪念屈原的碑塔,它正是屈原
死而不亡,永远活在人民心中的显著标志。屈原没有到过忠州,这
处遗迹显得于史无凭,但忠州人民怀念屈原,为他修建碑塔,寄托追
慕思念之情,这份心意却是十分真切的。苏轼久久徘徊于塔前,思
索着生命的价值和人生的意义,悲壮遒劲的五言古诗,字字句句从
他年轻热烈的胸中奔涌而出:

古人谁不死,何必较考折(考,长寿;折,短命)。名声实无穷,富贵亦暂热。大夫知此理,所以持死节。(同上)

生命固然可贵,但是人生又有谁能免于一死呢?只有精神和节操才是永恒的。相比之下,荣华富贵不过是过眼烟云,实在无足轻重。屈原之所以决然自沉,正是由于他认清了这一人生至理。

离开忠州,继续前行。碧波滔滔的长江,秀丽多姿的巫山,夔州的八阵图,奉节的永安宫,还有神女庙、昭君村、黄牛庙、虾蟆碚等山川文物、名胜古迹,处处震荡着他们的襟怀,激发起他们的才思。父子三人经常同题赋诗作文,切磋技艺。

秋去冬来,节候渐变,凛冽的北风吹来了鹅毛大雪,山河大地一派银装素裹。舟中无事,苏洵命人做了几色精致的小菜,父子三人就着暖暖的炉火在船舱里饮酒赏雪。舱外白雪飘飘,舱内暖意融融,如此良辰美景,自然不可无诗。苏轼提议学"欧阳体"作《江上值雪》诗,按照欧阳修当年的限制,咏雪不得用盐、玉、鹤、鹭、絮蝶飞舞之类的描写,在此基础上再加一道框限,不准用皓、白、洁、素等形容词。兄弟俩一样才思敏捷,只略作思索,便一挥而就,苏轼更写出了"青山有似少年子,一夕变尽沧浪髭"(《江上值雪效欧阳体……》)这类新颖而形象的句子,将雪后美景生动地展现在人们眼前。这些早期作品反映出苏轼对诗歌创作技巧的自觉磨炼。

苏轼一家,船行六十天,经过十一个州郡二十六个县,十二月八日抵达江陵。因为已近年关岁暮,全家便暂且停顿下来,略做休整,等过了春节再从陆路北上京师。

为了纪念这次舟行,父子三人把途中所作诗文一百多首,编为《南行集》(又叫作《江行唱和集》)。其中有苏轼诗四十二首,这是现存苏诗中最早的一批作品,可以看作他诗歌创作的起点。①

苏轼为《南行集》写了序。文章指出:

> 夫昔之为文者,非能为之为工,乃不能不为之为工也。山川之有云雾,草木之有华实,充满勃郁,而见于外,夫虽欲无有,其可得耶?(《南行前集叙》)

文学来源于生活,优秀的文学作品并不是"能为之"造成的,而是"不能不为之"的产物,就像山川兴云起雾,草木开花结果,内在的充实自然而然地表现于外部。这就要求作家只有深入生活,在生活中有所认识、感动,然后才能进行创作,为作文而作文的勉强为之,显然是写不出好作品的。苏轼这一重要的文学思想受教于他的父亲苏洵,为他后来的创作确立了正确的方向。

这篇《南行前集叙》是在客居江陵驿站时写的。在江陵停留的日子,苏轼也常和父亲、弟弟外出游玩,有感于当地的风土人物,写作了一组五律《荆州》十首。以下是其中最后一首:

> 柳门京国道,驱马及春阳。野火烧枯草,东风动绿芒。北行连许邓,南去极衡湘。楚境横天下,怀王信弱王!

迎着春日的初阳,驰马穿过城门(柳门即荆州城门之一),北向进京的道路宽阔而平坦,道路两旁的枯草在春风的吹拂下,星星点点地冒出了绿芽。在这广袤的原野上,诗人纵目极望,思接千载。诗的

---

① 现存苏轼的最早两首诗,是作于嘉祐四年(1059)的《咏怪石诗》、《送宋君用游辇下诗》,时作者丁忧居蜀。但一般的苏诗编年集子都以《南行集》为开端。

前四句写初春景象,后四句怀古咏史。这里曾是战国时楚国的故地,北至许州、邓州,南到衡山、湘江;楚怀王拥有这样辽阔的疆域,却因疏远屈原,宠信郑袖,又被秦国谋士张仪欺骗,最后竟困死于秦国,他真是一个屠弱无能的国君!这使人油然联想到,现在宋朝疆域更广,难道不应有所作为、奋发自强吗?蓬勃兴旺的初春气象,慷慨激昂的诗句,透露出苏轼政治上的勃勃雄心和乐观、自信、豪迈奔放的精神气质。

怀远驿中,风雨之夕,苏轼兄弟相对而坐,握手盟约

嘉祐五年(1060)二月中旬,苏家抵达汴京,在西岗租了一座宅院暂住下来。稍事安顿之后,苏氏父子便把从江陵到汴京途中所作诗文合编为《南行后集》,而把前次舟行时的作品合集改称为《南行前集》。

转眼已是春光烂漫的三月,苏轼被任命为河南府福昌县(今河南宜阳县西)主簿,苏辙也被任命为河南府渑池县(今河南渑池县)主簿,这是办理文书等事务的九品官。听说明年将举行制科考试,兄弟俩都辞不赴任,准备应试。

"制科"不同于三年一次的"进士"、"明经"一类的"常举",是由皇帝特别下诏并亲自主持、为选拔非常人才而特设的一种考试(制,皇帝的命令)。应试制科,须经大臣举荐,先由六名考官在秘阁(官署名,负责收藏中央各文史机构的珍本书籍及书画)举行"阁试",及格者方可参加御试。制科极严,应试者也很少,通过者更少,终两宋三百多年,开制科二十二次,入等者才四十一人。因此,制科出身,其荣耀又加倍于进士及第。

为了应付这次难度极大的考试,苏轼兄弟从家中搬出来,移居

到怀远驿中,专心读书。

一天晚上,风雨骤至,雨打窗棂,更显出长夜的寂静。灯下,兄弟俩正在读唐代诗人韦应物的诗集,其中《示全真元常》一诗中有"宁知风雨夜,复此对床眠"的名句,意思是说,今夜风雨潇潇,彼此对床畅谈,极惬人意,以后不知哪一天才能重享这样的快乐时光。读到这里,他们不禁心有所感,触景生情。在故乡,在京城,兄弟二人形影相随,同窗共读,度过多少悠闲自在的美好岁月,一旦踏上仕途,就将各自宦游千里,长相别离,兄友弟爱、对床夜话的平常光景,也将显得十分珍贵,难以复得!于是双双约定,日后功成名遂,完成社会的责任和义务,一定及早退隐,同回故乡,纵情山水,共叙手足之情、闲居之欢。此时风摇树影,雨声大作,兄弟俩相对而坐,握手盟约,沉浸在深挚的情感之中。以后漫长的岁月中,他们一直念念不忘这个风雨之夕的约定,无数次地在互相赠答的诗篇中提起这个旧梦,作为天各一方的坎坷仕途中可资慰藉的一点希望之光。

嘉祐六年(1061)八月,苏轼以"贤良方正能直言极谏科"考入第三等,这是极大的荣誉。宋代制科惯例,一、二等皆虚设,实际最高等级为第三等,其次为第三次等、第四等、第四次等(第五等不授)。自北宋开制科以来,只有吴育一人得过第三次等,因此,苏轼得第三等是破天荒的。

御试列入高等,苏轼被授予大理评事、凤翔府(治所在今陕西凤翔)签判的官职。①苏辙考入第四等,被任为商州(治所在今陕西商县)推官(州府属官,掌管审案)。都是正八品官职。因苏洵奉命在

---

①　宋代官制分为"官"、"职"(殿阁职称,如某某殿学士)、"差遣"三种,前两种是虚位,不任实职,只有差遣才是实际职务。这里的"大理评事"(司法机关大理寺的属官)是"官","签判"是"差遣"。签判,"签书判官厅公事"的简称,知府的助理官。

京修礼书,苏辙奏请留京侍奉。

怀着致君尧舜的火热理想,苏轼踏上征途

朝命既下,苏轼立即整装待发。嘉祐六年十一月,天寒地冻,北风凛冽,苏轼怀着致君尧舜的火热理想,带着妻子王弗和尚在襁褓之中的长子苏迈踏上征途。苏辙骑马跟随数十里,为哥哥送行。送君千里,终须一别,来到郑州西门之外,苏辙必须返回了,兄弟俩就此分手。二十多年来,这是他们第一次离别,彼此不免依依难舍,抑郁感伤。望着弟弟颀长的身影渐渐消失在远方,苏轼泪眼模糊,怅然若失:

> 不饮胡为醉兀兀!此心已逐归鞍发。归人犹自念庭闱,今我何以慰寂寞?登高回首坡垄隔,但见乌帽出复没。苦寒念尔衣裘薄,独骑瘦马踏残月。路人行歌居人乐,童仆怪我苦凄恻。亦知人生要有别,但恐岁月去飘忽。寒灯相对记畴昔,夜雨何时听萧瑟?君知此意不可忘,慎勿苦爱高官职!(《辛丑[嘉祐六年]十一月十九日,既与子由别于郑州西门之外,马上赋诗一篇寄之》)

诗人写道:不曾饮酒为什么会突然觉得头脑昏沉、神思恍惚?我的心已随着你渐远渐逝的身影一同离去。寂寞的归途,你尚且可以一心系念家中的老父,而我,行走在异乡的旷野,用什么来安慰心中的孤独?你的身影已消逝在远方,我忍不住飞身登上高坡,重重山丘隔断我渴望的视线,只见你头上的乌帽在起伏的丘垄间时隐时现。一想到你衣衫单薄,骑一匹瘦马,寒风冷月中独自向前,心中便涌起

难舍的依恋。环顾四周,人们都快乐无忧,他们不能理解我的感伤和悲切。其实,我也知道,人生有相聚就不免有离别,可是,总担心岁月匆匆,美好时光难以再现。呵,子由(苏辙字),今夜寒灯独对,你可会想起怀远驿中我们曾经相约的誓言?何时才能相见?何时才能一同听夜雨萧瑟连绵?呵,子由,不要忘了相知相得、相亲相爱的兄弟情缘。呵,子由,高官厚禄、荣华富贵千万别贪恋!

全诗起伏跌宕,尽情抒发了兄弟间难于割舍的亲情。当时苏轼才二十六岁,前人评为"诗格老成"(清·汪师韩《苏诗选评笺释》)。

与弟弟分手之后,苏轼继续前行,来到渑池。五年前,兄弟俩在父亲的带领下赴京应考,就曾路过这里。那一次,他们在县中寺庙内借宿,得到庙中住持奉闲老和尚的热情接待,临别之时,兄弟二人还在奉闲和尚居室的墙壁上题诗留念。如今旧地重游,想不到竟已物是人非,奉闲已经去世,骨灰安葬在庭院中,上面筑起了一座新塔(和尚死后不用墓葬,常是火化后筑塔来埋葬骨灰),墙皮早已剥落,往日的题诗也没有了。此情此景,令苏轼悚然感悟到人生的变幻无常:

> 人生到处知何似?应似飞鸿踏雪泥。泥上偶然留指爪,鸿飞那复计东西。老僧已死成新塔,坏壁无由见旧题。往日崎岖还记否,路长人困蹇驴嘶。(苏轼自注:往岁马死于二陵,骑驴至渑池。)(《和子由渑池怀旧》)

徘徊在奉闲和尚的舍利塔下,苏轼又一次陷入深深的思索之中。整个世界生生灭灭,变化不已,没有常性;人生有生、老、病、死诸种变化,也无常性。"无常"二字主宰着宇宙的一切,这才是生活最真实的底奥!他仿佛看到:茫茫雪原上,一只飞鸿疾速掠过,偶一起落之中，留下一星半点的痕迹。鸿飞千里，早已不知去向，而雪花依然在纷纷飘落，不一会儿的工夫，那雪地上的痕迹也悄然泯灭，不见踪影，天地依旧是苍茫一片……这便是充满了偶然性的、变幻莫测的人生！一种空漠之感在他年轻的心中油然生起。

这种空漠、无常的哲学思考，固然表现了苏轼初入仕途时的人生迷惘，对前途的不可把握，但是，并没有将他导向消极颓废的状态，"雪泥鸿爪"的名喻，透露出他把人生看作悠悠长途，所经所历不过是鸿飞千里行程中的暂时歇脚，不是终点和目的地，总有未来和希望；况且，无常的觉悟更使他具有了漠视一己得失利禄的超然品格，这种品格和他固有的积极用世、舍身报国的精神相反相成，相得益彰，成为他步入仕途的思想起点。

这一首诗是苏轼的七律名篇，诗人善于捕捉生活中瞬间的感受，并将它上升到哲理的高度。诗的前半部分，用形象新颖、优美动人的比喻，写出了人生的短暂、不定，后半部分则以叙事为主，用所见所闻所忆来深化"雪泥鸿爪"的人生哲思。全诗俊逸、流动，富有情韵。

下车伊始，苏轼便勤谨踏实地开展工作

十二月十四日，苏轼抵达凤翔任所。凤翔离京一千一百七十里，地处宋与西夏国的交界之处，为边防重镇。宋仁宗康定元年（1040）到庆历四年（1044）间，西夏年年入侵，并屡屡得胜，所到之处焚烧劫掠无所不为，给百姓造成了极大的灾难。庆历四年达成和议，宋朝每年向西夏输纳大量银和绢帛，这才换来了西部地区的安宁和平，但是，沉重的赋役却压得百姓喘不过气来。如今将近二十年过去了，战争造成的惨重损失依然没有得到恢复。苏轼一路所见

都是破败的景象、赤贫的人民,心情十分沉重。他暗自发誓,要尽自己的力量,做一些有益于百姓的事情。

苏轼下车伊始,便勤谨踏实地开始工作。很快发现,在他负责的事务中,有一项亟待改革的弊政——衙前。衙前是北宋差役的一种,职责是运送官府所需的物资。按规定,服役者如果不慎失陷官物,必须以家财赔偿。凤翔府负责的衙前主要是砍取终南山的竹木,编成木筏,从渭河入黄河,经三门峡砥柱之险,运到京城。充当这一险差的人往往弄得倾家荡产,苏轼对此深感沉痛。在写给宰相韩琦的《凤翔到任谢执政启(启,书信)》中,他便十分急切地反映了这一情况,他写道:这一差役制"破荡民业,忽如春冰",希望朝廷引起高度重视。与此同时,他广泛征求意见,试图在自己的职权范围内寻求出一个缓解的办法。经过调查,他发现运送木筏之害本来不至于这样严重,如果能趁黄河、渭水进入涨水期之前,由服役者考察水情,自行决定运送时间,损失便可以减轻不少。但是,长期以来,官吏们高高在上,不做具体的调查研究,任意发号施令,往往在河水暴涨的季节要求发运,所以贻害无穷。于是,苏轼禀明上司,修改衙规,从此衙前之害减少了一半。小试锋芒,收效显著,苏轼感到颇为鼓舞。

苏轼的上司、凤翔知府宋选,是一位德高望重的仁厚长者,苏轼对他十分景仰,他们相处得也十分愉快。宋选为政勤谨,大小事务无不尽心,这一点从凤鸣驿在他执政前后判然不同的面貌,即可略见一斑。嘉祐元年,苏轼进京赶考,路过凤翔,本想在官府驿站投宿,谁知里面破败不堪,根本不能住人。六年以后,他重来此地,发现馆舍已在新任知府宋选的亲自关照下修葺一新,令过往客有宾至如归的感觉。这件事情给予苏轼很大启发,为此,还专门写了《凤鸣驿记》一文。他感叹道:

尝食刍豢者难于食菜,尝衣锦者难于衣布,尝为其大者不屑为其小,此天下之通患也。《诗》曰:"岂弟君子,民之父母。"所贵乎岂弟者,岂非以其不择居而安,安而乐,乐而喜从事欤?夫修传舍,诚无足书者,以传舍之修,而见公(指宋选)之不择居而安,安而乐,乐而喜从事者,则是真足书也。

习于奢华而不能安于贫贱,只想做大事而不屑于做小事,这是世人的通病,也是天下不治的原因,只有去除不屑之心,从小事做起,天下才有可能达到大治。在走上仕途的最初阶段,苏轼便从宋选的身上学到了一种务实的精神。他自己本已具有仁民爱物的宽厚胸怀,又秉承了这种勤谨务实的为政精神,因而,以后他多次担任地方长官,政绩卓著,造福一方百姓。

然而,年轻的苏轼当时还不能明白,天下之事积重难返。官吏的勤勉尽责固然很重要,但是,北宋政治制度本身存在着许多弊端,而且正在日益严重化,牵一发而动全身。好官良吏只能局部性地缓解矛盾,而不能根本性地解决问题。

社会需要一场彻底的大变革,而这场变革正处在酝酿的过程中。

国家贫弱,人民生活穷困难熬,苏轼对此无可奈何,只能在诗中抒发自己对民众的一片同情和悲悯。

一天夜里,寒风阵阵,白雪纷飞。苏轼从小生长在温暖的成都平原,对于下雪始终怀着一种孩子般的欢悦之情,所以,第二天一早,便兴冲冲地外出赏雪:

南溪得雪真无价,走马来看及未消。得自披榛寻履迹,最

先犯晓过朱桥。(《十二月十四日夜微雪,明日早往南溪小酌至晚》)

微雪的早晨,南溪显得格外美丽,朱红的小桥衬着洁白的原野,潺潺流水也显得更加清亮。苏轼迎着黎明的曙色,骑马跨过小桥,穿行于杂草树木丛错的小路上,看纷纷的雪花从枝上飘落。他高兴地发现,自己是南溪最早的游客,得以独赏这一份清幽的美景。他自斟自饮,流连忘返,不知不觉已是午后时分,这才猛然意识到,在这样天寒地冻的日子,穷困的百姓可能陷入到了难堪的窘境,想到这里,顿时觉得游兴全无,心绪悲凉:

> 谁怜屋破眠无处,坐觉村饥语不嚣。唯有暮鸦知客意,惊飞千片落寒条。(同上)

村子里的人屋子破漏,风雪潇潇的夜晚没有一处温暖的地方可以安睡,可是有谁怜悯他们呢? 从早到晚语声悄然,那是他们饥饿无力的缘故啊。周围这样寂静,似乎只有乌鸦知道诗人的来意,它蓦然惊飞,震落雪花片片,来助他赏雪的雅兴。然而,黄昏暮鸦,寒风凄厉,此情此景,不能不叫人冷彻心骨。诗的前四句尽写探雪的欢悦,更显出后面村人饥寒的悲哀,因而全诗于清幽中透出现实的萧索与荒凉。

苏轼在凤翔任职期间,曾几度遇到严重的旱情。在科技不发达的封建时代,人们基本上靠天吃饭,遇上自然灾害往往束手无策,只能祈祷神明的救助。今天看来愚昧可笑,当时却是社会普遍的观念。所以,每当干旱来临,忧心如焚的苏轼,总是极其虔诚地履行求雨的职责,撰写出一篇篇字字含悲、情词恳切的祈雨文。他说:

> 乃者自冬徂春，雨雪不至，西民之所恃以为生者，麦禾而已。今旬不雨，即为凶岁，民食不继，盗贼且起。岂惟守土之臣所任以为忧，亦非神之所当安坐而熟视也。（《凤翔太白山祈雨祝文》）

人民赖以生存的不过就是田中麦禾而已，可是今年滴雨不下，眼看颗粒无收，百姓就要食不果腹，无以为生，一方山神又岂能心安理得、熟视无睹呢？他多么希望能借助超自然的力量来消除可怕的自然灾害带给人民的巨大痛苦。他常常在诗中这样吟唱：

> 安得梦随霹雳驾，马上倾倒天瓢翻。（《二十六日五更起行，至磻溪，天未明》）
> 中间罹旱暵，欲学唤雨鸠。（《和子由闻子瞻将如终南太平宫溪堂读书》）

幻想着能像传说中的李靖那样，巧遇龙王，得以跨上天马，行云布雨，解救人间的干旱；或者能学会斑鸠的鸟语，一声声唤来甘霖阵阵（民间有斑鸠唤雨的说法）。

一旦久旱逢雨，苏轼的欣喜之情便溢于言表，著名的《喜雨亭记》就是在嘉祐七年一场及时雨之后写成的。苏轼深知"五日不雨则无麦"，"十日不雨则无禾"，"无麦无禾，岁且荐饥（连年饥荒），狱讼繁兴，而盗贼滋炽"，这是关系到国计民生的大事。那年春天，整整一个月没有下雨，"民方以为忧"，直到三月才微微地下了几场小雨，但是远远不足以解除旱情，到三月下旬，终于天从人愿，一场大雨连下三日，龟裂的土地饱吸甘霖，枯萎的庄稼重获生机！

　　官吏相与庆于庭,商贾相与歌于市,农夫相与忭于野,忧者
以乐,病者以愈。(《喜雨亭记》)

苏轼怀着无比快乐的心情,将他新近建成的亭子,命名为"喜雨亭"
以示庆贺。文章笔调轻灵活泼,行文富于变化,生动地表现了苏轼
关心农事、关心民生疾苦、与民同忧、与民同喜的可贵精神。

　　　　来到处处藏宝的凤翔,酷爱文物的苏轼恰似鱼儿得水

　　凤翔是有名的古都,文物很多,秦刻的"石鼓",①秦碑"诅楚文",
王维、吴道子画的竹和佛像,唐代著名雕刻家杨惠之所塑的维摩像
(印度佛教人物像),东湖,真兴寺阁,李氏园,秦穆公墓,被称为"凤
翔八观"。

　　对于人文古迹,苏轼从小就有着十分浓厚的兴趣。如今来到这
处处藏宝的地方,恰似鱼儿得水,每每利用公余之暇,反复观摩赏
鉴,并一一以诗记之。

　　嘉祐六年(1061)冬,苏轼初到凤翔任,循惯例去孔庙拜谒圣人,
第一次见到了闻名已久的石鼓:

　　　　冬十二月岁辛丑,我初从政见鲁叟。旧闻石鼓今见之,文
字郁律蛟蛇走。(《石鼓歌》)

---

①　石鼓成于何时,究属何物,历代说法不同。郭沫若《石鼓文研究》定为秦襄公时
所制。马衡《凡将斋金石丛稿》有《石鼓为秦刻石考》一文,定为秦献公以前、秦
襄公以后之物;并认为"石鼓"之名不妥当:"此正刻石之制,非石鼓也","特为正
其名曰'秦刻石'"。

古拙的形态，飞动的文字，恰如传闻中所描述的那样，诗人既感快慰，又情不自禁地产生了一种想要进一步了解的愿望。他一边仔细揣摩，一边用手指在身上描画；他想要朗读，可是就好像被什么东西钳住了口——那古奥玄妙的文字实在不知道该怎样发音。有的像蝌蚪，有的像新月，有的就像风中飘摇的禾黍，而有的则已模糊湮灭……诗人绞尽脑汁，费尽心机，好不容易才认出了五六个字来，不免也有些灰心泄气了：

> 韩公好古生已迟，我今况又百年后。(同上)

当年好古的韩愈面对石鼓已感叹生得太迟，何况如今又已是百年过去了呢？这毕竟是我国现存最古的石刻文字，据说还是号称中兴的周宣王时代文治武功的遗迹，它经历了将近两千年的历史沧桑，秦始皇焚书坑儒的文化大劫难中，石鼓神秘地失踪，直到唐代初年才又重新出土，从此为历代文化之士所景仰……诗人追思石鼓的遭际，不禁感慨系之：

> 兴亡百变物自闲，富贵一朝名不朽。细思物理坐叹息：人生安得如汝寿。(同上)

历史兴替，富贵殆尽，只有这岿然石鼓却是永恒的存在，成为传世的宝物(今存北京故宫博物院)。

　　全诗六十句，用词典雅而摹写入微，结构严谨而时起波澜，刻意锻炼，惨淡经营。在此之前韩愈也曾写过《石鼓歌》，苏轼此诗有意和他争胜，终于成为吟诵石鼓的两篇名作。

　　苏轼自幼喜欢绘画，尤其酷爱王维、吴道子的画作。王维，字摩诘,唐代著名诗人,长于绘画,他的山水画为南宗画派之祖。吴道子,又名道玄,唐代著名画家,尤其擅长画佛像,曾担任唐玄宗的宫廷画师,时人称为画圣。苏轼在凤翔的普门寺和开元寺看到两位著名画家的真迹,立即被深深地吸引。

吴道子画的是释迦牟尼佛在两棵高大秀丽的菩提树下灭度(即死亡)前,最后一次讲经说法的壮观场面:

> 亭亭双林间,彩晕扶桑暾。中有至人谈寂灭,悟者悲泣迷者手自扪。蛮君鬼伯千万万,相排竞进头如鼋。(《王维吴道子画》)

佛祖趺(fū,佛教徒盘膝打坐)坐于双林之下,头上神圣的光轮有如东方初升的太阳,天上地下,无数有情众生,争先恐后,仔细聆听这最后的法音,有的迷惑不解,有的恍然大悟,有的悲泣,有的微笑,姿态表情各个不一,都在吴道子传神的笔下,栩栩如生地表现出来。

王维画中的释迦弟子形容清癯,眉目间自有一种淡泊超然的气质,面对尘世的荣辱,静如止水,冷如死灰。画上还有两丛墨竹,虬根劲节,枝叶交错,生气淋漓,仿佛正在风中簌簌飞舞:

> 祇园弟子尽鹤骨,心如死灰不复温。门前两丛竹,雪节贯霜根。交柯乱叶动无数,一一皆可寻其源。(同上)

苏轼反复品味,对两位画家叹赏不止:

> 吾观画品中,莫如二子尊。(同上)

从性情上,苏轼特别喜欢吴道子雄伟奔放的笔触:

> 道子实雄放,浩如海波翻。当其下手风雨快,笔所未到气已吞。(同上)

正如他在《书吴道子画后》中所评论的:

> 画至于吴道子,而古今之变、天下之能事毕矣。……出新意于法度之中,寄妙理于豪放之外,所谓游刃余地,运斤成风……

而这也是苏轼本人写诗作文的突出特色。

从审美趣味上,苏轼则极其推崇王维的诗画相通:

> 摩诘本诗老,佩芷袭芳荪。今观此壁画,亦若其诗清且敦。(《王维吴道子画》)

王维其人其诗其画,都有一种高洁绝尘的气质,诗情画意融为一体。苏轼对之玩味不尽,他说:

> 味摩诘之诗,诗中有画。观摩诘之画,画中有诗。(《书摩诘蓝田烟雨图》)

他完全被这两位古代艺术家所征服,"往往匹马入寺,循壁终日"(苏辙《龙川略志》),有时候甚至流连忘返直到深夜:

> 嘉祐癸卯上元夜,来观王维摩诘笔。时夜已阑,残灯耿然,
> 画僧踽踽欲动,恍然久之。(《题凤翔东院王画壁》)

在昏黄的灯烛之下,画上的僧人仿佛都一个个地动起来了,是真?是幻?迷离恍惚,苏轼好一阵都无法分辨清楚。

经过仔细地揣摩比较,苏轼最后指出:

> 吴生虽妙绝,犹以画工论。摩诘得之于象外,有如仙翮谢
> 笼樊。(《王维吴道子画》)

吴道子能够精妙绝伦地描绘事物的形态,还只是画匠的技艺;而王维的画,突破形似直取神似,反映出事物的内在精神和作者的思想感情,如同仙鸟飞离樊笼,在广袤的天际自由地翱翔,这才是真正的艺术家的大手笔。这一思想明确标示出苏轼心目中画工和艺术家的分野,为文人画派提供了理论基础。

抱着远大理想走上仕途的苏轼,
时时感到理想与现实的巨大差异

忙时勤于公事,闲时欣赏古迹,应该说生活还是过得充实而有意义的。可是,抱着远大理想走上仕途的苏轼,却时时感到理想与现实之间存在着巨大的差异。国家如此贫弱,人民如此困穷,自己的许多努力都劳而无功。

就拿衙前一事来说吧,这是苏轼走马上任之后办的第一件实事,然而,在他的职权范围内,不可能根本性地解决这一问题。"自择水工,以时进止"的改革措施,只有在没有紧迫的国家大事时,才收

到一定的成效,一遇非常之事,衙前之役便又成了百姓的劫难。

嘉祐八年三月,宋仁宗驾崩,十月将葬于永昭陵。为了修筑陵墓,朝廷责令凤翔府输送大批木料,苏轼花了五个多月的时间来应付这一桩公务。适逢大旱,河水干涸,木料运不出去,苏轼内心无比痛苦:

> 桥山(陵墓工程)日月迫,府县烦差抽。王事谁敢愬(反对),民劳吏宜羞。(《和子由闻子瞻将如终南太平宫溪堂读书》)

老百姓不堪重负,苏轼深感自己当官不能为民造福,羞愧难言。他幻想自己拥有呼风唤雨的本领,以便解除人民的痛苦,可是这种虚幻的想象于事无补,他整天看到的只是不忍入目的惨状:

> 千夫挽一木,十步八九休。渭水涸无泥,蓄堰(堤坝)旋插修。对之食不饱,余事更遑求。(同上)

渭水干涸无泥,役夫非常辛苦,烈日骄阳之下,背着沉重的纤绳,一步一步艰难行进,面对这种情形,苏轼难过得连饭也吃不下去。

沉重、乏味、没有希望、没有亮色的宦游生活,令苏轼深深倦怠。

美好的年华就这样无谓地消耗。他感叹:"人行犹可复,岁行那可追?"(《别岁》)

亲友离别,还可以重逢,岁月流逝又怎能追回?他忧虑:"明年岂无年,心事恐蹉跎!"(《守岁》)

年复一年,岁月蹉跎,理想将成泡影。他恐慌:"万事悠悠付杯酒,流年冉冉入霜髭。"(《病中闻子由得告不赴商州三首》)

在无所作为中,青春正在悄然而逝。他油然生起对家乡的无限思念：

> 西南归路远萧条，倚槛魂飞不可招。野阔牛羊同雁鹜，天长草树接云霄。昏昏水气浮山麓，泛泛春风弄麦苗。谁使爱官轻去国，此身无计老渔樵。（《题宝鸡县斯飞阁》）

在一个春日的午后，诗人登上宝鸡县斯飞阁，向西南方向纵目远眺，通往家乡四川的归路冷落、凄凉。他凭栏伫立，心儿早已飞向遥远的故乡。斯飞阁下，原野辽阔，漫游其上的牛羊被衬托得犹如大雁、野鸭一般大小；天宇深广，远处的草木好像与白云相接，朦朦胧胧的水气漂浮在山脚，和畅的春风抚弄着葱翠的麦田。"虽信美而非吾土兮，曾何足以少留！"（汉·王粲《登楼赋》）眼前所见的新春美景不能抚慰诗人怀乡的愁绪，反而使他更加思念故乡久违的山水。他慨然长叹：谁让我留恋官位而轻易地抛离故土呢？唉，今生今世，我是不可能像渔父、樵夫那样悠游度日了！

但是，苏轼毕竟是一位积极向上的青年，尽管偶尔会有消沉和倦怠，儒家用世思想始终在他心中占据着重要的地位。面对苦难的现实，衰弱的国势，苏轼的报国之心会时时勃发。

又是一个早雪的天气，他提笔抒写道：

> 岐阳（指凤翔）九月天微雪，已作萧条岁暮心。短日送寒砧杵急，冷官无事屋庐深。愁肠别后能消酒，白发秋来已上簪。近买貂裘堪出塞，忽思乘传（传达命令的马车）问西琛。（《九月二十日微雪怀子由弟二首》之一）

地处西北边陲的凤翔，九月便已下了初雪，仿佛岁暮景象。昼短夜

41

长,寒风阵阵,家家户户传出急促的捣衣之声。自己闲居官衙,无所事事,白发渐生,只能借酒消愁。难道就这样消沉下去么?不,我已买好御寒的皮裘准备出塞,愿意接受王命,使西夏前来归附!立功塞外的报国之志跃然纸上。

在干预现实的精神鼓舞下,他还写了一些反思历史、指斥时弊的诗歌。如咏史诗《郿坞》,借古喻今,语多讥刺:

> 衣中甲厚行何惧,坞里金多退足凭。毕竟英雄谁得似?脐脂自照不须灯。

这首诗是嘲骂汉末董卓的。董卓是个奸相,怕人行刺,在衣服里加了厚甲,自以为可以确保生命安全,他把民脂民膏搜聚在他所盘踞的郿坞,扬言"事成雄踞天下,不成守此足以毕老"(晋·陈寿《三国志·董卓传》)。然而,他后来失败了,被暴尸长安,时遇酷暑,肥胖的躯体流脂满地,人们对他恨之入骨,就在他的肚脐眼装上灯芯,像点灯似的烧了几天。诗的后两句说:照明不须灯,真算个无与伦比的"英雄"!嬉笑怒骂,鞭挞有力。

不幸的事情接踵而至

苏轼在凤翔任职三年,于宋英宗赵曙治平二年(1065)正月解任还朝,以殿中丞(管理宫廷事务的殿中省的官员)差判登闻鼓院(受理官民建议或申诉的机构)。

英宗久闻苏轼大名,想破格召入翰林院,委以知制诰(起草皇帝诏书)或修起居注(记录皇帝言行)的重任。这一职位相当于皇帝的机要秘书,有权参与国家的重大决策,历届不少宰相都是从这一职位上擢升的。但是这一想法遭到宰相韩琦的反对,他认为苏轼确实是一个难得的人才,将来一定会得到朝廷的重用,而目前他年纪轻、资历浅,骤然提升,不能令人心服,应该有一个循序渐进的培养过程,主张按常规经过考试,授予馆阁的职位。

君臣之间这一番讨论,不免外传,心胸开阔的苏轼听到之后,丝毫没有不满情绪,他认为这是韩琦对他的爱护,所以,欣然听从安排,参加馆阁考试,又以最高的"三等"入选,授直史馆(编修国史机关的官员)。馆阁之职,最重文才,一经入选,便已跻身社会名流之列,虽然没有实权重任,却是一般文人最为向往的清要之职。苏轼在这个位置上,得以饱览宫中收藏的珍本图书、名人手迹和传世名画等。

然而,五月二十八日,不幸的事情突然降临在苏轼的身上。夫人王弗因病去世,年仅二十七岁,留下不满七岁的儿子苏迈。苏轼万分悲痛,回想十年来美满恩爱的婚姻生活,无法接受这惨痛的事实。他呆呆地坐在夫人的灵前,无数的往事一起涌上心头。

结婚的那年,王弗还只有十六岁,满脸娇羞,楚楚动人。她勤快、孝顺、性情温柔,谨言慎行,深得全家上下的喜爱。刚刚嫁到苏家时,她从来不曾和人说起过自己知书识字,只是每当苏轼读书,就拿着针线活静静地坐在一旁,整天不肯离开。有一天,苏轼背书,背着背着,突然卡壳了,急得抓耳挠腮,王弗悄悄抿嘴一笑,轻轻地提示了一句。这轻轻的一句,恍如巨雷惊梦,令苏轼大吃一惊,于是,他指着满屋子的书逐一考问,王弗都能说出个所以然来。想不到她竟然这样聪慧颖悟而又沉静自持!这一发现令苏轼惊喜异常,从此,小夫妻的感情大大地跨进了一步。

后来,王弗跟随苏轼游宦凤翔。她深知丈夫性格爽直,心无城府,所以特别留意他在外面的日常行事,每天回来都要详细地询问,惟恐他有所失误,吃亏上当。她说:"你离开父亲远了,凡事就没有人指点了，不可不慎重啊！"并且常常引用公公的话提醒丈夫。每当有人来拜访苏轼，她就悄悄地躲在屏风后面听他们谈话，过后便以自己精明的头脑加以分析判断，帮助苏轼明辨人情是非。

有的人毫无主见，王弗说："这个人说话模棱两可，总在暗暗揣摩你的意思，一味迎合，你何必和他多说话浪费时间？"有的人专意讨好，第一次见面就显得亲密无间，王弗分析道："这种人的交情不会长久，来得快，去得也快。"她的这些观察和分析，事后往往得到证实。

苏轼自然真率，略无外饰，像他自己所说，"上可陪玉皇大帝，下可以陪卑田院乞儿"，"眼前见天下无一个不好人"（宋·高文虎《蓼花洲闲录》引），不论亲疏，都吐以肺腑之言，快快活活，无忧无惧。这种性格，虽然使他赢得无数朋友的喜爱，在复杂的现实生活中，却也让他没有少吃苦头。他们夫妻二人在性格上形成最佳的互补，所以，久而久之，苏轼很自然地对夫人产生了深深的依赖。如今，她竟猝然撒手而去，令苏轼在情感上和理性上都有一种无依无靠的失落，内心的悲恸难以自抑。

王弗死后，灵柩暂时停放在京城西郊，准备日后有时间再扶柩还乡，安葬在苏轼的母亲程氏夫人的墓旁。

虽然人死不可以复生，苏轼对夫人的怀念和敬爱却永远也不衰减。十年以后的一个夜晚，梦见夫人，他依然悲不自胜。梦醒之后，面对忽明忽暗的残灯，听着窗外凄厉的北风，心情久久不能平静，于是，披衣下床，提笔写下一首情辞凄婉的词作《江城子·乙卯（熙宁八年）正月二十日夜记梦》：

> 十年生死两茫茫。不思量，自难忘。千里孤坟，无处话凄凉。纵使相逢应不识，尘满面，鬓如霜。　　夜来幽梦忽还乡。小轩窗，正梳妆。相顾无言，惟有泪千行。料得年年断肠处，明

月夜，短松冈。

词人含悲带泪，字字真情，将满腔思念倾注于笔端，创造出缠绵悱恻浓挚悲凉的感人意境。生死异路，幽明两隔，十年长别，音讯渺茫，而往日的深情，总在不经意间浮上心头，难以忘怀。王弗的孤坟远在千里之外，凄风苦雨，冷落苍凉；词人独行于人生路上，历尽坎坷，憔悴孤独。生死幽明的界限，时间空间的阻隔，使一对情深意切的伴侣永相暌离。上片直抒胸臆，诉尽心灵深处无限沧桑；下片记梦，以日常生活小景的描绘，表现当年恩爱幸福的生活，从而更衬托出今日"无处话凄凉"的悲苦。故乡的老屋，绿荫掩映的小窗前，年轻的王弗正临窗对镜，梳理她如云的长发。久别重逢，万语千言，不知从何说起，惟有默默相偎，珠泪涟涟，在无言中倾诉十年相思的苦痛。然而，梦短情长，梦醒之后，是更深的悲凉，词人遥想故乡的坟冈上，松枝摇曳，月影斑驳，愁肠百结，夜不成寐……词中采用白描手法，出语如话家常，却字字从肺腑流出，自然而又深刻，平淡中寄寓着真淳，成为脍炙人口的千古名作。

不幸的事情接踵而至，苏轼还没能从丧妻的巨痛中解脱出来，第二年四月，父亲苏洵又与世长辞，享年五十八岁。当时，苏洵参与编写的礼书刚刚脱稿，而独自撰写的《易传》却还没有完成，临终之前，谆谆嘱咐苏轼、苏辙续写成书，两兄弟含泪接受遗命。苏洵逝世的消息传到朝廷之后，英宗诏赐银一百两，绢一百匹，韩琦、欧阳修等元老重臣都送了厚礼，苏轼一一婉言谢绝，只求追赠官爵。英宗诏赠苏洵光禄寺丞（宋前期为寄禄官名，从六品上），并命官府派船，专程护送苏洵的灵柩回四川老家。

六月，兄弟俩由汴水，入淮河，溯江而上，经江陵入蜀，扶柩还乡，依礼守制家居。

第二章　世事维艰力难任

宋神宗赵顼(xū)熙宁元年(1068)，苏轼守丧期满，将从陆路度秦岭、经关中，第三次前往京师。临行前，家乡父老纷纷前来话别，他们在苏轼纱縠行老屋的庭院里种下一棵荔枝树苗，大家举杯祝兄弟俩一路平安，希望这棵荔树苗长大开花、果实累累的时候，他俩功成名就，衣锦还乡。在乡亲们热情洋溢的祝福声中，苏轼怎么也没有想到，这将是最后一次亲近这一片生他养他的故土！千里之外的京城，一场新旧两党的激烈斗争已经拉开了帷幕。这场斗争的此伏彼起，将带给他波谲云诡、变幻莫测的风雨人生，使他身陷其中，无力自拔，他再也没有机会重回故乡，追寻往日的旧梦。作为一名封建士大夫，一旦踏上仕途，他的生命便不再属于自己，他的人生之路也就必然随着朝政的更迭演变，蜿蜒曲折地向前伸展。

宋朝统治者因势利导的必然选择，
同时存在着无法克服的内在矛盾

宋朝是比以往几个统一王朝更注重中央集权的朝代。宋太祖、宋太宗两任君主，对于晚唐五代的藩镇之祸亲身体验，非常警惕。所以，建国之初，采取了一系列强有力的措施，把军权、政权、财权最大限度地集中到皇帝手中。这些措施在整个宋朝代代相传,被称为"祖宗家法"。这是宋代政治制度的一个特点,也是具有明达卓识的宋朝奠基者们,在封建社会转型时期一种因势利导的必然选择,对于巩固宋朝的统一、安定社会秩序、发展经济和抵御外来侵扰,起过一定的积极作用。但这些军政措施,同时又存在着无法克服的内在矛盾,而且越到后来越加严重。

在军权集中方面,公元961年,宋太祖即皇帝位的第二年,便采纳宰相赵普的建议,上演了历史上著名的"杯酒释兵权"一幕。当时太祖亲设宴席,邀请手握重兵并有开国之功的石守信、王审琦等前来欢聚,席间觥筹交错,开怀畅饮,欢声笑语不断。太祖乘机动之以情,晓之以理,劝谕各位将军放弃兵权,多买良田美宅,多置歌儿舞女,尽情享受人生,终其天年。就这样轻而易举地解除了心头大患。从此,把军队交由文臣统率,又立"更戍法",士兵经常轮换驻防,终年往来道途,致使"兵不识将,将不识兵"。这些举措,虽然成功地杜绝了武人拥兵自重、跋扈割据的局面,却又造成军队训练不良、战斗力薄弱的严重弊端。

在政权集中方面,则以"分化事权"、"互相牵制"为其主要手段。无论在朝廷,还是在地方,都有一套严密的办法来控制官员的权力,使他们不能不小心谨慎、恪守本职。即以地方行政的配置而言,宋朝派遣文人担任地方长官,既设知州(州府长官),又置通判(州府副长官)。通判虽属副职,但由朝廷选派京官担任,有权直接向皇帝奏事,可说是朝廷安插在地方起监督之职的一只眼睛。一切公事应由通判与知州共同处置,从而使通判、知州互相牵制,避免专权擅任、尾大不掉。然而,这种制度又产生了一系列的流弊。两套人员的设置安排,致使官僚机构庞大臃肿;知州与通判经常发生摩擦,又将大量的时间精力用于内耗,造成官府的无能、低效。欧阳修《归田录》

中就曾记载了这样一个笑话:有个叫钱昆的杭州人,平生最爱吃螃蟹,在朝任职时,他曾要求到地方上去担任知州,有人问他愿意去哪里,他回答道:只要是有螃蟹无通判的地方就行。平生最爱的事物的对立面自然就是平生最恨的事物,可见当时一般说来,知州与通判之间确实形同冰炭,两不相容。

在财权集中方面,规定地方财赋绝大多数上交中央,这刺激了上层统治集团的穷奢极欲,挥霍享乐。宋朝优待百官,官吏俸禄极高,一般士大夫之家都有蓄养歌妓的风气,著名词人、太平宰相晏殊就以生活的艺术化、精致化而著称,他家"未尝一日不饮宴"(宋·叶梦得《避暑录话》),他那些带着淡淡忧伤的美丽歌词,就是在"一曲新词酒一杯"(宋·晏殊《浣溪沙》)的优雅闲适的氛围中写出来的。在民间有一出影响深远的戏文《破窑记》,它的主人公原型就是宋朝名相吕蒙正,然而,正是这位出身贫寒的吕蒙正,一朝高中,登上宰相之位后,每天光是喝一碗鲜美的鸡舌汤,就要杀上百只鸡。这是个所谓"恩逮于百官者,唯恐其不足;财取于万民者,不留其有余"(清·赵翼《廿二史劄记》)的时代。经过五六十年的发展,官僚集团累积膨胀,规模十分庞大,这给宋代的财政造成了很大的压力,到宋仁宗时期,就出现了国库空虚,"惟存空簿"(宋·李焘《续资治通鉴长编》)的严峻的形势。朝廷不得不进一步加大从民间汲取财富的力度,这使固有的社会矛盾日趋尖锐化,出现了严重的政治危机。

正如上文所述,宋朝在军事制度上的变化削弱了军队的战斗力,在抵御外辱方面,尤其显得软弱无能。所以,北宋一代,前期处在契丹族的辽政权、党项族的西夏政权的侵扰和威胁之中,后期又受女真族的金政权的侵逼。为了换得暂时的和平,宋朝每年向辽、夏输纳大量"岁币"(银、绢),这项巨大的支出无疑使本已沉重的财政负担雪上加霜。

政治、经济上的紧张又蔓延刺激着与之相关的各种社会矛盾，这时的北宋，在太平的表面之下其实涌动着各种不稳定的暗流。当然，统治阶层也已感到社会危机的严峻形势，缓和危机、革除弊政的社会思潮在一些意欲有为的官员中日益高涨。庆历三年（1043），宋仁宗任用范仲淹为参知政事（副宰相），富弼、韩琦为枢密副使（全国军事机关的副长官），实行改革，号为"庆历新政"。但事隔不久，就因保守派的反对而失败，范仲淹、富弼罢职，韩琦被迫离开中央到地方。"庆历新政"的失败更彰显出社会矛盾的复杂性，以及解决的艰巨程度。

仁宗在位四十二年，勉力维持，尚称安定，至宋神宗继位时，国家形势已经非常严峻。这时，宋朝每年向西夏输纳银七万两，绢五千匹，茶三万斤；向辽国输纳银二十万两，绢三十万匹，仍然换不来西北边境的安宁。和不成，战又不可，国家贫弱，民不聊生，内忧外患迫在眉睫。新的改革浪潮在士大夫中蓬蓬勃勃地酝酿着，仿佛地下奔腾汹涌的岩浆，只等着一个突破口的打开。

神宗锐意求治，富国强兵，雷厉风行的王安石受命执政

神宗赵顼是英宗皇帝的长子，母亲是宣仁太后高氏，于治平四年（1067）继皇帝位，正当奋发有为的二十年华，面对积贫积弱的尴尬局面，深感屈辱，决心锐意求治，富国强兵。他曾和大臣谈及太平兴国四年（979）宋太宗御驾亲征与辽作战、惨败而归的往事，无比沉痛地说：

"太宗自燕京城下兵败，被北虏穷追不舍，仅得脱身，所有随身携带的器物、随行侍候的嫔妃都被抢走，太宗腿上连中两箭，每年都要发病，他的逝世，也是由于箭伤复发。像这样不共戴天之仇，我们

还要年年捐银输帛,为人子孙者应当这样吗?"说着说着泣不成声。

一次,他还身着戎装去见祖母(仁宗妻曹后),以表达自己发奋图强的志向。

他开始广泛征询大臣的意见,探求革新之路。

他召富弼入对,富弼说:"陛下即位之始,当先布德泽,愿二十年口不言兵。"

他向司马光请教,司马光说,人主应先修身而后治国,"修身之要三:曰仁,曰明,曰武。治国之要三:曰官人,曰信赏,曰必罚。"

这些元老大臣深知天下之事积重难返,固然是希望神宗沉着冷静,更切合实际,循序渐进地打开局面,然而,稳健常常流于因循苟且,过分强调客观困难则可能落入庸碌无为。因此,在神宗皇帝看来,他们都太畏葸懦弱,早已失去了"庆历新政"时的勇锐之气,他们的建议往往空泛而不着边际,丝毫不能解救当务之急。年轻的皇帝在无限焦虑中痛感无人共商大计,这时,他想起了久闻大名却不曾谋面的王安石。

王安石,字介甫,庆历二年(1042)进士。青少年时代曾随父亲宦游各地,广泛了解到社会的现实、民间的疾苦,就已抱定经世济时的志向。进士及第以后,历任州县地方长官,先后在鄞县(鄞,yín,治所在今浙江宁波)、舒州(治所在今安徽潜山)、常州(治所在今江苏常州)等地,试行若干改革措施,收效显著,逐渐形成一整套变法理论和方案。嘉祐三年(1058),他写的长达万言的《上仁宗皇帝言事书》就是这些思想的集中体现。

王安石是一位懂得审时度势的政治家,深知国家承平百年,朝廷上下因循苟且,已经形成一种非常保守的政治风气,自己必须积累经验,获得必要的名望和资历,等待最佳的时机,才有可能施展才华,实现政治抱负。早在仁宗统治时期,作为政绩卓著的地方官,王安石就已声名鹊起。朝廷多次征召进京，授以美差，他都辞不应召，将人人欣羡的晋升机会弃若敝屣，加上他生活俭朴，酷爱读书，知识渊博，思想深刻，见解非凡，从而赢得"视富贵如浮云，不溺于财利酒色，一世之伟人也"（宋·黄庭坚《跋王荆公禅简》）的崇高美誉。一时之间，士大夫交口称赞，视为"圣人再世"，人人希望和他相识，个个愿意与他交往。

作为一位名人，当时就有许多表现他独特个性的趣闻轶事流传。据说，一天，有位朋友对王安石的夫人说："我发现介甫（王安石字介甫）最爱吃兔肉丝。"

夫人大吃一惊，说："是吗？我怎么不知道他有这个嗜好！"

朋友说："上次我请客，他一人把整碗兔肉丝全吃光了。"

夫人想了想，说："那碗兔肉丝是不是摆在他的面前？"

朋友点点头。

夫人说："这就对了，下次你把兔肉丝放得离他远远的，看他是不是还会吃它。"

下一次请客，朋友果然把兔肉丝放到王安石的对面，只见王安石埋头吃饭，专夹面前的一份菜，根本不知道桌上有兔肉丝。

"一个专心思想的人，自然而然会忽略生活小事，丝毫不在意饮食和衣饰。"说故事的人每每在最后会加上这么一句。

神宗在做太子时，就已从各种渠道听说过王安石，留下了十分深刻的印象，所以当他陷入孤独苦闷的状态时，便很自然地想到了这位当代奇伟之士，召他越次入对。君臣一见如故，长谈数次，在一系列重大国策上取得高度一致。王安石怀着乐观、豪迈的心情对神宗说："大有为之时，正在今日！"

年轻的皇帝心潮澎湃，信心倍增，以坚定的目光注视着远方，仿佛已看到了灿烂辉煌的前景。这场历史上著名的变法运动，就在大势所趋的社会历史背景下,在百年难逢的君臣遇合的关键点上,奏响了激扬奋进的序曲!

经过一年的酝酿和准备,熙宁二年二月,神宗起用王安石为参知政事(副宰相)。雷厉风行的王安石受命执政,立即建立起一个负责制定户部(掌管户口、赋税和榷酒等事)、度支(掌管财政收支和粮食漕运等事)、盐铁(掌管工商收入和兵器制造等事)三司条例的专门机构,命名为"制置三司条例司",作为主持变法的新机构。历时十八年的变法运动正式开始。

神宗与王安石,冲破一切障碍向前走, 却犯下一个战略性错误

在神宗皇帝最大限度的信任和支持下,王安石勇往直前,颁布和实行了一系列新法,大刀阔斧地推进改革。新法的具体内容可分为理财和整军两类。属于理财的有青苗法①、免役法②、均输法③、市易法④、方田均税法⑤、农田水利法⑥等;属于整军的有减兵

---

① 青苗法:为了免除农民在青黄不接时受到高利贷的盘剥,由官府向他们提供贷款,每年两次,利息二分;在夏、秋时随两税还纳(实际上年息四分)。

② 免役法:宋朝原来实行差役法,官府各类繁重差役,由民户自己服役,常使当役人倾家荡产。免役法改为向官府交钱,由官府雇人充役;民户按户等的不同交纳不同数量的役钱。

③ 均输法:当时税收制度有个严重流弊,各地区上供财赋,不管年成丰歉,产地远近,都是同一定额,富商大贾便乘机倒卖取利。均输法实行,朝廷增设发运使官,该职根据各地财赋情况和京城库存数量,统一处置,"徙贵就贱,用近移远",对各地供办的物品有变易调整之权。

④ 市易法:设立常平市易司,管理市场,控制物价,并向商人贷款或赊售货物,取年息二分。

⑤ 方田均税法:为防止大地主隐瞒田产,赋税不均,决定丈量田地,按土质肥瘠规定税额。

⑥ 农田水利法:奖励兴修水利,必要时用官府贷款加以资助。

并营①、将兵法②、保马法③、保甲法④等。理财是为了"富国",整军是为了"强兵",最终目的是为了缓和社会危机,巩固赵宋王朝的统治。

一时之间朝野震惊,舆论汹汹。尽管这是一个改革浪潮风起云涌的时代,人们普遍地求变图新,可是在具体运作方面却有着往往是截然相反的思想和观点;同时,这又是一个因循守旧已成习惯的社会,许多人虽然早已不满现实,却又似乎暗暗地害怕和抵触可能发生的一切变化;更何况,政治、社会的大事件,是属于各个阶层人们的群体的实践活动,不可避免地卷入许多更为复杂、琐碎、偶然,却又不容忽视的因素。当最初的兴奋和昂扬过去之后,神宗皇帝很快就陷入一种极其艰难的处境,他不得不承受来自各个方面的沉重压力,他不得不用年轻的、还没有太多经验的头脑来判断纷繁复杂的是非得失,他常常夜不成寐。

事实上,早在治平四年,神宗初次诏令王安石进京,安石因病未能从命,对此,朝臣便已意见纷纭,是非难辨。一天,神宗对身边近臣说:"王安石,先帝在时,屡召不起,有人认为是不恭。现在朕召他,他又不受命,是真的病了呢,还是有所求?"

曾公亮说:"王安石文学器业,堪称时之全德,应该得到朝廷的重用。累召不起,必因疾病,不敢欺罔。"

吴奎则说:"王安石曾任纠察刑狱之职,争刑名不当,有旨释罪,不肯入谢,总认为韩琦排挤自己,所以不肯入朝。"

---

① 减兵并营:裁减五十岁以上的老弱兵士,进行全国军队的整编。
② 将兵法:置将练兵,使各地将官自专军队事务,改变过去"兵不识将,将不识兵"的情况。
③ 保马法:奖励民间代官府养马。
④ 保甲法:以十户为保,五十户为大保,十大保为都保,加强地方行政的控制,建立地主武装,以防止农民的反抗。

曾公亮当即指责道:"王安石真辅相之才,吴奎所言是荧惑圣听。"

吴奎说:"臣曾与王安石共事,见他刚愎自用,所为迂阔,如果重用了他,必定紊乱朝纲。是曾公亮荧惑圣听,非臣荧惑圣听!"

针锋相对的两派意见,令神宗颇难取舍。

在变法的酝酿和准备时期,围绕着任用王安石的问题,君臣之间也发生过多次明显的对立和冲突。王安石虽然品格高尚,才华卓著,但个性执拗,孤傲怪僻,不善与人相处,许多大臣认为不可重用。宰相韩琦请求离朝外任,临行前,神宗问他:"卿去之后,谁可以担当国家大任?"

韩琦沉默不语,因为他很清楚皇帝的意图何在。神宗也不含糊,干脆直截了当地追问:"卿以为王安石如何?"

韩琦回答道:"王安石为翰林学士则有余,处辅弼之地则不可。"

直到神宗已决定任王安石为参知政事的前夕,大臣唐介还进谏劝阻,神宗非常气恼,他质问道:"王安石是文学不可任?经术不可任?还是吏事不可任?"

唐介回答道:"王安石固然好学,但泥古不化,议论每多迂阔,若其执政,必定多有变更,想治反乱。"

这些富有经验的大臣们的意见,未尝不令神宗感到有些犹豫。可是,他想:人无完人,王安石个性中固然有这样或那样的毛病,但他不凡的见解、果决勇敢的气质、恢宏阔大的魄力,在这个习故蹈常、墨守成规、人人但求无过而不思有所作为的朝中实在太难得了!或许这些见解和气质,正是神宗自身所具备的,对于一个充满自信的人来说,他欣赏和爱慕的,往往就是与自己相似的。况且,在经过一段时间的观察后,他确认,满朝文武,唯有王安石能与他同心协力,开创大业,所以,他力排众议,起用王安石。

新法一经出台，便在朝臣中引起了十分激烈的论争，虽然大多数人都赞成改革，但是在如何改，确立什么样的改革目标等问题上，却存在着重大分歧。当时朝议纷纷，而以翰林侍读学士（皇帝的顾问）司马光的政见最为集中突出。司马光和王安石当时同样名重士林，品德学问都是第一流的人物，变法之前，相互之间常常诗词歌赋酬唱往来，有着亲密深厚的友情。但是两人的学术背景和政治思想却完全不同，因而在变法运动开始后，很快形成尖锐对立。

王安石主张祖宗之法可变，司马光则认为"治天下譬如居室，弊则修之，非大坏不更造也"，对于祖宗之法应"存其善而革其弊"（元·脱脱《宋史·司马光传》）。

王安石主张制定一整套新法，以增加国家赋税收入，司马光则主张在基本维持成法的前提下，节俭用度，减省冗费，拯救国家财政危机。

王安石重在变法理财，富国强兵；司马光重在惩治时弊，安定民心。

在一次又一次面对面的交锋中，王安石显然是变法派的领袖，司马光则成了反变法派的代表。两派的政治思想各有利弊，谁也无法驳倒谁，同样，谁也无法说服谁。

尽管韩琦、富弼、文彦博、欧阳修等一大批元老重臣都更多地认同于司马光的政见，并以自己数十年治理国家的丰富经验，富有预见性地指出新法本身潜藏的诸多弊端，但是，神宗皇帝渴望的是恢宏大气的变法更张，而不是小打小闹的查漏补缺。他想：也许矫枉必须过正，也许每一次社会变革都不能不付出大的、惨痛的代价。既然我们再也不能像以往那样因循苟且，就应该有一番大手笔、大写意！所以，在每一次两派间面红耳赤的争辩之后，神宗这举足轻重的一票总是投给了变法派。

在理想蓝图的鼓舞下,在改革浪潮的激励下,神宗与王安石,这两个同样自信、同样果决、同样坚定的人,怀着迫切的、急于求成的心情走自己的路,完全忽视了反变法派的议论中那些合理的、中肯的意见。

"道不同,不相为谋"(《论语》)。于是,这一批负有社会重望的老臣或称病,或引退,或要求外任,以消极抵抗的方式表示他们的不满。神宗皇帝每一次接到这样的报告,都不免感到心酸,但是,含着泪,他还是毅然决然地批准了他们要求离开朝廷的申请。司马光于熙宁三年离朝退居洛阳,十五年绝口不谈国事,闭门著述,完成史学名著《资治通鉴》(共耗时十九年)。

元老重臣的相继离去,更使朝中一大批对新法持有疑虑或反对意见的大小官吏舆论蜂起。他们有的基于忧国忧民的善良动机,与王安石等变法派大臣探讨新法的得失利弊,开诚布公地提出忠告;有的则罗织罪名,无限上纲,进行恶意的谩骂和人身攻击,称王安石为"大奸"、"大恶",指责他欺上罔下,误天下苍生。神宗皇帝态度强硬,阻碍新法者一律罢黜。

朝廷的风波惊动了后宫,祖母(仁宗妻曹后)、母亲(英宗妻高后)以及神宗的妻子向后,也站到反变法派的行列中去了,每次见到神宗都流着眼泪要求他放弃变法。她们的眼泪,总会让神宗产生片刻的动摇。可是,只要一见到王安石,他又重新变得坚定。王安石既是他的同志,又是他的导师。就这样,君臣二人,义无反顾,冲破一切障碍向前走。

然而,在这种大无畏精神鼓舞下,他们不仅不能吸收来自各方面的意见以完善自己的思想,而且又犯下一个难以弥补的战略性错误,将许许多多可以团结的力量毫不留情地推到对立的一面,变法的核心机构——制置三司条例司陷入了完全孤立的状态。

在激烈的变法与反变法的斗争中,原有的官吏或引退,或罢黜,或外迁,王安石不得不大量起用新人,无暇从容仔细地进行品德、才华的全面考察,于是,一些投机巧进的小人乘机混入了变法者的行列。这批青云直上的"新进少年"颇为舆论所卑视。当时流传一则笑话,说是有一天,神宗身边的一个优伶故意骑着一头驴来到百官朝拜的大殿外,大模大样地登堂入室,被卫士们挡住,他故作惊讶地说:"现在不是凡有脚的都上得了吗?"

这则笑话当然不是实有其事,但也反映出当时用人确实存在着既多且滥的问题。

政见之争与道德的优劣评判,在最初的阶段并没有必然的联系,而后来却搅到了一起,难解难分,从此党争的性质开始发生变化。人们只看到贤者渐去,小人得志,一般清高自重的士大夫不屑与小人为伍,便很自然地站到了与小人对立的"君子"——反变法派一边。因为反对新法而罢官,被士大夫引为骄傲和光荣。这又进一步强化了变法派的孤立处境。而且依靠急功近利、才德浅薄的小人推行新法,必然会产生许多事与愿违的现象,使新法本身潜藏的弊端过早地恶性发展,导致变法运动的最后失败。

苏轼无条件地站到了反变法派的一边

苏轼兄弟于熙宁二年二月还朝。苏轼恢复殿中丞、直史馆的职衔,差判官诰院(负责颁发官吏授官凭证的机构),苏辙则在制置三司条例司工作。

面对朝政的巨变,苏轼一时有些困惑。在此之前,作为一位关心民生疾苦,有志于匡时济世的士大夫,苏轼的思想一直与当时的革新思潮保持一致。他希望朝廷奋发有为,革新弊政。嘉祐五年为

应"制科"考试所写的《进策》和《进论》各二十五篇,以及嘉祐八年
(1063)在凤翔任上所作的《思治论》,就集中表现了他当时要求革新
的政治思想。在这些文章中,他首先指出掩盖在承平景象下的严重
的社会危机:

> 天下有治平之名,而无治平之实。(《策略一》)

并说当今的忧患,在外是辽和西夏,在内是下层的民众;辽和西夏
还不足以成为朝廷的大忧,但是,他们的侵扰可能引发内祸,下层
民众才真正掌握着国家存亡的大权。十分深刻地认识到阶级矛
盾和民族矛盾的主次地位和相互影响的关系。他大声疾呼,要
"涤荡振刷而卓然有所立"(同上),一再阐发《易经》中"天行健,君
子以自强不息"的万物皆动的思想,希望"天子一日赫然奋其刚健
之威"(《策略一》),勇于改革。这些政论文在文风上深受战国时
代纵横家的影响,它的特色是汪洋恣肆,辩才无碍,一经问世便传
遍天下,为革新思潮推波助澜,并被应试科举考试的举子们奉为
楷范,南宋时就有"苏文熟,吃羊肉。苏文生,吃菜羹"的俗语流
行。

现在,面对紧迫的社会危机,神宗皇帝真的"赫然奋其刚健之
威",企图挽狂澜于既倒,支持王安石在较为深广的范围内进行改
革。暴风骤雨般的变法运动却令苏轼深感不安。事实上,他的思
想深处本来就充满着变革与反变革的对立因素,这种内在矛盾
性,使他在不同的政治环境中,产生出几乎完全不同的政治见解。
应制科考试时,正当仁宗执政后期,经历了"庆历新政"的失败之
后,朝廷内外弥漫着习故蹈常、萎靡不振的政治空气,求变的思想
因素在苏轼的心中骚动不宁,所以他不满现状,一再呼吁改革。

可是，当改革真正来临的时候，动荡多变的政局又激发了他思想的另一面，他开始鼓吹清静无为，对改革的前景顾虑重重，害怕变革过度。况且，长期的书斋生活限制了他的生活视野，凤翔任职的三年也没有独当一面的经验，对于社会问题产生的本质原因缺乏认识，看不到王安石变法的积极、进步、合理的方面。所以，在最初的阶段，他沉默地注视着，思考着眼前发生的一切。随着变法运动的展开，变法与反变法两大阵营逐步明朗化，纷纷攘攘的局面中，苏轼本来就持有不同政见，加上舆论的影响，以及新法在推进的过程中实际出现的一些弊端，尤其是他与欧阳修、韩琦、富弼等元老重臣的人事渊源关系，都促使他无条件地站到了反变法派的一边。

熙宁二年五月，王安石准备改革科举法，罢去诗赋明经诸科，以经义论策考试进士，同时，鉴于科举选拔人才的种种弊端，计划兴办学校，逐步实现以学校代科举。神宗皇帝对这一改革方案颇为犹豫，于是诏令馆阁学士参与讨论。苏轼立即写了《议学校贡举状》，表示坚决反对。文章层层深入，论辩滔滔，神宗皇帝读后赞叹不已。神宗本来极为讲究文辞，重视史学，这位在嘉祐二年以诗赋文章一鸣惊人的杰出才士给他留下了十分深刻的印象，祖父仁宗"两宰相"的评语他也早有耳闻。此时，神宗一边欣赏着奏章上苏轼那刚健而不失婀娜、凝重却不落呆滞的字体，一边想道：

"即位之初，苏轼尚在家乡守制。最近听说他已经除丧还朝，只因自己政务繁忙，还没来得及单独召见他。关于变科举，兴学校，我本来就觉得有不够妥当之处，读了他这番议论后，真有豁然开朗之感。看来，苏轼确实是个难得的人才啊！"想到这里，他立即叫人传旨，召苏轼觐见。

苏轼奉命匆匆前来，行礼之后，见神宗皇帝神情安详、言语温和，忐忑不安的心才稍稍有一些镇定。虽然回朝还不过短短的三个月，他却已耳闻目睹了不少人因为反对新法而冒犯天颜，他不知道自己这一篇《议学校贡举状》会在神宗的心里激起怎样的反应。现在看来，皇上毫无怪罪之意，苏轼不禁松了一口气。这时，他听到神宗说："苏爱卿，你认为当今政令有哪些失误？即使是朕个人的过错，也不妨坦率指陈。"

神宗皇帝诚挚恳切的语气令苏轼深深感动，多少年来，他一直梦想着的不就是这样一个时刻吗？所以，没有丝毫犹豫，他朗声答道："臣以为，以陛下生而知之的禀赋，不患不明，不患不勤，不患不断，但患求治太急，听言太广，进人太锐。愿镇以安静，待物之来，然后应之。"

神宗听了不禁悚然。自酝酿变法到如今，他不知听到过多少反对的意见，苏轼这几句话似乎格外令他震动。他扪心自问，即位以来，确实有一种非常急切焦虑的情绪萦绕在心头，他广泛听取意见，起用王安石等一大批变法派骨干，为了推进新法，又以最大的勇气、果决和魄力排除障碍，这一切真的都做得有些过头吗？真的是所谓"求治太急，听言太广，进人太锐"吗？

略做沉吟之后，神宗说："卿这三句话，朕一定仔细想想。"接着，他又以鼓励的语气对苏轼说："凡在馆阁，皆当为朕深思治乱，无有所隐。"

苏轼退朝之后，兴奋不已，立即将这次召见的经过说给同事、朋友听，他仿佛看到了扭转乾坤的希望。

这件事情也很快传到了王安石的耳中，他自然很不高兴。他深知变法事业尽管阻力重重，只要神宗态度坚决、不动摇，就一定能进行下去，他担心苏轼的那些话会对神宗皇帝产生不良影响。其实，王安石的担心完全是多余的。神宗虽然欣赏苏轼的才情，却并不因他的片言只语而改变自己的目标。改革是他毕生的大事业，他决不轻易放弃。因此，他真正倚重的仍然是具有政治家魄力与眼光的王安石。

关于科举考试的改革方案，最后还是王安石的一番话坚定了神宗的决心，第二年即罢诗赋明经科，以经义论策取士，只是在具体操作的一些细节问题上，适当吸收了苏轼的意见。

在王安石眼中，苏轼不过一介书生，
但苏轼却拥有巨大的舆论声势

不过，苏轼毕竟已在神宗皇帝心中留下了极好的印象。时隔不久，针对中书政事堂事务繁杂，办事效率低的积弊，朝廷成立"编修《中书条例》所"，改革吏制，提高行政效率。神宗马上想到苏轼。

一天，他对王安石说："朕想调苏轼修《中书条例》，卿以为如何？"

王安石大不以为然，他毫不讳言地说："苏轼与臣所学及议论素有歧异，不宜担当此任。"

见神宗还想坚持，他又说："陛下欲修《中书条例》，朝中大小官员都表示反对，苏轼恐怕不会违背众人的意愿来与我们同心协力做这项工作。即使来做，也会时时发表不同意见，把事情弄糟。"

可是，对于苏轼，神宗常常有"才难"之叹，依然想要重用他，所以，到十一月，又提出任用苏轼修《起居注》。这一职位是最为接近皇帝的侍从近臣，更不能让反对变法的苏轼去做，所以，王安石又一次坚决阻止。他说："苏轼论资历最多只能担任通判之职,怎么可以就让他修《起居注》呢?陛下用人须再三考察,确实可用乃用之。现在,陛下不过是听了苏轼的言论而已,而这些言论又未见可用之处,恐怕不宜轻用也。"

王安石与苏轼政见不一,阅历、个性和思想方式也很不相同。在王安石眼中,苏轼不过是一介书生,尽管才气横溢,根本就缺乏从政的经验和议政的眼光。他的那些文章和言谈,统统不过是书生空论而已,没有一句值得采用。然而书生空论,虽不能左右大局,却也产生了不小的舆论影响,令王安石非常恼火。

这年冬天,苏轼被任命为开封府判官。这一任命自有其深意,既可使他远离皇帝的视线,又可用繁杂的首都地方行政事务困扰他,使他少有余力干预朝政。但是苏轼决断精敏,处事迅捷,不仅将职责范围内的事务处理得井井有条,而且依然有足够的精力关注朝廷的一切,哪怕是最细微的变化。

转眼之间已到岁暮,这是英宗去世、神宗即位之后迎来的第三个新年,此时国丧已满,孝顺的神宗皇帝一心想让祖母、母亲过一个热热闹闹的新春佳节,决定在正月十五上元节在宫中举行大型灯会。

上元观灯原是唐宋时代最为热闹的习俗。每当此夜,士女成群,游人如织,多少旖旎浪漫的才子佳人故事就发生在这华灯齐放的美丽夜晚。制作花灯也由此成为当时一项重要的手工艺。小民赖以谋生,商人借以牟利。在品种繁多、产地各异的花灯中,精巧华美的浙灯最负盛名。

以往,皇宫之内很少举办灯会,每遇放灯,照例只是临时买些花灯张挂,数目既少,费用也不多,内庭嫔妃大多只能登上高楼遥望灯火辉煌的市中心,感受一下节日的氛围。今年神宗皇帝既然有心在宫里大张旗鼓地庆祝元宵,所以早早地便传下诏令,叫内使收买四千余盏浙灯。当有关部门了解市场行情将实价上报之后,神宗觉得费用过高,于是又下令减价收购,同时禁止市民购买,以满足宫中的需求。这一举动引起了商人和市民的强烈不满。虽然只是小事一桩,却使神宗在百姓心中的形象大打折扣。

苏轼想起五月间神宗召见时的那一番温谕:

> 凡在馆阁,皆当为朕深思治乱,无有所隐。

他不希望神宗因小失大,连忙写了一道《谏买浙灯状》奏上。文章说:

> 卖灯之民,例非豪户,举债出息,蓄之弥年。衣食之计,望此旬日。陛下为民父母,唯可添价贵买,岂可减价贱酬。此事至小,体则甚大。

因此在民间造成极坏的影响:

> 皆谓陛下以耳目不急之玩,而夺其口体必用之资。

这篇奏章呈上之后,神宗皇帝从善如流,立即收回前命。苏轼惊喜过望,感动得流下热泪。他想:

> 改过不吝,从善如流,此尧舜禹汤之所勉强而力行,秦汉以来之所绝无而仅有。(《上神宗皇帝书》)

年轻的神宗竟然能够做到。

> 有君如此，其忍负之？惟当披露腹心，捐弃肝脑，尽力所
> 至，不知其它。(同上)

因此，他决定在适当的时候，再上一道长篇的奏章，就目前的新政发表自己不同的意见。

那两三年间，因为两派斗争激烈，朝中人事更迭不已。为反对新法而受贬或不愿合作而自请外放的人接二连三，苏轼频繁地出现在饯别的酒席上。

> 年年送人作太守，坐受尘土堆胸肠。(《送吕希道知和州》)

长亭外，古道边，垂柳依依，随风飘拂，握手道别，折柳相送，满腹的愁绪都寄托在这鹅黄嫩绿的柳枝上，年去岁来，真不知已折断柔枝多少！这种特定背景下的饯别，远行者大有殉道的热忱和慷慨赴义的豪迈洒脱，而送别者却倍感京华倦客的孤独与落寞。在送馆阁同事钱藻出守婺州时，苏轼感叹道：

> 子行得所愿，怆恨(liàng，悲伤)居者情。(《送钱藻出守婺州得英字》)

因为全身心关注着国事，很久以来，他都没有心情写诗了，只有在不可无诗的送别场合，才将心头的抑郁谱写成诗篇，所以一提笔就不免关涉到政治：

吾君方急贤，日旰（gàn，晚上）坐迩英。黄金招乐毅，白璧赐虞卿。子不少自贬，陈义空峥嵘。（同上）

神宗皇帝求贤若渴，不分白天黑夜端坐迩英殿，处理政务，招纳贤才，希望能像战国时代的燕昭王、赵孝成王一样，以黄金白璧、高官厚禄求得乐毅、虞卿这样的惊世奇才。于是，大批巧进之人趁时并起，而真正的贤能之士则坚守道义，自甘隐退，纷纷离朝，出守州郡。然而，"古称为郡乐，渐恐烦敲搒（péng，用棍子或竹板子打）"（同上）在新政风暴的席卷下，中国之大，再难找到一片清静之地。一郡之守的闲雅乐趣，自古以来最为士大夫们交相称颂，如今渐渐地恐怕也将一去不复返了！因为新法既行，重赋苛税，百姓难以输纳，为郡者便不免用鞭棰催督。诗歌语含讥讽，毫无隐饰，直斥当时朝政，批评神宗皇帝"求治太急，进人太锐"。

面对神宗皇帝与王安石义无反顾推进新法的强硬态度，在新党成员日益鱼龙混杂，排斥异己、借题发挥的事件屡屡发生的险恶环境中，苏轼清楚地知道，发出这样与当政者极不和谐的声音，很有可能会给自己招来厄运。在《送刘攽倅（cuì，充任州郡副长官）海陵》中，他这样告诫好友：

君不见阮嗣宗臧否（zāng pǐ，评论人物的好坏）不挂口，莫夸舌在齿牙牢，是中唯可饮醇酒。

在目前的形势下，从个人利益而言，应该学习晋朝的阮籍，对于是是非非、善善恶恶，缄默不言，以便远害全身。

在舍身报国的崇高精神鼓舞下，
苏轼为他所认定的真理进行倔强的争执

然而，苏轼终究是不能沉默的。父亲当年写《名二子说》时，对他的那一份忧虑和担心不是多余的，他太直露，太坦率，太锋芒毕露，每遇不入眼的事情，总是"如食中有蝇，吐之乃已"（宋·朱弁《曲洧旧闻》引苏轼语）。弟弟的性格则显然和他不同。熙宁二年，苏辙曾在制置三司条例司任职，因与王安石的助手、变法派的另一重要人物吕惠卿政见不合，很快自请调任他职，又因上书批评新法，几乎被治罪，熙宁三年外放出任陈州学官，和司马光一样，从此再不议论新法短长。这种处世原则，苏轼一辈子也学不来，这太不符合他的个性了。

眼看着弟弟以及自己所敬佩的前辈、亲近的朋友、周围的同僚，因为反对新法一个个失意离朝，一种空前的寂寞之感在苏轼心中生起，他叹息道：

> 闭户时寻梦，无人可说愁。（《次韵子由初到陈州二首》其二）

可他并不肯真的闭门寻梦，尽管无人说愁，他仍然时时向人说愁。有时候他愤激：

> 人生识字忧患始，姓名粗记可以休。（《石苍舒醉墨堂》）

似乎后悔不该读书明理，踏上仕途，给自己招来无尽无休的烦恼与

忧患;有时候他自嘲:

> 朅来(朅[qiè]来,即去来,此处即谓"来")东游慕人爵,弃去旧学
> 从儿嬉。(《送安惇秀才失解西归》)

十年寒窗,一举成名,真不知有什么意义?官场的争斗恰如儿戏一般,哪里用得上当年苦学的那些宏经巨论?而更多的时候,他抗议:

> 但苦世论隘,聒噪如蜩(tiáo,蝉的总称)蝉。(《送曾子固倅越
> 得燕字》)

当道者心胸狭窄,容不得不同意见,如今满世界只剩下一种声音,像蝉鸣般聒噪单调。

在这种情况下,苏轼确实不可以再说话了,即使不能追逐潮流,虚假地颂扬新法,也应该保持沉默。可是,苏轼又怎么能不说话呢?强烈的忧国忧民的情绪在他心中火一般地燃烧,自幼崇拜东汉时因反对宦官而死的名士范滂;平时常以"忘躯犯颜之士"自居;考制举,又以贤良方正直言敢谏取入第三等,他想:

> 使某不言,谁当言者?(宋·朱弁《曲洧旧闻》引)

在舍身报国的精神鼓舞下,苏轼决心坚守"危言危行、独立不回"(《杭州召回乞郡状》)的政治操守,作为反变法派的代言人,为他所认定的真理进行倔强的争执。

王安石变法既以富国强兵为宗旨,因此,所颁行的一系列新法都围绕着增加国家财政收入这一中心,在"国计"与"民生"这两端

上,重心明显倾向"国计"而忽视"民生"。新法实行之后,国家收入迅速增加,与此同时,百姓的负担也日益加重。加上所用非人,一些贪利求进的地方官,为了个人升官晋级,不惜严刑重法压榨人民,有的地方甚至出现了"拆卖屋木以纳免役钱"的惨剧。王安石主观上的"良法美意"在实践中却部分地变成了"扰民"的工具。

苏轼时刻关注着国事,新法推行中出现的这些问题,更使他确信自己所站的立场是正确的。每当独坐沉思,他那诗人特有的活跃想象力就会将新法刻剥百姓的一幕幕图景展现在眼前,他仿佛能听到他们孤苦无告的哀鸣。于是,在一个寒冷的冬夜,他终于忍不住了,他要给皇帝上书!孤灯之下,奋笔疾书,在这篇洋洋数千言的《上神宗皇帝书》中,苏轼奉劝神宗"结人心,厚风俗,存纪纲"。并对新法发起全面攻击。

尽管在此之前,苏轼一直都在正式或非正式的场合不断发表意见,非议新法,然而,完整系统地阐述自己对新法的不满,并逐条予以批驳,却还是第一次。多少次辗转反侧的思考,多少天郁积心头的激情,此刻一齐涌到笔头,他振笔直书,一气呵成。当时,夜已深沉,家人熟睡的鼾声忽断忽续,苏轼站起身来,舒展一下有些麻木的四肢,感到一阵许久不曾有过的畅快。他想:明天一早就把这篇奏议递交给皇上。

变法与反变法,这是一个涉及政治、经济、军事以及社会生活各个层面的大问题,不仅当时两派之间针锋相对,即使千百年后的今天也仍然聚讼纷纷,其中是非三言两语难以辩清,但可以肯定的一点是,苏轼这篇言事书,字字句句饱含着对国计民生的深切关怀和忧虑,忠爱之心溢于言表。神宗皇帝读后,也不由悚然动容。可是,新法刚刚推行,虽然举步维艰,理财的成绩还是非常显著的,同样以富国强兵为目标而又求治心切的神宗,又怎么甘心就此止步呢?他以惯有的坚定,抑制住浮上心头的这一瞬间的困惑,苏轼这篇质直剀切的文章,便如一片划过水面的碎石,不一会儿就悄无声息了。

每逢休假日,文同总是邀请苏轼一道写字作画

当时,表兄文同(字与可)和苏轼同在馆阁任职,见苏轼一再上书议论朝政,平时与朋友、来客闲坐聊天,也往往指陈时事,言多讥讽,很为他担心。文同本人性格沉静稳重,超然澹泊,从不轻易论人长短,身在京师,对于当前士大夫普遍关注的变法大事,他也不置一词,保持中立。公余之暇,一心沉浸在绘画艺术之中。他善画墨竹,开创了绘画史上著名的"文湖州竹派"(他曾任湖州太守,世称文湖州)。他和苏轼既是表亲,更是情趣相投的朋友,对艺术的热爱和追求,成为他们深厚友谊的最初基石。文同比苏轼年长许多,阅尽人世沧桑,他常常苦口婆心地劝告苏轼言语谨慎,可苏轼就是做不到。文同也知他天性如此,难以改变。每逢休假日,总是邀请苏轼和他一道写字作画,一则希望艺术能转移苏轼对于政事的关注,二则也可以让这位胸无城府的老弟少一些机会,在不相干的人面前掏肝吐肺地发表不合时宜的见解。

文同以画竹名家,而苏轼最爱的也是竹,他曾说:

> 可使食无肉,不可居无竹。无肉令人瘦,无竹令人俗。人瘦尚可肥,士俗不可医。(《於潜僧绿筠轩》)

所以,他常常在自己的庭院里种上一丛丛修竹,他喜欢聆听风过疏竹时沙沙的声响,喜欢看月色盈庭时那有如水中藻荇一般交相横陈的婆娑竹影,这些极自然、极美妙的音乐和图画,曾无数次陶冶他的

性情,启迪他的灵感。在他看来,竹还不仅于此,它更是一种高风亮节的象征:

> 风雪凌厉以观其操,崖石荦确(怪石嶙峋的样子)以致其节。得志,遂茂而不骄;不得志,瘁瘠而不辱。群居不倚,独立不惧。(《墨君堂记》)

苏轼曾经多次在诗文中以竹来比喻文同的品德,赞美他的高洁和超俗。而文同也确实配得上这样的称赞,他一生以竹为师,以竹为友,朝朝暮暮游憩于竹林间,对于竹的了解和揣摩,早已透过外形的牢笼,深入到精神、气质和风神。他画竹,并不仅仅是以笔画,而是以心画,以他的整个的人格和气质在画,所以他的一幅墨竹当时就已价值千金,人人争相收藏,视为瑰宝。他教苏轼画竹,重在写形取意,平时仔细观察,反复揣摩,执笔之前"先得成竹于胸中",凝神默想,仿佛就在眼前,这时"急起从之,振笔直遂,以追其所见"(《文与可画筼筜谷偃竹记》),画出来的墨竹便可以达到形神俱备的境界。苏轼遵循文同的指点,绘画水平长进很快,后来成为"文湖州竹派"的重要成员。但他兴趣广泛,不能像文同一样勤学苦练,所以他的画和文同相比还是略逊一筹。

文同不仅善于绘画,而且长于书法,无论是行书、草书、篆书、隶书,都有过人之处。如果说苏轼在绘画方面略输风采,那么在书法上却无愧于文同。事实上,在宋代书法四大家中,苏轼排名第一。(其他三位是黄庭坚、米芾、蔡襄。)他曾经师法王羲之、李邕、颜真卿、杨凝式等古代书法大家,综合各家书法的个性特点,融进自己学书的体会、知识教养、性情品格,从而自成一家。对于书法理论,苏轼也有其独到见解。他曾说:

> 吾虽不善书,晓书莫如我。苟能通其意,常谓不学可。(《和子由论书》)

和绘画一样,他所追求的仍然是神和意。苏轼和文同经常在一起交流心得,切磋技艺。

文同"字画病"的话头启发了苏轼的灵感

在艺术创作方面,苏轼和文同有一个非常一致的原则,即"有所不能自已"而后作。也就是说,必须在灵感的触发、激情的导引下,才肯挥毫泼墨。因此,对于那些慕名前来求取字画的人十分厌烦,总是正言厉色予以拒绝。有一次,文同甚至一气之下,把人家拿来请他画画的白色细绢扔在地上,恨恨地说:"我将用它们做袜子!"

因此得罪了不少人。苏轼也不愿拿自己的书画随随便便去应酬别人。但是,爱好字画的人并不就此罢休,往往暗中揣摩观察,以便投其所好,达到自己的目的。

他们发现苏轼爱喝酒,但是酒量不大,三五杯不到就会烂醉如泥,无论在哪里,一句客气话不说,倒头就睡,鼾声如雷,一会儿睡醒过来,头一件事情就是嚷着要文房四宝,趁着残留的醉意挥毫疾书,有如狂风骤雨,写完之后随便送人,毫不在意。所以每有想得苏轼字画的人,便不明言,只是设法请他喝酒,唯愿他快醉、快睡、快醒,然后快写,毫无心计的苏轼竟丝毫也察觉不到。

文同则和苏轼不一样,他不嗜酒,却对质地上乘的细绢和纸张情有独钟,每见良绢美纸,就情不自禁,奋笔挥洒,旁观的人你争我夺将字画抢回家去,不跟他说一声,他也不见怪。所以有人为了获得他的字画，便故意预先在他能见到的地方摆上最好的纸笔墨砚，诱他上钩。但文同是个有心人，时间一长，明白了其中的奥秘，后来见人设纸置笔，便强令自己避开，虽然一步几回头，终究不肯再入圈套。有个人想得他一幅画，无数次使用这个人家传授的秘招，花了整整一年也没能得逞，终于忍不住问他："咦，很奇怪呀，近来你好像不大作画了。"

文同暗笑一声，回答道："哦，我以前常常心中不畅快，没有办法排遣，只要画一幅墨竹就舒服了，这是一种病。现在，我的病好了。"

这话后来叫苏轼听到了，他笑道："我看与可这病好不了，时不时还会发作。"

以后，每当文同邀他相聚，一起挥毫泼墨，苏轼便会提起这个话头来取笑。

这天他俩又聚在一处，正开着玩笑，苏轼想起了一件事情。前两天，石苍舒来信说，他新辟了一间书房，取名"醉墨堂"，希望苏轼题诗一首。

石苍舒是擅长行草的书法家，熙宁元年，苏轼离蜀返京，路过长安时，曾在韩琦家与他相会，两人谈起书法艺术，大有相见恨晚之感。那天，酒筵之上，石苍舒与另一位书法家王颐相对题写草书，笔飞墨溅，如狂风骤起，似暴雨突至，围观者无不啧啧称叹，韩琦说："二位先生就好像是在奔驰的骏马上吹笛子。"

在座的客人一时都没有反应过来，韩琦解释道："若非妙手，如何敢在奔驰的骏马上吹笛子呢？"

现在石苍舒来信求诗，苏轼当然不会拒绝。文同"字画病"的话头正好启发了他的灵感，他立即起身来到书桌前，提笔写下"石苍舒醉墨堂"六个大字。这时他诗潮泉涌，奋笔疾书。诗的开头用调侃戏笑的口吻说：

人生识字忧患始,姓名粗记可以休。何用草书夸神速,开卷惝恍(chǎng huǎng,失意的样子)令人愁。

尽管这样说,诗人和石苍舒却对草书爱之成癖:

我尝好之每自笑,君有此病何能瘳(chōu,病愈)。自言其中有至乐,适意不异逍遥游。近者作堂名醉墨,如饮美酒消百忧。乃知柳子语不妄,病嗜土炭如珍羞(美味)。

他们从书法中得到最大的快乐和适意,而石苍舒更是视墨汁如美酒,连书房也要命名为醉墨堂。沉醉笔墨之间就像沉醉于美酒,一切烦恼都将烟消云散。柳宗元曾说,他见到过一位内脏有病的人,整天想吃土炭和酸咸之物,吃不到就非常难受;苏轼认为,凡是溺爱文辞、擅长书法的人,都像得了这种怪癖症。现在才知道柳宗元的话确实是一点不差。

接着诗人盛赞石苍舒书法造诣的高超和他书写的神速:

君于此艺亦云至,堆墙败笔如山丘。兴来一挥百纸尽,骏马倏忽踏九州。

唐代草书大家怀素,把用坏的毛笔积埋在山下,称为"笔冢",如今石苍舒用坏的笔也已堆满墙角,堆成了小山,足见他功夫之深。诗人自己的书法则是:

我书意造本无法,点画信手烦推求。

这是苏轼提出的最著名的书法理论，也是他的经验之谈。这里的"意造无法"，是指摆脱传统的束缚，意之所至，戛戛独创；"信手点画"则是在高度掌握书法规律之后的自由挥洒。苏轼并不排斥传统，他的行书、楷书，取法于前代名家的地方很多，但可贵的是能自创新意，因而才能成为"宋书法四大家"之首。在书法理论上，石苍舒的观点和苏轼完全一致，对于苏轼的书法作品他也极为偏爱：

胡为议论独见假(宽容)，只字片纸皆收藏？

可说是惺惺相惜，同气相求。

不减钟张君自足，下方罗赵我亦优。

诗人认为，如果与汉代书法家相比较，石苍舒的书法足可以与钟繇、张芝相比，苏轼自己的书法也比罗晖、赵袭略胜一筹。最后，诗人说：

不须临池更苦学，完取绢素充衾裯(被单)。

当年张芝临池学书，池水尽皆染黑，家里的绢帛，总是先用来书写，再制成衣服。我们早已超过了"姓名粗记"的水平，所以不必再学张芝临池苦学，以免徒增忧患，与其用绢素写字，还不如用作被单。

全篇充满调侃之意，对石苍舒和自己的嗜书成癖先抑后扬，似嘲实赞，因而显得波澜起伏，妙趣横生。

苏轼与变法派之间的矛盾越来越大了

尽管遨游于翰墨也能如鱼得水、尽享欢乐,可是苏轼始终不能忘怀现实。或许是儒家积极用世与仁民爱物的精神在他身上表现得格外执着热烈?或许是他本来就比常人具有更为充沛的精力和更为宽广的胸怀?应该说二者兼而有之。

《上神宗皇帝书》呈递之后,几个月过去了,苏轼没有得到任何他所期待的回应,不禁有一种人微言轻的愤懑。他认为自己既然从贤良方正直言极谏科出身,就有义务"纷然诵说古今,考论是非"(《答李端叔书》);同样,朝廷既然设立这一制科科目,从中选拔人才,就当"改过不吝,从善如流"(《上神宗皇帝书》),对于不同意见予以重视,并且多加采纳。现在,朝廷尽管不加理睬,苏轼却依然要尽谏诤的责任。熙宁三年二月,他又写了《再上皇帝书》。这篇文章在真诚关注国事的基础上,又加上一些个人意气,因此言辞格外激烈。他把新法比作毒药,危言耸听地说:

> 今日之政,小用则小败,大用则大败,若力行不已,则乱亡随之。

这封奏书依旧如石沉大海。

神宗与王安石对于反变法派意见的忽视乃至排挤,使持不同政见者失去了自由辩论、平等对话的环境,从而进一步加剧了变法派与反变法派之间的对立。这种对立,又导致了双方观点和行为的极端化倾向,这不能不说是令人遗憾的事情。

这年三月,又值三年一度的礼部考试,吕惠卿任主考官,苏轼任编排官（主管编排举人试卷字号和合格举人名次）。应试举子中有不少人，为了投合主考官的意旨，肆意批评成法，赞美新政。在阅卷的过程中，苏轼与吕惠卿常常意见相左，最突出的例子是对来自邵武的考生叶祖洽的取舍。叶祖洽在试卷中写道：

> 祖宗法度，苟简因循。陛下即位，当与忠智豪杰之臣合谋而鼎新之。

吕惠卿大为赞赏，将他列入甲科，取为第一。而苏轼则认为此人诋毁祖宗，谄媚时君，应该黜落。神宗皇帝亲临集英殿，策试进士，最后点叶祖洽为第一。苏轼气愤不已，他认为进士策论应以批评时政为务，如今阿谀奉承之辈名列榜首，必将败坏科场风气，并进而败坏社会风俗，便模拟一道答卷献上。这篇名为《拟进士对御试策》的文章，抨击时政，言多讥讽，将当时局势比拟为："乘轻车，驭骏马，冒险夜行，而仆夫又从后鞭之。"至此，苏轼与变法派之间的矛盾越来越大了。

苏轼一而再，再而三地批评新法，也令神宗皇帝很不高兴，他将这篇《拟进士对御试策》转给王安石看，王安石说："苏轼确实很有才华，但所学不正，又因这次科考取士标准不合他的心意，所以言语冲撞，不知轻重。"

就此搁下不再提起。

苏轼深感人心险恶，再也不愿在这是非之地待下去了

一次次徒劳的争辩，使苏轼对政治渐生倦怠。回想十年前初次步入仕途，是何等奋发昂扬，满以为凭着自己的热情和才智可以干

一番匡时济世的大事业。如今身历其中，才发现年少时孜孜以求的理想就像海市蜃楼，渺不可寻，现实政治恰如儿戏一般荒谬。幻灭的悲哀笼罩在苏轼的心中，他深情地思念故乡的青山绿水，怀想入仕前那自在洒脱的生活。人生的得失真是一个难以言说的话题！他不禁想仰天长啸，追问生命的意义究竟何在？这一切思考和感慨都写在了《送安惇秀才失解西归》一诗中：

> 旧书不厌百回读，熟读深思子自知。他年名宦恐不免，今日栖迟那可追。我昔家居断往还，著书不暇窥园葵。揭来东游慕人爵，弃去旧学从儿嬉。狂谋谬算百不遂，惟有霜鬓来如期。故山松柏皆手种，行且拱矣归何时。万事早知皆有命，十年浪走宁非痴。与君未可较得失，临别惟有长嗟咨。

安惇屡试不第，这一次又名落孙山，苏轼以自己读书的心得告诫他，也以自己对于人生得失的切身体会开导他：在多变的人生路上，也许得即是失，失即是得，祸兮福所倚，福兮祸所伏。

神宗既已对苏轼产生不悦之感，惯于罗织罪名、排斥异己的小人便觉得有了可乘之机。新任侍御史知杂事（负责监察弹劾百官）谢景温忽然上疏，奏劾苏轼兄弟于治平三年扶丧回乡时，利用官船贩运私盐、木材、瓷器等物，而且沿途妄冒名义，差借兵卒。神宗下令查实，谢景温等人立即拘捕当时为苏轼掌船的篙工水师，严加盘问，又向苏轼回乡途经的各个州县发出查询公文，一时之间，闹得沸沸扬扬，仿佛将兴大狱。

苏轼虽然早就知道与当政者唱反调，很有可能给自己招来厄运，却从来也没有想到，会有这么龌龊的事情从天而降，真是百口莫辩！这时他想起了恩师欧阳修，这位德高望重的长者，以高才远识开启一代文风,奖掖提携了无数后辈学人,竟难逃小人的中伤! 在年届耳顺之时,遭到最卑劣、最污浊的诋毁,虽然最后查无实据,老人在精神上却已受到莫大的打击,从此一蹶不振,憔悴衰颓。如今自己也蹈此陷阱! 他感到一股寒气凉彻心底。以捕风捉影、莫须有的卑劣罪名击倒对手,实在是性情坦荡、光明磊落的君子永远无法理解、永远防不胜防的暗枪冷箭!

当时还在朝中的元老重臣范镇、司马光等纷纷出面为苏轼辩解,同时,谢景温等人劳心费力,穷治数月而毫无所得,此事就这样虎头蛇尾,不了了之。苏轼深感人心险恶,再也不愿在这是非之地待下去了,于是上疏请求外任。

面对苏轼的申请,神宗心里很不是滋味,这么一个难得的人才,神宗多么希望能够重用啊! 可惜他不能与变法派协调一致。从大局考虑,也只得放他外任。神宗无可奈何地摇一摇头,批示道:"与知州差遣。"

但是中书省(宰相办公室)认为不可,改为通判颍州。

事实上,苏轼自签判凤翔至今,已经十年,按资历逐年升迁,足够担任知州的资格了,中书省强行压抑,神宗也不好明确驳回,所以又再改批道:"通判杭州。"

派给他一个东南第一大都会的美差,这一差遣,按规定也与"知州"同一级别。

七月,苏轼携带一家大小乘船离京

熙宁四年四月间,朝命即已下达。苏轼卸了京中的差遣,在家里慢慢地打点行装,并不急于赴任。他身心俱疲,对于未来不再抱有绮丽的幻想,所以也就不像当年赴凤翔任那样马不停蹄、日夜兼

程。现在,留在京城的朋友已经很少了,正如他在《送刘道原归南康》一诗中所说的:

> 交朋翩翩去略尽,惟吾与子犹彷徨。

文同也早已出守陵州,他得知苏轼外放任杭州通判,千里迢迢寄诗告诫:

> 北客若来休问事,西湖虽好莫吟诗。

这段日子,苏轼常常想起这位沉静稳重的表兄。去年此时,两人还常常一起写字作画,如今却已相隔数千里,而且此后也再没有重逢的机会,人生之路是怎样地飘忽不可把捉啊!苏轼反复吟咏着文同寄赠的送行诗,为字里行间洋溢着的那一份关爱之情深深感动。

七月,苏轼携带一家大小——继室夫人王闰之,十三岁的长子苏迈和去年新生的次子苏迨等,乘船离京。他们先到陈州(今河南淮阳)与苏辙一家相聚,在那里一住就是七十多天。

九月初,暑热已消,秋风渐起,苏轼一家继续前行。苏辙送哥哥到颍州(今安徽阜阳)。

颍州旧称汝阴,这里气候温和,物产丰饶,境内的西湖风景绝胜,可与杭州西湖相媲美。不久前刚刚致仕(退休)的欧阳修就定居在这里。一到颍州城,兄弟俩便一同前去拜望。看到老师虽然刚刚年过六旬,却已须发皆白,老眼昏花,双耳重听,步履艰难,一副衰弱无力的龙钟老态,苏轼不禁一阵心酸。这位文章风节可为万世之表的老人,这一生是多么不容易啊!历尽了政海的波澜翻覆,经过了无数次政敌的攻击和诬蔑。可欣慰的是,他终于可以自在安闲地在美丽的大自然的怀抱,度过他生命的黄昏。

致仕后的欧阳修日子过得非常悠闲,他说,我有琴一张,棋一局,酒一壶,书一万卷,金石遗文一千卷,以我一个老翁,老于此五物之间,因而自号"六一居士"。

苏轼兄弟的到来,令老人分外高兴。他们兴致勃勃地游览西湖,饮酒赋诗,畅谈终日。一天,欧阳修还故意给苏轼出了一个难题,要他为自己珍藏的一座石屏风赋诗一首。

咏物之作最为难工,既要师法自然,又要笔补造化。也就是说,状物写貌与传神写意相辅相承,若即若离,才可称为上乘。苏轼却是此中高手,早在凤翔时期,他那首著名的《石鼓歌》就已成为咏物诗的典范。不过,眼前这一座石屏,既没有奇异多变的外形可以摹写,又不像石鼓经历过数千年风风雨雨,在时间的迁延流变中串连起无数历史的兴亡,实在极为平凡。唯一独特之处,是它的表面有些高低错落的纹路,很像一棵傲然挺立在绝壁之上的孤松。苏轼凝视着石屏上淡淡的松影,想象的翅膀飞得很远很远。他的眼前,一幅苍凉而绝美的图卷已经展开:

在他的家乡,在峨眉山西面雪岭的峰巅,在皑皑白雪覆盖的陡峭山崖,这棵苍老而虬劲的孤松,倔强地凌空而立,它俯视万物,在孤烟落日之中与苍茫的天宇融为一片……这是怎样的鬼斧神工啊!莫不是毕宏、韦偃,这两位唐代画松名家死后安葬在石屏的产地虢山,他们含愤苦闷的灵魂、悠远玄妙的神机巧思,在深深的地层下汹涌激荡,幻化为飘渺的烟霏,缭绕在这天然的石屏之上?这些古代杰出的画家,确实并非一般凡俗之士可以比拟追攀。从他们的笔下,我们看到的岂止是一棵孤松?实在是一股郁勃的生命激情与坎坷不遇的无穷感慨!

想到这里,苏轼奋笔疾书,写下了这首著名的《欧阳少师令赋所蓄石屏》：

> 何人遗(wèi,赠送)公石屏风,上有水墨希微踪。不画长林与
> 巨植,独画峨眉山西雪岭上万岁不老之孤松。崖崩涧绝可望不
> 可到,孤烟落日相溟蒙。含风偃蹇得真态,刻画始信有天工。
> 我恐毕宏韦偃死葬虢山下,骨可朽烂心难穷。神机巧思无所
> 发,化为烟霏沦石中。古来画师非俗士,摹写物像略与诗人同。
> 愿公(指欧阳修)作诗慰不遇,无使二子含愤泣幽宫。

汩汩的诗情,两三年来郁积心底的愤懑,随着长短不一、错落有致的
句式,源源不断地宣泄在洁白的纸上,形成起伏跌宕的气势,其中
“独画”一句,长达十六字,更是匪夷所思的独创,为“从古诗人所无”
(清·汪师韩语)。欧阳修读后禁不住击节称叹!

在欧阳修家盘桓二十多日,苏轼不得不启程赴任了。这是他们
最后一次相见,第二年,欧阳修就因病去世了。苏轼公务在身,不能
前来奔丧,满怀悲痛写下《祭欧阳文忠公文》寄托哀思,并且终其一
生,对恩师念念不忘。他不仅坚持欧阳修所开辟的诗文革新运动的
方向,而且继承欧阳修奖掖提携后进的精神,培养了一大批优秀的
文学家,在北宋文学发展中起到了承前启后的作用。

苏轼一路上意兴阑珊,深深沉浸在对人生意义的思考之中

兄弟俩也将在颍州分别。秋风萧瑟,征帆高挂,苏轼心中充满
惜别的深情,他感叹道:

> 我生三度别,此别尤酸冷。(《颍州初别子由二首》其一)

这是他们第三次离别,由于处境不佳,前景暗淡,较之以往似乎格外酸冷。人生有聚就有散,有喜就有悲,在聚散悲喜中循环迁转,又怎能不日见衰老疲惫呢?他对弟弟说:

> 语此长太息,我生如飞蓬。多忧发早白,不见六一翁。(同上,其二)

苏轼一路上意兴阑珊,默默咀嚼着心头的苦涩,深深沉浸在对于人生意义的思考之中。在《出颍口初见淮山,是日至寿州》一诗中他这样写道:

> 我行日夜向江海,枫叶芦花秋兴长。长淮忽迷天远近,青山久与船低昂。寿州已见白石塔,短棹未转黄茅冈。波平风软望不到,故人久立烟苍茫。

开头一句,以极平淡的语言写出他此时极沉痛的心情。从表面看,诗人似乎是写实,写他此时正朝着江海相接的杭州行进。可是在这里,江海一词还有另一层更深广的政治文化意味。如果说京城是成功的象征、功业的标志,那么江海则恰恰相反。这样一个行进的方向对于正当盛年、壮志未酬的苏轼来说,实在是一个难以接受的残酷现实。举目四望,枫叶飘坠,芦花夹岸,尽是深秋凄凉的景物。在水天相接的苍茫江面上,人是多么渺小而孤独啊!漫无尽头的长途颠簸中,似乎已辨不清究竟是山在起伏还是船在低昂?生活中,人们常常都会有这样的感觉。怎样才能在无休无止的现实之流的淘洗中,永远地保持一份超然冷静和客观?人生之路似近实远,似远却近,就像诗人这天要抵达的寿州。城中的白石塔已经遥遥可见,但是淮水弯曲,一座长满黄茅的山冈又横陈而出,隔断了诗人的视线。在平静的水面上,寿州城咫尺可接了,诗人情不自禁,起身张望那在暮色中伫立等候的故人的身影。在苏轼坎坷多难的一生中,友情就像寒夜里熊熊的火焰,给予他无限的温暖和安慰。这首诗写得蕴藉淡远,苍茫一片,他晚年还曾特意用草书重抄一遍,并在诗后题词:

> 予年三十六,赴杭倅,过寿作此诗。今五十九,南迁至虔(今江西赣州),烟雨凄然,颇有当年气象也。

汴京越来越远,杭州越来越近,他将在这片陌生的土地上生活三年,苏轼的心渐渐被一种随遇而安的思想所占据。

舟行到泗州,城里有一座灵塔,是唐代一位西域高僧死后藏骨之处。这位名叫僧伽的高僧,生前曾在泗州一带弘法,死后则被当地的百姓奉为神灵。五年前,苏轼扶丧回乡途经此地,正碰上逆风,整整三天船舶无法启航。船夫们劝他向僧伽塔祷告,果然非常灵验,转眼之间,风向就变了。乘着顺风,船行迅捷,长桥很快消失在视线之外,抵达龟山时,还未到吃早饭的时辰。这次重过泗州,他想起了这件往事:

> 我昔南行舟系汴,逆风三日沙吹面。舟人共劝祷灵塔,香火未收旗脚转。回头顷刻失长桥,却到龟山未朝饭。

但是他认为这不过是巧合而已,大公无私的神明待人何尝有厚薄之分?而每一个祷告者都只是为了自己的方便:

> 至人无心何厚薄,我自怀私欣所便。耕田欲雨刈欲晴,去得顺风来者怨。若使人人祷辄遂,造物应须千日变。

这样,神明也实在太难做了。所以,这次如果再碰上逆风,苏轼决定不再祷告:

> 今我身世两悠悠,去无所逐来无恋。得行固愿留不恶,每到有求神亦倦。

他说:现在的我,对过去既无所留恋,对未来也无所追求。命运是如此飘忽不定,渺不可测,似乎不是我们自己所能把握。能走固然顺了我的意愿,不能走也丝毫没有怨恨,就让一切听其自然吧。如果事事都要祈祷,恐怕神灵也会厌倦。既然世间不会有两全其美的事情,那么还是超脱无求为好。

这首《泗州僧伽塔》,因塔感发,就塔作结,议论虽多,但层层递进,娓娓道来,丝毫也不觉得枯燥乏味,给人哲理的启示。

穿过淮河,进入长江,苏轼泊船镇江,让家人稍事休整,自己则另雇轻舟去江心岛上的金山寺游玩①。面对浩瀚奔腾的长江,苏轼满怀的思乡之情忽然变得无法抑制。这是他的母亲河啊!数千里江流的上游,有他美丽可爱的家乡。在《游金山寺》一诗中,诗人热烈地倾诉了心中这份浓浓的乡愁:

> 我家江水初发源,宦游直送江入海。闻道潮头一丈高,天寒尚有沙痕在。中泠南畔石盘陀,古来出没随涛波。

---

① 金山在宋时为屹立长江中之岛,后与陆地相连。

源远流长的江水来自苏轼的家乡，将宦游千里的诗人一直送到了东海之滨。听说这里江潮汹涌飞溅，有时能有一丈之高，如今已是初冬时节，潮水退尽，苏轼还能在岸边的悬崖上看到涨潮时的痕迹。在中泠泉的南面，还有一块凹凸不平的巨石，从古至今，潮涨则没，水落则出。长江的汹涌澎湃历千年而不减，游子的思乡情绪经千日而愈浓！

> 试登绝顶望乡国，江南江北青山多。

诗人登上高峰，眺望远方，可是满眼青山，哪一处是他的故乡？

满怀旅愁，苏轼无心逗留，他想趁天黑之前找一条返回镇江的船只，却又禁不住金山寺两位僧人朋友宝觉、圆通的再三挽留：

> 羁愁畏晚寻归楫，山僧苦留看落日。微风万顷靴文细，断霞半空鱼尾赤。

黄昏时候，微风轻拂，辽阔的江面泛起有如靴子的纹理一样的细细水波，天空中断续的晚霞就像火红的鱼尾。金山落日果然辉煌壮丽！

这天是农历初三，夜幕降临，只有一弯凄清的新月悬挂天际。二更时分，月落西边，天地一片漆黑。忽然，江心冒出一道明亮的火炬，光芒四射，照得山崖上栖息的乌鹊绕树惊飞。此情此景，令苏轼惊疑不定，他在诗中写道：

> 是时江月初生魄，二更月落天深黑。江心似有炬火明，飞

焰照山栖乌惊。怅然归卧心莫识,非鬼非人竟何物。

其实,这是一则类似"飞碟"的"不明飞行物"的有趣而珍贵的记载。苏轼郑重地自注说:"是夜所见如此。"表明这确实是他亲眼目睹的。

我们不妨查考一下北宋时期有关的记载,证明当时镇江、扬州、高邮等地区,常在晦暗之夜的湖上或江上出现类似的情景。沈括《梦溪笔谈》的《异事》中说:

> 嘉祐中,扬州有一珠甚大,天晦多见……白光如银,珠大如拳,烂然不可正视,十余里间林木皆有影,如初日所照,远处但见天赤如野火,倏然远去,其行如飞,浮于波中杳杳如日。

这一"不明飞行物"的特点是:圆形、飞行快、光线强烈。与沈括同时的庞元英,在《文昌杂录》(卷四)中也说:

> 秘书少监孙莘老庄居在高邮新开湖边。尝一夕阴晦,庄客报湖中珠见……见微有光彩,俄而光明如月,阴雾中人面相睹,忽见蚌蛤如芦席大,一壳泛水上,一壳如强帆状,其疾如风。

也是发生在阴晦之夜的湖上,说明北宋人确实看到过这一奇异的自然现象,今天已有关于UFO的专门研究学科,但尚未得到科学的解释,苏轼当然更不知道这夜半江心的炬火究竟是什么东西。怀着怅然若失的心情回到借宿的寺院,他继续写道:

> 江山如此不归山,江神见怪警我顽。

他想:江山如此美好,而我却迟迟不肯归隐,莫不是江神怪罪,特意显示这种奇异的景象,来警诫我贪恋世俗的冥顽不化? 想到这里,诗人对神谢罪,指水起誓:

> 我谢江神岂得已,有田不归如江水。

如今暂不归隐,实在也是出于生计的无奈,将来一旦有了尺寸田土,可以安身立命,江水作证,一定归隐家乡。

全诗描写长江瑰丽多奇、波澜壮阔的图景,无不染上迷惘的色彩和深沉的乡思,尤其是最后一部分,把江心炬火想象成江神的责怪,更将诗人厌倦仕途、渴望归隐的心情渲染得奇警动人。

然而,诗人奔波于道途,又何尝真的仅仅为了衣食生计? 即使在郁郁不得志的此时此刻,儒家致君尧舜、匡扶社稷的用世理想,依然是一颗藏在他心灵深处的不灭的火种!

> 眼看时事力难任,贪恋君恩退未能。(《初到杭州寄子由三绝》)

就这样,怀着矛盾的心情,苏轼来到了杭州。

第三章　德泽雅韵满余杭

苏轼于熙宁四年（1071）十一月下旬抵达杭州。这是一座多么迷人的城市啊！山明水秀，富庶繁华，尽管已是隆冬季节，晴朗的日子里居然还能感受到春天的暖意。那些热闹的商业街，陈列着丝绸、织锦、龙井茶等各色各样最负盛名的杭州特产，从早到晚，人群熙攘，川流不息。举世闻名的西湖，像一颗璀璨夺目的明珠，镶嵌在城区的西部。湖畔峰峦秀拔，林深树茂；湖上游人如织，笙歌阵阵。而在城的南面，钱塘江水滚滚东流，奔向大海，每年中秋节前后，钱塘潮起，江面波涛汹涌，状若万马奔腾，势不可挡……自古以来，无数文人墨客在这里流连忘返，写下优美的诗篇，就连本朝仁宗皇帝也由衷地赞叹道：

地有湖山美，东南第一州。

苏轼情不自禁地陶醉在湖光山色之中

苏轼一到杭州，就情不自禁地陶醉在湖光山色之中，感受到许久不曾有过的宁静、清新和愉悦，那些难以自遣的烦恼和郁闷不知不觉消融在山间水畔，不见一丝痕迹。纯净无染的大自然将他活泼、开朗、好动的天性重新激发起来,也将他的诗心与灵感重新激发起来,他迫不及待地要投入到它温暖明媚的怀抱中去!

初来乍到,没有可以同游的朋友,他想起了在颍州时欧阳修再三向他提起的杭州名僧惠勤。这位老和尚有很深的文学修养,且长于写诗,曾与欧阳修相唱和,现正住持西湖之上的孤山寺,寺中还有另一位著名诗僧惠思。稍稍安顿下来,苏轼便前往孤山拜访他们二位,并转达欧阳修的殷勤致意。

那是一个将雪未雪的日子,苏轼来到西湖边,遥望耸立湖中的孤山,只见云遮雾绕,亭台楼阁时隐时显,仿佛蓬莱仙境,别有一番缥缈迷离的情状。湖水清澈明净,怪石嶙峋,鱼儿漫游其中,自由自在,清晰可数;湖畔茂林修竹之中,不时传来鸟儿欢快悦耳的鸣声。苏轼兴致勃勃,沿着盘旋曲折的山间小径,穿云度岭,来到孤山寺。

这真是一个极为清幽素朴的所在!纸窗竹屋,隔住隆冬的寒意,两位僧人身披袈裟,在蒲团上打坐,参禅修道。庭院洁净,古柏参天,四处悄无人声。不是高僧如何耐得住这一份远离尘寰的寂寞?

宾主相见,十分欢愉,抵掌而谈,滔滔不绝,大有相见恨晚、知音难遇之感。可惜天色渐晚,在随行的仆从频频催促下,苏轼才依依不舍地踏上归程。山下回望,只见云树迷蒙一片,苍劲的野鹘在佛塔边盘旋。

回到家里,他的心仍久久沉浸在那遗世独立、超尘绝俗的清幽世界,恍恍惚惚如同美梦初醒。他怔怔地坐在桌前,极力想挽留那渐渐远去的一切,于是提笔疾书,写下《腊日游孤山访惠勤惠思》:

> 天欲雪,云满湖,楼台明灭山有无。水清石出鱼可数,林深无人鸟相呼。腊日不归对妻孥(nú,儿子),名寻道人实相娱。道

人之居在何许？宝云山前路盘纡。孤山孤绝谁肯庐，道人有道
山不孤。纸窗竹屋深自暖，拥褐(hè，粗布衣服)坐睡依团蒲。天
寒路远愁仆夫，整驾催归及未晡(bū，黄昏时)。出山回望云木合，
但见野鹘盘浮图。兹游淡薄欢有余，到家恍如梦蘧蘧(qú，梦醒后
惊动的样子)。作诗火急追亡逋，清景一失后难摹。

诗人见景生情，信手写出，远景与近景相衬，山水与人物相生，构成
一幅独特的冬日山行访僧图。

就这样，苏轼很快融入杭州美丽的山水自然中，也很快融入欢
快悠闲的杭州文人群中。他早已才名远播，又加上热情诙谐，心胸
阔大，极易与人相处，各种各样的宴饮聚会，大家都喜欢有他在场。
古人常常感叹：良辰美景，赏心乐事，四者难并。而现在，在美景、佳
肴与情趣相投的朋友们众星拱月似的环绕下，苏轼几乎感到已经达
到这样一种人生快乐的高境界。

杭州最负盛名的莫过于西湖，那里一年四季美景如画：

夏潦涨湖深更幽，西风落木芙蓉秋。飞雪暗天云拂地，新
蒲出水柳映洲。(《和蔡准郎中见邀游西湖三首》其一)

夏天水涨湖深，幽蓝妩媚；秋天金风送爽，粉红、洁白的莲花次第开
放；冬天云雪茫茫，水天相接；春天新蒲出水，垂柳倒映湖面，别具清
新明丽之姿……真可谓"湖上四时看不足"(同上)！

杭州府衙正在紧靠西湖南岸的凤凰山麓，来去十分快捷方便。
因此，无论花朝月夕，雨雪阴晴，一有时间，苏轼就与朋友们相携而
至。有时候，他甚至连办公桌也搬到湖边，一边欣赏风景，一边处置
公务。他才思敏捷，落笔如风，谈笑之间便将一应事务处理得清晰

妥当,令人惊慕叹赏不绝,市井之间,传为美谈。

他喜欢在望湖楼上看新月初升的西湖夜景:

> 新月如佳人,出海初弄色。娟娟到湖上,潋潋(liàn,水波流动的样子)摇空碧。(《宿望湖楼再和》)

像一位晚妆初成的二八佳人,在深碧莹洁的夜幕上,新月优雅地徜徉在西湖之上,微风拂过,柔波轻动,美不胜收。

他喜欢在月明之夜逍遥自在地荡桨湖面,悠闲地斜靠在船上铺展的枕席之上,借着银色的月光,看成群的鱼鳖随波而来,在船边嬉戏;看盛放的荷花袅袅婷婷,迎风飘曳。湖畔青山随小船的起伏而起伏,天上明月随小船的徘徊而徘徊:

> 放生鱼鳖逐人来(宋时规定西湖为放生池,禁捕鱼类,为皇帝祈福),无主荷花到处开。水枕能令山俯仰,风船解与月徘徊。(《六月二十七日望湖楼醉书五绝》之一)

西湖是善变的仙女,春天妩媚温柔,夏天明快清爽,秋天绚丽可爱,冬天迷离缥缈,"朝曦迎客艳重冈,晚雨留人入醉乡"(《饮湖上初晴后雨》其一)。诗人满怀深情地唱道:

> 西湖天下景,游者无愚贤。浅深随所得,谁能识其全。(《怀西湖寄晁美叔同年》)

当他任满离杭之后,还念念不忘:"至今清夜梦,耳目余芳鲜。"(同上)

朗日晴空固然是游湖的最佳日子,风雨交加的时节也未尝不别有情韵:

> 黑云翻墨未遮山,白雨跳珠乱入船。卷地风来忽吹散,望湖楼下水如天。(《六月二十七日望湖楼醉书五绝》之一)

云集而雨降,风来而天晴,来时迅猛,去时快疾,雨后湖上水天一色,分外清新。

西湖的画意在苏轼的笔下得到了最完美、最传神的描绘,苏轼的诗情也在西湖的美景中得到了最充分、最全面的展示。一首《饮湖上初晴后雨》更以浅显易懂的语言、新颖贴切的比喻,成为千古绝唱:

> 水光潋滟晴方好,山色空蒙雨亦奇。欲把西湖比西子,淡妆浓抹总相宜。

就像那风华绝代的美女西施,丽质天成,浓妆淡抹,无不相宜,无论晴天雨日,西湖总以她的旖旎风光令人心旷神怡。从此,"西子湖"成了西湖的别名。

每次游湖,诗人总是情不自禁,流连忘返,常常到深夜才恋恋不舍地踏上归途。就像他的老师欧阳修一样,苏轼好酒,但"饮少辄醉","醉翁之意不在酒,在乎山水之间"(欧阳修《醉翁亭记》)。沉醉于美丽的自然更胜于沉醉于美酒。在《湖上夜归》中诗人这样唱道:

> 我饮不尽器,半酣味尤长。篮舆湖上归,春风洒面凉。行到孤山西,夜色已苍苍。

半梦半醒中,时时有美妙的诗句浮上心头,但很快又消失得无影无踪,留在记忆中的是那永远也拂不去的山水草木的醉人清香:

　　　　清吟杂梦寐,得句旋已忘。尚记梨花村,依依闻暗香。

　　除了西湖,杭州官衙附近的有美堂也是苏轼爱去的地方。这处景点位于凤凰山顶,嘉祐三年修建,因宋仁宗"地有湖山美,东南第一州"的诗句而得名。它左临钱塘江,右瞰西湖,是登高揽胜的绝好去处。往来杭州的士大夫无不前往游览、题咏唱和。

　　一个初秋的午后,苏轼和朋友们又一次相聚在这里,正当觥筹交错之际,忽听一声巨雷震耳欲聋,霎时间,乌云密布,狂风呼啸,山下钱塘江水在风的裹挟下飞溅直立;紧接着,瓢泼大雨由远而近,疾奔而来。江水汹涌,势如美酒溢出金杯,突然流泻;雨声震天,恰似千锤竞击羯鼓,发出铿铿的轰隆声。凝视着眼前壮观的场景,一个奇妙的想象在苏轼的脑海中闪现:当年唐玄宗在沉香亭畔赏花品酒,想叫李白即席赋诗,恰逢李白酒醉未醒,只得命人在他的脸上泼洒清水,以便叫他尽快醒来。今天暴雨骤至,莫不是天帝如法炮制,翻江倒海,唤醒谪仙李白,好叫他倾泻出精金美玉般的好诗! 想到这里,诗人对客挥毫,写下《有美堂暴雨》一诗:

　　　　游人脚底一声雷,满座顽云拨不开。天外黑风吹海立,浙东飞雨过江来。十分潋滟金樽凸,千杖敲铿羯鼓催。唤起谪仙泉洒面,倒倾鲛室泻琼瑰。

全诗雄奇俊发,谐趣盎然,吟咏一过,满座叫绝,将这次雨中的聚会推向了高潮。

每到赏花观潮之日,杭州城里万人空巷,热闹非凡

在平静恬淡的生活中,杭州每年都有两件令全城百姓兴奋的大事,其一是春天赏牡丹,其二是八月十五钱塘江观潮。每到赏花观潮之日,人们衣饰光鲜,扶老携幼,争先恐后,一时间万人空巷,热闹非凡。在这样特别的日子里,苏轼自然不甘寂寞。

杭州的牡丹以安国坊吉祥寺为最盛,那里有数百种不同品种的牡丹上千株,每到花开,争妍吐艳,分外动人。

熙宁五年三月二十三日,风和日丽,苏轼陪同知州前往观花,在花前庭院摆酒作乐。丝竹声声,香风阵阵。数以万计的百姓从四面八方赶来,云集在寺庙内外,参加这一盛大的花会。许多人还带来了自家花坛植养的牡丹,用金色的圆盘或绸带装饰的彩篮盛载着,显得更加富丽耀眼。吏民同乐,极尽欢娱。在这种狂欢的气氛中,连那些从不饮酒的人,都情不自禁地举杯狂饮。花会结束的时候,所有的人,不分男女老幼,鬓前襟上都插上了牡丹,跟随着知州的仪仗,离开吉祥寺,穿街走巷,一路欢歌笑语……此情此景,令苏轼诗兴大发,他脱口吟道:

> 人老簪花不自羞,花应羞上老人头。醉归扶路人应笑,十里珠帘半上钩。(《吉祥寺赏牡丹》)

几年后,他在密州还怀着无比的神往,怀念这繁华热闹的良辰美景:

> 吉祥寺中锦千堆,前年赏花真盛哉。道人劝我清明来,腰

鼓百面如春雷,打彻凉州花自开。沙河塘上插花回,醉倒不觉吴儿咍(hāi,嗤笑),岂知如今双鬓摧。(《惜花》)

八月十五观潮,是另一件激动人心的大事。性格豪爽、对雄奇阔大的事物情有独钟的苏轼尤其心向往之。

仲秋时节,金风送爽,钱塘江上的日潮晚汐汹涌澎湃,蔚为壮观。人们呼朋唤侣,倾城而出。在这个特殊的日子里,城门大开,夜不宵禁,百姓可以尽兴观潮。

这天,苏轼与知州一行人马来到预先选好的观潮处。只见白日当空,江边早已聚集了成千上万的观潮者。歌鼓声声,笑语喧哗。数百名年轻健壮的弄潮儿,手持大彩旗,在堤岸上活动着筋骨,精神抖擞,跃跃欲试。忽然,远处江面上出现一线银白,顷刻之间,潮水汹涌,如成堆的积雪扑面而来。涛声震天,仿佛当年西晋大将王濬率军攻打吴国,数万士兵齐声怒吼,顺流而下,直取吴都建康……拥挤的人群霎时被大自然的威力惊得目瞪口呆,鸦雀无声。惊涛拍岸,直上云霄,江畔高耸的青山,此时已完全隐没在浪花之中……苏轼心潮澎湃,纵笔写道:

万人鼓噪慑吴侬,犹是浮江老阿童(阿童,王濬的小名)。欲识潮头高几许,越山浑在浪花中。(《八月十五日看潮五绝》之一)

当他掷笔抬头,另一幅惊险壮观的图景展现在眼前:万顷碧波中,鲜艳的红旗起伏招展,那些等候潮头的弄潮儿已经泅入水中。他们百十为群,一边高举着手中的旗帜,一边矫健地拍打着波浪,在波峰浪谷间出没、嬉戏。他们准确地控制着自己的每一个动作,从容不迫,丝毫也不像好酒却易醉的晋朝征南将军山简,摇摇晃晃,东倒西歪。

他们齐声高唱诙谐的小曲,故意与江神逗乐:

> 碧山影里小红旗,侬是江南踏浪儿。拍手欲嘲山简醉,齐声争唱《浪婆词》。 西兴渡口帆初落,渔浦山头日未欹。侬欲送潮歌底曲,樽前还唱使君(即知州)诗。(《瑞鹧鸪·观潮》)

弄潮少年精彩的表演赢得岸上人们一阵阵喝彩,大家纷纷捐银献帛,作为对他们的奖励。

钱塘江潮给苏轼留下了极深的印象,凤凰山上的望海楼是他另一个流连之所。登临远眺,钱塘江景尽收眼底。

熙宁五年八月,他受命主持州试,选拔进京应试的举人,提前一月入闱,与外界隔离。杭州州学就在凤凰山上的中和堂,与望海楼南北相接。闱中无事,苏轼常常闲坐望海楼上,得以细细地观赏潮起潮落的全过程。他看到涨潮时迅雷不及掩耳之势的壮观:

> 海上涛头一线来,楼前指顾(指点顾盼间)雪成堆。从今潮上君须上,更看银山二十回。(《望海楼晚景五绝》之一)

他看到骤雨过后,江面平静澄澈,电光闪闪,宛如游动的金蛇:

> 横风吹雨入楼斜,壮观应须好句夸。雨过潮平江海碧,电光时掣紫金蛇。(同上,之一)

他还看到江畔青山,白塔林立,沐浴在黄昏夕照之中。阵阵秋风传来悠扬晚钟和江畔人家你呼我答的软语吴音:

青山断处塔层层,隔岸人家唤欲应。江上秋风晚来急,为传钟鼓到西兴(钱塘江南,杭州对岸)。(同上,之三)

层出不穷的游宴活动中,
苏轼留下无数浪漫的故事

游湖、观潮、赏月、品花……层出不穷的游宴活动中,苏轼留下无数优美的诗篇,也留下无数浪漫的故事。作为一位风流倜傥的大才子,他的浪漫故事大多源于蓬勃盎然的才情和手中的生花妙笔。这些故事在民间广为流传,使得许许多多认识或不认识、见过或没见过苏轼的人,都从心底里喜欢他、亲近他。他是社会各个阶层的人们津津乐道的对象。他的性格真的太有魅力了,说故事的人和听故事的人往往都意犹未尽,于是,那些富有想象力的人便依据他的性情和作品编造出一些故事。这些编造的故事也在民间流传开来,所以到今天,我们几乎无法分辨哪些是真、哪些是假。其实也无须费力分辨,所有这些真真假假的故事,呈现在我们面前的正是一个热情爽朗、机智幽默、待人温厚、才情四溢的苏轼。

苏轼的词集中,有一首非常优美的《贺新郎》:

乳燕飞华屋。悄无人、桐阴转午,晚凉新浴。手弄生绡白团扇,扇手一时似玉。渐困倚、孤眠清熟。帘外谁来推绣户,枉教人、梦断瑶台曲。又却是,风敲竹。　　石榴半吐红巾蹙(cù,皱)。待浮花浪蕊都尽,伴君幽独。秾艳一枝细看取,芳心千重似束。又恐被、秋风惊绿。若待得君来向此,花前对酒不忍触。共粉泪,两簌簌。

这是一首赋物托意、即景言怀的咏物词。暮春的午后，一座豪华考究的住宅里，雏燕在檐前稚拙地展翅。静悄悄的庭院，梧桐树影缓缓拉长，暑气渐消，晚凉初至。美人手持白色的生丝团扇，幽幽地晃动，她的纤手、她的团扇，都像白玉一样莹洁。这个漫长寂寥的下午真令人困倦。她斜倚窗前，不知不觉进入了梦乡，翩然畅游在玉树琼枝的瑶台仙境。忽然，不知是谁在帘外敲响了雕花的门户，将她从梦的深处唤醒。急忙起身察看，门外杳无人踪，原来又是风摇翠竹。庭前石榴含苞初放，重重叠叠的花瓣像折皱的红纱巾。等轻佻的众花凋谢之后，它独自在沉寂的暮春开放，陪伴幽独的美人。细细审视，这秾艳的石榴，不正是一颗热烈忧伤的心吗？花瓣重重恰似心事重重，郁结难解。只恐怕光阴暗转，秋风渐起，惊落红英，只剩下绿叶满枝。如果美人花前饮酒，她一定不忍触动花瓣，唯恐它过早凋谢，和着她晶莹的泪珠一起簌簌飘落。

这首词上片吟咏独居的美人，下片吟咏孤高的石榴，以花喻人，相映生辉，人与花的寂寞幽洁，寄寓了诗人怀才不遇的抑郁情怀。

与这篇优美的词作一同流传的，是一个同样优美的故事。据说，一个明媚的春日，惠风和畅，杨柳依依，望湖楼上花团锦簇，笙歌阵阵，杭州府衙的官员们欢聚一堂，饮酒赏春。所有色艺俱佳的歌妓都被招来歌舞助兴，只有一个名叫秀兰的女子始终不见露面，派人再三催促，这才姗姗来迟。苏轼问她为何迟到，她回答说："沐浴之后，忽觉有些困倦，靠在床头稍稍打了个盹，蒙眬间听到帘外敲门之声，急忙起来询问，原来是官府派人催我赴会，这才匆匆忙忙换衣整装，所以迟了。"

座中有位僚属钟情秀兰已久，见她迟迟不到，心中十分恼恨。他不相信秀兰的解释，断言她一定有什么私情隐事，秀兰含着眼泪极力分辩。

苏轼在一旁见他俩没完没了，争执不休，便故意插进来说一些别的事情，想把话题引开。府僚却不肯顺着杆子往下滑，依旧嘟嘟囔囔，埋三怨四。当时楼前榴花满树，鲜艳欲滴，秀兰摘下一枝献给这位府僚，以示赔罪。谁知他暴跳如雷，厉声斥责她行为轻佻，愈发说出一些难听的话来。秀兰进退无据，唯有低头垂泪，默默饮泣。

对于这些才高而命薄的女子，苏轼历来充满同情和怜惜。看到秀兰茫然无依的凄楚，心中很不好受。如何才能使她解脱眼前的窘迫呢？他略一沉吟，便叫手下递过文房四宝，落笔如风，写成《贺新郎》词一阕，叫秀兰给大家演唱。

秀兰接过稿纸细看，只觉词意清幽莹洁，感情缠绵，语言丽而不俗，一时触动身世之感。她连忙擦了擦眼泪，慢捻琵琶，轻转歌喉，唱道：

乳燕飞华屋……

词意婉曲，耐人寻味，歌声清丽，声情并茂，所有的人都被深深地打动了，那位府僚也早已怒气全消，并且为自己刚才的失态而后悔。

苏轼以他博大温暖的胸怀和俊发的才情，赢得了无数知名和不知名的崇拜者。与他相识，哪怕只是见上一面，也是莫大的荣幸。

一天，苏轼和几位朋友在孤山竹阁前临湖亭上闲坐，忽见湖心一艘画船缓缓驶来，停靠在临湖亭前。船上是几个淡妆的女子，其中一人尤其端庄美丽，尽管年近三十，依然风姿绰约，姿态娴雅。她旁若无人，顾自低头鼓筝，先是一曲《长相思》，接着一曲《高山流水》，筝声飘渺，如梦如幻，如泣如诉。曲罢，女子起身对苏轼深深道个万福，说道：

"我自幼仰慕苏大人的才情与为人，对于您的诗文无不尽力搜罗,展读数遍,爱不释手。常常感叹,可惜无缘相见!最近听说,您已来杭州任职,不禁喜出望外。我早已为人妻室,本不该抛头露面,可是多年心愿实在不忍就这样地错过,所以今天听说您来湖中游玩,便特意等候在湖心,要为您献上一曲,以表心意。"

说完即回船离去,不一会儿便消失在湖山深处,只有隐隐约约的筝声随风飘荡,余音袅袅。苏轼心中怅然若失,提笔写道:

> 凤凰山下雨初晴,水风清,晚霞明。一朵芙蕖,开过尚盈盈。何处飞来双白鹭,如有意,慕娉婷。　　忽闻江上弄哀筝,苦含情,遣谁听。烟敛云收,依约是湘灵(神话中的湘水女神,善于鼓筝)。欲待曲终寻问取,人不见,数峰青。(《江城子》)

在另一个故事中,一个名叫李顾的崇拜者,则采用了更加离奇的方式来接近苏轼。一天,他用白绢画了一幅春山图,又在画后题诗一首,却不落款题名,来到城郊将诗画交给路上偶然遇到的一个山野樵夫,叫他等候在府衙门外,只等苏大人出来,便将诗画献上。这天,苏轼办完公事,正想到西湖边上轻松轻松,谁知刚刚出门,就见一名百姓跪在路中央,双手举着个白色卷轴,不住地磕头,心中不由一惊,以为有什么冤情,忙叫手下接了过来。打开一看,却是一幅秀润简远的春山图,笔力工妙,山容水态无不曲尽变化,再看画后附诗,亦觉清雅可爱,只是不见题款,心中暗暗称奇。他和颜悦色地问那樵夫:"是谁叫你来的?"

樵夫回答道:"小人挑柴进城贩卖,半路遇见一个读书人,送给小人一百吊钱,叫小人献画,确实不知他是谁。"

苏轼更加惊异,连忙打发樵夫一些赏钱,便打道回府。细细琢磨这来历不明的诗画,觉得此人才学不浅,行事又颇诡秘,不禁引起好奇之心。此后,他四处向朋友打听,才知道端底。原来这李颀也是个少年进士,但是弃官不做,游历湖、湘之间,现隐居在临安大涤洞天,以诗画自娱。苏轼本来就极爱交朋友,但凡人有一星半点可取之处,无不与他倾尽城府,论辩唱酬,何况此人还有些不同凡响之处?不久,苏轼便和李颀相见,两人谈得十分投机,以诗唱和,苏轼说:

> 诗句对君难出手,云泉劝我早抽身。(《李颀秀才善画山以两轴见寄仍有诗次韵答之》)

对他的才学和人品极尽推崇。

苏轼经常漫步名山古刹,
与许多高僧结为至交,寻得心灵的安憩与慰藉

在杭州这个人文荟萃之地,不仅文人名士汇集,湖山之中还隐居着不少有道高僧。苏轼来杭之后,经常漫游在名山古刹:"三百六十寺,幽寻遂穷年。"(《怀西湖寄晁美叔同年》)穷幽揽胜,与许多僧人结为至交。

苏轼自幼生长在一个佛教气氛十分浓厚的家庭,父亲苏洵喜与名僧交游,嘉祐四年举家迁居京城前,曾捐钱塑观音、势至、天藏、地藏、解冤结、引路王六菩萨像;母亲程氏夫人更是笃信佛教,她仁慈宽厚,最恨杀生,家里藏有十六罗汉像,每天摆设供品,虔诚礼佛。父母去世之后,苏轼曾将他们平生赏玩佩戴的珠宝饰物施舍给寺庙。在这样的家庭氛围中,苏轼耳濡目染,少年时代就开始阅读佛书。随着生活阅历的逐步丰富,官场生活的种种苦闷,以及生老病

死、悲欢离合的无常体验，促使苏轼思考人生的价值、生命的意义，与此同时，对佛学的兴趣也日益浓厚。

佛教的根本目的是求得人生解脱，为了达到这一目的，它的全部教义紧紧围绕着揭示人生乃至宇宙万象的真实本质这一中心，包含了十分精深的自然与生命的哲学。在杭州与高僧的交往，使苏轼深深感到："所至得其妙，心知口难传。"(《怀西湖寄晁美叔同年》)得到了不少可以意会，难以言传的人生启迪。他曾有不少诗文记载了自己从佛寺、名僧那里寻得的心灵的安憩与慰藉：

> 鸡鸣发余杭，到寺已亭午。参禅固未暇，饱食良先务。平生睡不足，急扫清风宇。闭门群动息，香篆起烟缕。觉来烹石泉，紫笋发轻乳。晚凉沐浴罢，衰发稀可数。浩歌出门去，暮色入村坞。微月半隐山，圆荷争泻露。相携石桥上，夜与故人语。(《宿临安净土寺》)

这是怎样一种令人神往的生活啊！如此的宁静悠闲，如此的超尘脱俗，又是如此的自由无拘！徐徐清风中，炉香静静焚化，午睡醒来，捧一壶山泉沏成的紫笋名茶，悠然谛听山林的轻籁；黄昏沐浴之后，梳理着稀落的鬓发，漫步松间竹畔，看暮色渐渐笼罩村坞；夜静时分，微月在山凹间半隐半显，婷婷荷叶上洒满晶莹的露珠，一二知己相携石桥之上，清谈佛理禅心……怪不得苏轼时时要从繁杂的公务中、从热闹的游宴中、从温馨的家庭中逃离出来，屏退所有的骑从，穿山度岭，独享这一份清幽。几十年后，苏轼已经离开人世，杭州一位老和尚还时时和人谈起，他幼年时候作为庙里的一个小沙弥，怎样怀着敬畏的心情偷偷打量这位当代最著名的大学者，在竹荫间散发摘巾，袒衣酣睡。

　　幽寂的山林寺庙本身就充满禅意,苏轼徜徉其间,引发出无数人生哲思,更何况还时时有高僧讲经说法,为他指点迷津?

　　　　法师住焦山,而实未尝住。我来辄问法,法师了无语。法
　　师非无语,不知所答故。君看头与足,本自安冠屦(jù,麻鞋)。譬
　　如长鬣人,不以长为苦。一旦或人问,每睡安所措。归来被上
　　下,一夜无著处。展转遂达晨,意欲尽镊去。此言虽鄙浅,故自
　　有深趣。持此问法师,法师一笑许。(《书焦山纶长老壁》)

　　这是一首以诗谈禅的作品,记叙了诗人在纶长老默照禅的开示下,慧心顿悟的过程。这位长老虽然身住焦山,心灵与精神早已超出于尘世之外,苏轼对他十分景仰,一见面便迫不及待地向他求教,追问人生的真谛,谁知长老默然不答。其实长老并非没有作答,只是诗人一时没有领悟到这不言之言、不教之教。佛法存在于日常生活之中,就像头上的帽子与脚上的鞋,平常而习见,关键在于自己的领悟。诗人辗转反侧,彻夜参究这无语的禅教,终于明白人生的烦恼即在于过分地关注与执着外物。好比一个留长胡子的人,本来并不觉得累赘,可是一旦有人问他晚上睡觉时,怎么安置这数尺长须,这天夜里就不由不特别注意,一会儿把胡子放在被子上面,一会儿又把它放在被子里面,无论怎样都觉得很不适意,通宵折腾,再也无法安眠,于是,第二天一早,便恨不得立即剪去这一缕烦恼丝。这个比喻虽然浅显,却蕴含着深刻的禅理,长老听后,不禁含笑,点头称许。

　　　　年来渐识幽居味,思与高人对榻论。(《是日宿水陆寺,寄北
　　山清顺僧二首》其一)

不管心中有多少现实的苦痛与烦恼，只要与这些道性高妙的世外高人"清坐相对，时闻一言，则百忧冰解，形神俱泰"（《海月辨公真赞》）。他得到的不仅仅是暂时的解脱，更是一种了悟人生、超越是非荣辱与得失的哲学修养，此后，这种修养成为他坎坷一生中极大的精神助益。

　　已外浮名更外身，区区雷电若为神？山头只作婴儿看，无限人间失箸(zhù，筷子)人。（《唐道人言：天目山上俯视雷雨，每大雷电，但闻云中如婴儿声，殊不闻雷震也》）

只要能把生死、荣辱置之度外，还有什么是值得人畏惧的呢？就像唐道士子霞在《天目山真境录》中所描述的那样，站在高耸入云的天目山，俯视半山之畔雷雨大作，那一声声令山下凡人胆寒心颤、惊落手中筷子的巨雷轰鸣，云中听来也不过如婴儿的嘤嘤娇啼。

杭州三年，苏轼尽心尽力，为民造福

　　遍历寺院，流连僧舍，访求超然名利之外的高僧大德，苏轼从中受益良多，他性格中的某些方面也恰与这方外世界的氛围有几分天然的契合，他甚至觉得自己前生就是杭州的一名僧人。据说，有一次，他和朋友一同到西湖寿星寺游玩。尽管，这是他第一次来到这所庙宇，可是刚一进门就发现一切都那样熟悉，似乎是曾经生活过多年的地方，一时惊诧莫名。他对朋友说："从院门到经堂应当有九十二级台阶。"

　　当即派人去数，果然一级不差。他又描述寺庙后院亭台假山的设置，也全都吻合。这件离奇的事情，当时就传开来，并且又被加入

了一些内容,渲染得更加绘声绘色。苏轼在几年之后写的《答陈师仲主簿书》中也曾提及,他还在诗中写道:

> 前生我已到杭州,到处长如到旧游。(《和张子野见寄三绝句》)

我们无法考证或解释这个故事的可能性,但是可以从中看出,敏感而多情的诗人对于杭州倾注了怎样的一份深情!深刻的乡土之恋使他对于故乡眉山永远怀着热烈的思慕,成为他心中难解的情结。然而,杭州这片温暖明秀的土地,却一度给予这个万里漂泊的游子以真正的家的感觉。尽管有时候,思乡之情仍会在不经意间浮上心头:

> 已泛平湖思濯锦(指流经成都的岷江),更见横翠忆峨眉。(《法惠寺横翠阁》)

但更多的时候,苏轼陶然自适在青山绿水与淳朴美好的民情风俗之中。杭州三年,成为他一生最幸福、最适意的时期,他甚至情不自禁地唱道:

> 我本无家更安往,故乡无此好湖山。(《六月二十七日望湖楼醉书五绝》之一)

他深深地热爱这一片土地,也深深地热爱这片土地上生活着、劳作着的百姓,并且本着一名正直的封建官员的良心和他所独具的广博深厚的仁爱之情,尽心尽力,为民造福,给杭州百姓留下了极其难忘的印象。

　　杭州本为钱塘江冲积而成的一块陆地,由于受海水倒浸的影响,这里的地下水水质苦涩,不适合饮用。唐朝名相李泌任杭州刺史时,曾在城区内开掘六口大井,并引西湖水济之,以解决百姓饮水问题。后来白居易担任杭州刺史,更进一步治理西湖,疏浚六井,但是天长日久,六井又渐渐淤塞。吃水困难又成了杭州百姓的大问题。

　　熙宁五年秋,苏轼与知州陈襄专门召集一批德高望重的父老,询问民间疾苦,大家几乎异口同声地提出:"六井不治,百姓饮水困难。"

　　性格爽直的陈知州当场慨然表示:"只要我在杭州一天,就决不会让百姓求水而不得!"

　　散会之后,二人立即着手工作。他们请两位精通水利的僧人主持修复六井的工作。经过实地考察,两位僧人很快制定了一套治理方案,于是挖沟换砖,修补罅漏,六口大井又焕发生机,清流满溢,瞬息万斛。杭州百姓奔走相告,欢喜异常。

　　第二年,一场大旱灾席卷了江淮、江南大片土地,水贵如油,许多地方的人都以小瓦罐贮水,作为极珍贵的礼物馈赠亲友。然而,杭州人民依靠这六口重新整治过的水井,不仅饮水不愁,而且还有足够的甘泉用于洗澡和喂养牲畜。"饮水不忘挖井人",当时,杭州百姓无不从心底里感激这两位想民之所想、急民之所急的好官长。苏轼曾写了《钱塘六井记》一文,记叙六井的历史由来和整治六井的全过程,文章最后指出:

　　　　余以为水者,人之所甚急,而旱至于井竭,非岁之所常有也。以其不常有也,而忽其所甚急,此天下之通患也,岂独水哉?

有备方能无患,正是苏轼从这件事情中所得到的亲身体会,也是他对执政者发出的谆谆告诫。

三年通判任内,苏轼常常外出巡视,杭州府的各个属县如新城、富阳、临安、於潜等地,处处都留下了他深深的足迹。

熙宁六年(1073)二月的一天,苏轼前往新城县执行公务。久雨初晴,东风拂面,五彩的朝霞环绕着山岭,树枝上高挂着一轮红日,沿途农家竹篱茅舍之前,野桃含笑,溪水潺潺,杨柳的嫩枝在风中轻轻摇漾,炊烟袅袅,那是西山脚下的人家在煮芹烧笋,为春耕的人们准备饭菜。苏轼心情十分愉快,不禁诗兴大发,倚马而立,写道:

> 东风知我欲山行,吹断檐间积雨声。岭上晴云披絮帽,树头初日挂铜钲(zhēng,一种似锣的乐器)。野桃含笑竹篱短,溪柳自摇沙水清。西崦人家应最乐,煮芹烧笋饷春耕。(《新城道中二首》之一)

离开新城,又来到於潜,这也是一个十分美丽的地方,田间泽畔,农妇村姑风风火火往来劳作,她们古朴独特的装束尤其引起了诗人的注意。黑裙白衫,蓬松的双鬓向上翘起,一把长约尺许的银栉横插额前,把乌亮的头发轻轻绾住,就像织机上穿过梭子的缕缕丝线。尽管还是早春天气,轻寒袭人,她们却赤着白皙的双脚,在斜风细雨中行走,显得健康而充满活力。苏轼猜想:这大概还是五代时吴越王时期流传下来的宫妆吧?在这个古风犹存的地方,山中遗老一定还常常提起沧桑往事。想到这里,诗人不禁抬头眺望远处青山,只见山下苕溪静静流淌,溪边垂柳依依,一个美丽的村姑正在顾影梳妆,她轻整云鬟,细画蛾眉,然后撑着一叶小舟,渡溪而去。对岸青山之下,她的情郎刚刚打柴归来,两人相见,无限浓情蜜意的眼波流转中,姑娘显得更加风情万种,楚楚动人,那幸福的砍樵少年完完全全地陶醉了!此时此刻,如果有人要跟他说起那些风华绝代的姬姜美女,他才不会相信呢。眼前纯朴美好的一幕,就是生活的至美,就是永恒不变的人生最高境界!他写道:

> 青裙缟袂於潜女,两足如霜不穿屦。觻沙鬓发丝穿杼,蓬沓障前走风雨。老濞(汉初刘濞被封为吴王,这里指五代的吴越王)官妆传父祖,至今遗民悲故主。苕溪杨柳初飞絮,照溪画眉渡溪去。逢郎樵归相媚妩,不信姬姜有齐鲁。(《於潜女》)

在这里,纯朴健康的人物,自然真率的爱情,恬淡安适的生活,表现了苏轼全新的美学理想。

作为一位爱民如子的地方官,最大的心愿莫过于看到百姓安居乐业,其乐融融。然而,尽管宋代社会一般来说是较为富庶繁华的,但那富庶属于上层而不是下层,那繁华属于城市而不是农村。当时农村的景象并不总是赏心悦目,严重的自然灾害不断地困扰着这片多难的土地,水灾之后继之以旱灾,旱灾之后继之以蝗灾,而种种灾害过后,一场大饥荒便不可避免地发生了。为此苏轼几乎席不暇暖,奔走于四县八乡,时而防涝,时而抗旱,时而捕蝗,时而赈济灾民。劳碌奔波固然在所不辞,但竭尽全力却不能减轻百姓的苦难才是苏轼心中难以自遣的痛苦。他比以往任何时候都更深地接触到民众的生活,更深地了解民众的疾苦,从而也更深地同情他们不幸的遭遇。他痛恨那些深居高堂,对百姓的死活不闻不问的官僚贵族:

蚕欲老,麦半黄,前山后山雨浪浪,农夫辍耒女废筐,白衣
仙人在高堂。(《雨中游天竺灵感观音院》)

这首作于熙宁五年暮春的诗歌,似谚似谣,名为讽刺观音菩萨尸位
素餐,实际借题发挥,指责当政者不恤民情。蚕老、麦黄的关键时
刻,偏遭连绵淫雨,农桑之事都不得不停顿下来,农民忧心如焚,高
高在上的统治者对这一切却熟视无睹,漠不关心。这是仁慈而富有
责任心的苏轼无论如何也不能置之度外的。他多么希望能有某种
非凡的力量来解民之厄!有一次,他路过无锡看到当时一种新式农
具——龙骨车,农民用来车水抗旱,功效远胜于单纯的人力,立即产
生了浓厚的兴趣,觉得可以大为推广使用。他热情地写诗赞美道:

翻翻联联衔尾鸦,荤荤确确蜕骨蛇。分畦翠浪走云阵,刺
水绿针抽稻芽。洞庭五月欲飞沙,鼍鸣(鼍,tuó,古代鳄鱼的一种,相
传天旱时在窟中鸣叫,声如击鼓)窟中如打衙。天工不见老翁泣,唤
取阿香推雷车。(《无锡道中赋水车》)

五月的太湖洞庭山下,天神正在大发淫威,要将广阔的太湖平原旱
成一片枯土,任飞沙满天,任鳄鱼在石窟中发出击鼓般的号鸣,那时
人间的哀乞之声将上达云霄,天神发出得意的狞笑。然而,烈焰不
断喷吐,时间一天天过去,老农的悲泣却迟迟没有传来。暴虐的天
神忍不住好奇,站在云头俯视大地,他看到田间有一种奇怪的装置,
那一节节漆成黑色的车斗轱辘辘地转动,就像乌鸦衔尾联翩飞舞,
又像蜕皮剩骨的龙蛇矫健地盘旋。清清的河水泛起欢乐的浪花,汩
汩地流入干涸的田野,碧绿的稻芽像纤细的针尖,穿过水面在和风
中轻轻摇曳……天神万般疑惑,莫不是那专管行云布雨、推动雷车

的阿香偷偷地溜到了人间？全诗构思奇特，笔力矫健，前人称叹为"触处灵通，别成奇光异彩"（《御选唐宋诗醇》），歌颂了劳动人民征服自然的伟大创造力，表现了诗人对农民生活和农业生产的高度关注，像这样的作品，在我国诗歌史上可说是凤毛麟角，十分少见。

面对人民的苦难，苏轼无法视而不见，听而不闻

当时，王安石变法运动正在全面展开。就理财富国而言，除熙宁二年就已实行的均输法、青苗法、农田水利法、免役法，到熙宁五年，又陆续颁布了市易法和方田均税法。这一系列的新法在一定程度上抑制了富商大贾与豪强兼并势力，有利于发展农业生产。从实际效益来说，也在短时间内达到了"中外府库无不充衍"（元·脱脱《宋史·安焘传》）的程度；与此同时，宋军在熙州、河州边境地带击败不断侵扰的西夏军队，取得数十年来第一次大胜利。

然而，熙宁新法既以富国强兵为目标，一切从国家利益出发，其"富国之方"并不仅仅是以发展生产和平均赋税为途径，为了高效快速，也就不可避免地要扩大和加深对社会下层广大民众的盘剥，加重人民的负担，这一固有的弊端，又由于封建官僚机构的腐败，在实际推行的过程中变本加厉。苏轼本来就是因为反对新法而离京外任，此时，奔波乡野之间亲眼目睹穷苦百姓在天灾与虐政的夹击下无以为生的惨状，心情十分悲愤。一方面，他尽可能地在职权范围内"因法以便民"（苏辙《亡兄子瞻端明墓志铭》）；一方面，对于人民的苦难，他无法视而不见，听而不闻，更无法默然坐视，隐忍不言，作为诗人，他又情不自禁地拿起了手中的笔：

今年粳稻熟苦迟，庶见霜风来几时。霜风来时雨如泻，耙

头出菌镰生衣。眼枯泪尽雨不尽,忍见黄穗卧青泥!(《吴中田
妇叹》)

这是一个吴中田妇凄苦的悲诉,这是一个普通农家真实的写照。在
这风不调雨不顺的不祥年份,稻谷迟迟不见成熟。眼看着秋风渐
起,秋雨连绵,耙头镰刀都发霉生锈,黄澄澄的稻穗在风雨中纷纷倒
卧,此情此景让人心如刀绞,实在不忍多看,忧伤的眼泪早已流尽,
恼人的秋雨依旧没完没了。

茅苫(shān,茅棚)一月陇上宿,天晴获稻随车归;汗流肩赪
(chēng,红色)载入市,价贱乞与如糠粞(xī,碎米)。(同上)

好容易盼到天晴,一家人没日没夜在田间劳作,抢收这风雨洗劫后
仅剩的一点稻谷。辛辛苦苦运送到集市,谁知价格低贱得有如糠粞
碎米。

卖牛纳税拆屋炊,虑浅不及明年饥。官今要钱不要米,西
北万里招羌儿。(同上)

尽管价贱惊人,不得已也只好把稻谷卖了,因为官府为了巩固边防,
要用钱来招抚西北羌族部落,新近规定,交税和免役都得用现钱。
卖谷所得实在是微乎其微,远远不够交纳赋税,凶神恶煞的官吏日
夜催逼,只得卖牛拆屋,勉强渡过眼下的难关。至于明年又该怎么
办? 像我们这样见识短浅的乡下人,一时半会也想不到。

龚黄满朝人更苦,不如却作河伯妇。(同上)

不是说现在满朝都是些像汉代的龚遂、黄霸那样的宽政恤民的好官吗？百姓的生活却日见困苦。这样受苦受难受煎熬，真不如一头投进河里，了此一生来得清净！

诗歌借江南农妇之口，诉说了农民不幸的遭遇，如实地反映了新政的流弊，表达了诗人对农民的同情和对新政的不满。

如果说官府收税要钱不要米，造成米贱钱荒的局面，使饱受自然灾害的农民雪上加霜，那么，以救济百姓青黄不接为名，由官府发放贷款的青苗法，则是给下层民众设下的又一道陷阱。

每年青黄不接之时，豪强兼并之家乘人之危，放高利贷获取巨利。青苗法本来是针对这一情况而颁布的，试图以政府的力量剥弱兼并之家放贷的势力，农民直接向官府贷款度过饥荒，待到秋收之时再本息偿还。立法的本意并非不好，实际执行的过程中却出现了严重的问题。原来规定借贷自愿，结果却实行强制性"抑配"，加上许多地方官为了多取息钱，邀功请赏，往往在规定的利息之外，又附加名目繁多的种种勒索。广大民众被迫接受国家的贷款，春借秋偿，本利相加，一旦遇上天灾人祸，根本无法偿清，在官府严催紧逼之下，只好又付出加倍的利息向豪强富户借钱，来偿还官债，以至于弄得倾家荡产。尽管国家因青苗法所得的利益确实可观，贫苦的民众却深受其害，因此，青苗法从颁布之日起，便受到许多元老重臣最激烈的反对。苏轼也不例外，在《上神宗皇帝书》中他早已发表了不同意见，来杭州后更以诗歌的形式对青苗法冷嘲热讽，表示强烈不满：

> 杖藜裹饭去匆匆，过眼青钱转手空。赢得儿童语音好，一年强半在城中。(《山村五绝》之一)

为了贷款,为了纳税,为了还债,农民常常丢下手中的活计,挂着杖,带着干粮赶几十上百里山路进城,大半的时间就这样白白地耗去。贷得的青苗钱经过几次辗转早已不名一文,家境却日益贫寒,唯一的"收获"是小孩子们跟着大人颠来跑去,不知不觉间已学会了城里人的口音。

江南是食盐的主要产地之一,政府为了增加税收,又在这一带实行盐法,将盐列为国家专卖物资,统一购销,禁止私自贩运。官盐价格昂贵,贫苦的百姓无力购买,常常吃不到盐。有一次苏轼外出巡视,竟然发现在某些偏僻的山村,有些人甚至连续数月不知盐味:

老翁七十自腰镰,惭愧春山笋蕨甜。岂是闻《韶》解忘味,迩来三月食无盐。(《山村五绝》之一)

这位辛劳了一辈子的七十老翁,腰间插一把镰刀,独自上山挖笋采蕨,聊以充饥。春天的嫩笋鲜蕨本来非常甜美,可是老翁深感惭愧,实在尝不出甜美的滋味。难道他也像孔子那样听了尽善尽美的《韶》乐,沉浸在音乐的世界里而三月不知肉味?山野小民哪能有这样的风雅境界啊,只不过近来已经好几个月食淡无盐罢了。

贫苦懦弱的人们只能无可奈何地忍受食淡无盐的境遇,而胆大强悍的人则不惜冒险犯禁,数百成群,带刀佩剑,贩运私盐。地方政府无力制止,只得听之任之,于是更多的人加入这种有利可图的私盐贩运队伍,致使许多地方耕作无人,农田荒废。对于这种情况,苏轼感慨地写道:

烟雨蒙蒙鸡犬声,有生何处不安生。但令黄犊无人佩,布

谷何劳也劝耕。(《山村五绝》之一)

蒙蒙烟雨笼罩的山野,不时传来鸡鸣狗吠之声,多少百姓就这样世世代代勤俭朴实地生活在其中。只要基本的生活必需品能够得到保证,他们便会循规蹈矩、知足常乐。如果盐法不这么苛峻,他们又怎么会卖牛买刀,铤而走险,去贩运私盐呢?他们自然会努力耕作,根本无须政府派遣使者像布谷鸟一样整日聒噪,劝农督耕。

官府当然不会对这种公然的武装贩运私盐不闻不问,很快,朝廷便派遣专人前来督导两浙盐务,严刑重罚,厉行盐法,一时之间,犯法入狱的人不计其数。审囚问案是通判分内的公事,所以苏轼一到杭州便过着"朝推囚,暮决狱"(《和蔡准郎中见邀游西湖三首》)的日子,坐在高堂之上,在饱受鞭棰的贫苦百姓哀哀号哭声中,签署他不愿签却又不能不签的无情判词,甚至连除夕之夜也不得安宁。在《都厅题壁》一诗中,苏轼沉痛地记录了自己心中的感受:

> 除日当早归,官事乃见留。执笔对之泣,哀此系中囚。小人营糇粮,堕网不知羞。我亦恋薄禄,因循失归休。不须论贤愚,均是为食谋。谁能暂纵遣,闵默愧前修。

诗人深深地同情这些不幸的囚徒,在这个本该合家欢乐的除夕之日,自己因公务缠身而不能与家人团聚,囚犯们则因谋生落入法网而骨肉分离,从本质上来说,他们并没有什么两样。他多么希望能像古代的贤人一样将这些囚犯暂时释放,让他们过上一个团圆年啊,可是他没有勇气这样做,因此更觉得忧伤郁闷,愧对前贤。

尽管对现实深感不满，
苏轼却不能不在现实中履行他的通判职责

怀着对民众的悲悯与对新法的不满，苏轼以特有的敏锐观察生活，以无私无畏的精神揭露现实，他的这些诗歌一经写出，立即被人们争相抄录，广为流传。他似乎早已忘了离京时表兄文同对他的劝告，其实他并没有忘，所有关心他的亲友无时不在提醒他。有时候他也真的努力过，真的希望自己能做到"休问事"、"莫吟诗"，学会沉默，将所有的不满都藏在心里。熙宁五年十二月，苏轼受命前往湖州督管堤堰工程，与好友孙觉相见，公余之暇，两人游山玩水，还曾预先立下规矩：

> 嗟予与子久离群，耳冷心灰百不闻。若对青山谈世事，当须举白（白，即大白，酒杯名）便浮（罚酒）君。（《赠孙莘老七绝》之一）

一对志同道合、同样与世不谐的好友，久别重逢，本来有许多牢骚和不满想要倾吐，可是一想到悠悠世事，说也无益，于是互相约定：谁若是以恼人的俗事来打扰游赏的雅兴，就须举起酒杯满饮一杯，以示惩罚。可是，"如蝇在食，不吐不快"，这，就是苏轼的个性！当不平和不满在心头涌起时，他依然情不自禁，"使某不言，谁当言者？"（宋·朱弁《曲洧旧闻》引苏轼语）为民请命，为国谏诤，是一个正直的士大夫的责任和义务！

我们并不否认，对于王安石的变法，苏轼的认识是很不全面的，有时甚至带有一些个人意气。在复杂的社会政治领域，无论是思想的高度，还是目光的远大，苏轼都无法与一代名相王安石相提并论。

但是他本着对下层民众深切的同情,本着独立不倚的立朝大节,从实际出发,敏锐地发现问题,指出新法实行中的弊端,希望"有补于国"(苏辙《亡兄子瞻端明墓志铭》),这样的良心、勇气和节操,确实难能可贵,永远值得我们崇敬和学习。

尽管对现实深感不满,苏轼却不能不在现实中履行他的通判职责。除了日常的公务,还时时有一些特殊的差遣。杭州仁和县的汤村有一个大盐场,为了方便官盐的运送,朝廷决定在那里开凿一条运河。熙宁五年十一月,苏轼被抽调到工地督促工程的进行,又一次亲眼目睹徭役给人民带来的苦难:

> 盐事急星火,谁能恤农耕。薨薨晓鼓动,万指罗沟坑。天雨助官政,泫然淋衣缨。人如鸭与猪,投泥相溅惊。(《汤村开运盐河雨中督役》)

千余名农民被迫丢下家中的农活前来开河,在初冬的寒风冷雨中,在泥泞的沟壑中,奔忙滚爬,劳苦疲弊,无异于牛羊猪鸭。作为督役官,苏轼也过得并不自在:

> 下马荒堤上,四顾但湖泓。线路不容足,又与牛羊争。(同上)

在狭窄泥泞的路上,顶风冒雨,在挥锄荷担的役夫中推来挤去,争路而行。这样辛苦地做着自己极不情愿的差使,他不由得觉得:"归田虽贱辱,岂失泥中行。"(同上)与其这样倒不如回乡做一个农夫,也不过是和泥土打交道而已,心情还要舒畅得多。

好容易盐河之役结束,苏轼又奉命去湖州督管堤堰工程。这是"农田水利法"颁行以来,朝廷极为重视的一项工程,对于发展农业生产具有积极的作用。但是苏轼因为整体上的反变法立场,在两派尖锐对立中,不能客观具体地看待王安石变法的种种举措,也曾对这项法令提出过非难,如今却被派遣来兴修水利,连自己都觉得是一个天大的讽刺。在写给孙觉的诗中,他牢骚满腹地说:

> 天目山前绿浸裾,碧澜堂上看衔舻。作堤捍水非吾事,闲送苕溪入太湖。(《赠孙莘老七绝》之一)

看上去,苏轼似乎打算沉湎山水,消极怠工。

熙宁六年,严重的水旱灾害导致东南大部分地区发生饥荒,朝廷调集数万担粮食赈济灾民。苏轼受命前往常州、润州发放灾粮,十一月启程。这一次差遣任务重,时间长,整整七个月时间奔波于常、润的每一片土地,勤勉地处理繁杂的赈灾事务,就连除夕之夜也不能回杭州与家人团聚。停船常州城外,在荒寒的水岸,度过了除夕之夜:

> 行歌野哭两堪悲,远火低星渐向微。病眼不眠非守岁,乡音无伴苦思归。重衾脚冷知霜重,新沐头轻感发稀。多谢残灯不嫌客,孤舟一夜许相依。(《除夜野宿常州城外二首》之一)

在这个本该热闹喜庆的夜晚,诗人独守孤舟,一灯如豆。四野苍凉,远处城郭的灯火和天边凄冷的孤星都显得那么暗淡微弱。在无边的寂寞包裹之下,诗人时而吟诗,时而默默垂泪,心中充满了悲哀。眼病的折磨令他通宵难眠,辗转反侧之中,不禁苦苦地思念远方的亲人,此时此刻,他多么希望听到那亲切的乡音啊!重重锦被挡不住深夜的寒意,才知道舱外霜露越来越重。刚刚洗过的头有种轻飘飘的感觉,大概是人到中年,老之将至,头发渐渐变得稀疏。时光易逝,岁月如流,不由人不悚然心惊!

> 南来三见岁云徂,直恐终生走道途。老去怕看新历日,退归拟学旧桃符。烟花已作青春意,霜雪偏寻病客须。但把穷愁博长健,不辞最后饮屠苏。(《除夜宿常州城外二首》之一)

寂静的长夜,诗人回首往事,自从熙宁四年来到杭州,倏忽之间已是三个年头过去。几年来,大部分时间都耗费在道路奔波上,是不是这一生都将是如此漂泊?年岁渐老,越来越怕看崭新的日历,那是岁月流逝的历历明证啊!每到大年初一,人们都要将悬挂门旁用来避邪的桃木神符以旧换新,其实我也该像旧桃符一样,早做退隐归乡的打算。江南的岁暮已蕴涵着浓浓的春意,可是我疾病缠身、须发渐白,似乎已很难再焕发精神与朝气。如果一世穷愁能换取身体的康健,我也不必惧怕年去岁来,情愿做一个老者,在正月初一的酒筵上,最后饮尽杯中的美酒(古俗,正月初一按先幼后长的次序饮屠苏酒)。

两首诗都充满了苍凉愁苦的意绪,流露出苏轼对仕途及人生命运的深思。

来到向往已久的宜兴,
一种亲切、安宁、恬适的感觉在苏轼心头生起

泊舟常州城外度过寂寞的除夕之夜,苏轼又继续奔波于赈灾的旅途。光阴荏苒,转眼已是春暖花开季节,这时苏轼来到了向往已久的宜兴。宜兴古称阳羡,隶属常州府,是著名的江南鱼米之乡,境

内有三湖九溪,而以荆溪最负盛名。这条美丽的长河,另有一个十
分别致的俗名:罨(yǎn)画溪。罨画,即杂色之画,这个绚丽多彩的
名词,正是两岸美景最直观、最生动的写照。苏轼泛舟溪上,一种亲
切、安宁、恬适的感觉在心头生起,好像远方的游子回到了家乡,又
像是漂泊的灵魂找到了归宿。他回想起嘉祐二年的一段往事:

> 琼林花草闻前语,罨画溪山指后期。岂敢便为鸡黍约,玉
> 堂金殿要论思。(《次韵蒋颖叔》)

那时,他还是一名春风得意、风华正茂的新科进士,在皇帝御赐的琼
林宴上,与来自宜兴的同年蒋之奇相识。席间,之奇侃侃而谈,尽情
称述家乡人情风物之美,富于幻想的苏轼不禁神迷心醉,心向往之,
当即便与之奇相约,将来退休同往宜兴,比邻而居,共赏如诗如画的
荆溪美景。十七年后的今天,他终于有幸来到这一片梦想中的乐
土,亲历亲闻,深觉之奇当年的称述果然不虚。优美的景色,丰饶的
物产,以及淳朴的民风,正是苏轼理想的退归之所。虽然距离可以
告老还乡的年龄还遥不可及,苏轼却已决定拿出多年积蓄的薪俸,
在这里购田置产。事情办妥之后,他兴致勃勃地说:

> 买田阳羡吾将老,从来只为溪山好。(《菩萨蛮》)
> 阳羡姑苏已买田,相逢谁信是前缘。(《浣溪沙》)

并且驰骋想象,预约好友在他将来成为一名真正的宜兴田舍翁之
后,前来做客:

> 惠泉山下土如濡,阳羡溪头米胜珠。卖剑买牛吾欲老,杀

鸡为黍子来无。(《常润道中,有怀钱塘,寄述古五首》之一)

从此,苏轼与宜兴结下了不解之缘,他像惦念故乡眉山一样,惦念着这一片美丽富饶的土地,南来北往的仕宦生涯中,经过常州达十几次之多,正如宜兴人费衮在《梁溪漫志》中所说的:"出处穷达三十年间,未尝一日忘吾州。"苏轼一生漂泊奔走,足迹几达半个中国,但每一处都不是出于自己的愿望,唯有卜居宜兴,是他自主选择的结果。他说:

> 吾来阳羡,船入荆溪,意思豁然,如惬平生之欲。逝将归老,殆是前缘。(《楚颂帖》)

宜兴是他心灵的慰藉,是他魂牵梦萦的桃花源。"十年归梦寄西风,此去真为田舍翁。"(《归宜兴留题竹西寺诗》)在此后动荡坎坷的漫长岁月,归隐宜兴成为他执着不舍的梦想。这个梦想随着岁月的推移在他的心中不断具体化、细致化:

> ……吾性好种植,能手自接果木,尤好栽橘。阳羡在洞庭上,柑橘栽至易得,当买一小园,种橘三百本。屈原作《橘颂》,吾园若成,当作一亭,名之曰"楚颂"。(《楚颂帖》)

这篇元丰七年(1084)十月在宜兴写的《楚颂帖》,既是苏轼对归隐阳羡的生活图景的构想,也是他这一"阳羡情结"所包含的文化内蕴的自我表述。屈子"苏世独立,横而不流"的"橘颂"精神,是苏轼作为中国文人典型文化性格的有机构成。顺境时立朝为官,坚持济世拯时的节操,逆境时退避林下,潇洒自处,追求自我生命价值的完满实现。正是由于从思想到行动,最真实、最彻底地奉行这一进退裕如的立身准则,才使他在大起大落的仕宦生涯中,精神上永远立于不败之地。

送别陈襄,苏轼满怀离情,写下一首首感人肺腑的词作

苏轼从常、润二州赈灾归来,已是熙宁七年的六月,知州陈襄(字述古)即将离任。几年来,他们两人不仅政见相同,处理州中大小事务配合默契,而且情趣相投,经常在湖光山色之中诗词吟唱,建立了十分深厚的友情,如今分别,依依难舍。在一连串告别与饯别的歌筵酒席上,苏轼满怀离情,写下一首首惜别的词作:

> 湖山信是东南美,一望弥千里。使君能得几回来? 便使樽前醉倒更徘徊。　沙河塘里灯初上,《水调》谁家唱? 夜阑风静欲归时,惟有一江明月碧琉璃。(《虞美人·有美堂赠述古》)

凤凰山上的有美堂,他们曾在这里留下多少美好的回忆,今天重来,滋味却已不同于往日。苏轼凭栏远眺,但见湖山绵延,千里不绝,美不胜收。他由衷地赞叹道:东南山水之美确实是首屈一指啊! 良辰美景应该与知心的好友共赏,可是陈襄很快就要离去,难言的悲凄在苏轼心头涌起,他不禁连声追问:太守,您何时才能重回此地? 然而,世事难料,身不由己,陈襄也难以作答,唯有默默无言,狂饮痛醉! 留恋之情令他们久久不忍离去。白天过去,夜幕降临,附近繁华的沙河塘里华灯初上,别有一番动人的景致。歌台舞榭,管乐声声,夜风中是谁在演唱《水调歌头》? 歌声悠扬而又哀婉,不由人不暗自垂泪。在伤感的对饮中时光悄然流逝,沙河塘的热闹渐渐地过

去。夜已深，风已静，他们也将散席归去。此时万籁俱寂，钱塘江上，水月交辉，宛如一江碧色的琉璃，晶莹澄澈。人事代谢，稍纵即逝，只有自然长存，永恒不变。

秋风湖上萧萧雨，使君欲去还留住。今日漫留君，明朝愁杀人。　佳人千点泪，洒向长河水。不用敛双蛾，路人啼更多。(《菩萨蛮·西湖送述古》)

美丽的西湖，是他们无数次携手畅游的地方，此时此刻，为什么显得如此凄凉？秋风萧瑟，秋雨淅沥。不过，这倒是挽留行人的最好理由。可是一想到今天的停留终究只是徒然，明天的离别依然不可避免，诗人就禁不住愁肠百结。送别的酒席上，歌女们婉转哀歌，泣不成声，颗颗泪珠洒入长河。多情的歌女啊，请不要再悲啼，城郊已挤满了扶老携幼、夹道相送的杭州百姓，他们为贤良的知州离去而洒的泪水，已经使河水溢出了堤岸。

所有的不舍，所有的依恋，所有惜别的泪水，都无法改变别离的事实。那个令人伤感的时刻终于来临！陈襄启程离杭，苏轼一直追送到杭州东北的临平，舟中相别，无限怅惘：

回首乱山横，不见居人只见城。谁似临平山上塔，亭亭，迎客西来送客行。　归路晚风清，一枕初寒梦不成。今夜残灯斜照处，荧荧，秋雨晴时泪不晴。(《南乡子·送述古》)

握别船头，诗人不禁回首远眺，他的目光越过丛错的群山，凝视着远方隐约呈现的杭州城。陈襄走了，几年来甘苦与共的好友走了，一种难以言喻的失落感在苏轼的心头涌起。在他寂寞的眼中，那座繁华热闹、曾带给他无限欢愉的美丽城市,此时此刻,显得无比凄凉、无比冷落。生而为人,有谁能超越情感的支配和折磨?有谁能像临平山上亭亭兀立的古塔,迎来送往,淡然俯视人间的离合与悲欢?词的下片,诗人设想离别之后,彼此孤单寂寞的情形,进一步表现依依惜别的深情:今夜我将独自归去,晚风凄清,新寒似水,难以成眠;而您在渐渐远去的另一条船上,也一定孤灯独对,离愁满怀,动情处,珠泪盈眶,晶莹闪亮。

这一系列送别陈襄的词作,写得情深意切,荡气回肠,语言明净,意境鲜明。尽管此时,苏轼留意词的创作不过两三年,但是,与传统不太相同的新倾向已经隐然可见。

现存苏轼词集表明,他从通判杭州开始填词

词,在我国文化史上是一种非常独特、非常微妙的文学样式。它的萌芽可以追溯到隋唐,那时民族的大融合带来中土音乐的新发展,词便是配合这种新兴音乐的演唱而产生的。所以,从根本上来说,词就是歌词,最初只在民间流行,以后才逐步为文人所注意,成为歌筵酒席上娱宾遣兴的重要文学形式。在第一部文人词集《花间集》的序言中,五代词人欧阳炯曾描述了我国古代歌唱文学产生的具体情景:

> 绮筵公子,递叶叶之花笺,文抽丽锦;绣幌佳人,举纤纤之玉指,拍按香檀。

倚红偎翠,浅斟低唱。词,就在这样华美、温情、浪漫的氛围中定型、成熟,渐渐发展成一种可以脱离音乐而存在的独立的文学形式。这

种别具一格的生长环境,使词具备了与诗截然不同的特质:它是一种纯娱乐、纯消遣性的抒情文学,只是写一些男女之思、时光之叹、伤春怨别之感;它往往没有具体明确的写作对象,可以在任何场合对任何人演唱,多以女性的口吻抒发人所共有的纯粹的情感;它的语言精致华美,风格柔婉妩媚,音律曲折多变,形式错落有致,特别适合表现人心深处低回要眇、幽约怨悱的情愫,因而,随着时间的推移,又逐渐充当了抒写深细隐微的个人情怀的载体。词让过分严肃的中国士大夫的精神世界有了一块温柔的小园地。从此"以男子而作闺音"(清·田同之《西圃词说》)成为文学史上司空见惯的现象。多少铮铮铁汉,借助词的形式表现心灵世界的另一个侧面。但是,一种事物的优点,有时恰恰就是它的缺点,这种二律背反在词这一文学形式上体现得尤其明显,题材的单一、内容的狭窄、风格的萎靡、词品的卑下、个性色彩的模糊不清,乃至表现手法的陈陈相因,都是词所固有的弊端,何况作为一种唯美的文学,词显然又与儒家传统的文学要求异辙殊途。因此,词一方面受到人们普遍的赏爱,一方面又遭到舆论的轻视和排斥。文人们写作小词,往往随即"自扫其迹,曰谑浪游戏而已"(宋·胡寅《向芗林酒边集后序》)。

从晚唐五代到北宋前期,词基本上循着它狭窄的轨迹在这种矛盾的夹缝中求生存。然而,一种新兴的、富有生机与活力的新型文学样式,是不可能安于这种状况的。词必然要在保持婉曲多折的审美特性的基础上,寻求自我完善、自我更新的途径,以便积蓄更加强大的力量,在文学领域争取合法正当的地位。宋仁宗时代,一些富有创新意识的文学家占风气之先,开始新的有益的尝试。范仲淹《苏幕遮》("碧云天")、《渔家傲》("塞下秋来风景异")表现边塞生活,慷慨悲凉;欧阳修《临江仙》("记得金銮同唱第")、《朝中措》("平山栏槛倚晴空")融入仕途感慨,跌宕疏放;张先将词的题材日常化;

柳永以词抒写文士悲秋的失意情怀。题材的扩大影响了风格、意境和表现手法，但是，传统的因袭毕竟很重，整体而言，词依然跳不出"艳科"的樊篱，需要一支雄才大力的如椽巨笔，来打开一个全新的世界。苏轼便在这个关键的时刻登上了词坛。

现存苏轼词集表明，他从通判杭州开始填词。那么，是不是在他三十七岁以前一直对词没有兴趣？答案当然是否定的。在词风特盛的宋代社会，一个富有才情、对一切都怀着好奇的人，不可能不被这种美妙的性灵文学深深吸引。在写给堂兄子明的信中，他曾经回忆道：

记得应举时，见兄能讴歌，甚妙。

对于会唱词的堂兄，年轻的苏轼充满了钦羡之情。当时声名最著的词人是柳永，"凡有井水处，即能歌柳词"（宋·叶梦得《避暑录话》）。以后苏轼作词，总是把自己和柳永相比较，可见年少时留下的印象是多么深刻。但是，那时候，在父母严厉的督促下，在拯世济时的远大理想激励下，苏轼很少有机会流连奢华的歌筵酒席，听歌赏曲，更没有闲暇学作这种被认为只是侑酒助觞的小词。初入仕途的十年，儒家积极用世的精神在他心里占据着主导的地位，他将所有的精力倾注在国事上，所以一直未曾染指于词的创作，直到熙宁四年，他怀着失意的心情来到杭州。

繁华富丽的南国都市，本来就是文人词产生的温床，江南特有的风情，为柔媚香艳的词作提供了天然的范本。苏轼来到杭州，就仿佛走进了烟水迷离、风情旖旎的绝美词境。文风荟萃，弦歌不辍，这是真正的诗的天下、词的王国！柔婉妩媚的山水抚慰了他善感的心灵，因激烈的党争而变得有些枯涩僵冷的诗情重现生机！政治上的不得志,使他有了较多的闲暇寄情山水,周旋于文士、名流与歌妓之间。南国自古多词人,与苏轼诗酒流连的朋友中,不乏填词的高手,其中尤以词坛耆宿张先最负盛名。当时流行以词名人的风气,许多词人都因名句而赢得雅号,张先一人曾荣膺数顶桂冠:既因"沉思细恨,不如桃杏,犹解嫁东风"的名句,被称为"桃杏嫁东风郎中";又因"心中事,眼中泪,意中人"得名"张三中";而他自己则表示更愿以"张三影"名世,因为他特别擅长在词中写影:"云破月来花弄影","娇柔懒起,帘压卷花影","柳径无人,坠风絮无影",这三个带"影"字的句子,是他平生最感得意的佳构。这位年逾八旬的老人,精神矍铄,风雅不减当年,依然是东南地区词坛的中心人物。苏轼与他年龄上虽然相距近五十岁,却非常相得。他们和柳子玉、陈襄、陈舜俞、刘孝叔以及继任陈襄的知州杨绘等,是经常聚会在湖光山色之中的诗词朋友。正是在杭州这个天然词境的环抱下,在这个欢快悠闲的文人群体的影响下,苏轼自然而然地开始了词的创作。

苏轼此时的词作虽与传统词作没有本质差别,但已表现出新的倾向

杭州三年是苏轼填词生涯的习作阶段,他的兴趣正在与日俱增。从现存苏轼词集来看,熙宁五年才写了两首,熙宁六年写了五首(一说七首),而熙宁七年竟写了四十二首,成为他一生作词最多的一年。这时,他基本上循着传统的路子虚心地接受前辈词家的经验和影响,以他高度的悟性深刻地理解和把握词体特质,因而打下了非常踏实的基础。这种"本色当行"的眼光和手法,成为他以后革新词体、开拓新境必不可少的重要素质。

苏轼这一时期的作品,虽然与传统词作并没有本质的区别,依

然以应歌侑酒、赠答送别的社交之作为主,但已明显地表现出新的倾向:不再"以男子而作闺音",词人自己直接成为抒情主体;心头常有特定的人物作为写作对象,使没有个性的小词变得个性鲜明;语言明净,风格清丽;每首词的词牌之下差不多都有说明题材或主题的副标题,这也是传统词人很少有的作法。词牌是词的母体和渊源——音乐的象征,在词的初始阶段,词牌既规范词作的形式和格律,也限定词作的主题和内容,《更漏子》写午夜的相思,《鹊桥仙》咏吟牛郎、织女的情事等等,但是随着词与音乐的逐渐分离,词作内容与词牌实际上已很难保持一致。苏轼作词另立标题,说明他已经有意识地顺应这一发展趋势,将词牌视为与内容无关的形式,使词作内容完全摆脱了音乐的束缚,标志着词体的进一步独立。这些特点,在写给陈襄的一组送别词中,都有非常充分的表现。此外,在题材内容上,苏轼也有一些新的开拓:《行香子》("一叶轻舟")写浙江桐庐七里濑"重重似画,曲曲如屏"的景色;《瑞鹧鸪》("碧山影里小红旗")写钱塘弄潮儿搏击江潮的习俗;《卜算子》("蜀客到江南")抒写乡情;《南歌子》("苒苒中秋过")感慨身世;都在一定程度上打破了"诗庄词媚"的传统界限。

在所有的前辈词人中,张先对苏轼的影响或许是最直接的。对比两人这一时期的词作,内容、风格乃至艺术技巧上的相似性可谓历历分明。张先词作题材的日常生活化、以冷静的笔调表现闲雅情境的艺术特色,更给予苏轼良多启发。对于张先,苏轼是非常敬重的。几年之后,张先以八十九岁的高龄谢世,苏轼作《祭张子野(张先字)文》寄托哀思,表达自己的景仰之情。他深情地回忆两人在杭州结下的深厚情谊:

　　　　我官于杭,始获拥篲。欢欣忘年,脱略苛细。

拥彗，即手执扫帚，古人迎候贵客，常拥彗致敬，意思是清扫屋宇恭敬地迎候宾客。《史记·孟荀列传》记述燕昭王迎接阴阳家邹衍的情形："昭王拥彗先驱，请列弟子之座而受业。"此后，"拥彗"也就包含着拜师受业的意思。可见，张先对于苏轼来说，亦师亦友，既是不拘礼仪的忘年之交，又是步入词坛的引路人。文章还高度评价了张先的诗词成就：

> 清诗绝俗，甚典而丽，搜研物情，刮发幽翳，微词宛转，盖诗之裔。

这里，苏轼将诗词并提，透露出他对词体的全新认识：词不再是娱宾遣兴的工具，而是和诗一样的抒情言志的文体。张先以及其他前辈词人在创作中无意识地流露出来的倾向，在苏轼的心中变成了有意识的、明确的追求。

新的创作观念、对词体特质的娴熟把握，加上他那可与天地相参的学养襟抱，苏轼的词的创作很快进入一个新的高度，整个唐宋词史也因此翻开了崭新的一页！

苏轼启程离杭，杨绘、张先、陈舜俞等同船远送

送别陈襄两个月后，苏轼在杭州也已三年任满。此时，苏辙早已离开陈州在济南任职，兄弟俩阔别日久，思念心切，所以苏轼上奏朝廷，希望能调任到靠近济南的州县。九月朝命下达，苏轼如愿以偿，被任命为密州（治所在今山东诸城）知州。作别杭州湖山、旧友，又是一连串应接不暇的游宴与酒会。

月底,苏轼挈带妻子王闰之及三个儿子苏迈、苏迨、苏过,还有家中其他人等,启程离杭。杨绘、张先、陈舜俞三位同船远送,来到湖州,拜访他们共同的朋友——湖州知州李常。适逢李常生子做"三朝",大会宾客,另一位老友刘述前来贺喜刚好在座,又是一番意外的惊喜。于是六人置酒高会,欢聚一堂。酒宴上免不了吟诗作词,性喜诙谐的苏轼忍不住要开李常的玩笑,作《减字木兰花》一首:

> 惟熊佳梦,释氏老君亲抱送。壮气横秋,未满三朝已食牛。　　犀钱玉果,利市平分沾四座。多谢无功,此事如何著得侬。

词的上阕极力称许新生婴儿的不凡和健壮,下阕则引用《世说新语·排调》中晋元帝的笑话。据说元帝生子,宴请百官,每人赐帛一匹,大臣殷羡拱手谢恩,说:"臣等无功受赏。"元帝回答道:"此事岂容卿等有功乎?"词篇吟诵一过,满座为之绝倒。

欢饮数日,苏轼继续前行,杨绘公务在身,不能再行远送,只得就此分别。别中送别,滋味已是不同一般,况且苏轼与杨绘同为四川老乡,又同样因为反对新法而郁郁不得志,两人因此一见如故,相处虽然不到三个月,却早已成为知己。临别之际,苏轼写诗相送:

> 分携如昨,人生到处萍飘泊。偶然相聚还离索。多病多愁,须信从来错。　　尊前一笑休辞却,天涯同是伤沦落。故山犹负平生约。西望峨眉,长羡归飞鹤。(《醉落魄·席上呈杨元素》)

词中抒发的已不仅仅是单纯的离愁别恨,更融入了人生飘零、离合无常的深沉感慨,和三个月前送别陈襄的一系列词作相比较,"以诗为词"的倾向更加明显。

刘述、张先等追送苏轼直到松江。这天夜深人静,星月皎皎,几位好友置酒于垂虹亭上,欢饮畅谈,雅兴勃发。八十五岁的张先情不自禁,自唱前日在湖州写的《定风波令》,其中"见说贤人聚吴分,试问,也应傍有老人星"几句,最为警策应景,一曲未了,赢得满座喝彩。七年后,苏轼听说垂虹亭被海潮席卷,踪迹全无,还无限怅然地写下《书游垂虹亭》一文,追怀这天夜里的盛事。

第二天,苏轼北上,已是桑榆暮景的张先尤其倍觉伤感,"屈指默计,死生一诀,流涕挽袂"(《祭张子野文》),他深知自己来日无多,生离即为死别,在苏轼登舟的一刹那,不禁老泪纵横,一双手紧紧拉住苏轼,久久不愿放开……

苏轼兄弟自从熙宁四年九月颍州分别,至今已是三年不见,苏轼原计划经由海州绕道济南探望弟弟,谁知时入严冬,海州通往济南的青河冰冻停航。苏轼无可奈何,只得冒着寒风直接奔赴密州。

第四章　惟有悯农心尚在

苏轼一家告别温暖的杭州,迤逦前行。深秋的北国已是十分肃杀,加上密州位处偏僻荒凉之地,与江南相比,真有天壤之别。寒风呼啸,景物萧条,苏轼的心情也不禁有些沉郁、落寞。他回想起当年与弟弟同至京城,一举成名,就像晋朝著名的文学家陆机、陆云兄弟初入洛阳,正是年轻有为、风华正茂之际,自恃"笔头千字,胸中万卷"(《沁园春·赴密州早行马上寄子由》),何等壮志凌云!可是如今,仕途奔波近二十年了,满脸尘埃,一身疲惫,却一无所成。"崎岖世路尝应遍,寂寞山栖老渐便"(《立秋日祷雨,宿灵隐寺,同周、徐二令》),难道今生就要如此庸庸碌碌、悄无声息地打发过去吗?岁月无情,长安日远,他觉得人生之路越走越狭窄,年少时一度在他眼前闪现的锦绣前程,已如天边的云霞,可望而不可即。

抵达密州任所,苏轼开始调查蝗灾受害情况

进入密州境内,一个奇怪的现象引起了苏轼的注意:虽然早已是农闲时节,田间道左,男女老幼依然三五成群,奔忙不已。原来,他们有的深翻土层,将含有蝗虫虫卵的土块埋入地底;有的在铲含有蝗虫虫卵的草皮,然后烧成草木灰。沿途两百余里,处处可见。

苏轼敏感地意识到,今年密州飞蝗的来势一定极为凶猛,如果不尽快采取补救措施,穷苦的百姓又将流离失所,无以为生。想到这里,他骤然感觉一副沉重的担子压上肩来,个人的愁苦也就暂且搁置在一边了。

熙宁七年(1074)十一月三日,苏轼抵达密州任所,下车伊始,便着手调查蝗灾之害的情况。他注意到一个令人震惊的数字,迄今为止,农民捕杀的蝗虫总数,报官的已有三万斛之多!可是当地的官吏却漠然置之,认为蝗虫虽多,但还未构成大的灾害。更有一些媚上邀宠之徒,睁着眼睛说瞎话,说什么"蝗虫飞来,能为民除草"。苏轼异常气愤,当即反驳道:"蝗虫如果真的能为民除草,农民应该祈祷祝福,盼它们多来,越多越好,又怎么忍心捕杀呢?"

就在两个月前,在杭州任上,苏轼还亲自到各个属县组织捕蝗。当时飞蝗从西北铺天盖地而来,嗡鸣之声压过了江水的波涛声,"上翳(yì,遮掩)日月,下掩草木,遇其所落,弥望萧然"(《上韩丞相论灾伤手实书》)。这些都是他亲见亲闻的。他一针见血地指出:"淮浙的蝗虫只不过是京东的余波而已,危害已是如此之大,京东的地方官却说蝗不为灾,这能骗得了谁?"

他来到田间地头,走进村落农舍,实地调查的结果更令他心情万分沉重。连年旱蝗相续,早已饥民遍野,大多数人都只能依靠草根树皮聊以度日。而今年秋旱又比往年更加严重,从夏到秋滴雨不下,冬麦几乎无法下种,直到十月十三日,才好不容易盼来一场雨雪,可那时早已是天寒地冻,难以播种,即使勉强种下,麦苗也无法生长。因此,和常年相比,十分之中只种得二三分。由此可以推知,明年春夏之际,饥荒将更甚于今日。面对这种情况,苏轼没有被吓倒。他以精明练达的才干、踏实勤政的精神,有计划、有步骤地展开工作,一边组织民众灭蝗抗旱,生产自救,一边多方采取措施处置天灾所带来的种种后果。

由夏至冬的长时间干旱,特别适宜于蝗虫的孳生,满地幼虫,多如尘埃。如果坐视不管,一旦春回气暖,就将展翅高飞,酿成无法收拾的后果。苏轼常常回想起在杭州亲眼目睹的飞蝗横空而来的可怕情景:

> 前时渡江入吴越,布阵横空如项羽。(《次韵章传道喜雨》)

蝗虫所到之处,草木为之一空,简直就像烧杀掠夺的西楚霸王项羽一样可怕。人们对此束手无策:"农夫拱手但垂泣,人力区区难抵御。"(同上)所以,他主张尽可能地防患于未然,在春暖之前,广泛发动民众以火烧土埋的办法捕杀幼虫。争取最大限度地减轻来年将要发生的灾情。并且专门拨出粮米,用于奖励积极捕蝗的群众。苏轼自己也身先士卒:

> 驱攘著令典,农事安可忽。我仆既胼胝,我马亦款砣。飞腾渐云少,筋力亦已竭。(《和赵郎中捕蝗见寄次韵》)

驱除蝗虫是地方官的职责,典籍上早有记载,因为这是有关农业生产的根本大事,丝毫不可以忽视。他从早到晚奔忙在田间地头,巡视督察,亲身体验到灭蝗的劳苦。

在捕蝗的过程中,苏轼经常和老农交谈,向他们请教有关农业生产的知识。老农告诉他,从来"蝗旱相资",如果天降甘霖,旱情解除,蝗虫就会大批死亡。而且,只要过了桑蚕初眠的季节,蝗虫就不再生长。他们还说,境内的常山祷雨最灵,往往有求必应。所以,第二年春四月,在蝗旱最为严峻的时刻,苏轼沐浴焚香,素食斋戒,前往常山虔诚礼拜。在祝文中,他苦口婆心地劝说山神解救人民的苦难,并且认为"殄民废职,其咎惟均"(《密州祭常山文》)。一方百姓不能安居乐业,山神与地方官同样负有不可推卸的责任,因而同样难逃其咎。或许是他"摩抚疮痍"的诚心感动了山神,这一次求雨真的成功了!

> 山中归时风色变,中路已觉商羊(商羊,鸟名,民间有"天将大雨,商羊鼓舞"的歌谣)舞。夜窗骚骚闹松竹,朝畦泫泫流膏乳。(《次韵章传道喜雨》)

苏轼欣喜若狂,满怀希望地展望前景:

> 从来蝗旱必相资,此事吾闻老农语。庶将积润扫遗孽,收拾丰岁还明主。(同上)

然而,苏轼在密州的两年,蝗旱之灾持续不断地困扰着这片贫瘠的土地,常山山神也并不是真的每一次都那么灵验。苏轼长时间地处于一种忧心如焚的状态中,无时无刻不像农民一样盼望着瑞雪甘霖,因而,在他的诗中也就非常自然地流露出对每一场雨雪的关注。冬天大雪纷飞,他油然联想到:"遗蝗入地应千尺,宿麦连云有几家。"(《雪后书北台壁二首》之一)

春天细雨初晴,他又不无遗憾地写道:

> 稍压冬温聊得健,未濡秋旱若为耕。天公用意真难会,又作春风烂漫晴。(《雪夜独宿柏仙庵》)

偶尔路遇乡野老农,他也会亲切地和他们谈起气候和收成:

> 父老借问我:"使君安在哉?"今年好风雪,会见麦千堆。
> (《出城送客,不及,步至溪上》)

诗中展现了一幅在封建时代极为少见的吏民相亲的动人画面,充分体现了苏轼忧民所忧、乐民所乐的可贵感情。

　　尽管从到任之日起,苏轼便带领密州人民与自然灾害奋力搏斗,可是,由于当时生产技术水平的限制,在巨大的天灾面前,人力的抗击依然显得微不足道。那几年,与密州邻近的数千里地区全部陷入了严重的饥荒,穷苦的百姓甚至连逃荒也无处可走。饿殍遍野,被遗弃的孩子随处可见。苏轼常常怀着沉痛的心情"洒泪循城拾弃孩"(《次韵刘贡父、李公择见寄二首》之一),又几经周折,设法拨出数百担粮米,单独储存,专门用于收养这些可怜的弃儿。并且在各处张贴告示,明文规定:愿意领养孩子的家庭,每月由官府补助六斗米。以此来鼓励和劝谕人们怜惜这些幼小的生命,使这些失去怙恃的孩子重得家庭的温暖。随着时间的推移,领养者对自己抚养的孩子产生了深厚的骨肉之情,即使生活再苦,也不肯轻易舍弃。就这样,苏轼怀着伟大的人道精神,救活了数千名在死亡线上挣扎的儿童。

　　在无衣无食的困苦之中,孱弱者抛儿弃女,辗转死于沟壑;强悍者则铤而走险,恃强行劫。盗贼蜂起,令身为知州的苏轼极感头痛,维护地方治安也是他刻不容缓的职责。到任之后,一方面,他立即制定了周密的缉盗方案,"磨刀入谷追穷寇"(同上);另一方面,他深知民穷必反的道理,大荒岁月对于广大的穷苦百姓来说,"冒死而为盗"固然可能一死,"畏法而不为盗"也难免饥饿而亡,不少人"相率为盗"，正是情理之中。在这种情况下，"增开告赏之门，申严缉捕之法"（《论河北京东盗贼状》），终究是治标而不治本。只有宽政利民，给人民一条生路，才能保障社会的长治久安。然而，作为一名地方官，手中的权力毕竟有限，要做到这一点何其难也！所以，他决定上书朝廷，陈说利害。

身为一郡之守，苏轼认为有责任挺身而出，为民请命

自从熙宁三年遭御史知杂事谢景温等罗织诬陷，苏轼已经好几年不再上书言事。可是如今，身为一郡之守，面对民众的苦难，亲眼洞察到岌岌可危的社会局势，他有责任挺身而出。所以，上任不到两月，便接连上书。先有《上韩丞相论灾伤手实书》，然后又有《论河北京东盗贼状》，如实反映密州旱蝗的严重情况，请求朝廷豁免秋税，或者暂停回收青苗钱，以资救济。否则，"则饥羸之民，索之于沟壑"（《上韩丞相论灾伤手实书》）。而且，"寇攘为患，甚于今日"，"虽日杀百人，势必不止"（《论河北京东盗贼状》），由此而将导致社会的动乱。上书言辞恳切，忧国忧民之心处处可见。

在这些言事书中，苏轼还花了大量的篇幅评说新法。可以看出来，此时，他的态度已经发生了某些微妙的变化。一方面，他仍然坚持固有的反变法立场，声称"民非独病旱蝗也"（《上韩丞相论灾伤手实书》），对正在实行的方田均税法、手实法，乃至即将在密州推广的官盐专卖法等，逐条予以批评，并表示强烈反对。另一方面，对于新法的某些内容，如免役法，他不再全盘否定，而是提出一些改良的意见，与执政者商榷，以便更易施行。

熙宁七年（1074）四月，朝廷的人事安排发生了重大变动，迫于反变法派的巨大压力，神宗皇帝不得已罢去王安石来平息众议，但

仍然坚持变法的大方向,任命韩绛为宰相,任命王安石最为倚重的变法派人士吕惠卿为参知政事。和王安石相比,韩绛才具平平,吕惠卿则是一个有着强烈个人野心的人。他上任之后,专横跋扈,一意孤行,不仅不能与韩绛好好配合,而且公开打击异己,提拔亲信,颇有些小人得志的猖狂。苏轼极力反对的手实法,就是吕惠卿采用他弟弟吕和卿的建议制订的。这一法令规定老百姓自报财产,以财产多寡定户等高低,官府据此分摊各户应纳的役钱。为了防止有人少报,更明确宣布,奖励知情人告发。对于这种悬赏告密者的做法,苏轼极为反感,认为必将导致社会风气的败坏。很显然,在这种情况下,苏轼所提出的这些意见,不会发生多大的作用。

但是不管朝廷的态度如何,在具体实践中,苏轼已经大胆地依据自己的原则来处置州中事务。对于新法中他认为有害无益的,便拒不执行;他认为尚可接受的,便参量短长,"因法以便民"(苏辙《亡兄子瞻端明墓志铭》)。面对往来检查督促的新法使者,苏轼为了坚持自己的主张,甚至敢于拍案而起,当面争执。吕惠卿力行手实法,由他直属的司农寺下达命令,地方官如果不按时实行该法,将以违制论罪。苏轼大为愤怒,凛然回答道:"违制之罪,如果出自朝廷,谁敢不从? 而现在竟由司农寺发出这样制裁百官的命令,难道不是擅自立法吗?"

新法使者听了,也觉得理亏心虚,只得说:"公请从缓。"

事实证明,手实法弄得鸡飞狗跳,民不聊生,有百弊无一利,不久便被取消。

这样一种不能与时相谐的政治态度,苏轼其实心里时时也有惴惴不安之感。在写给好友晁端彦的信中,他说:

奉行新政,多不如法,勘刻相寻,日俟汰遣。

这种担心并非杞人忧天。事实上,随着一些投机分子的加入,变法派内部开始变得鱼目混珠,因而,这场发生在统治阶层内部的变法与反变法的政见之争,也逐渐演变成排斥异己、挟私报复的无原则的斗争。

就在这时,苏轼杭州三年的全部诗作已经结集刻印,一部《苏子瞻学士钱塘集》确立了他作为一名诗人在全国诗坛上举足轻重的地位。可是,也正是这一部诗集,在几年之后给他招致了巨大的灾难,从而影响了他的整个后半生。有人说,在巨大的灾难降临之前,人们常常会有预感。也许敏感的诗人此时已经隐隐地察觉到天边的乌云正在悄悄地向他袭来。然而,他虽感不安,却并没因此放下手中的笔,和在杭州一样,他依然不停地写诗作文,"托事以讽"(苏辙《亡兄子瞻端明墓志铭》)。

密州是汉代精通黄老之术的隐士盖公的故里,为了纪念这位古代先贤,苏轼特意在府衙之北修建了盖公堂,表达景仰之情,并在新堂落成之际,撰写了《盖公堂记》。文章以寓言开篇,讲述了一个耐人寻味的小故事:从前,有个人受寒咳嗽,四处求医问药。他遇到的第一个医生认为是"蛊"(寄生虫病),"饮以蛊药",治疗逾月则"内热恶寒,而咳不已",于是改求第二个医生。第二个医生认为是热病,"授之以寒药",病情愈加严重,竟至于饮食不进。病人害怕了,又回头去找第一个医生。如此反复再三,"三易医而疾愈甚",招致百病缠身。最后听从里中老父的劝告,辞谢医生,弃绝药物,只吃自己爱吃的东西,一个月病自己好了。苏轼认为治国之道也是如此,清静无为而民自定。汉初大臣曹参就是遵从盖公的这一教诲,治理齐国而齐国大治,"其后以其所以治齐者治天下,天下至今称贤焉"。文章从正反两个方面,阐明了作者清静无为、为政宽仁的政治主张,同时暗讽朝政,指责新法扰民乱国。

宋朝立国以来,实行文官政治,厚待百官,除了按品级给予优厚的薪俸,各州郡还由朝廷拨发公使钱,用于宴请、馈赠因公差或调迁而频繁路过的官员,由州郡长官自由支配。新法实行以后,公使钱被削减了很多。苏轼一向最喜宾客、最爱热闹,公使钱锐减,使他不能随心所欲地应酬来宾过客,因此牢骚满腹。他时而感叹:"公厨十日不冒烟,更望红裙踏筵舞。"(《寄刘孝叔》)时而抱怨:"我今号为二千石(即太守),岁酿百石何以醉宾客(因削减公使钱,当时规定州府每年酿酒不能超过百石)。"(《莫笑银杯小答乔太傅》)

有天,他偶然想起陆龟蒙的《杞菊赋》,赋中,这位自号"天随子"的晚唐诗人自叙因为生活穷困,常常以杞菊为食,"及夏五月,枝叶老硬,气味苦涩,犹食不已"。这个颇有些风雅意味的寒士掌故令苏轼兴致勃发,于是约上通判刘廷式,公余之暇沿城漫步,去摘荒园废圃中野生的枸杞和菊花来吃。这两种植物都是很好的中草药,具有滋颜明目、强身健体的功效。苏轼历来兴趣广泛,特别注重探讨养生之道,因此,一时兴起的谑乐自然而然地变成了带有养生之趣的业余活动。但是,善于作文的诗人又忍不住要借题发挥了,于是,效法陆龟蒙而作《后杞菊赋》。赋前小序说:

> 余仕宦十有九年,家日益贫,衣食之奉,殆不如昔者。及移守胶西,意且一饱,而斋厨索然,不堪其忧,日与通守刘君廷式循古城废圃,求杞菊食之,扪腹而笑。

赋中,苏轼假借宾客之口自嘲道:

> 吁嗟先生,谁使汝坐堂上称太守? 前宾客之造请,后掾属

之趋走。朝衙达午,夕坐过酉。

每日端坐公堂之上,前有宾客的造访,后有僚属的簇拥,堂而皇之,威风八面,俨然是一州的太守,其实背后却寒酸窘迫:

曾杯酒之不设,揽草木以诳口,对案颦蹙,举箸喧呕……

常常连一杯酒也喝不上,只好采些野草骗骗自己的嘴巴,以至于对着饭桌就不禁皱眉,举起筷子便忍不住想吐……

文章极尽嘲谑之能事,表达了苏轼对于朝廷减削公使钱的不满情绪。无一例外,这些文章日后也成了政敌们要置他于死地的把柄。

和在杭州相比,密州的生活艰苦了许多,也寂寞了许多

"以杞为粮,以菊为糗(qiǔ,干粮)"(《后杞菊赋》)的生活窘态固然是诗人的夸大之辞,可是,杭、密两地无论在物质生活上还是精神生活上,差异悬殊是客观存在的事实。在这样一个远离政治、经济和文化中心的穷乡僻壤,莽莽荒原上颠簸劳顿的车马,替代了江南水乡安逸的舟船;仅蔽风雨的粗朴住宅,替代了雕梁画栋舒适的屋宇;一望平川单调的桑麻之野,替代了如诗如画醉人的湖山美景。而更为叫人难以适应的,则是饮食的粗陋和单调。苏轼的家乡四川素称"天府之国",自古便是美食的天堂,当时京城汴梁(今河南开封)及各大都市都有专门的"川饭店",经营四川风味的饭菜和小吃。因此,作为一个地地道道的四川人,苏轼自然而然地养成了在饮食方面种种精致的讲究和习惯。通判杭州的三年,江南鱼米之乡的丰饶物产,给他留下了极深的印象:

扁舟渡江适吴越,三年饮食穷芳鲜。金齑玉脍饭炊雪,海
鳌江柱初脱泉。(《和蒋夔寄茶》)

吃着洁白晶莹的大米,品着各色各样刚刚出水的河鲜海味,这位美
食家常常充满了陶然自得的满足感。而最令他难忘的则是吴郡名
菜鲈鱼脍。《大业拾遗记》曾记载了这道驰名远近的菜肴的制作方
法:

鲈鱼白如雪,取三尺以下者作之,以香菜花叶相间,和以细
缕金橙食之,所谓金齑玉脍,东南之佳味也。

以南方人特有的精细,将白嫩的鲈鱼切成吹弹欲破的薄片,配以翠
绿的香菜,洒上金黄的橙丝,做成色香味俱全的"金齑玉脍"……然
而,一到密州,这些都成了纸上画饼。荒瘠寒冷的大地,物产本来就
不够丰富,再加上连年蝗旱,庄稼、菜蔬无不歉收,因而食物奇缺。
早已习惯了鲜食美味的苏轼,如今却不得不学着像本地人一样吃粟
米饭,饮酸酱,有时也把肉块埋在饭下蒸煮,做成所谓"饭瓮",这大
概可算是密州的一道"美食"吧。

如果苏轼依旧像当年签判凤翔时一样,对未来充满了乐观和自
信,或许环境的变迁还不至于令他多么沮丧。可是现在,理想之光
已经暗淡,他的心中充满了与时不谐、壮志难酬的郁闷,也充满了现
实苦难的哀感:环顾所辖之郡,四野哀鸿,满目疮痍,数万百姓,饥寒
交迫——他却无能为力;反观自身处境:

此生何所似,暗尽灰中炭。(《除夜病中赠段屯田》)

像一块埋在灰中的炽炭,默默燃尽,渐渐成灰——他也无可奈何。太多的苦闷、太多的沉重堆积在心中,他需要寄托、需要排遣,可是这里除了天灾、人祸、冷落、荒凉,似乎什么也没有,既没有杭州怡情养性的好山好水,也没有凤翔丰富多彩的人文遗迹,甚至没有多少可以交游的朋友,这一点可以说是最让他无法忍受的痛苦。就像鱼儿离不开水一样,苏轼永远都需要生活在友情的光辉之中。好在云散四方的朋友们不时地会有亲切的问候捎来,给这颗寂寞的心以温情的抚慰。而他也可以在书信中尽情地向远方的友人抒发心头的郁闷。有一次,在寄给好友刘攽和李常的诗中,他几乎以一种追悔莫及的语气描述移守密州后的生活:

> 何人劝我此间来?弦管生衣甑(蒸饭的器皿)有埃。绿蚁(新酿的酒,还未过滤时,酒面上有浮起的绿色杂质,古人称为绿蚁,遂以此为酒的代称)沾唇无百斛,蝗虫扑面已三回。磨刀入谷追穷寇,洒泪循城拾弃孩。为郡鲜欢君莫叹,犹胜尘土走章台。(《次韵刘贡父李公择见寄二首》之一)

没有歌舞,没有酒筵,只有恼人的蝗旱和纷繁的公务。这样地烦杂,这样地寂寞,真不知当初为什么要跑到这个地方来!原想和弟弟离得近一点,可是,尽管密州与齐州相距不过几百里,兄弟俩各自忙于公务,依然不得相见。诗歌的最后两句,诗人勉强自我宽解:作为密州的郡守虽然抑郁寡欢,但是比起汴京城里处处陷阱的党争生活来,还是要好得多。

　　来到密州后的第一个春节,就在这样一种凄凉落寞中没滋没味地度过。身体不适,心情不畅,闭门谢客卧床了好几天,等到正月十五上元节,闲不住的苏轼终于耐不住这份寂寞,打起精神出门去了。

当时习俗最重上元,每到此夜,家家户户张灯结彩,热闹非凡。平时深居简出的闺阁少女,也都获得特许外出观灯,她们一个个打扮得花枝招展,争奇斗艳,更给这个美丽温馨的夜晚平添了旖旎风情。汴京、杭州等大都市的上元之夜尤其迷人,鼓乐声声,烟花阵阵,狂欢的人们流连忘返,通宵达旦。

然而,密州的上元节却令苏轼深深地失望了。当他没精打采扫兴而归时,对杭州的怀念突然变得不可遏止,于是提笔写道:

> 灯火钱塘三五夜。明月如霜,照见人如画。帐底吹笙香吐麝,更无一点尘随马。　　寂寞山城人老也。击鼓吹箫,却入农桑社。火冷灯稀霜露下,昏昏雪意云垂野。(《蝶恋花·密州上元》)

词的上下两片分别描写杭州、密州上元节的情景,以杭州的热闹繁华反衬密州的寒碜萧瑟,形成强烈的对比,充分表现了诗人对杭州的深深怀念和初到密州时的苍凉感受。

好在他有个贤淑温厚的好太太,时时为他分忧解烦。和堂姐王弗相比,王闰之也许不能算是极聪慧极精明的女子,但是她性情温柔,处事明智,是一个典型的贤妻良母。恪守着"男主外,女主内"的古训,王闰之很少过问苏轼在外的事务,只是有条不紊地操持家务,照顾丈夫,抚育孩子,从来不让苏轼为家中琐事分心。同时,几年的共同生活,她早已摸透了丈夫的脾性。他虽然比自己年长十一岁,并且是全国最有名望、最有学问的人,但是,作为一位才气焕发的诗人,许多方面却依然像个孩子般天真,不知掩饰,总是被起伏不宁的情绪所支配,时而兴高采烈,开怀大笑;时而抑郁沮丧,唉声叹气;时而随和开朗,诙谐幽默;时而固执倔强,焦躁易怒。王闰之稳重而平和,以不变应万变,永远不会在丈夫情绪的洪峰浪谷中迷失自己,因此,他们的家庭生活始终保持着平稳有序。

这天,苏轼闷闷不乐地在书房里踱步,三岁的幼子苏过咿咿呀呀地跑了进来,撒娇地拉住爸爸的衣服,叫爸爸陪他玩游戏。平时苏轼最爱跟孩子们嬉戏,可是今天心里烦闷,几次三番不肯理睬。苏过太小,还不知道察言观色,依然坚持不懈地缠住爸爸不放,惹得苏轼火冒三丈,忍不住一声断喝,苏过不明白爸爸为什么这么凶,委屈得哇的一声哭开了。王闰之闻声进来抱过孩子,柔声劝慰脸色阴沉的丈夫:"小孩不懂事,你又何必跟他生气?"

她转身出去,将过儿递给小丫鬟,用托盘擎回来一壶酒,几碟小菜,对苏轼说:"我看你呀,比三两岁的孩子还要傻呢! 整天地愁眉苦脸有什么用? 来,喝杯酒,宽宽心吧!"

苏轼曾将这个小小的插曲以生动的笔触记录在一首题为《小儿》的诗中,一方面他为自己拥有这样一位善解人意的妻子而欣慰,另一方面,妻子朴实的话语引起了他深刻的思考。是啊,愁眉苦脸有什么用呢? 蝗旱之灾不会因此而减轻,生活不会因此而丰富,种种的不如意也不会因此而消失,为什么自己就参不透这么简单的道理呢? 他为自己这些天来为外界所支配,为环境所左右而深感惭愧。

重读《庄子》,苏轼豁然开朗,
开始重新面对并接纳密州的生活

于是,他重读《庄子》,这部早在少年时代就已令他心醉神迷的奇妙著作,如今又一次将他深深吸引。书中,庄子以他充满诗意的笔调,塑造了一种与自然合一的理想人格。具备这种理想人格的

"至人"，在心灵上、在精神上不依赖于任何外在的条件，纯任自然，获得绝对自由，从而超越于生死、贵贱、贫富、毁誉之外。那么，在现实生活中怎样才能达到这样的自由境界呢？庄子提供了两条切实可行的途径。其一是顺应自然，乐天安命。"安时而处顺，哀乐不能入也。"(《庄子·大宗师》)也就是俗语所说的知足而常乐。其二则是齐物思想。庄子认为，感觉经验是千差万别的，譬如人喜欢吃牛羊肉，而鹿、蜈蚣、猫头鹰则分别喜欢吃草、蛇和老鼠；人人都说毛嫱、丽姬美艳绝伦，而鱼、鸟、麋鹿见了她们则或沉水，或高飞，或逃散，可见一切都是相对的，美丑、善恶并没有客观的标准，对错、苦乐也全在一念之间。苏轼在年少时读《庄子》，就有一种妙处神会的感觉，但毕竟未历世事，没有切身的体会。如今满怀着现实的苦恼重温这些富有启示性的哲学道理，心头常常涌起豁然开朗、如获至宝的快慰，时时忍不住拍案叫绝。

　　就这样，苏轼很快从情绪的低谷里走了出来，沮丧的时候，抑郁的时候，种种不如意袭来的时候，他总会举起从《庄子》中获得的思想武器，护卫住自己的心灵，始终保持着对生活的信念和乐观的态度。他说：

　　　　人生一世，如屈伸肘。何者为贫？何者为富？何者为美？何者为陋?(《后杞菊赋》)

人生短暂，只如手臂的一屈一伸，贫富美丑也只是相对的概念，在如此短促的一生中，斤斤计较生活的丰盛与俭约，就像痴人说梦一般可笑而荒谬。

　　　　人生所遇无不可，南北嗜好知谁贤?(《和蒋夔寄茶》)

这些诗文无不流露出庄子齐物思想的深刻影响。人生旅途上层出不穷的苦难和不顺，使苏轼渐渐地学会了自我疏解，不怨天尤人，也不封闭自虐，他坦然地迎接命运的每一次挑战，在疾风骤雨中谈笑自若，真的做到了"我生百事常随缘"（《和蒋夔寄茶》）。

超然旷达是构成苏轼文化性格的重要方面，它植根于苏轼本身乐观的天性，逐渐形成于几次生活挫折之后的痛苦思索。综观他的一生，密州时期只能算是小不如意而已，而在这小不如意时期，心灵上、思想上的自我修炼、自我调适，恰恰成了即将面临大挫折、大苦难的必要的心理准备。可以说，密州时期正是他超然旷达性格形成的初始阶段。

思想的苦闷解除了，精神上也就渐渐安定下来。苏轼派人到附近山上伐木，修理破败的官舍，整治荒芜的庭园，以作长久安居之计。官舍之北，有一座废旧的城台，顺便稍加修葺，便成了一处"高而安，深而明，夏凉而冬温"，可以登临远眺的休闲胜地。"雨雪之朝，风月之夕"，苏轼常常与朋友"相与登览，放意肆志"，乐趣无穷。苏辙永远是哥哥的知音，当时他还在济南，听说之后，特意为这座城台取名为"超然"，苏轼因此而作《超然台记》以表明超然物外、无往而不乐的思想。文章说：

> 夫所为求福而辞祸者，以福可喜而祸可悲。人之所欲无穷，而物之可以足吾欲者有尽。美恶之辨战于中，而去取之择交乎前，则可乐者常少，而可悲者常多，是谓求祸而辞福。夫求祸而辞福，岂人之情哉？物有以盖之也矣。

人们都希望能求福避祸，可是无穷的物欲往往会使人陷于患得患失的矛盾痛苦中不能自拔,反而变成求祸而避福。文章通过正反两方面的层层剖析,有力地说明:"游于物之内",则美恶交错而生,忧乐夹杂而出;"游于物之外",则心无芥蒂,"无所往而不乐"。

如果说杭州的诗情画意、旖旎风情使苏轼个性中浪漫、俊逸、诙谐、潇洒等特质得以充分发挥,那么密州强健剽悍、质朴无华的民风则激发了他个性中本来包含着的雄浑豪迈、狂放不羁的特征。表兄文同在《往年寄子平(即子瞻)》一诗中,回忆当年两人交游情景时说:

> 虽然对坐两寂寞,亦有大笑时相轰。顾子(苏轼)心力苦未老,犹弄故态如狂生。书窗画壁恣掀倒,脱帽褫(chǐ,解)带随纵横。喧呶(náo,叫嚣)歌诗眊(jiào,高声大呼)文字,荡突不管邻人惊。

为我们留下了青年苏轼任诞绝俗的生动形象。如今虽已年届不惑,然而,当他以一种全新的心态重新面对并接纳密州的生活时,狂放豪迈的气质便又陡然地凸现出来。他欣赏北国苍茫广漠的景色:

> 西望穆陵关,东望琅琊台。南望九仙山,北望空飞埃。(《登常山绝顶广丽亭》)

他喜欢和朋友们到荒村野店豪饮高歌:

> 相将叫虞舜,遂欲归蓬莱。嗟我二三子,狂饮亦荒哉。(同上)
> 孤村野店亦何有,欲发狂言须斗酒。山头落日侧金盆,倒著接羅(lí,头巾)搔白首。(《铁沟行赠乔太博》)

苏轼的词的创作迈出了具有划时代意义的一步

熙宁八年十月，为答谢常山山神赐雨而重修的常山庙落成，苏轼亲往祭祀，归来途中，他与同僚们举行了一次会猎。那是一个晴朗的秋日，金风送爽，红叶飘飞，湛蓝的天空中白云舒卷，苏轼一行人浩浩荡荡在山头驰骋。只见骏马奔腾，旌旗猎猎，苍鹰展翅，黄犬争先。作为这次会猎的主角，苏轼意气风发，豪兴满怀，他头戴锦帽，身披貂裘，一身戎装，英武雄壮，仿佛回到了裘马清狂的年少时光。他时而扬鞭催马，时而张弓远射，直到日落西山，才满载着猎物踏上归途。这次场面壮阔、气氛紧迫的会猎，使他油然想起了当时西北边境的紧张局势（这年七月，宋朝与辽国在疆界问题上发生冲突，宋朝失地七百里），心中涌起效力疆场、以身许国的豪迈激情。他倚马而立，写下《江城子·密州出猎》一词：

> 老夫聊发少年狂。左牵黄，右擎苍。锦帽貂裘，千骑卷平岗。为报倾城随太守，亲射虎，看孙郎。　　酒酣胸胆尚开张。鬓微霜，又何妨。持节云中，何日遣冯唐？会挽雕弓如满月，西北望，射天狼。

词的上片，诗人自比为三国时年轻英武的吴主孙权，描写出猎的盛况和出猎者的英豪与快意；下片又以西汉名将魏尚自况，表达希望被朝廷重用，杀敌报国，建功立业的心愿。整首词感情奔放，昂扬奋发，从题材内容到意境风格，完全突破了传统词作的樊篱，从此，苏轼的词的创作迈出了具有划时代意义的新的一步，一种崭新的词风正式形成，一个革新的词派由此出现，唐宋词史翻开了新的一页！

从此,传统与革新两大词派在词坛上并行不悖,前者在承袭传统词学观念的基础上发展,后者在革新传统词学观念的前提下演进,既分庭抗礼,又相融相摄,共同促进宋词百花园的繁荣与兴盛。对此,苏轼自己也颇为自得,在写给好友鲜于子骏的信中说:

> 近却颇作小词,虽无柳七郎(即柳永)风味,亦自是一家。呵呵! 数日前猎于郊外,所获颇多;作得一阕,令东州壮士抵掌顿足歌之,吹笛击鼓以为节,颇壮观也。

苏轼用"以诗为词"的手段革新词风,创立革新词派,给词坛带来崭新的面貌,所谓"指出向上一路,新天下耳目,弄笔者始知自振"(宋·王灼《碧鸡漫志》卷二),所谓"一洗绮罗香泽之态,摆脱绸缪宛转之度"(宋·胡寅《题酒边词》)。但是,值得注意的是,历史不能割断,传统词作为一种艺术系统仍然深深地影响着苏轼。这不仅表现在苏词中还有为数不少的婉约词,更为深刻的是他的革新只是努力使词诗化,但没有使词与诗同化(词与诗同化,即取消词所固有的重情尚婉的特点而导致诗词界限的完全泯灭,取消词本身的特质)。也就是说,他的"以诗为词"仍然十分尊重词之所以为词的个性特征,这样,他的词与同题之诗呈现出互有区别的面貌。

这次常山会猎,苏轼不仅写了《江城子·密州出猎》一词,而且还写了《祭常山回小猎》一诗:

> 青盖前头点皂旗,黄茅冈下出长围。弄风骄马跑空立,趁兔苍鹰掠地飞。回望白云生翠巇,归来红叶满征衣。圣明若用西凉簿,白羽犹能效一挥。

诗词为同一围猎事件而作。不仅字句相类,如"千骑卷平冈"就是"黄茅冈下出长围","右擎苍"就是"趁兔苍鹰掠地飞",而且主题相同,一以魏尚自比,一以谢艾(晋朝西凉主簿)自喻,表达慷慨报国的志愿。但是,相比之下,诗重于叙事性,前六句写出围猎的全过程,词则着力于内心郁结的倾泻。开头"老夫聊发少年狂"一句,提示了全词的结构脉络,提出了"老夫"和"少年狂"的矛盾。"老夫"实际上并不老,当时苏轼年仅四十,"少年狂"也并非真狂,而是借围猎抒写报国豪情。上片写围猎盛况是为了突出下片"老夫"的感慨。词中虽然像诗一样用了许多典故,也有一些围猎的具体描写,但就抒情性来说,词比诗更充沛、更生动,表达他当时的心情更为淋漓尽致。苏轼这首"自是一家"的豪放词,正是由于革新传统,同时又在一定程度上承续着传统,才使它的整个艺术水平超过了同题的诗。

次年中秋,皓月当空,银光泻地,苏轼想起分别六年的苏辙,如今在济南不能前来团聚,不禁心潮起伏,写下另一首名作《水调歌头·丙辰中秋,欢饮达旦,大醉作此篇,兼怀子由》:

> 明月几时有?把酒问青天。不知天上宫阙,今夕是何年?我欲乘风归去,又恐琼楼玉宇,高处不胜寒。起舞弄清影,何似在人间? 转朱阁,低绮户,照无眠。不应有恨,何事长向别时圆?人有悲欢离合,月有阴晴圆缺,此事古难全。但愿人长久,千里共婵娟。

朗月清辉之下,诗人举杯望月,心中生起无限遐思。"江畔何人初见月,江月何年初照人",初唐诗人张若虚在《春江花月夜》中所发出的痴情追问,此时又在苏轼的心中回响。这一轮皎洁的明月什么时候开始悬挂在天际?那晶莹剔透的月宫仙境今夜是个什么日子?如此的光明澄彻，如此的超尘出俗，诗人不禁心驰神往，多么希望能乘风而上，像羽化的仙人飞升其中。然而，"嫦娥应悔偷灵药，碧海青天夜夜心"（唐·李商隐《嫦娥》），在那琼楼玉宇之中，该是怎样地寂寞孤寒啊！仙界固然美好，人间又何尝逊色？月光之下迎风起舞，清影徘徊，不也像神仙之境一样飘然自得吗？上片从问天发端，对比天上人间，突出入世与出世的矛盾。诗人不满现实，企望天上的纯洁，但是，从一个至高点上俯视，天上恰如人间，同样不能圆满，同样只是一种有缺陷的美好。或许在我们视线的尽头，在令人欣羡的瑶池仙境，同样有人正怀着无比神往的心情注视着这个在我们看来如此凡庸的人世间呢！也许这就是人生的一大悖论，拥有的永远不觉得美好，美好的又似乎总在无法企及的地方。诗人通过这一番矛盾和思索，肯定了现实，表现出对人生的眷恋。下片则着眼于人生，牵合离情别恨，从承认人生的缺陷出发，探求自处之道。夜已深，月光悄然移转，照在朱红的楼阁上，低低地射入雕花的门窗，照着窗下不眠的人。诗人不禁痴问：月亮呀，你并不会像人一样为情所苦，为什么偏偏要在人们离别的时候团圆，挑动离人的满腹愁思？其实，正如欧阳修所说："人生自是有情痴，此恨不关风与月"（《玉楼春》），人生的离合就像明月的盈亏，是永远不能改变、永远无法弥补的缺憾。但诗人并不从这里消沉下去，而是以乐观旷达的祝愿作结：只要人长在，纵然千里阻隔，也能共赏同一轮明月，心意相通，恍如咫尺相依，这不是很可安慰的么！

　　这首词可说是苏轼密州时期所经历的思想从苦闷到超越的诗意总结，和这一时期的许多作品一样，充满了浓厚的庄子"齐物论"色彩。其主题与思想发端于对现实人生困境（如仕途上的进退失据，亲人的长相别离以及良辰、美景、赏心、乐事四者难并的永恒悲感等等）的深刻思考，而归于一种更抽象、更高远的形而上的哲学思辨。在无始无终的时空之流中,探寻自我生存的状态,审视人间的悲欢离合。探寻的结果是所有的忧患都显得淡如烟霏、轻若鸿毛。在哲理的观照下,词人内心的激浪怒涛俱收眼底,空灵迷惘,但境界阔大明朗,具有动人的艺术魅力。胡仔《苕溪渔隐丛话》说:"中秋词自东坡《水调歌头》一出,余词尽废。"

带着遗憾,带着依恋,苏轼离开密州,奔赴新任

光阴似箭,倏忽之间苏轼在密州的任期将满,继任的太守已经上路,途中寄来诗篇向苏轼表示敬意。在赠答诗中,苏轼满怀愧疚地写道:

> 秋禾不满眼,宿麦种亦稀。永愧此邦人,芒刺在肤肌。平生五千卷,一字不救饥。(《和孔郎中荆林马上见寄》)

他深深地责备自己未能救民于苦难,而他对这片土地的热爱却是发自内心的真诚和真挚:"二年饮泉水,鱼鸟亦相亲。"(《留别雩泉》)

熙宁九年(1076)十二月中旬,带着遗憾,带着依恋,苏轼离开密州,奔赴河中府新任。沿途村落凋敝,满目凄凉,苏轼心里十分难受:

> 三年东方旱,逃户连敲栋(逃荒的人家连门挨户)。老农释耒叹,泪入饥肠痛。(《除夜大雪,留潍州,元日早晴,遂行,中途雪复作》)

当时春雪飘飘,接连不断,行旅之中,倍添艰辛,苏轼却毫不抱怨,他

想起一首山东民谣："霜凇打雾凇，贫儿备饭瓮。"积雪盈尺，正是丰年的预兆，这使他感到由衷的高兴，所以他满怀希望地说：

> 春雪虽云晚，春麦犹可种。敢怨行役劳，助尔歌饭瓮。（同上）

苏轼一家冒着风雪一路前行，将至济南，老友李常（现任齐州知州）闻讯，早已派人远道相迎，三个侄子也在雪地里迎接。苏辙已于前月罢齐州任进京述职，尚未回来。但是兄弟两家阔别多年，一朝团聚，无限欢欣。在济南逗留一个多月，熙宁十年二月上旬，苏轼带领全家继续赶路。行至山东鄄（juàn）城一带，与专程从汴京赶来迎接他们的苏辙相遇。自熙宁四年十月颍州分别，兄弟俩已经七年不见，今天重聚，激动欣喜之情难以言喻。早春的寒风中，兄弟俩并肩揽辔，同往河中。不料中途苏轼接到诏令，改知徐州。于是，苏辙陪同哥哥奔赴徐州，并在徐州盘桓一百多天。

在徐州的日子，兄弟俩形影相随，或携手同游，或秉烛夜话，道不尽的快乐与适意。他们常常想起十七年前怀远驿中那个风雨之夕的旧约，如今客中相聚，情形差堪比拟。抚今追昔，苏辙无限感慨地写道：

> 逍遥堂后千寻木，长送中宵风雨声。误喜对床寻旧约，不知飘泊在彭城（即徐州）。（苏辙《逍遥堂会宿二首》之一）

然而旧约依然难以践偿，所喜还只是"误喜"，苏辙很快就须赴南京（今河南商丘）新任，苏轼公务繁忙不能陪送，相聚终究短暂，离别的日子一天天接近，每一念及，两人都觉得无限伤感：

别期渐近不堪闻，风雨潇潇已断魂。犹胜相逢不相识，形容变尽语音存。（《子由将赴南都，与余会于逍遥堂，作两绝句，读之殆不可为怀，因和其诗以自解……》）

唯一可资安慰的，仍是那渺不可及的旧约，因此苏轼饱含深情地写道：

君虽为我此迟留，别后凄凉我已忧。不见便同千里远，退归终作十年游。（《次韵答邦直、子由五首》其四）

并且进一步设想同归故里之后的情形：

岁云暮，须早计，要褐裘。故乡归去千里，佳处辄迟留。我醉歌时君和，醉倒须君扶我，惟酒可忘忧。一任刘玄德，相对卧高楼。（《水调歌头·安石在东海》）

只要兄弟俩能同回故乡，纵情山水，尽享手足之情，闲居之乐，即使被像刘备一类有志向的人瞧不起也不放在心上。

临别前夜，正是中秋佳节。苏轼遍邀朋友，摆酒置乐，在彭城山下，与弟弟泛舟赏月。清风阵阵，鼓乐声声，沙洲上时而有鸿雁惊飞。此时，他俩的心情可说是欣慨交加，十分复杂。回想过去七年，兄弟异处，今年有幸同度团圆之夜，不能不倍觉难得，倍感安慰。然而，"今夜清樽对客，明夜孤帆水驿，依旧照离忧"（苏辙《水调歌头·离别一何久》）。相聚之后，又将是长长的别离，此情此景，人何以堪？仕宦生涯真是萍踪浪迹，飘浮难定。苏轼举头望月，一种无常的悲感涌上心头：

暮云收尽溢清寒，银汉无声转玉盘。此生此夜不长好，明月明年何处看。(《阳关词·中秋月》)

第二天，苏辙乘舟东去。送别弟弟归来，苏轼独坐逍遥堂上，心中空落落的，苏辙的音容笑貌总在眼前晃动，于是提笔写下《初别子由》一诗以抒发满腹的离愁。子由"自少旷达，天资近道"，功名富贵、荣辱毁誉不萦于心，而且他性情平和稳重，常常劝哥哥言行谨慎，所以苏轼赞叹道：

岂独为吾弟，要是贤友生。

苏轼身披蓑衣，脚穿草鞋，
亲自指挥并参与抗洪抢险的战斗

黄河是中华民族的母亲之河，然而，当她肆虐起来，却又是两岸民众最可畏惧的大敌。徐州位于黄河下游，每当黄河逞凶，往往难于幸免。苏轼到任不到三个月，澶州(治所在今河南清丰西)曹村的黄河大堤决口，洪水漫淹四十五个州县，三十万顷良田。幸运的是，这次洪水之害并未波及徐州，但苏轼还是觉得不能掉以轻心，仍立即组织民众做好防洪的准备。一个多月过去了，徐州境内的主要河流汴河一直维持着常态，于是大家不免侥幸地认为，今年黄河之水大概是不会涨到徐州来！谁知八月下旬，忽然暴雨连日，黄河洪水终于由北席卷而来。徐州城南面两山横截，大水无处流泻，完全汇于城下，一直向上猛涨，水位高达两丈八尺，超过城中平地一丈有余。

苏轼登上城墙视察水情，只见城外已是一片汪洋。外城东南

155

角,洪水与城墙顶端仅有三寸之差,大水随时有可能漫过来,形势十分危急。苏轼后来有诗描写当时的景况:

> 黄河西来初不觉,但讶清泗奔流浑。夜闻沙岸鸣瓮盎,晓看雪浪浮鹏鲲。(《答吕梁仲屯田》)

在这紧要关头,苏轼沉着果断,立即调集五千民夫,火速加固城墙,自己也身先士卒。正在奔忙之中,忽然有人来报,城里的有钱人纷纷收拾好细软财物,聚在城北门口,要求出城避难。苏轼急忙赶到城北,只见城门口黑压压的,挤满了人,哀求声、怒骂声闹成一团。苏轼一出现,人群立即变得鸦雀无声。他快步走上城墙马道,扫视了一眼这些扶老携幼、提箱背包的逃难者,心中油然涌起一阵悲悯之情,但是他深知,在此人心惶惶之际,一旦有人出城,必将民心大乱,徐州城便将不保,因此,这个缺口绝对不能打开。

> 坐观入市卷闾井,吏民走尽余王尊。(《赠吕梁仲屯田》)

事实上,他早已抱定人在城在的决心,打算像汉代东郡太守王尊一样以身填堤。于是,他晓之以理,动之以情,就在城墙边上发表了一篇十分感人的即兴演讲。最后,他慷慨激昂地表示:"只要有我在,水决不能败城!"

人们都被深深地打动,并为自己的行为感到惭愧,渐渐散去,少数几个顽固分子迫于舆论的压力也不敢再吭声了。

处理完这件棘手的事情,苏轼马不停蹄,又冒雨前往禁军营地,因为城墙四处频频告急,需要动员更多的人手救灾。但宋朝军队由皇帝直接统帅,不能轻易为地方官调配。可是眼下事态紧急,无法按常规行事。苏轼恳切地对禁军首领说："洪水马上就要冲坏城墙，事情紧急，你们是由皇家统帅的禁军，我希望能得到你们的支持，与我同心协力坚守城池。"

看到苏轼浑身透湿，满是泥泞，禁军首领十分感动，慨然回答道："太守这样不辞辛劳，我们更当效命！"

于是立即集合全体士兵奔赴抗洪第一线。军民共同奋战，终于赶在最大洪峰到来之前，筑起了一道长九百八十四丈、高一丈、宽两丈的东南长堤，同时加固了其他各处堤防，民心渐渐安定。

苏轼整天身披蓑衣，脚穿草鞋，拄着木杖，视察每个最危险的地方，亲自指挥抗洪抢险的艰苦战斗。连续数周，他过家门而不入，晚上住在城墙之上，随时处理突发事件。当时城外洪水滔天，"漂庐舍，败冢墓"，老弱病残者皆被洪水吞噬，"壮者狂走（跑）"，或爬上高山，或攀缘于树木之上，却终因"无所得食"而不免于一死。苏轼在城上看到这种惨状，痛心疾首，尽管城内劳力紧缺，存粮日减，仍然设法挤出人手，匀出粮食，"使习水者浮舟楫，载糗粮以济之"（苏辙《黄楼赋叙》）。许多人得以脱险。在这可怕的日子里，苏轼不仅身劳力瘁，而且忧心如焚。他在写给朋友的信中说：

> 决口未塞，河水日增，劳苦纷纷，何时定乎？（《与范子丰书》）

但是在救灾的现场，在众人的面前，他永远以乐观自信的形象出现，鼓舞着人们不懈地奋战！一州之长，恰如一军之帅，帅旗不倒，军心不摇，必将赢得最后的胜利！

这场大水历时七十多天，直到十月初五，才渐渐消退。十三日，澶州大风呼啸整日，大风停后，黄河回归故道向东入海，徐州城终于得到保全！人民欣喜若狂，载歌载舞，苏轼内心的喜悦更是无以言喻，当即写下《河复》一诗，以供人们在庆典上歌唱。诗中写道：

> 吾君盛德如唐尧，百神受职河神骄。帝遣风师下约束，北流夜起澶州桥。

稍事休整之后，苏轼又未雨绸缪地筹划着加固防水工程

城下的水全退了，秋阳斜射，大劫之后幸存的草木重又焕发生机，大地仿佛从噩梦中醒来一般，只有城外农家屋顶上的层层沙痕和那参天古木上栖留的小舟，还时时提醒人们想起那些不可思议的日子。劳苦累月的苏轼终于可以回到城里一醉方休了：

> 入城相对如梦寐，我亦仅免为鱼鼋。旋呼歌舞杂诙笑，不惜饮醵空瓶盆。(《答吕梁仲屯田》)

稍事休整之后，他又未雨绸缪地筹划着加固防水工程，以防明年洪水再来。他说：

> 明年劳苦应更甚，我当畚锸(běn chà，农具)先黥髡(qíng kūn，古代刑罚，喻苦役)。(同上)

他幻想着有一天能站在坚不可摧的城墙上，谈笑自若地看洪水像驯服的巨龙，按照人们所指定的路线奔腾而去：

　　高城如铁洪口快，谈笑却扫看奔崩。农夫掉臂(走路自在的
样子)免狼顾，秋谷布野如云屯。(同上)

那时农民无忧无虑地在自家的田地里劳作，金灿灿的秋谷像云一样
布满郊野。

　　苏轼为自己的美好设想所陶醉，经过一番精心的考察与预算，
拟定了一份工程计划，上报朝廷，请求拨款。但是时间一天天过去，
他的请求迟迟未得到答复，苏轼十分着急，他猜想也许因为所需经
费太大，于是再次紧缩预算，将原来计划修筑的"石岸"改为"木岸"，
认为"虽非经久必安之策，亦足支岁月"(《与刘贡父书》)。并多方写
信请京城的朋友们帮忙斡旋，敦促朝廷核准这项计划，他说：

　　彭城最处下游，水患甲于东北，奏乞钱与夫为夏秋之备，数
章皆不报。(《与欧阳仲纯书》)
　　某始到彭城，幸甚无事，而河水一至，遂有为鱼之忧。近日
虽已减耗，而来岁之患方未可知。法令周密，公私匮乏，举动尤
难。(《与范景山书》)
　　若此策又不行，则吾州之忧，未可量矣……念此一城生聚，
必不忍弃为鱼鳖也。(《与刘贡父书》)

　　第二年(元丰元年，1078)，朝廷终于准奏，拨款二万四千贯，准
许动用地方财政六千贯，用工七千余人，修筑大堤。神宗皇帝还专
门下诏，对苏轼在这次抗洪斗争中的卓越表现予以表彰。
　　八月中旬，徐州防洪大堤竣工，与此同时，一座十丈高的楼台也
正式落成。苏轼从传统的五行观念中取义，为它命名。金木水火
土，五行相生相克，黄代表土，土克水，因此命名为黄楼。既是去年

抗洪胜利的纪念,又是人们力量的象征。

九月初九重阳佳节,苏轼一早就登上黄楼。今天,他将在这里举行盛大庆典,庆祝大堤的竣工。时间还早,宾客们尚未到来,苏轼怀着悠闲快意的心情漫步高楼之上,眺望四野的风光。晨雾弥漫,数尺之外便是一片苍茫,只听到楼下长河的欸乃橹声。新寒似水,他要了一杯热酒来抵御清晨的凉意。不一会儿,烟消云散,天高地远,但见渔村隐隐,山环水绕,一片祥和宁静……

参加这次庆典的知名人士多达三十位,徐州的老百姓也穿上节日的盛装,纷纷汇聚于楼下。乐声大作,觥筹交错,楚舞吴歌,眩人耳目,一时之间,热闹非凡。此情此景令苏轼十分感慨,他挥毫写道:

> 去年重阳不可说,南城夜半千沤发。水穿城下作雷鸣,泥满城头飞雨滑。黄花白酒无人问,日暮归来洗靴袜。岂知还复有今年,把盏对花容一呷。莫嫌酒薄红粉陋,终胜泥中千柄锸。(《九日黄楼作》)

去年八月二十一日水围徐州,九月初九正是抗洪最艰苦的时刻。如今水患已除,黄楼新筑,虽然酒宴简陋,但比之去年今日之狼狈忙乱,岂不可乐!诗歌节奏欢快,历经忧患之后的喜庆之情跃然纸上。

石潭之行的所见所闻,就像陶渊明笔下的桃花源,令人神往

经过洪水的洗劫,徐州四围满目疮痍,"千里禾麻一半空"(《登望碛亭》),紧接着又逢大旱,"冬无雪而春不雨,烟尘蓬勃,草木焦

然"(《徐州祈雨青词》),人民生活几乎陷入绝境。苏轼没有被吓倒,他以抗击洪水的同样勇气,领导人民生产自救。同时,遵从徐州父老的劝告,前往城东二十里外的石潭求雨,并作《起伏龙行》,不久竟然接连得雨,旱情解除,人们欢天喜地,庄稼现出勃勃生机。

一个初夏的早晨,雨过天晴,苏轼前往石潭谢雨,沿途风景如画。清澈的河水映照着朝阳,鱼儿在波光中自在地漫游,夹道的树木青葱茂密,鸟儿在枝叶间欢快地跳跃。苏轼的仪仗走村过户,队伍渐渐壮大,老老少少全都喜气洋洋,呼朋引伴,追随着知州去石潭谢雨。热热闹闹的人群来到山林,胆小的麋鹿惊恐地逃避,只有那些调皮的猿猴,听到鼓乐之声都纷纷上前,哄抢祭神的供品。谢雨的仪式结束了,人们回到村庄,七嘴八舌,争着向邻居们讲述知州谢雨的热闹情景。

> 旋抹红妆看使君,三三五五棘篱门。相排踏破茜罗裙。 老幼扶携收麦社,乌鸢(yuān,老鹰)翔舞赛神村。道逢醉叟卧黄昏。

苏轼从山谷来到村庄,村里的人们兴奋异常,人人争先恐后,都想一睹知州的风采。尤其是姑娘们,临出门前还忘不了匆匆擦上点胭脂红粉,着意打扮一番,然后三五成群地挤在篱笆门前。知州走过时,大家互相拥挤争看,把只有节日才穿的红绸裙也踩破了。苏轼继续前行,来到另一座村庄,那儿正在举行迎神赛会,祈祷小麦丰收。乌鸢在空中盘旋,人们沉浸在狂欢的氛围中,不时还能看到贪杯的老人醉倒在路旁。

这首词,气氛是如此热烈,场景是如此生动,淋漓尽致地展现了苏轼与老百姓之间融洽美好的关系。这是一位热爱人民、关心人民的好知州,所以人民爱戴他、景仰他,当他来到人民中间,男女老少奔走相告,众星拱月似的环绕着他。

在热烈的拥戴中,苏轼并没有忘乎所以,走进每一座村庄,遇见每一位农夫,他依然忘不了关切地询问他们的生产和生活:

> 麻叶层层苘(qǐng,青麻)叶光,谁家煮茧一村香? 隔篱娇语络丝娘。　　垂白杖藜抬醉眼,捋青捣麨(chǎo,麦粉)软饥肠。问言豆叶几时黄?

苘麻茂密的叶片在阳光下闪动着莹洁的光芒,正是桑蚕结茧的时节,家家户户忙于煮茧,满村飘香,令人心醉。人们都在辛勤地劳作,大路上几乎见不到人影,透过绿荫掩映的篱墙,不时传来缫丝妇女愉快的谈笑。这时前方有一位头发斑白的老人拄杖走来,苏轼连忙上前与他攀谈。老人抬起蒙眬的醉眼告诉知州:大水过后,存粮全无,好在春麦长势喜人,可以采些青嫩的麦穗磨成粉,暂且充饥。苏轼心想:青麦毕竟有限,不足以解决青黄不接的困难,如果黄豆熟了,倒可聊以度过饥荒,所以又关切地问道:"不知黄豆几时能够成熟?"

走过一村又是一村,这时日上中天,时已过午,村子里静悄悄的,枣花簌簌飘落在行人的衣巾上,家家户户的抽丝车发出轻柔的嗡鸣,村头古柳下有位农夫在卖黄瓜,他穿着粗劣的衣服,在慵倦的中午,缓缓地摇动着芭蕉扇:

> 簌簌衣巾落枣花,村南村北响缫车。牛衣古柳卖黄瓜。　　酒困路长惟欲睡,日高人渴漫思茶。敲门试问野人家。

奔波了大半天，苏轼感到有些困倦，天热口渴，于是试着敲开野外农家的门，求一碗茶水。

如果说，第一首词展现出一派热闹欢快的节日气氛，那么这两首则描写出一种宁静祥和的平常光景。这种平常光景加上与杖藜老人的谈话，以及敲门求茶的细节，更亲切自然地表现了苏轼与民同乐、与民相亲的可贵精神。

喝完茶，苏轼骑马回城。这一天的见闻太让他高兴了！多少年来，苏轼更多地看到的是农村的困苦，这难得的富有生机的景象，仿佛就像陶渊明笔下的桃花源一样，令人神往，流连忘返。

> 软草平莎过雨新，轻沙走马路无尘。何时收拾耦耕身。　日暖桑麻光似泼，风来蒿艾气如薰。使君原是此中人。

广阔的原野绿草如茵，新雨过后，路面洁净无尘，温暖的阳光照在桑树和苧麻叶上，清新翠绿，光亮如洗，惠风和畅，迎面送来蒿艾的馨香。此情此景令苏轼无限感慨，什么时候才能摆脱官场的束缚，回归故里，享受这种田园之乐？那些快乐的村夫村妇，三三五五的红妆姑娘，微醉的老翁，卖瓜的农夫，不断在他眼前闪现，在那风和日丽、清新宜人的广阔原野上，他本来就是其中的一员，而且，他渴望着回到其中去！

这组描写农村风光的《浣溪沙》词，宛如一幅幅生意盎然的风俗画，其中虽也不免融入诗人的情趣，但写得淳朴、亲切、兴会无穷，完全突破了词为艳科的狭窄樊篱。在他以前的文人词中，也偶有农村题材的作品，但那里的渔夫、浣女、莲娃，实际上是隐士的化身，或者渗透着文人情趣的民间士女，与现实生活有着很大距离。苏轼可以说是文人词中第一个真实地反映农村生活的词人，他用白描的手法描写农村的风光,着意表现农民丰富多彩的生产和生活场景,几乎涉及农村中的各色人物,散发着泥土的芳香。整组词节奏轻快,色泽明丽,格调清新,体现出苏轼在词作的题材内容、风格等方面的又一次崭新的开拓!

　　这一时期,苏轼的业余生活安排得有声有色,逍遥写意

　　和密州相比,徐州是一座历史悠久的古城,交通便利,物产丰饶,不失为繁华热闹的都市。因此,这一时期,苏轼的交游又显得活跃起来,新朋老友往来不断,时而游山玩水,时而评诗论画,时而饮酒吹箫,业余生活安排得有声有色。

　　距徐州城东南两里有一处游览胜地,名叫百步洪,是泗水的一段,水势跌宕,急浪汹涌。苏轼初到徐州就与弟弟慕名前往,放舟洪上,冲浪而过,紧张而又刺激。从此以后,他便被这新鲜有趣的休闲活动深深地吸引,常常和朋友们一同游赏,体验那动人心魄的惊险情景:

　　　　长洪斗落生跳波,轻舟南下如投梭。水师绝叫凫雁起,乱石一线争磋磨。有如兔走鹰隼落,骏马下注千丈坡。断弦离柱箭脱手,飞电过隙珠翻荷。四山眩转风掠耳,但见流沫生千涡。（《百步洪》其一）

奔腾的急流从高高的堰上陡然下落,激起万丈波涛,轻舟像梭子一样向南驶去,两岸乱石嵯峨,只留一线水路,吓得船夫失声大叫,惊起凫雁高飞。水流湍急,惊心怵目,舟行水上,快如奔兔,疾若雄鹰,像骏马从高坡上狂奔而下,像琴弦在不经意间戛然崩断,像飞箭离

弦,像闪电过隙,又像颗颗水珠滑过荷叶。人在船中,只觉得四周的山峰仿佛在转动,风从耳际飕飕地掠过,层层雪浪卷起万千的漩涡……在这里,苏轼一连用了七种形象来写轻舟下驶的迅捷,淋漓尽致地描摹出百步洪惊心动魄的水势,给人留下极其深刻的印象。这种比喻手法叫"博喻",即用多种形象来形容事物的一种状态或特性,以取得气势雄伟的艺术效果,通常只在散文中运用,而苏轼则富有独创性地用来写诗。

　　百步洪上一次次轻舟弄水,其中王巩之游或许是最为飘逸潇洒,最为别具一格的。身为宰相之孙,王巩颇有些贵公子的豪奢习气,也极讲究游玩的雅趣。这次千里迢迢专程来徐州看望苏轼,还带上一车家酿的美酒,"不饮外酒嫌其村(鄙陋)"(《答王巩》)。适逢重阳佳节,两位好友饮酒赏花,极尽欢娱。苏轼自然不忘邀请王巩择日同游百步洪。谁知临到预定出游的日子,苏轼却因紧急公事无法脱身,只得请僚属颜复陪同王巩前往。王巩别出心裁,带上三名歌妓,乘小舟,游泗水,北上圣女山,南下百步洪,吹笛饮酒,玩到夜色苍茫,这才乘月而归。苏轼日落时分置酒黄楼,等待他们回来。这天,他还特意穿了一件五彩的羽衣,把自己打扮成神话中可以凌空而飞的仙人。伫立黄楼之上,遥望泗水,月色溶溶,波光闪烁,一叶轻舟,飘然而至,悦耳的笛声响彻山谷。此情此景令苏轼油然想起《新唐书·李白传》中的一段描写:

　　　　白浮游四方,尝乘月与崔宗之自采石矶至金陵,着宫锦袍,坐舟中,旁若无人。

于是欣然叹道:"自李太白死,世间无此乐事,已三百余年矣!"

　　舟行渐近,银色月光下,舟中人衣袂当风,宛若众仙渡河汉;楼

上人羽服飘然,恍如天人驾云霓,不禁相视而笑……后来苏轼念念不忘这天夜里的情形,在诗中写道:

> 我时羽服黄楼上,坐见织女初斜河。归来笛声满山谷,明月正照金叵罗(酒器)。(《百步洪》其二)

与百步洪遥遥相对的是徐州城西二里的云龙山,山上云腾雾绕,蜿蜒如龙,因此而得名。苏轼常和朋友们去山上游玩,结识了隐居山上的道士"云龙山人"张天骥。张山人深得闲居之乐,他曾于山上风景绝胜处修建一座亭子,亭前风景如画,美不胜收:

> 春夏之交,草木际天,秋冬雪月,千里一色。风雨晦明之间,俯仰百变。(《放鹤亭记》)

他还驯养了两只善飞的白鹤,每天早起,便去亭中放飞:

> 旦则望西山之缺而放焉,纵其所如,或立于陂(bēi,水边,水岸)田,或翔于云表,暮则傃(sù,向,朝着)东山而归,故名之曰"放鹤亭"。(同上)

对于这种悠闲的生活,苏轼十分向往,风朝雨夕,一有时间便和张山人一起在亭中饮酒、观山、赏鹤,并写下《放鹤亭记》一文。文章主旨是记隐士养鹤闲居之乐,但构思巧妙,行文极富变化,不拘泥于题目,直写养鹤之乐,而以饮酒为陪衬,引经据典,指出:"荒惑败乱"的酒,隐逸之士沉醉其中可以全真养性;"清远闲放"的鹤,南面之君耽溺其上则可能祸国亡身。隐逸之士可以纵情适意,南面之君则不可玩物丧志。可见隐居之乐远甚于南面之乐,充分表达了作者对于隐逸生活的无限神往和赞美。

似真似幻的梦境,使苏轼想起了许多许多

作为一座历史悠久的古城,徐州城内也有不少可供登临凭吊的古迹,其中燕子楼最令多情的文人流连伤感。这座著名的小楼相传是唐时徐州节度使张建封之子张愔为他的爱妾关盼盼所建。盼盼才貌俱佳,风姿娴雅,深得张愔爱重。著名诗人白居易曾为她题诗:"醉娇胜不得,风袅牡丹花。"张愔死后,盼盼眷恋旧情,誓不再嫁,独自隐居燕子楼十余年,最后不食而亡。

这个凄艳的故事吸引了无数文人墨客,纷纷吟诗作赋,或叹赏盼盼的钟情,或悲悼她的薄命,林林总总,几乎可以汇集成一本燕子楼诗钞。苏轼自来徐州,曾多次和朋友在燕子楼前盘桓,心中也有无穷的感慨,却还没有轻易动笔作诗。

元丰元年(1078)十月,一个朗月当空的夜晚,酒阑人散之后,苏轼意犹未尽,独自倚在窗前看月,恍惚间来到一座小楼前,借着溶溶月色,只见屋宇洁净,庭园寂寂,微风轻拂,花影披离。苏轼漫步其间,独自感受这清幽的美景。四周一片寂静,只偶尔有一两声细碎的滴嗒声,那是园中小池的鱼儿在跃动,那是亭亭的荷叶上滑落的露珠……忽然,一个倩影在花丛中闪现,长裙飘曳,凌波微步,惊鸿一瞥之间悄然而逝。苏轼不禁大为疑惑,正要追寻而去,不料几声巨响,令他陡然一惊,楼台、花园瞬息消逝,只有明月依旧,好风依旧。原来是南柯一梦。当时正是三更时分,那惊断他清梦的巡夜鼓声还在断续地传来,风摇梧桐,叶落惊秋,回想倏然而逝的梦中美景,苏轼不禁黯然,再也无法入睡,于是索性起来,在夜色苍茫中默

默地徘徊。这似真似幻的梦境使他想起了许多许多。他想起燕子楼中的种种旧事,想起古往今来无数悲欢恩怨,想起一个月前黄楼的菊花盛会、百步洪上的冲浪闻笛,更想起了驱驱行役、荏苒光阴中为蝇头小利、蜗角虚名所驱使的芸芸众生……所有这一切旧欢新怨,亲历其中,无不真切,无不刻骨铭心,然而,终究经不住岁月长河的冲刷,终将归于虚无,不留一点痕迹。想到这里,一种天涯倦旅、"人生如梦"的虚幻感涌上心头。"后之视今亦犹今之视昔"(王羲之《兰亭集序》)。或许百年之后,人们登上黄楼凭吊自己,就像自己在燕子楼前想起盼盼一样,感慨万千,浩然长叹! 于是,一首《永遇乐》词在心中酝酿而成,他脱口吟道:

> 明月如霜,好风如水,清景无限。曲港跳鱼,圆荷泻露,寂寞无人见。纰(dǎn,击鼓声)如三鼓,铿然一叶,黯黯梦云惊断。夜茫茫、重寻无处,觉来小园行遍。　天涯倦客,山中归路,望断故园心眼。燕子楼空,佳人何在,空锁楼中燕。古今如梦,何曾梦觉,但有旧欢新怨。异时对黄楼夜景,为余浩叹。

词的上片记梦,下片抒怀,人生如梦的感慨贯穿全篇,使梦境与现实相表里,使历史、现实与未来相沟通,把人生的空漠之感表现得极为深刻。

　　或许是人到中年的缘故,自来徐州,苏轼比以往更多地思考人生,更多地感慨聚散无常,会晤顿成陈迹。"人生如梦"、"人生如寄"原是中国文人的常规慨叹,前者主要反映了人们在空间存在中对个体生命实在性的探寻,后者则反映了人们在时间流变中对个体生命有限性的沉思。苏轼显然承袭了前人的思想资料,并因其自身心灵的敏锐和经历的丰富而使其感受更为深刻,但他并不沉溺其中不能自拔,而是始终保持希望和追求,保持旷达乐观的情怀,肯定个体生命的珍贵和价值,并执着于生命价值的实现,得到超越和升华。他说:"古今如梦,何曾梦觉,但有旧欢新怨。"就是说人生之梦未醒,皆因欢怨之情未断,倘能摒弃欢怨之情,便能超越如梦的人生。

不仅徐州本地的文人争相与苏轼交往,
外地的士人也纷纷向他靠拢

随着人生思考的逐步深化,思想的日益成熟,苏轼在知识分子中享有越来越高的声誉,人们都知道他不仅诗、词、文冠绝一时,书法、绘画也是当时的翘楚。徐州本是文人荟萃之地,三五之夜,雨雪之朝,评诗品画的雅集长盛不衰。苏轼总是聚会的中心,他谈笑风生,妙语连珠,常常道人所未道,使所有人感到既轻松愉快,又获益匪浅。频频雅集中,苏轼有机会欣赏到许多稀世的古代绘画珍品和同代画家的名作,同时也留下了一系列精美绝伦可与这些珍品相媲美的题画诗。题画之风盛行于宋代,苏轼是一位佼佼者。他的题画诗,或结合绘画发表艺术见解,或着重对画面做生动形象的描绘,既不离画中景物,又能缘物寄情,生发议论,给人以美的启迪和享受。《李思训画长江绝岛图》便是脍炙人口的代表性作品。

> 山苍苍,水茫茫,大孤小孤江中央。崖崩路绝猿鸟去,惟有乔木搀天长。客舟何处来?棹歌声抑扬。沙平风软望不到,孤山久与船低昂。峨峨两烟鬟,晓镜开新妆。舟中贾客莫漫狂,小姑前年嫁彭郎。

李思训是唐代著名画家,山水画北宗的创始人。面对这幅气势苍茫

的《长江绝岛图》，苏轼深深地沉醉其中。诗的开头实写画中景物，展现出宽阔雄伟、奔腾浩荡的长江，以及大小孤山陡峭险峻的山势。接着，从江流深处一点云帆引发出丰富的想象，以拟人的手法，将大小孤山当作两位绝代佳人：迷蒙的峰峦是她们的发髻，水清江平则是清晨梳妆的镜子，她们秀美的姿容令舟中路过的商贾不禁心生爱慕，情歌高唱……最后两句结合民间小姑嫁彭郎的传说，采用谐音的手法，把"孤"与"姑"、"彭浪（矶）"与"彭郎"的传说联系起来，巧结姻缘，谐趣盎然，戏语中流露出对江山如画的无限赞美。江流的激水，起伏的小舟，美丽的小姑，孟浪的贾客，还有那悠扬的歌声，诙谐的笑语，构成富有浓郁生活气息的戏剧场面，将一幅静态的山水画描绘得活泼有致，生气淋漓。

作为文坛上继欧阳修之后当之无愧的领袖人物，不仅徐州本地的文人争相与他交往，外地的士人也纷纷向他靠拢。前辈中像司马光这样名重士林的大学者，每有新作总不忘千里迢迢地寄赠给他，互相唱和。自熙宁三年离京外任，司马光即在洛阳买地筑园，名为"独乐"。他不问政事，深居简出，却与苏轼保持着密切的通信联系。

年轻一辈更是争先恐后，纷纷向苏轼求教，拜他为师，以出入"苏门"为莫大的荣耀。远在大名府（治所在今河北大名东北）的黄庭坚（字鲁直），寄来书信和两首《古风》求教，表示愿意列在苏轼的门下，诗中将苏轼比作高崖的青松，自己则是深谷的小草，坦诚地表白："小大才则殊，气味固相似。"黄庭坚是李常的外甥，孙觉的女婿，苏轼早就从这两位好友那里听说过他的名字，也读到过他的诗文，当时就"耸然异之，以为非今世之人"，"超轶绝尘，独立万物之表，御风骑气以与造物者游"，是"精金美玉"似的出色人才（《答黄鲁直书》）。如今收到他寄赠的书信和诗歌，苏轼分外高兴，于是立即回信说：

> 今者辱书词累幅，执礼恭甚，如见所畏者，何哉？轼方以此
> 求交于足下，而惧不可得，岂意得之于足下？喜愧之怀，殆不可
> 胜。

又说，他的《古风》二首，"托物引类，真得古诗人之风"，并且回赠了
两首《古风》，称赞他是千年难得一遇的蟠桃，而自己则是路旁无人
采摘的苦李。从此，两位北宋文坛上的泰斗缔结了亲密无间的深厚
情谊。

不久，另一位年青作家秦观（字少游）也从高邮来到徐州，专程
拜谒苏轼。这是一位浪漫而多情的诗人，民间盛传的"苏小妹三难
新郎"，就是以他为男主角。尽管这个故事纯属虚构，于史无凭，但
是，徐州之会以后，他与苏轼的亲密往来和终生不渝的友谊却是千
真万确的。他在诗中说："我独不愿万户侯，惟愿一识苏徐州。"愿执
弟子之礼。苏轼对他十分欣赏，称许他：

> 谓是古人吁莫测，新诗说尽万物情。（《次韵秦观秀才见赠，
> 秦与孙莘老、李公择甚熟，将入京应举》）

相信他终究会"忽然一鸣惊倒人"（同上）。关于他俩的相识，《冷斋
夜话》中曾记载了一个极富戏剧性的故事。相传在此之前，有一天，
秦观听说苏轼将会路过扬州，便模仿苏轼的笔调语气，预先在一座
古寺的壁上题诗一首。不久，苏轼到达扬州，访求名胜，来到这座
古寺，看到壁上题诗，不禁大吃一惊，百思不得其解。后来在好友
孙觉那里读到秦观的诗词数十篇，这才恍然大悟，说："向书壁者，

定此郎也。"

除了黄庭坚和秦观，晁补之、张耒、陈师道、李廌(zhì)也先后求列于苏轼的门下，因被称为"苏门六君子"，前四人又称为"苏门四学士"，这些人日后都成为北宋文坛上的璀璨文星。

诗僧参寥也在这个时候来到苏轼的生活中。他是由秦观引见，风尘仆仆地从杭州赶来的。这位闲云野鹤式的人物，不仅风标高洁，而且才思敏捷："新诗如玉雪，出语便新警。"(《送参寥》)苏轼与他一见如故，结为终生挚友，两人一起谈诗论道，游山玩水，相从逾月。当然，以苏轼滑稽好谑的个性，有时也不免要和参寥开开玩笑。一天，苏轼会宴郡僚，酒过三巡，兴致勃发，对座客说："参寥不来参加这次聚会，咱们可不能轻易放过他呀！"

于是带领众宾客前往参寥住处，数名侑酒的红妆歌妓也相随簇拥而至。当时参寥正在窗前吟诵经文，见此情形，心中早已猜到了八九分，他彬彬有礼地请大家随意就座。寒暄几句之后，苏轼便叫一名歌妓献上纸笔，求诗一首。这位徐州名妓袅袅婷婷来到参寥跟前，美目流盼，娇音轻啭，一心想要赢得这位超凡脱俗的大师几声不能免俗的夸赞。当时屋子里十多双眼睛盯着，参寥也不觉尴尬，他微微一笑，援笔写道：

> 寄语巫山窈窕娘，好将幽梦恼襄王。禅心已作沾泥絮，不逐春风上下狂。

诗歌既巧妙地恭维了这位歌妓，顾全了她的面子，又不失出家人的身份。你虽如巫山神女般窈窕迷人，却只能令楚襄王这样的多情种子相思入梦，而我禅心寂寂，如飞絮沾泥，即使春风骀荡，也不会起伏癫狂。苏轼读后叹赏不止，一则为他心胸清空，襟怀不染，一则为他才思敏捷,出人意表,他说:"我也曾见飞絮沾泥,寻思可以入诗,不想今天被参寥先用了去,可惜! 可惜!"

此后,苏轼逢人就夸。他写给文同的信说:"其诗句清绝,与林逋(宋初隐士,诗人)上下,而通了道义,见之令人肃然。"又对秦观说:"参寥真可人,太虚与之不妄。"

三月,朝廷令下,苏轼移任湖州知州

好山好水之中,政务清明,百姓拥戴,宾客盈门,士林爱重,尽管仍然与当政者相忤,人生路上仍然有许多矛盾与苦闷,也少不了牢骚和感叹,对于苏轼来说,徐州的生活还是比较顺心遂意的。元丰二年二月,同乡张师厚赴京赶考,路过徐州,其时庭中杏花盛开,月下置酒与客共饮,又有相从问学的两位州学生王适、王通(yù)在花间吹箫助兴,苏轼倚声而歌:

> 杏花飞帘散余春,明月入户寻幽人。褰衣步月踏花影,炯如流水涵青苹。花间置酒清香发,争挽长条落香雪。山城酒薄不堪饮,劝君且吸杯中月。洞箫声断月明中,惟忧月落酒杯空。明朝卷地春风恶,但见落叶栖残红。(《月夜与客饮杏花下》)

诗歌清新超逸,先写月下杏花,继写花间饮酒,最后四句词意凄婉,情调落寞,深恐洞箫声断,月落杯空,风恶花残,好景不长,正是当时政治上的风云变幻在诗人思想上的曲折反映。而这时天边的雷声已经隐隐响起,一场暴风雨即将来临。

三月,朝廷令下,苏轼移任湖州知州。临行的这一天,他骑马出城,发现城门内外、官道两旁,已经密密麻麻挤满了从四面八方赶来的父老乡亲。歌管凄咽，哀声一片。人们争相拦马拉缰，苦苦挽留这位贤良的知州不要离去。此情此景，令苏轼深深感动，其实，他又何尝不同样充满依恋。三年来，他与徐州人民一起斗洪水、筑长堤、建黄楼、抗春旱，又以自己的才气学问，结识了不少诗人名士，这片土地洒下了他的汗水，烙下了他的足迹，也留下了他的欢歌！他喜欢这里的山水，喜欢这里淳朴的民风，多么希望能买田泗水，终老此地啊！然而，朝命难违，他不得不起程了。乡亲们含着眼泪，献上鲜花，洗盏呈酒，为苏轼请寿，以古老的仪式表达他们深深的眷恋和祝福。他们说："前年若不是大人您，我们早就变成水里的鱼鳖。"

他们衷心感谢苏轼领导他们战胜洪水，保全了生命、子孙和家园。

> 父老何自来，花枝袅长红。洗盏拜马前，请寿使君公。前年无使君，鱼鳖化儿童。

然而，苏轼却不肯居功，他答谢乡亲们：

> 举鞭谢父老，正坐(坐，因为。)使君穷。穷人命分恶，所向招灾凶。水来非吾过，去亦非吾功。(《罢徐州，往南京，马上走笔寄子由五首》之二)

苏轼跃马前行，回首之际，徐州城已消失在漠漠春阴之中，他的心却依然弥漫着离愁别绪。立马道旁，他深情地注视着滚滚奔腾的汴河水，诗潮汹涌：

古汴从西来,迎我向南京。东流入淮泗,送我东南行。暂别复还见,依然有余情。春雨涨微波,一夜到彭城。过我黄楼下,朱栏照飞甍(méng,栋梁,屋脊)。可怜洪(百步洪)上石,谁听月中声。(同上,之三)

第五章　柏台霜气夜凄凄

告别徐州，踏上重游江南之路，正当落花满地、飞絮撩人的暮春时节，苏轼心中有无限感慨，"陌上花开蝴蝶飞，江山犹是昔人非"（《陌上花》），六年前在杭州写下的诗句伴着凄婉的吴声小曲在他的心中幽幽地响起。熙宁四年由京赴杭，熙宁七年调任密州，元丰二年移知湖州，这已是他第三次在这条路线上奔波游历。经泗州，渡淮河，过扬州，抵金山，赴京口，至吴江……处处美景，处处回忆，处处催人泪下。

沧桑往事引发的情感洪流，
使苏轼陷入关于人生终极性问题的哲理思考

扬州的平山堂，是三十年前欧阳修任知州时修建的名胜，凭栏远眺，江南诸峰好似拱列檐下，与槛廊齐肩，故取名"平山"。当年欧公常与宾客在堂中纳凉赏荷，啸咏竟夕。他的一首《朝中措》使平山堂名扬四海：

平山栏槛倚晴空，山色有无中。手种堂前垂柳，别来几度春风？　文章太守，挥毫万字，一饮千钟。行乐直须年少，樽前看取衰翁。

欧阳修这首追忆扬州平山堂的名篇,也令后人追怀不已。如今,苏轼来到这里,堂前还有欧公亲手种植的柳树,壁上还有他留题的诗句,墨迹如新。陈迹依旧,往事如烟。苏轼抚今追昔,情难自抑,顿觉人生如梦,万事皆空:

> 三过平山堂下,半生弹指声中。十年不见老仙翁,壁上龙蛇飞动。　　欲吊文章太守,仍歌杨柳春风。休言万事转头空,未转头时皆梦。(《西江月》)

词中化用白居易"百年随手过,万事转头空"的成句,而比白诗更翻进一层,不要说在掉转头的一瞬间世事终必成空,其实,在未转头时,此时此刻所存在的一切,又何尝不像梦一般虚幻? 当时苏轼神飘万里,思接千载,久久凝视着远方,完全忘记了身旁"红妆成轮,名士堵立"(《石门文字禅》),争相看他落笔置纸……

还有京口的万松岗,松江的垂虹亭,五年前在这一带结伴同游的刁约、张先、陈舜俞,都已先后故去,"人亡琴废,帐空鹤唳"(《祭张子野文》),虽然万松依旧,"蔚乎苍芊",却再也见不到"幅巾杖屦,迎我于门,抵掌谈笑"的故人!(《祭刁景纯文》)

沧桑往事所引发的情感洪流,使苏轼又一次深深地陷入有关人生终极性问题的哲理思考之中。宇宙无穷,劳生有限,该怎样超越永恒与短暂的矛盾? 行舟水上,苏轼辗转难眠。夜深人静,万籁俱寂,聆听舱外,似有细雨沙沙。于是披衣起床:

> 微风萧萧吹菰蒲,开门看雨月满湖。舟人水鸟两同梦,大

鱼惊窜如奔狐。夜深人物不相管，我独形影相嬉娱。暗潮生渚
吊寒蚓，落月挂柳看悬蛛。

月色满湖，微风轻动，菰蒲摇曳，万物皆已沉睡，没有争斗，没有喧
哗，也没有机关巧算。倚舷而立，诗人沉浸在这一片和平静谧的境
界，体会到心灵与自然冥合无间的快乐。其时，江潮暗涨，有如寒虫
低咽，月在柳梢，宛若蜘蛛垂挂丝端，时间似已停滞，瞬间已成永恒。
在这深夜的禅境中，诗人怀着狂喜的心情默默地感受着心灵的超越
与升华。然而，"此生忽忽忧患里，清境过眼能须臾。鸡鸣钟动百鸟
散，船头击鼓还相呼"。时间不会真的停滞，日出之后万象萌动，喧
闹的一天又将来临，在这匆匆劳碌的忧患人生，这样清幽的美景又
能欣赏多久呢？这首题为《舟中夜起》的诗作，空旷奇逸，宛如仙品。
诗人体物深细，妙合自然，虽然所撷取的景物极为平常，却使全篇笼
罩着一层朦胧的气氛，构成极奇极幻的意境。

在大自然中寻求自在的快乐，固然可以在一定时空中超越人生
苦恼，但是作为社会的人又该如何在纷纷扰扰的现实中寻求自处之
道？入世的理想与超世的雅志又该如何完美统一？这些年来，苏轼
无时不在思考着这一问题。涉足仕途的时日愈久，他对国情、民情
体会愈深，人生阅历的逐年丰富和人生问题的深邃思考，使他对世
理、人情见之愈真，他越来越渴望摆脱人事的纠纷和是非的干扰，越
来越向往回归田园，享受一种最自然、最真实的人生。然而，"溥天
之下，莫非王土，率土之滨，莫非王臣"（《诗经》），自从踏上仕途的那
一天起，他的生命就不再属于自己。进退既不能自主，外界的一切
也不是自己所能把握的，唯一的办法是自我心灵的超越，尽量置身
于得失荣辱之外，忘却俗累，适意自足。在赴湖州任的途中，四十四
岁的苏轼对几年来的思考进行了一番总结，逐步上升到一种乐天知

命、无可无不可的境界。在《灵璧张氏园亭记》中，他这样写道：

> 古之君子，不必仕，不必不仕。必仕则忘其身，必不仕则忘
> 其君。譬之饮食，适于饥饱而已。

一切都需任运自然，在可否之间求得平衡，既保持个体精神的独立，
又不推卸应尽的社会责任和义务：

> 开门而出仕，则跬步市朝之上；闭门而归隐，则俯仰山林之
> 下：于以养生治性，行义求志，无适而不可。

但是世人很少能够真正实践这一立身处世的行为准则，此时苏轼自
己也还不能完全做到，应该说，“不必仕，不必不仕”正是他所极力追
求的一种理想的人生境界。

苏轼于元丰二年（1079）四月二十日抵达湖州任所。湖州风俗
阜安，山水清远，通判杭州时，苏轼曾到这里考察堤岸工程，如今重
来，倍感亲切。卸下行囊，他便兴致勃勃地乘上软轿绕城漫游："肩
舆任所适，遇胜辄流连。"（《端午遍游诸寺得禅字》）为这"环城三十
里，处处皆佳绝"（《与王郎昆仲及儿子迈，绕郭观荷花，登岘山，晚入
飞英寺……》）的好山好水所沉醉。新的环境，新的开始，苏轼的心
里也酝酿着许许多多新的计划。就像在杭州、密州、徐州一样，他将
为湖州的百姓办一些实事，"上以广朝廷之仁，下以慰父老之望"
（《湖州谢上表》）；他还将为湖州的山山水水放声歌唱：

> 顾我无足恋，恋此山水清。新诗如弹丸，脱手不暂停。（《次
> 韵答王巩》）

然而,一场突如其来的严重的政治打击彻底破灭了他的这些美好愿望。

苏轼成为一帮小人的"眼中钉,肉中刺"

元丰政局与熙宁年间已经大不相同,当年在朝中如火如荼地论战的变法派与反变法派的核心人物,如今都已不在其位。王安石于三年前第二次罢相后退居江宁,号称"传法沙门"的韩绛和"护法沙门"的吕惠卿,也在四年前罢相、罢执政;韩琦、欧阳修、吕诲去世多时,富弼退休,司马光闭门著书,不问政事。但是朝中人事纠纷却丝毫不见缓解平息,相反地日见激烈,斗争的焦点显然不再是变法问题,而纯粹是官场上的倾轧。因为,就两位丞相而言,吴充在变法问题上基本上持中立态度,而王珪则是著名的"三旨"相公:请圣旨,得圣旨,传圣旨,毫无政见可言。善和稀泥的王珪虽无政治才干,却不乏政客的手腕。从熙宁到元丰,朝政起伏跌宕,朝臣更替有如走马灯,唯独他一帆风顺,始终不倒。王珪庸人为相,嫉贤妒能,不能容忍有才华的人脱颖而出。为了巩固自己的地位,一方面,他与参知政事蔡确联手,首先整垮了另一名参知政事元绛,接着又向吴充背后射冷箭,逼得吴充再三上表请求罢相;另一方面,又与几位亲信权御史中丞(御史台代理长官)李定、权监察御史里行(权,代理;里行,见习)何正臣、舒亶(dǎn)等人结成攻守同盟,随时关注,以防有不合他们心意的人出头。李定等人都以拥护新法而骤得高位,眼见王安石心灰意冷,黯然离京,吕惠卿身败名裂,一时决难东山再起,变法派已无铁腕人物可以执掌政权,力量十分薄弱,因此终日惴惴不安,深恐神宗在无人可用时,转而起用在野的反变法人士,那时自己苦心经营所获得的权位很有可能便将不保,早就存着心思要借机打击反变法派的潜在势力,摧毁他们重登政坛的可能性,这番心思恰与王珪一拍即合,于是两下勾结,互相利用。

苏轼自嘉祐二年进士考试名震京师以来,由于种种原因久未获得朝廷重用。但他在文学艺术方面的卓越才华以及广博的学识、无与伦比的性格魅力,使其声望不断上升,特别是近五六年更是声名远播,天下瞩目。正如当年欧阳修所预言的:"他日必将独步文坛。"苏轼已经成为全国上下妇孺皆知的人物。

神宗平日也喜读苏轼的文章。性情毕露的文学性散文自不必说,即使是那些难免虚文套语的贺谢表章,苏轼往往也能不同凡响。因此,每当得到一篇苏轼的文章,神宗总是一读再读、爱不释手。宫中嫔妃都知道神宗这一癖好,所以只要见他用餐时忽然停下筷子聚精会神地阅读,不用打听,她们就会说:"噢,一定又是苏轼的文章。"有时候,读着读着,神宗就会情不自禁地击节称叹:"奇才!奇才!"临朝听政时也常常向身边近臣夸赞苏轼。苏轼连续三任地方官都政绩斐然,深得百姓拥戴。尤其是徐州任上,在抗击洪水中,苏轼临危不惧,当机立断,身先士卒,指挥无误,表现出一般地方官所罕有的才干和品质。神宗皇帝非常高兴,亲下手诏褒扬:"民人保居,城郭增固,徒得汝以安。"继又拨款修堤,颇有器重之意。后来苏轼离开徐州时,百姓痛哭流涕,遮道拦马,追送数十里,神宗听说后,心中更加高兴了。

神宗对苏轼的喜爱令某些嫉贤妒能之辈不由得妒火中烧。更何况苏轼对在变法运动中青云直上的一帮新人从来就没有好感,加上他生性放达,口没遮拦,不知道掩饰自己内心的真实感受,总是语含讥讽,因此早已将他们得罪了。他们担心,这个二十年前就有"两宰相"的美誉,如今又有德政与声望的苏轼,迟早会被皇帝重用。苏轼如被重用,定会妨碍他们的仕途和利益,所以,必须赶快想办法治一治,或许连带还可以把反变法派的潜在势力一网打尽呢。

苏轼既然名满天下,深得皇帝赏识,要搞垮他首先就得让皇帝厌弃他。然而,自熙宁四年离京外任,苏轼在地方上勤于公事,有功无过,实在没有任何把柄可抓,倒是他喜欢舞文弄墨,常在诗文中讽谕朝政,单凭这一点能否治罪,李定等人最初也没有把握。因为赵宋开国君主钦定了"不以言罪人"的祖宗家法,一百多年来还从未有人因诗文而获罪。熙宁六年,沈括就曾尝试过用这种办法扳倒苏轼,但未获成功。当时,沈括以钦差大臣的身份出使杭州,专程到苏轼府上拜访,叙旧论交,十分热络,临行前请求苏轼赠送手录近作诗一册,留作纪念。苏轼心地坦然,只当是朋友间常规性往来,所以毫无疑虑,满口应承。谁知沈括回到京城,立即将苏轼近作逐首加以笺注,附在察访报告中进呈御览,告他"词皆讪怼",神宗置之不问。此事满朝皆知,苏轼自然也很快听说了,但也并未放在心上。李定等人思前想后,没有更好的办法,觉得唯有"讥讪朝政"一事是苏轼的致命弱点,可以故伎重演。而且,这帮先意希旨的小人早已敏锐地察觉,时移事往,今非昔比,十二年的帝王生涯已使神宗皇帝日益独断专行,越来越不能容忍反对意见,状告苏轼"愚弄朝廷"、"指斥乘舆(皇帝的代称)",很有可能收到他们想要的效果。几番合计停当,只是还需要一根导火索。

一个周密的围剿计划,在某个月黑风高之夜出笼了

机会终于来了。苏轼抵达湖州任所,即循惯例进谢上表。这份《湖州谢上表》像以往的每一份表章一样,在邸报(朝廷官报)上发表,供群臣传阅。其中有几行字令李定等人觉得特别刺眼,同时又

特别适合大做文章：

他说湖州"风俗阜安，在东南号为无事；山水清远，本朝廷所以优贤"，岂不是埋怨朝廷没有委以重任？

"臣性资顽鄙，名迹堙微。议论阔疏，文学浅陋。凡人必有一得，而臣独无寸长"，岂不是正言若反，自我表彰？

"荷先帝之误恩，擢置三馆；蒙陛下之过听，付以两州"，岂不是大摆老资格，向朝廷邀功请赏？

最气人的是"知其愚不适时，难以追陪新进；察其老不生事，或能牧养小民"，"新进"一词从熙宁以来已成为突然升迁的无能之辈的代名词，苏轼公然以这样带贬义性的词语指称朝廷百官，还自诩"老不生事"，难道朝中的人都在惹是生非？

读着苏轼的谢上表，一帮小人且怒且喜，于是，一个周密的罗织计划，便在某个月黑风高之夜出笼了。

六月二十七日，何正臣首先发难，上章弹劾，并附上当时流行的一卷本苏轼诗集一册作为罪证。奏章引文摘句，妄加分析，指责苏轼谢上表"愚弄朝廷，妄自尊大"，又说"一有水旱之灾，盗贼之变，轼必倡言归咎新法，喜动颜色"。而且，"轼所为讥讽文字传于人者甚众，今独取镂板（印刷）而鬻于市者进呈"。要求对苏轼"大明刑赏，以示天下"（宋·朋九万《东坡乌台诗案》引）。

七月二日，舒亶、李宜之同时进奏。舒亶又附上当时流行的四卷本苏轼诗集一套作为罪证。他说："轼近谢上表有讥切时事之言，流俗翕然争相传诵，忠义之士无不愤惋"（同上）。开头一段正与何正臣互相呼应。接下来，则煞费苦心地选取一组可以附会为"谤讪君上"的文字，以激怒神宗：

陛下为救济贫困贷款于民，苏轼讥之为"赢得儿童语音好，一年强半在城中"。

陛下为推行新法令百官学习法令，苏轼讥之为"读书万卷不读律，致君尧舜终无术"。

陛下为发展农业兴修水利，苏轼则讥之为"东海若知明主意，应教斥卤变桑田"。

陛下为增加国家收入实行官盐专卖，苏轼则讥之为"岂是闻《韶》解忘味，迩来三月食无盐"。

"其他触物即是，应口所言，无一不以讥谤为主。小则镂板，大则刻石，传播中外，自以为能。……可谓大不恭矣，虽万死不足以谢圣时！"（同上）

最后强烈主张将苏轼交付有关部门，严加惩处，"以戒天下之为人臣子者"（同上）。

李宜之的责难更是强词夺理。他说，前不久出差路过宿州灵壁镇，听一位张硕秀才说，苏轼给他家写了一篇《灵壁张氏园亭记》，内有"古之君子，不必仕，不必不仕，必仕则忘其身，必不仕则忘其君"等句子，"是教天下之人，必无进取之心，以乱取士之法，无尊君之义，亏大忠之节，显涉讥讽"（同上），所以应该予以彻底清查处理。

在这场围剿战中最后一个登场的是手持"超重型炮弹"的李定。他于七月三日上奏，声言苏轼犯有四大该杀之罪。他说："苏轼初无学术，滥得时名，偶中异科，遂叨儒馆。"像这样一个无能侥进之辈，却动辄毁谤朝政，陛下宽宏大量，不予论罪，给他改过自新的机会，他却"怙终不悔"，此该杀者一；不仅不知悔改，而且"傲悖之语，日闻中外"，此该杀者二；他这些充满毁谤性的诗文，颇能蛊惑人心，使人"不循陛下之化"，此该杀者三；他既读书明理，知道"事君有礼，讪上有诛"，却因一己私利不能满足，而"肆其愤心，公为诋訾"（同上），可谓明知故犯，此该杀者四。

李定这篇奏章，字字句句指明，苏轼所怨恨、所讥讽、所毁谤的不是别人,正是皇帝陛下本人!

神宗一连数天接到四份状纸,已经觉得"舆论沸腾",应该予以重视,读过李定这篇奏章,更使他震怒,于是传下圣旨:

"将苏轼谤讪朝政一案送交御史台根勘闻奏。"

苏轼浑然不知厄运已经逼近

李定等人闻旨,喜不自胜,立即张罗着派人前往湖州拘捕苏轼。当然,这名拘捕官既要精明干练,又要善于虚张声势,还不能对苏轼暗生同情,心慈手软,环视左右,还真难找到合适的人选。李定"对人叹息,以为人才难得,求一可使逮轼者少有如意"(宋·孔平仲《孔氏谈苑》)。最后终于选定太常博士皇甫遵。皇甫遵携带拘捕令和他儿子及两名御史台兵丁即刻出发。

苏轼遭李定弹劾,王诜最早得到消息。王诜,字晋卿,是开国元勋王全斌的后代,神宗的妹妹魏国大长公主的驸马。他长于山水画,与苏轼交往密切,感情深厚。听到这一消息万分震惊,连忙派人火速赶往南都(今河南商丘)通知苏辙。苏辙闻知亦如五雷轰顶,立刻派人飞奔湖州,希望能赶在皇甫遵之前,让苏轼有个心理准备。皇甫遵一行既奉密令,由沿途驿站随时更换良马,昼夜兼程,其行如飞,苏辙的信使哪里追赶得及? 幸亏到润州时,皇甫遵的儿子忽然生病,求医问药,耽误了半天,苏辙的信使终于抢先一步赶到。不过,就因为这,王诜在本案中落了一个"泄露密令"的罪名。

就在王诜、苏辙的信使与官差之间进行这场紧张的"马拉松赛"时,苏轼却浑然不知厄运已经逼近。他有条不紊地处理着公务,闲下来便带着儿子和王适、王遹兄弟一起出城看荷花、登岘山、游飞英寺。王氏兄弟在徐州时就跟随苏轼问学,三个月前同到湖州。现在王适成了苏轼孩子们的家庭教师,后来又做了苏辙的女婿。

七月初七这天,秋阳似火,苏轼在家晾晒书画,看到表兄文同所绘赠的《筼筜(yún dāng)谷偃竹(风中仰斜的竹子)》。这时文同死去已经半年,苏轼睹物思人,掩卷痛哭,写下《文与可画筼筜谷偃竹记》一文,以抒发对这位至亲好友的悼念之情。苏轼与文同自熙宁初年京城一别,各自宦游四海,再也没能相见,但是彼此书来信往,惺惺相惜,十分密切。文同每次作画,总是留下空白,对求画者说:"勿使他人书字,须待苏子瞻来,令作诗其侧。"

文同的画,苏轼的字和诗,三位一体,当时就是千金难买的绝品。苏轼在密州时,文同任洋州太守,《筼筜谷偃竹》即文同在洋州所作。筼筜谷是洋州的风景名胜之一,满谷翠竹,文同朝夕漫游谷中,细心揣摩,深得竹之神韵。苏轼曾和文同《筼筜谷》诗:

> 汉川修竹贱如蓬,斤斧何曾赦箨龙(箨,tuò,箨龙指竹笋)。料得清贫馋太守,渭滨千亩在胸中。

最后一句语意双关,既指文同画画成竹在胸,又指他经常采笋为食。这信到的那天,文同正和夫人在谷中游玩,烧笋野餐,读到苏轼的赠诗,不禁纵声大笑,喷饭满桌。苏轼到徐州后,文同来信说:"近语士大夫:'吾墨竹一派,近在彭城,可往求之。'"信后附诗一首:"拟将一段鹅溪绢,扫取寒梢万尺长。"

苏轼回信跟他开玩笑,说:"竹长万丈,需用绢二百五十匹,知公倦于笔墨,愿得此绢而已。"

文同老实,回答道:"我不过胡说罢了,世上岂有万尺竹?"

好寻开心的苏轼偏偏要和他坐实:"世间亦有千寻竹,月落空庭影许长。"

　　文同被他逗乐了，笑着说："你太善辩了，如果有二百五十匹绢，我将买田归老矣！"

　　于是将自己的得意之作《筼筜谷偃竹》送给苏轼，说："此竹数尺耳，而有万尺之势。"

　　谁知不久即传来噩耗，文同于元丰二年二月在陈州去世。苏轼闻讯悲痛万分，整整三天三夜没有睡觉，只是呆呆地坐着，偶尔困极入梦，也总是与文同相聚谈笑的情景……在这篇《文与可画筼筜谷偃竹记》中，苏轼深情地回忆与文同交往的种种旧事，同时总结了这位著名画家的艺术经验：

　　　　竹之始生，一寸之萌耳，而节叶具焉，自蜩腹蛇蚹，以至剑拔十寻者，生而有之也。今画者乃节节而为之，叶叶而累之，岂复有竹乎？故画竹必先得成竹于胸中，执笔熟视，乃见其所欲画者，急起从之，振笔直遂，以追其向所见，如兔起鹘落，少纵则逝矣。与可之教予如此。予不能然也，而心识其所以然。夫既心识其所以然，而不能然者，内外不一，心手不相应，不学之过也。故凡有见于中，而操之不熟者，平居自视了然，而临事忽焉丧之，岂独竹乎？

这里提出了我国绘画理论关于"神似"和"形似"的著名论点，也就是说，艺术家对于客观事物，不应零打碎敲地去追求一枝一叶的简单摹拟，而应该从整体上去突出事物的精神。因此，画竹必须先在胸中酝酿出完整的竹子神韵形态，然后才能落笔，也才能达到神形兼备的艺术造诣。上述见解，正是文同所开创的"文湖州竹派"的艺术经验的总结，在我国绘画史上有着深远的影响。流传至今的成语"成竹在胸"就来源于这里。

苏轼是这一画派的重要成员。虽然他自谦"心识其所以然而不能然",实际上他的竹石枯木画达到了很高的水平。今传为他遗作的有《竹石图》、《枯木怪石图》等。黄庭坚《题子瞻枯木》说:

> 折冲儒墨阵堂堂,书入颜杨鸿雁行。胸中元自有丘壑,故作老木蟠风霜。

他在学术上能调停儒墨两家,自立堂堂之阵,他的书法又能和唐代著名书法家颜真卿、杨凝式比肩并行,他的胸中原有许多画境,随笔一挥就能画出风霜老木来。苏轼之所以爱画竹石枯木,主要是借以表达自己高傲不屈的个性。他曾自题《竹石图》道:

> 空肠得酒芒角出,肝肺槎牙生竹石。森然欲作不可回,吐向君家雪色壁。(《郭祥正家醉画竹石壁上,郭作诗为谢,且遗二古铜剑》)

他的竹石是他胸中不吐不快的块垒,是他的锋芒和不平,是他的化身!

顷刻之间,拉一太守,如驱犬鸡

七月二十八日,皇甫遵一行抵达湖州。这时苏轼刚刚得到消息,他匆匆办理了告假手续,并将州中事务移交给通判祖无颇,由他暂且代理知州。皇甫遵气势汹汹径直闯入官厅,身穿正式的官袍官靴,手持笏板(古时大臣朝会时用于记事的手板)当厅而立,两名士兵分列左右,面目狰狞。衙门里一片混乱,人心惶惶。苏轼从未见过这种架势，不免心中发虚，虽然已经知道朝廷要逮捕他，却不知道自己究竟犯了什么不可赦免的罪过，来势竟然如此凶猛，一时不知该怎么应付。他和祖通判商量，祖通判说："事已至此，无可奈何，还是出去见他们为好。"

"那么，是否应该穿便服出见？"苏轼又问，因为他想，既然已是罪人，就不可再穿官服。

祖通判说："现在还不知是什么罪名，应该穿官服。"

于是，苏轼也穿了正式的官袍官靴，手持笏板，站在皇甫遵的对面，祖无颇等衙门的大小官员也都身穿官服站在苏轼的后面。

皇甫遵脸色铁青，一言不发，两名士兵的腰间鼓起，好像藏有匕首，气氛十分凝重，所有的人都紧张得喘不过气来，最后苏轼只得开口："轼自来激恼朝廷甚多，今日前来，必定是赐死，死固不辞，只求能与家人诀别。"

皇甫遵这才冷冷地丢出一句："还没有这么严重。"

祖无颇上前一步问道："我想官长一定带了诏令吧？"

皇甫遵厉声问道："你是什么人？"

"代理知州祖无颇。"

皇甫遵这才正式将诏命拿出来，打开一看，不过是令苏轼革职进京的普通公文而已，大家都暗暗松了一口气。但是皇甫遵催着立即上路，两名士兵上前将苏轼五花大绑，随即带出门去。王夫人得讯急忙追赶出来，全家老少呼天抢地紧随在后面，旁观者无不唏嘘哽咽。

苏轼心如刀绞，不知如何安慰妻儿，这时他忽然想起一个故事：从前，宋真宗下令访隐求贤，有人推荐杞人杨朴，说他长于作诗。真宗很感兴趣，立即召见，令杨朴当场作诗。杨朴连说不会，真宗问："那么，临行前有人作诗送行吗？"杨朴说："没有，只有臣的妻子写了一首绝句:且休落魄贪杯酒,更莫猖狂爱咏诗。今日捉将官里去,这回断送老头皮。"

这个故事王夫人早就听过,平时夫妻二人还常用来互相取笑,所以苏轼回头对妻子说:"你何不像杨处士(未仕或不仕的士人)的妻子一样,写首诗送我?"

王夫人不禁含泪失笑。

当时州衙内外被一种强烈的恐怖气氛所笼罩,祖无颇以下大小官吏全都畏避不出,只有掌书记张师锡赶到城郊斟酒饯别。王适、王通兄弟也一直送到郊外,劝慰苏轼道:"死生祸福,都是天意啊,您又怎能奈何得了天呢?"

之后,王氏兄弟又帮助王夫人打点行装,将苏轼一家二十多口送往南都苏辙家寄住。长子苏迈获准随行照顾父亲。苏轼出城登舟,四顾凄然。据目击者说:"顷刻之间,拉一太守,如驱犬鸡。"(宋·孔平仲《孔氏谈苑》)

老百姓成群相送,个个泪如雨下。

皇甫遵奉命出京时曾提出,押送途中每夜都将苏轼送往地方监狱看管,像押送江洋大盗一样。但是神宗没有同意,认为不过是追究吟诗的事情,不必如此。船行不久,因船舱需要修理,暂时停靠在太湖鲈香亭畔。那天晚上,风涛阵阵,月明如昼,苏轼思前想后,辗转难眠。这一天所发生的事情太仓促,太令人措手不及,他心如乱麻,几乎无法理出一个头绪。眨眼之间就像捕盗贼一样被拉出来,不知自己的罪名有多大。眼下即已生死难卜,将来审理起来,还会连累很多亲朋好友,倒不如现在眼睛一闭,纵身入水,便可一了百了。心中暗暗打定主意,他便起身走到船舷边,月色中,一眼瞥见"鲈香亭"三个大字,不由从心底里发出一声叹息。晋朝的张季鹰官居洛阳,秋风起时,想起了家乡吴中的菰菜、莼羹和鲈鱼脍,说:"人生贵得适意,何能羁宦数千里以要名爵?"

于是辞官归隐,免祸全生。这个名士掌故使苏轼感慨万分,他想起怀远驿中那个风雨之夕,想起逍遥堂里亲密的晤谈,想起子由颀长清瘦的身影……如今事情尚无眉目,怎能辜负子由,让他独自走过这漫漫的人生旅途? 思来想去,不觉天色已明,凝视着渐渐苏醒的吴江沿岸,他以低沉的声音吟道:

晓色兼秋色,蝉声杂鸟声。壮怀销铄尽,回首尚惊心。(《吴江岸》)

船过扬州,好友鲜于子骏早已伫立岸边,希望能与苏轼见上一面,却被押送的官差凛然回绝。在当时那种可怕的情形之下,多少亲朋好友纷纷绝交,避之唯恐不及,鲜于子骏身为朝廷命官却无所畏惧,有人劝他将平日与苏轼往来的文字书信尽快销毁,他回答道:"欺君欺友,吾所不忍为。如果因为忠义而受谴责,我心甘情愿。"

透过船舱紧闭的窗棂,苏轼远远地看着好友惘然离去,不禁泪水盈眶,模糊了双眼。

与此同时,御史台又有令下,命所在州郡搜查苏家。当时苏轼的家小已在赴南都的船上,州郡官吏望风承旨,居然派遣大批人马连夜追赶,在宿州将苏家船只拦截,团团围住,翻箱倒柜,全家老小都吓坏了。等这批如狼似虎的吏卒悻悻离去,面对一片狼藉,性情温和的王夫人也不禁心头火起,愤愤地说:"都是吟诗作文造的祸,写诗究竟有什么好处,把我们吓了个半死!"

于是一气之下,将家中残存的手稿付之一炬。

将近两个月的审讯中，
苏轼经受了难以言喻的凌辱和折磨

八月十八日，苏轼被解到汴京，随即投入御史台一间阴暗狭窄的单人牢房。御史台位于京城内东澄街北，和一般建筑坐北朝南的格局不同，御史台的大门是北向而开的，取阴杀之义。四周遍植柏树，乌鸦栖居其上，所以御史台又称为"乌台"或"柏台"。宋朝刑法规定，"凡群臣犯法，大者多下御史台，小则大理寺、开封府鞫治。"（元·脱脱《宋史·刑法志》）苏轼这桩案子既由皇帝御批，自然属于大案。

审讯从八月二十日开始。一上堂即按审问死囚的程序讯问苏轼五代以下有无誓书铁券。誓书铁券是皇帝特赐给功臣的一种诏书，上面写明子孙犯死罪可以赦免。众所周知，苏轼出身寒微，完全是通过科举，凭借自己出众的才华步入仕途，没有任何后台，也没有任何特权。可见尚未立案，一帮小人早已将苏轼内定为死罪，只等屈打成招，便算大功告成。

要想治人死罪，首先必须掌握充足的材料。为此，李定诸人可谓是煞费苦心。他们全面收集了市面上通行的苏轼诗文集的各种刊本，从中找出近百首他们认为有问题的作品，然后一首一首拿来审问。这些诗文有的与新法毫无关系，他们穿凿附会，罗织诬陷；有的确有反对新法的内容，但包含着生活的真实，反映了新法的流弊；当然也有极少数反对新法的作品，表现了苏轼本人的思想偏见，但也根本谈不上应受法律的制裁。最初，苏轼只承认《山村五绝》有讽谕时政的意思，此外别无关联。御史们哪肯罢休，他们或软磨，或硬缠，或恐吓，或威逼，三番五次，轮流展开心理攻势，直到苏轼承认他

们的曲解,否则就没个完结。苏轼在杭州时写下《八月十五看潮五绝》,其中第四首:

> 吴儿生长狎涛渊,冒利轻生不自怜。东海若知明主意,应教斥卤(盐碱地,这里指海)变桑田。

原诗自注说:"是时新有旨禁弄潮。"诗的意思也是明白晓畅的。但是舒亶等人偏要牵强附会地指责此诗是攻击"陛下(神宗)兴水利",苏轼当然不能接受这样的无理指控,他在狱中供词中写道:"弄潮之人,贪官中利物(奖品),致期间有溺而死者。"

所以诗歌最后两句的意思是:东海龙王假如领会神宗爱惜生民、禁止弄潮的旨意,应该把沧海变成桑田,让弄潮儿得以耕种自食,免得他们再去"冒利轻生"。完全是实话实说。这样的供词令御史们暴跳如雷,一口咬定苏轼"隐讳不说情实",足足逼供了两天,苏轼心劳力瘁,"再勘方招"。像这样的例子真是举不胜举。

后来,他们又追问苏轼除了已经指控的作品外,是否还有其他讥讪新法的文字,苏轼回答说没有。御史们自有办法,立即向各州郡发出公文,收取散落在有关人士手中尚未刊印的苏轼诗文。在当时高压政策之下,谁敢隐讳,即使只字片纸,也都一一上缴,光是杭州境内就供出了数百首,时人称为"诗账"。于是又是一番别有用心的条分缕析,又是一番穷追不舍的疲劳战……

为了达到一网打尽的目的,他们还极力追问苏轼和哪些人有诗文往来,哪些人写过讽刺文章给他?苏轼不肯连累朋友,一连几天,任凭百般拷问,只有一句话:"更无往复。"

御史台又向各州郡及朝廷有关部门发出公文,将与苏轼往来密切的有关人等传唤到官府,一一问证。在强大的压力下,苏轼只得承认:"与人有诗赋往还。"

于是案情更形复杂,与苏轼交往密切并写有讥讽文字的朝廷内外大臣竟多达数十人。

经过一次次的反复提审,从苏轼诗文中找出的问题越来越多,牵扯进去的人也越来越多,一帮小人不禁气焰高涨,得意洋洋,满朝大臣没有人敢问及此案,唯恐一不小心惹火上身。一天,群臣都在崇政殿的殿门外等候早朝,李定忽然说:"苏轼确实是个奇才!"

大家不知他的用意何在,都不敢搭腔。他环视众人,过了一会儿又说:"即使是二十年前所作的诗文,引经援史,随问随答,无一字差错,这还不是奇才么?"

说完独自叹息不已,大家依然默不作声,空气十分凝重。

从八月二十到十月中旬,将近两个月的审讯,苏轼在精神上和肉体上都受到了难以言喻的凌辱和折磨。为了达到他们的目的,这帮小人无所不用其极,动辄大声辱骂甚至扑打,为日不足,继以夜审。当时另有一名大臣苏颂,因审理一桩人命官司受人诬陷而下狱,关押在苏轼隔壁的牢房,亲耳听到御史们对苏轼所进行的种种非人虐待,为之悲叹不已,写道:

> 遥怜北户吴兴(湖州)守,诟辱通宵不忍闻。(宋·周必大《记东坡乌台诗案》引)

代表公道与正义的救赎活动在民间展开时,
朝中也有少数士大夫仗义执言

漫长的审讯终于告一段落,苏轼写了两万多字的供状,御史们经过整理摘要做成"勘状"(起诉书)提交给皇上,指控苏轼攻击新法、讥讽朝政的罪名成立,只等神宗御笔一挥,即可结案。从此,苏轼独自枯坐在囚笼里等待最后的判决。

苏迈每天给父亲送饭,父子两人早有约定,平时只送蔬菜和肉,如果得到凶讯就送鱼。一天,苏迈因钱粮用尽,需要出城借贷,只得委托京城的一位亲戚代为送饭,临行前,却忘了将这秘密的约定告诉他。这位亲戚几次碰见苏迈送饭总是蔬菜和肉,想给苏轼换换口味,特意买来一尾鲜鱼,精心烹制,送了进去。苏轼一见,不禁大惊失色:这是将被处死的暗号! 心中油然涌起一阵悲凄。两个多月来,虽然早已不止一次地想到过死,但毕竟心有不甘。他从小便确立了经世济时、舍身报国的政治理想,对君王、对朝廷忠贞不贰,托诗以讽,也完全是出于一片忧国忧民之心,不想如今却要背着"无尊君之义,亏大忠之节"的罪名死去,真是死不瞑目! 土墙森然,灯烛昏昏,他想起了子由,想起了夫人,想起了尚未成年的几个孩子,不由双泪横流。自己不识时务,惹来这场大祸,正当壮年,便将横死,死不足惜,只可怜留下妻儿无所依怙,又将拖累弟弟。他的眼前不断幻化出亲人的音容笑貌:

他看到了三个可爱的孩子,苏迈、苏迨、苏过,他们一个个长得额骨丰盈,风姿俊朗,此刻,这是他心头唯一的温暖,唯一的安慰。

他看到了沉静温柔的贤妻,她跟随自己走南闯北,荆钗布裙,无怨无悔,可叹仕宦清贫,身后萧条,没有一点遗产给她留下。

他看到了清瘦的子由,在某个凄凉的雨夜,独自面壁,黯然神伤……唉!"夜雨对床"的旧约就这样永远地飘逝了!

于是,他用颤抖的手提笔写道:

圣主如天万物春,小臣愚暗自亡身。百年未满先偿债,十

口无归更累人。是处青山可埋骨,他时夜雨独伤神。与君世世
为兄弟,又结来生未了因。

柏台霜气夜凄凄,风动琅珰月向低。梦绕云山心似鹿,魂
飞汤火命如鸡。眼中犀角真吾子,身后牛衣愧老妻。百岁神游
定何处,桐乡知葬浙江西。(《予以事系御史台狱,狱吏稍见侵,
自度不能堪,死狱中,不得一别子由,故作二诗授狱卒梁成,以
遗子由》)

两首绝命诗凄楚哀怨,令人不忍卒读。苏轼入狱之后,杭州、湖州等
地的百姓自发地组织起来,连续数月为苏轼作"解厄道场",祈祷神
灵保佑他平安无事。苏轼在狱中听到这个消息,十分感动,所以诗
的最后两句嘱咐家人将他安葬在湖、杭一带,以表达他对两地百姓
深深的眷恋与感激。

这种代表着公道与正义的救赎活动在民间方兴未艾地展开的
同时,朝中也有少数士大夫冒着株连入案的危险仗义执言。

七月中旬,从王诜的信使口中得知苏轼即将就逮,苏辙就连夜
赶写了一份奏章,请求解除自己现有的官职为兄赎罪。他说:"臣早
失怙恃,惟兄轼一人,相须为命。"希望皇上宽大处理,免其一死。通
篇文字,情真意切,催人泪下。

以吏部侍郎(负责朝廷人事调配等事务的长官)退休的范镇,是
苏轼的忘年之交。案发之初便被御史台列为重点清查对象之一,可
谓自身难保。但他依然不顾一切,上书皇帝请求赦免苏轼。

苏轼被解送京城路过南都时,退休大臣张方平闻知,痛惜扼腕,
愤然上书营救。这位德高望重的七旬老人,历仕三朝,位至参知政
事,对苏洵、苏轼、苏辙父子有两代知遇之恩。老人原想将奏疏附在
官递公文中进呈皇上,但是主事官员不敢接受。于是便叫儿子张恕

专程持奏进京,到受理官民建议的登闻鼓院投递。张恕生性怯懦,徘徊思虑,终究没敢投出。后来苏轼出狱,读到张方平奏疏的副本,不禁大惊失色,原来张方平在奏疏中劈头就说苏轼"实天下之奇才",劝神宗本着惜才之心赦免苏轼。殊不知,苏轼何罪?"独以名太高,与朝廷争胜耳。"(宋·刘安世《元城先生语录》)在当时的情形下,说他是奇才,反而会激怒神宗,亏得张恕怯懦没有将奏疏投出。

事实上,面对苏轼一案,神宗本人也是矛盾重重,心理颇为复杂。一方面,他恼怒苏轼竟敢恃才狂傲,讥讽百出;一方面,又从心底里欣赏他的才华,不忍轻易加害;同时太祖传下来的"不得杀士大夫与上书言事人"的祖宗家法,也常常在他的脑际萦回。年方二十就位居万乘,神宗雄心勃勃,一心想做一个名垂青史的英明君主。倘若违背祖先教诲,滥开杀戒,便将落下不能容人的骂名,千秋万世为人耻笑。一天,宰相吴充陪侍在侧,议事已毕,吴充忽然发问:"陛下以为魏武帝(曹操)这个人怎么样?"

神宗回答道:"不值一提。"

吴充说:"陛下一举一动都以尧、舜为楷模,当然就应该鄙视魏武。然而魏武帝这样多疑好猜忌的人,尚且能容忍当众击鼓骂曹的祢衡,而陛下您为什么就不能容忍一个写诗的苏轼呢?"

这番话说得十分巧妙,恰恰击中要害,神宗被问了个措手不及,只得说:"朕并没有其他意思,只不过想澄清一些是非,很快就会放了他。"

适逢祖母曹后病重,神宗每日退朝都前往看护,以尽孝道。他心中那难以掩饰的郁闷和焦躁,细心的曹后都看在眼里。一天,她心疼地拉住神宗的手问道:"官家为何数日不怿?"

神宗回答道:"国事多艰,变法更张也都未见成效,有个叫苏轼的臣子动辄谤讪,甚至形于文字。"

曹后说:"可是二苏兄弟中的那个苏轼?"

神宗吃了一惊,忙问:"祖母怎么知道他俩的名字?"

曹后说:"我记得有一年仁宗皇帝策试制举后回到宫中,高兴地说:'朕今日选得两名宰相之才,一个名叫苏轼,一个名叫苏辙,是两兄弟。朕已年纪老大,恐怕来不及用到他们,留给子孙不也很好吗?'"

说到这里,太皇太后又问这两人现在何处。神宗回答,苏轼现正关押在台狱之中。太皇太后说:"因写诗而坐牢,开国百年尚无先例。我已经病了,不可再有冤屈之事发生,致伤中和之气。"说着说着,流下泪来。

神宗肃然,连忙答道:"谨受命。"

不久曹后病势愈加严重,神宗决定大赦天下为太皇太后请寿,太皇太后说:"不须赦天下凶恶,只放了苏轼就够了。"

在囚禁整整一百三十天之后,
苏轼终于从幽暗的监牢里走了出来

十月十五日,神宗颁发了大赦天下的诏令,苏轼暂无性命之虞,大家都松了一口气。谁知李定等人眼看功败垂成,竟至狗急跳墙,设法再次激怒神宗。这次出马的是王珪。

一天,他忽然对神宗说:"苏轼对陛下确有不臣之心。"

神宗说:"苏轼固然有罪,但对于朕还不至于如此。卿何以知之?"

王珪立即呈上苏轼在杭州写的一首咏物诗《王复秀才所居双桧》:

凛然相对敢相欺，直干凌空未要奇。根到九泉无曲处，世间惟有蛰龙知。

他指着后面两句恶毒地说："陛下飞龙在天，而苏轼以为不知己，而求知于地下的蛰龙，这不是不臣又是什么？"

神宗说："诗人之词怎么好这样理解呢？他不过是咏桧树而已，不干我的事。"

章惇在一旁听了也忙疏解道："龙者，非独人君，人臣也可以称龙。"

神宗也说："自古称龙者多矣，如荀氏八龙，孔明卧龙，也都不是人君。"

王珪灰溜溜地再也说不出一句话来。

这一番受挫，他们仍然不肯罢休，又连续上书，以舆论的名义阻挠赦免苏轼。李定在奏章中耸人听闻地说：对于苏轼这样"讪上惑众"的"奸慝"，"不屏之远方则乱俗，再使之从政则坏法"。即使在大赦的年份，也应该"特行废绝，以释天下之惑"。舒亶更是丧心病狂，不但认为牵连入案的王诜、王巩罪不容赦，甚至连收受苏轼讥讽文字而不主动上缴的张方平、司马光、范镇等三十多人统统应该杀头。对于这番胡言乱语，神宗也觉得十分反感。恰在这时候，退隐金陵的王安石也上书营救，他说："岂有圣世而杀才士者乎？"

至此，神宗终于打定主意赦免苏轼。但是几个月来，李定等人在他耳边喋喋不休地毁谤苏轼，不能不留下深刻的印象。俗话说："为人不做亏心事，半夜敲门心不惊。"他想亲自验证苏轼是否怀有怨怼不臣之心。于是秘密派遣一名小黄门去狱中察看苏轼的动静。

这天夜里，狱中宵禁的更鼓已经敲过，苏轼熄灯就寝。忽见房门打开，一个人走了进来，将手中包袱往地下一扔，倒头就睡。苏轼心想：或许是新来的犯人吧。所以也没理会，继续睡觉，不一会便鼾声大作。大约四更时分，忽然被人摇醒，那人连声说："贺喜学士，贺喜学士！"

苏轼睡眼蒙眬，问是怎么回事，那人只说："安心熟寝就好。"拎起包袱匆匆而去。

第二天一早，小黄门就向神宗汇报，苏轼举止坦然，一夜熟睡，鼻息如雷。神宗高兴地对左右说："朕早就知道苏轼胸中无事。"于是派人复审。

十二月二十八日做出终审判决，从轻发落：苏轼贬官黄州。其余牵入本案的大小官吏，视其情节轻重，也都受到不同程度的处分：王诜身为驸马都尉，皇亲国戚，与苏轼往来最密，收受讥讽文字最多，案发后泄露机密，"奏事不实"，被削除一切官职爵位；苏辙代兄受过，贬官筠州；王巩与苏轼交往密切，虽无具体罪状，也被远谪宾州，大概其中另有私怨，御史们乘机报复；其余收受有讥讽文字而不主动上缴的二十二人，张方平、李清臣各罚铜三十斤，司马光、范镇、陈襄、李常、孙觉、黄庭坚等各罚铜二十斤。

在囚禁整整一百三十天之后，苏轼终于从那有如百尺深井的幽暗监牢里走了出来。他深深地吸了一口新鲜的空气，感受到一种久违的舒畅和轻松。纵马前行，微风扑面，高树的鸟儿都一齐向他欢叫。他想：这场灾祸已经过去，就让它过去吧，用不着再去追究自己的过错，因为这样的遭遇对官场上的人来说是司空见惯的，如何快乐地度过余年才是最关切的事情。想到这里，又情不自禁地提起笔来，一口气作了两首诗：

> 百日归期恰及春，余年乐事最关身。出门便旋（轻捷）风吹面，走马联翩鹊喋人。却对酒杯浑似梦，试拈诗笔已如神。此

灾何必深追咎,窃禄从来岂有因。

　　平生文字为吾累,此去声名不厌低。塞上纵归他日马,城东不斗少年鸡。休官彭泽贫无酒,隐几维摩病有妻。堪笑睢阳老从事,为余投檄向江西。(《十二月二十八日,蒙恩责授检校水部员外郎黄州团练副使,复用前韵二首》)

前一首摹写出狱时轻快喜悦的心情,第二首则是对未来生活的初步设想。"初唐四杰"之一的王勃,曾在沛王府中任职,诸王子玩斗鸡游戏,王勃起草了一篇代沛王鸡向英王鸡挑战的游戏之文,结果唐高宗看到这篇檄文,大为震怒,认为是挑拨诸王子,于是立即将王勃赶出沛王府。自己此番入狱又何尝不像王勃一样,纯为文字、声名所累? 但是塞翁失马,焉知非福,既已侥幸逃脱灾难,苟全性命,将来就再也不要舞文弄墨,以免重获罪愆。家道清贫,不能像陶渊明一样辞官归隐,但是从此以后我将皈依佛法,做个维摩诘那样的居士,"法喜以为妻,慈悲心为女"(《维摩诘所说经》),从佛法中求得心灵的解脱和愉悦。诗歌最后两句语带戏谑,实则沉痛,表达了苏轼对弟弟的满怀歉疚。诗后自注说:

　　　　子由闻予下狱,乞以官职赎予罪。贬筠州监酒。

睢阳老从事,指苏辙,当时担任著作郎、签书应天府(今河南商丘)判官,应天府古称睢阳。江西指筠州,即今江西高安。

　　百日系狱并没有磨去苏轼一身豪气,虽然因作诗招祸,虽然明知"平生文字为吾累",却仍然不肯放弃诗笔,仍然自喜"诗笔如神",他还要继续倔强地吟咏人生,指斥时弊,这就是他对这场延续数月的冤狱的回答。

苏轼在御史台差役的押送下,启程前往黄州贬所

元丰三年(1080)正月初一,汴京城沉浸在节日的喜庆之中。"爆竹声声一岁除,春风入户暖屠苏。千门万户曈曈日,总把新桃换旧符。"(王安石《元日》)在这繁华热闹的时刻,苏轼在御史台的差役押送之下,启程前往黄州贬所,苏迈徒步相随。回首京城,苏轼心中自有无穷感慨,此时他却无暇理会。劫后余生,有许多更现实的问题需要思考和面对。兄弟俩同时贬官,两家都面临着播迁的动荡。作为犯官,苏轼自然不能绕道去南都探亲,只得捎信叫苏辙赶往陈州相见,一起商量家小的安排。此外,文同去年在陈州去世,身后萧条,无法扶柩还蜀,一家人流寓异乡,也是苏轼的一桩心事。

陈州离京城不远,是去黄州的中途站。苏轼于初四到达文家,苏辙则于初十赶到。初罢徐州任时,苏轼曾顺道去南都看望弟弟,距今还不及一年,劫后重逢,恍如隔世。匆匆议定家事,又该匆匆远别,彼此不免依依难舍。身处苦难之中的苏轼不肯沉溺于悲哀,黯然神伤地挥泪而去,给亲人心中留下浓重的无法摆脱的阴影,所以他反过来安慰弟弟说:

此别何足道,大江东西州。(《子由自南都来陈,三日而别》)

兄弟俩一个住在长江的西头,一个住在长江的东头,虽然难以相见,却是一水相连,不也是可资慰藉的么? 黄州虽然偏僻荒凉,不也是人住的地方吗? 只是自己将来一定要吸取教训,谨言慎行:

畏蛇不下榻,睡足吾无求。便为齐安(黄州古称齐安)民,何

必归故丘。(同上)

即使永远做黄州人,了此一生,也没什么大不了的。

十四日,苏轼告别文家继续赶路。正月的北国依旧寒风凛冽,行到蔡州又遇上一场大雪,天寒地冻,雪深路滑,沿途的艰辛难以尽叙。从新息(今河南新息县东)渡过淮水,便进入了湖北境内。当时雾雨茫茫,獐鼠哀号,苏轼伫立岸边,看着他所熟悉的中原渐渐隐没在夜色之中,心头不禁涌起一阵万里投荒的悲哀,但是随即又自我排解:

> 吾生如寄耳,初不择所适。但有鱼与稻,生理已自毕。(《过
> 淮》)

其实人生世上犹如匆匆过客,最初出生在哪里也不是自己所能选择的,只要基本的生活条件能够得到保障,也就不愁生活不下去。回头看看随行的儿子,心头更觉安慰:

> 独喜小儿子,少小事安佚。相从艰难中,肝肺如铁石。便
> 应与晤语,何止寄衰疾。(同上)

这个刚刚二十一岁的青年,虽说从小过着养尊处优的安逸生活,这一年的艰难却使他忽然成熟起来,炯炯的双眼透露出一种过人的刚毅,不仅可以照顾父亲的饮食起居,更可以分担父亲内心的忧患,排遣精神的孤寂。

就这样一路前行,渺远的黄州也一天天地近了。二十日,苏轼登上关山,江南春早,春风岭上漫山遍野的梅花已经盛开,在初春的

寒风中摇曳,半数飘落清溪,冉冉流去,这幽独的花中君子,油然触动了苏轼孤寂的情怀,他提笔写道:

> 春来幽谷水潺潺,的皪梅花草棘间。一夜东风吹石裂,半随飞雪度关山。
>
> 何人把酒慰深幽,开自无聊落更愁。幸有清溪三百曲,不辞相送到黄州。(《梅花二首》)

梅花在幽谷、草棘之中盛开,无人赏识,一夜风起,随着飞雪散落荒野,自开自落,开得无聊,落得忧愁。这幽独、飘零的梅花,正是诗人身世的写照。诗人把酒慰幽花,幽花落水伴诗人,花与人相怜相惜,人与花心意相通。深情细腻的描写透露出诗人内心的清高之志与失意之悲。

度关山,过麻城,转入岐亭以北约二十里处,忽见一人骑白马,张青盖,从密林缓坡上奔驰而下。近前一看,双方都不约而同地发出一声惊呼。来人正是苏轼当年在凤翔的故交陈慥(字季常),十多年不见没想到竟在这里相遇。得知苏轼贬官路过此地,陈慥不置一词,仰天一笑,便连声邀请苏轼去他家小住几天。

来到陈家,但见屋宇简陋,陈设粗朴,而全家上下都欣欣然有自满自得之意,苏轼不禁暗暗称奇。一进门,陈慥便忙着吩咐家人张罗酒席,迎接远道而来的贵客:

> 知我犯寒来,呼酒意颇急。抚掌动邻里,绕村捉鹅鸭。(《岐亭五首》之一)

苏轼在寒风雨雪中跋涉了十多天,忽然来到这热情温暖的人家,真有宾至如归之感。他一面喝着热茶，一面回想起与陈慥初次见面时的情景。

那还是十九年前一个晴朗的秋日，苏轼和朋友去凤翔西山游玩，见一位少年公子手持弓箭，带着两名骑手在山上打猎。一只飞鸟从林间腾空而起，两名骑手连射几箭，没有射中，少年公子策马前行，一箭中的，苏轼不由击节喝彩。于是两人施礼相见，互通姓名。原来这少年公子是苏轼的上司、新任知州陈公弼的幼子。

陈知府是四川眉山人，与苏轼同乡，论辈分还是苏洵的长辈。他表情很冷淡，讲话又不拐弯抹角，毫不顾及别人的情面。据说"士大夫相与燕游，闻公弼至，则语笑寡味，饮酒不欢"（《陈公弼传》）。但他是一位清廉正派而又严厉的官员。当时苏轼初入仕途，年轻气盛，以才气自负，陈公弼却以常人相待，不仅安排他做一些杂事，而且对他起草的公文大肆修改，往往几易其稿，才得交差。有一次，苏轼有事谒见，陈知府却让他在外等候多时才召见，令苏轼倍感屈辱，因此在诗中写道："虽无性命忧，且复忍须臾。"（《客位假寐》）

由于苏轼在制科考试中以"贤良方正能直言极谏科"擢为上等，有的同僚便恭称他为"苏贤良"。陈知府听到以后说："区区一名府判官有什么贤良？"

并将称"苏贤良"的官吏处以杖责的惩罚。适逢中元节，官府循例聚会，苏轼便负气不去，结果被罚了八斤铜。

后来，陈公弼在府衙后园修建了一座可供游赏的楼台，取名为"凌虚"，命苏轼作文为记。在这篇四百多字的《凌虚台记》里，苏轼乘机借题发挥，表达心中的不满。他说：

物之废兴成毁，不可得而知也。

　　过去这里不过是一片荒草野田,哪里知道会冒出这么一座宏伟的楼台呢?但是这座楼台终有一天又会像四周那些秦、汉、隋唐的古建筑一样,沦为破瓦颓垣。宫苑亭台"犹不足恃以长久",更何况忽往忽来的人事呢?一切都是变化无常的,稍有所得便"夸世而自足,则over矣"。文章层层递进,波澜老成,显示出作者强劲灵活的笔力,是苏轼的散文名篇之一。陈知府读后,不禁笑了,他说:

　　"我对苏洵就像对自己的儿子一样亲,苏轼如同是我的孙子,平时之所以对他分外严厉,是见他年少暴得大名,怕他自满自得,故意挫一挫他的锐气,看来他还真往心里去了呢!"

　　于是不改一字,将文章刻石立碑。后来苏轼回忆这段往事,说:

　　　　轼官于凤翔,实从公二年,方是时,年少气盛,愚不更事,屡与公争议,至形于言色,已而悔之。(《陈公弼传》)

　　与严谨自律的父亲恰恰相反,陈慥性情夸诞,使酒好剑,花钱如粪土。有一次,回四川老家,他带着两名艳丽如花的侍女,叫她们身着青巾玉带红靴,一身戎装打扮,骑着骏马四处游玩,每到风景佳胜处,便盘桓数日。这件事在风气保守的小城传为奇闻,陈慥也因此被父亲视为浪子。苏轼当年与其山中相遇时,正是他与陈知府水火不相容的时候。但是两个年轻人却性情投合,一见如故,当时就并肩揽辔,极论用兵与古今成败,以一世豪士相推许。没想到十几年过去,昔日饮酒击剑的游侠、携妓浪游的公子,忽然变成了学道求长生的山中隐士,只有那股精悍之色还在眉间隐隐显露。时间真能改变一个人啊!而且,陈家累世簪缨,在洛阳的园林宅第,富丽不亚于王侯之家,河北有田,每年能得丝帛千匹,为什么陈慥要跑到这个偏僻的山野过起隐居的生活呢?苏轼百思不得其解,但转念一想,陈慥行事素来奇异,一切不能以常理推度,因此也就搁下不提。

苏轼在陈家一住五天,不得不上路了,陈慥骑马远送,两人再三约定,今后一定常相往来,这才依依别过。黄州城已经不远,走走停停,两天之后就到了。

第六章　吟啸徐行迎风雨

苏轼于元丰三年（1080）二月一日抵达黄州。这是一座偏僻萧条的江边小镇，任何人走到这里都不免会产生一种被遗忘、被弃置的凄凉感。他的正式官衔是责授检校尚书水部员外郎、充黄州团练副使，本州安置、不得签书公事。水部员外郎本是水部（工部的第四司）的副长官，但检校则是代理或寄衔的意思，并非正任之官；团练副使本是地方军事助理官，但是在这里也只是挂名而已，因为，后面的两句"本州安置、不得签书公事"，已表明了苏轼的身份：无权参与公事，只是由当地州郡看管的犯官，性质近于流放。人生真是一个无法预测的怪圈，想当年苏轼在故乡闭门苦读，在京城一举成名，皇帝誉为宰相之才，重臣延为座上之宾，只以为经天纬地的事业唾手可成，又怎能料到有一天会走到这样荒凉的小镇，落到这样难堪的境地？况且，贬谪生活是一项没有期限的苦刑，或许就此终身不被起用。他需要怎样的勇气、怎样的毅力、怎样过人的心理承受能力来面对这种看不到尽头的生活巨变呀！

这场从天而降的祸事，
使苏轼对外界产生了一种莫名的恐惧和战栗

走在进城的路上，看着城外满山的竹林和那绕城奔流的长江，苏轼若有所思。二十年的仕宦生涯中，理想、抱负、功业，就像水月镜花一般虚幻，从根本上来说，似乎不过是为着谋生糊口在奔走。他不禁苦笑一声，既为口食而忙，黄州倒也不乏鱼美、笋香，作为一名因言事和写诗获罪的犯官，还能有什么更高的企望呢？就做个定额之外的散官闲员吧，梁朝的何逊、唐代的张籍，这两位前代诗人也都曾做过水部员外郎，或许这本来就是诗人的专利呢，惭愧的是丝毫无补于世，却还要白白领取朝廷发给的薪俸，虽然检校官的薪水照例只能以实物折支，得到的多半是官府用剩的酒袋。想到这里，不知不觉又吟成了一首诗：

> 自笑平生为口忙，老来事业转荒唐。长江绕郭知鱼美，好竹连山觉笋香。逐客不妨员外置，诗人例作水曹郎。只惭无补丝毫事，尚费官家压酒囊。（《初到黄州》）

因为是犯官，没有官舍住，苏轼父子只得借住在城里一座名为定惠院的小寺庙里，就在寺内搭伙，跟着和尚们一起吃斋。好在住持和尚将他们视为贵宾，礼遇有加。苏轼在颠沛流离之余，终于有了一个可以暂得喘息的处所。

放下行囊之后，独自闭关在小屋里，又不免回想起这一年来惨痛的经历。这场从天而降的祸事，使苏轼对外界产生了一种莫名的恐惧和战栗。处处是陷阱，处处是捉摸不透的险恶存在，大难之后，他几乎不知道该怎样待人和处世,才可以使自己免遭无端的陷害。他需要时间来慢慢修复心灵的巨大创伤。所以,初到黄州的那些日子,他常常整天闭门不出,从早睡到晚:

> 昏昏觉还卧,展转无由足。强起出门去,孤梦犹可续。(《二月二十六日,雨中熟睡,至晚强起出门,还作此诗,意思殊昏昏也》)

他总是在睡了一整天之后,到晚上才一个人悄悄地出门,在溶溶月色中静静地散步。

> 江云有态清自媚,竹露无声浩如泻。已惊弱柳万丝垂,尚有残梅一枝桠。(《定惠院寓居月夜偶出》)

月光普照之下,自然界的一切是多么美好啊!只有在这时候,他才能稍稍忘却内心的恐怖与伤痛,才能感觉到一种安全、宁静与和悦,作为诗人的苏轼才又渐渐复活:

> 清诗独吟还自和,白酒已尽谁能借。(同上)

他自斟,自饮,自吟,自和,孤独的悲哀中也有别样的乐趣。偶尔,他会忍不住走到尚未打烊的城边酒店,买一杯醇香的村酿,细细地品味。但是,这样的时候心理上仍然不觉得轻松,依然要时时警醒自己,不能喝得太多,唯恐酒后失言:

> 饮中真味老更浓,醉里狂言醒可怕。闭门谢客对妻子,倒

　　冠落佩从嘲骂。(同上)

他想,恐怕只有关起门来,面对自己的妻儿,才可以随心所欲,放言无忌。

　　一天夜里,苏轼不知不觉间走到了远离定惠院的长江之畔。伫立江边,静听潮声四起,这时已是夜深人静,一轮残月挂在稀疏的梧桐树梢,早春的深夜依旧寒气袭人。忽然,他看见一只孤独的鸿雁从云间掠过,在远处的树丛上盘旋,好像在寻找可以栖息的地方。寒林千枝,孤雁终究不肯轻易地敛翅。最后,它一声悲鸣,飞越长江,轻轻落在江心那片寂寞的沙洲之上……这孤独而高傲的鸿雁,在苏轼心中引起深深的共鸣,它仿佛就是苏轼的化身:他也有悲恨无人领会,他也品格清高不肯随世浮沉。于是,一首《卜算子·定惠院寓居作》便在心中奔涌而出:

　　　　缺月挂疏桐,漏断人初静。谁见幽人独往来,飘渺孤鸿
　　影。　　　惊起却回头,有恨无人省。拣尽寒枝不肯栖,寂寞沙洲冷。

词的上片写幽人,下片写孤鸿,幽人寂寞如孤鸿,孤鸿惊惶如幽人,语语双关,深刻地表现了苏轼当时心境的苦闷与凄凉。深夜萧条冷落的环境描写,正是诗人凄清处境的艺术表现。

　　随着对黄州的逐步熟悉,渐渐地,苏轼开始改变这种昼伏夜出的生活习惯,但是依然很少说话,也不和人往来,更不去人家里拜访,就像在写给王巩的信中所说的:

　　　　所云出入,盖往村寺沐浴及寻溪傍谷钓鱼采药以自娱耳。

从此，黄州的百姓经常看到一个孤独的异乡人，在山间水畔毫无目的地闲逛，有时候站在花下发呆，有时候又喃喃自语，却听不懂他究竟说了些什么，他的话似乎都是说给空中的飞鸟、地上的草木、水里的游鱼、天上的流云。但是他们能够隐隐约约地感觉到，他是一个好心肠的怪人。

他常常去城南安国寺沐浴。沐浴本是苏轼日常生活中的一大爱好，如今又更加入了某些哲理的感悟。在洗浴的过程中，反思自己的人生历程，不仅洗濯身体的污垢，而且涤除心灵深处的荣辱得失之感："岂惟忘净秽，兼以洗荣辱。"（《安国寺浴》）每每从澡堂走出来，便有一种身心俱净的快感："尘垢能几何，翛然脱羁梏。披衣坐小阁，散发临修竹。心困万缘空，身安一床足。"（同上）

一天沐浴之后，苏轼漫步走到定惠院东面的小山坡上，在满山杂树中看到一株盛开的海棠。他简直不敢相信自己的眼睛，这种原产于故乡四川的名贵花木，怎么会出现在黄州这样一个穷乡僻壤？看它幽独地开放在丛错的竹篱与杂乱的桃李之中，可知当地人根本不知道它的贵重。苏轼触景生情，自伤身世，激动嗟叹之余，写下一首长诗：《寓居定惠院之东，杂花满山，有海棠一株，土人不知贵也》：

> 江城地瘴蕃草木，只有名花苦幽独。嫣然一笑竹篱间，桃李漫山总粗俗。也知造物有深意，故遣佳人在空谷。自然富贵出天姿，不待金盘荐华屋。朱唇得酒晕生脸，翠袖卷纱红映肉。林深雾暗晓光迟，日暖风轻春睡足。雨中有泪亦凄怆，月下无人更清淑。

和繁生的草木与粗俗的桃李相比，名贵的海棠更显得高洁非凡，它的高洁出于自然，不靠华堂金盘来抬高身价。它宛如一位春睡刚醒的美人,淡红是她的酒晕,绿叶是她的纱袖,细雨纷纷,清泪婆婆,月下孤独,怀抱着无穷的愁思。它的孤独与高洁正是诗人自身境遇与品格的写照,所以接下来即转入诗人访花,以花自况,借花抒怀:

> 先生食饱无一事,散步逍遥自扪腹。不问人家与僧舍,拄杖敲门看修竹。忽逢绝艳照衰朽,叹息无言揩病目。

黄州"陋邦"不会有这么名贵的花木,他猜测是某个多事的人从西蜀移植而来,或者是高飞远举的鸿雁衔来的种子:

> 陋邦何处得此花,无乃好事移西蜀?寸根千里不易致,衔子飞来定鸿鹄。

如此说来,我们都是流落天涯的飘零孤客:

> 天涯流落俱可念,为饮一樽歌此曲。明朝酒醒还独来,雪落纷纷那忍触!

想到明晨酒醒,花瓣凋零,那情形叫人怎能禁受?诗歌运用拟人手法,将海棠比作一位高贵清淑、独拔流俗的佳人,又以海棠自喻,寄托深沉的身世之感,"风姿高秀,兴象微深"(清·纪昀语),前人誉为千古绝作。苏轼自己也特别喜欢这首"海棠曲",以后经常亲笔书写用来送人,前后不下数十次。苏轼对于海棠似乎是情有独钟,他的另一首《海棠》诗也是脍炙人口的佳作:

> 东风袅袅泛崇光,香雾空蒙月转廊。只恐夜深花睡去,故

烧高烛照红妆。

移情于物,情景交融,实际上是以物喻人乃至物我同一。

虽然出狱已近半年,受创的心灵依然悸痛不已

光阴荏苒,转眼已是初夏五月。苏辙按照兄弟俩在陈州的商定,带着两家老少,从南都登船,经汴水,到淮扬,过金陵,溯江而上,先将自己一家暂且留在九江,专程护送嫂侄等前往黄州。苏轼一边默数着他们的行程,盼望着亲人早日平安来到,一边又不免忧心忡忡。他为官二十多年,从没想过积蓄钱财,"俸入所得,随手辄尽"(《与章子厚书》)。如今除了一份微薄的实物配给,正常的薪俸也没有了,一家数口真不知靠什么生活。

五月二十五日,消息传来,苏辙等已经到达磁湖(今湖北大冶),为巨风大浪所阻。两天后,风浪过去,苏轼一早便坐船到离黄州二十里地的市集巴河口迎接。全家相见,悲喜交集。

在老友、鄂州知州朱寿昌的帮助下,五月二十九日,苏轼一家住进了紧靠长江边的临皋亭。这原是一座属于官府的水上驿站,房屋并不宽敞,二十几口人住着显得十分拥挤,但是毕竟可以勉强安顿下来。

接下来最紧迫、最现实的便是经济问题。生平第一次,苏轼和夫人一起认真仔细地做了一番筹划安排,根据黄州柴米菜蔬的一般价格,规定以后每天的花费不能超过一百五十钱。每月初一取出四千五百钱,分为三十份,挂在屋梁上,每天早起用叉子挑取一份,便将叉子藏起来。当日没有用完的钱则另存在一个大竹筒里,用于接待宾客。这样"痛自节俭"(《答秦太虚》),手中积蓄还可以支撑一年

有余,至于一年以后怎么办,苏轼相信"车到山前必有路",不需要早早地就开始发愁,"以此胸中都无一事"(同上)。

物质生活暂且有了最基本的安排,真正难以处置的还是精神的痛苦。虽然出狱已近半年,受创的心灵依然悸痛不已。以创作为生命第一义的他,如今却不敢轻易作文字,即便是写给朋友的书信也往往再三叮嘱:"不须示人"(《与李端叔》),"看讫,火之"(《与李公择》),唯恐"好事者巧以酝酿,便生出无穷事也"(《与陈朝请》)。这并非完全是惊弓之鸟式的自我防范,恰恰是对现实境况的直觉反应。尽管远离京城,身边仍然布满无形的陷阱,政敌们丝毫也没有放松对他的窥伺。就在苏轼谪居黄州后不久,他们又翻出一本陈年老账,追查苏轼知徐州时"不觉察百姓李铎、郭进等谋反事",企图以失职的罪名再次给他以沉重打击。事实上,苏轼当初对这件事情是有所处置的,所以经过申辩,神宗下旨取消了这一追查。

在《谢失察妖贼放罪表》中,苏轼满怀感慨地写道:"无官可削,抚己知危。"他不得不随时检点自己的言行,以免授人以柄。由于他特别喜欢与黄州隔江相望的武昌寒溪西山的山水,陈慥建议他在那里买田置产以做终老之计,他也曾兴致勃勃地表示:

> 买田吾已决,乳水况宜酒。所须修竹林,深处安井臼。(《游武昌寒溪西山寺》)

但是再三考虑之后,还是放弃了这一打算。因为"恐好事君子,便加粉饰,云擅去安置所而居于别路。传闻京师,非细事也"(《与陈季常书》)。在这黯淡的谪居岁月里,许多亲朋戚友都不敢和他联系,一方面他由此而深味人情冷暖、世态炎凉,感受到前所未有的孤独与悲哀;而另一方面,又以他天性的善良与宽厚,毫无怨怼地理解这些亲友的选择,从而不由自主地产生出一种自惭形秽的愧疚心理。

苏轼所寻求的是一种高层次的精神救赎

精神的巨大伤痛需要得到尽快治疗。"寻常人失意无聊中,多以声色自遣"(《与王定国》),以苏轼对于自我精神境界的崇高期许,显然不会允许自己堕落到这种粗俗的享乐主义。他了解生命,珍惜生命,深知官能刺激所给予人的并不是真正的疗救,而只能是暂时的麻醉,过后依旧是无边的空虚。他所寻求的是一种高层次的精神救赎。

作为世界三大宗教之一,佛教具有一般宗教的本质意义,即在自然条件的限制下,追求精神的满足和绝对的自由。然而,它又不同于一般宗教,原始佛教的教义不承认有全能的、绝对主宰的"神",也不接受人有永恒不变的灵魂这种观念,也就是说,它不以外在的、虚无飘渺的超自然力量为最终凭借,无论是对无限生命的憧憬,还是对人生苦恼的解脱,都是从人类的内心寻求答案,种种心生即惹魔障,一心不乱即是见道。要达到一心不乱的澄净空明的心灵境界,则须依据戒、定、慧三个方面,加以勤奋精进的自我修持。戒是止非防恶的各种戒律;定是调练心意使其专注而不散乱的静修功夫;慧则是为培养、增加佛教智慧而进行的学习和思考。苏轼自幼受到家庭佛教氛围的熏习,成年后好读佛书,通判杭州时期往来名山古刹,听高僧大德讲经说法,对于佛学在理念上已经非常明了,却还不能自觉地贯彻到行动上:

至言虽久服,放心不自收。(《子由自南都来陈三日而别》)

因而遭谗获罪。痛自反省之后,他对弟弟说:

　　　　悟彼善知识,妙药应所投。纳之忧患场,磨以百日愁。(同上)

或许这一场飞来横祸正是佛学善知识引导他幡然悟道的方便法门。
他表示:

　　　　愿从二圣(二圣指齐梁间净居寺的两位高僧)往,一洗千劫非。
　　(《游净居寺》)

所以,初到黄州的一段时间里,他闭门却扫,收敛心思,"不复作文
字,惟时作僧佛语"(《与程彝仲》)。为了进一步求得"自新之方",不
久之后,就在安国寺长老的指点下,开始学习静坐默修的禅定功夫,
"间一二日辄往(安国寺),焚香默坐,深自省察",早去晚归,坚持整
整五年,终于达到了"物我相忘,身心皆空"的境界,每每沉浸在"一
念清静,染污自落,表里翛然(翛,xiāo,无拘无束,自由自在),无所附
丽"(《黄州安国寺记》)的状态中,感受到无与伦比的心灵的愉悦。
　　静观默照中,反思这场灾祸,他不怨天,不尤人,而是从自身找
原因,从佛学的观念看来,遭谗致毁,是因自己屡犯"绮语戒","口
业"太盛,而又固执己见。在写给朋友李之仪的信中,他总结道:

　　　　轼少年时,读书作文,专为应举而已。既及进士第,贪得不
　　已,又举制策,其实何所有。而其科号为直言极谏,故每纷然诵
　　说古今,考论是非,以应其名耳。

不对国家、社会的现状做全面深入的了解、分析和思考,仅凭自己的
学识、才华和意气,轻易地发表意见,这种华而不实的书生空论,对

于国家治乱,其实毫无损益。所以他进一步指出:

> 妄论利害,挼说得失,此正制科人习气。譬之候鸟时虫,自
> 鸣自已(停止),何足为损益。

他痛切地认识到,"才华外露"是做人的一大毛病。多年以前,父亲
为他取名时就已包含着语重心长的告诫与警醒,可惜他自己从未引
起重视,竟至于在冷酷的现实中撞得头破血流。他说:

> 木有瘿,石有晕,犀有通,以取妍于人,皆物之病也。谪居
> 无事,默自观省,回视三十年以来所为,多其病者。

但是,这种毫不留情的自我反省与自我批判,并不意味着苏轼对自
我价值的全盘否定,更不是社会责任感、使命感的完全泯灭。这是
对自我、人生、现实的一种深层次的思考。它去除的是植根于一己
荣辱得失之上的"骄气",却依然保留着忘躯为国的"锐气",从而使
卑琐的"小我"纷然破碎,使符合儒家道德人格精神的"大我"决然挺
立。在写给好友李常的信中,他坦露了自己的心声:

> 吾侪虽老且穷,而道理贯心肝,忠义填骨髓,直须谈笑于死
> 生之际。……虽怀坎壈于时,遇事有可尊主泽民者,便忘躯为
> 之,祸福得丧,付与造物。

身处贬谪放废之中,慷慨豪壮,一如当年,他随时准备为国为民奉献
自己!这种崇高、伟大的人生信念,早已成为他生命的一部分,绝不
是残酷的政治打击所能动摇的。这番掷地有声的话语,千载之下仍

然振聋发聩,激人奋起!

超然旷达的胸怀气度,
使苏轼能于常人难耐的苦境中自得其乐

在黄州这样偏僻的小城,生活是极端的枯寂乏味,"江边弄水挑菜便过一日"(《与王元直》)。信息闭塞,与世隔绝,即使朝廷的邸报也极难一见。苏轼是个好动、爱热闹的人,按照他长期以来的生活习惯,闲暇的日子总得有三五个朋友谈笑谑乐,才觉得开心,一早起来如果没有朋友来访,则必定跑出去找人玩,倘若哪天既没有客人,自己又无人可访,便会整天萎靡不振,好像生病了。现在在这么冷落的地方,过着如此封闭的生活,又无公事可干,天天闲在家里,自然是非常难受,他感叹道:

黄州真在井底!(《与王元直》)

诗酒风流,雅集频仍,都成了遥远的过去。

但是,苏轼不会让自己长久地沉浸在郁闷忧思之中,很快便想方设法地自寻其乐。他每天布衣草鞋,不论远近,出入于荒山大江、修竹古木之间,与田间的农民、水滨的渔父、山野的樵夫、市井的商贩随意地聊天说笑,无拘无束,偶尔碰上个极不善言辞的人,实在无话可说,他也要没话找话,求人家说个鬼故事听听,那人或许还要推辞,说:"没有鬼故事可讲。"

他则会再三坚持:"瞎编一个也行。"

旁人听到这话,无不哄然大笑。他的住处临皋亭离江不过百步之遥,有时他实在无事可做,就会独自跑到江边,捡上一堆石弹子,击水取乐。这是湖滨水乡的少儿常玩的一种游戏,名为"打漂漂"。这种游戏很需要技巧,玩得好的可以让石弹在水面上连跳十几步,水花起落,铮铮有声,否则石弹落水便沉,索然无味。

旷然天真的普通人的生活,使苏轼紧张的心理得到缓解,趋于平和,在他充满诗意和赏爱的眼光里,平常得不能再平常的黄州山水一天天变得美丽不凡起来,简直已经等同于素有人间天堂之美誉的苏杭。他常常不无得意地盛赞在临皋亭的简朴住宅里所感受到的山水胜境:

> 寓居去江干无十步,风涛烟雨,晓夕百变,江南诸山,在几席上,此幸未始有也。(《与司马温公》)
>
> 所居江上,俯临断岸,几席之下,风涛掀天。(《答吴子野》)

也常常夸说自己生活的自在与闲适:

> 扁舟草履,放浪山水间。客至,多辞以不在,往来书疏如山,不复答也。此味甚佳,生来无此适。(《与王庆源》)
>
> 所居临大江,望武昌诸山咫尺,时复叶舟纵游其间。(《与上官彝》)
>
> 黄州滨江带山,既适耳目之好,而生事百须,亦不难致,早寝晚起,又不知所谓祸福安在哉?(《答毕仲举》)

如果只是读一读这些书信,几乎让人觉得是天堂里的生活、神仙般的日子,而油然神往。又有谁能想象到他当时在政治上、经济上、精神上诸多方面所面临的困境?

在写给堂兄子明的信中,他透露了这种快乐人生的奥妙所在:

> 吾兄弟老矣,当以时自娱。世事万端,皆不足介意。所谓
> 自娱者,亦非世俗之乐,但胸中廓然无一物,即天壤之内,山川
> 草木虫鱼之类,皆是供吾家乐事也。

正是这样一种超然旷达的胸怀气度,使他能于常人难耐的苦境中自得其乐。他曾语含幽默地和李常谈及家中经济的窘迫。他说自己快五十岁了才知道盘算着过日子,“大要是悭(吝啬)尔,而文(文饰,掩饰)以美名,谓之俭素。”何况人欲无穷,永无止境,所以“每加节俭,亦是惜福延寿之道”。这样在意金钱,看起来很俗气,而且又是出于不得已,却是益处多多的生活良策,因此“不敢独用”,奉献出来与朋友们共享。有一次读《战国策》,看到处士颜斶“晚食以当肉”的话,不禁心领神会,欣然而笑,他说:

> 美恶在我,何与于物。(《答毕仲举》)

苏轼身边又簇拥了一大群年龄不等、
地位悬殊、性情各异的朋友

苏轼有一句名言:

> 吾上可陪玉皇大帝,下可陪卑田院乞儿,眼前见天下无一
> 个不好人。(元·陶宗仪《说郛》引)

这种泛爱世人的天性,此时得到了最全面而充分的体现。不知不觉

间,他的身边又簇拥了一大群年龄不等、地位悬殊、性情各异的朋友。

> 邻里有异趣,何妨倾盖新。殊方(远方)君莫厌,数面自成亲。(《和王巩六首》之一)

朝夕相处的邻居如今都和他非常要好,其中有几家极善烹调,喜欢请客,苏轼经常参与这种街坊间的聚餐会,觉得十分开心。

有一次,他在刘家吃到一种煎米粉做成的糕饼,十分酥脆。他问主人:"这饼叫什么名字?"

主人说没有名字。苏轼说:"那就叫'为甚酥'吧。"

过了几天,又在潘家喝到一种酒,味道很酸,他说:"莫不是做醋时放错了水吧?"于是就给这种酒取名叫"错着水"。

一天,他带领全家去郊外游玩,忽然想起刘家的煎饼,于是戏作小诗一首作为书简,叫僮仆前往求取:

> 野饮花间百物无,杖头惟挂一葫芦。已倾潘子"错着水",更觅君家"为甚酥"。(《刘监仓家煎米粉作饼子,余云为甚酥。潘邠老家造逡巡酒,余饮之,云,莫作醋,错着水来否?后数日,携家饮郊外,因作小诗戏刘公,求之》)

邻里间与苏轼关系最为密切的是潘丙、郭遘、古耕道:

> 潘子久不调,沽酒江南村。郭生本将种,卖药西市垣。古生亦好事,恐是押牙孙。家有一亩竹,无时容叩门。我穷交旧绝,三子独见存。(《东坡八首》其七)

潘丙是个屡试不第的书生,早已绝意功名,卖酒为生;郭遘则是唐代名将郭子仪的后代,如今开着一家药店;古耕道为人热心,四处揽事,颇有侠义心肠,苏轼戏称他为唐代侠士古押牙的子孙。虽然都是市井中人,但是豪爽、讲义气。他们热烈地仰慕苏轼的才华和人品,常常在他困难的时候给予无私的帮助。苏轼和他们一起喝酒、谈天,度过许多快乐的时光。

元丰四年(1081)正月二十,苏轼前往岐亭看望陈慥,三位市井朋友一直送到离黄州十里远的女王城。江柳初发,春水潺潺,四个人席地而坐,喝酒赏春。苏轼不由回想起去年正月二十那天,关山之上,细雨霏霏,梅花幽独,心境何等寥落!今昔对比,真是不可同日而语。他写道:

> 十日春寒不出门,不知江柳已摇村。稍闻决决流冰谷,尽放青青没烧痕。数亩荒园留我住,半瓶浊酒待君温。去年今日关山路,细雨梅花正断魂。(《正月二十日,往岐亭,郡人潘、郭、古三人送余于女王城东禅庄院》)

无独有偶,第二年初春,他与潘、郭二人相约出城探春,恰恰又是正月二十。那时,东风尚未入城,城里依旧是一片萧索的冬景。诗人和朋友信马由缰,来到去年的旧游之地,想起往事,心有所感,于是追和前韵,赋诗一首:

> 东风未肯入东门,走马还寻去岁村。人似秋鸿来有信,事如春梦了无痕。江城白酒三杯酽(yǎn,浓),野老苍颜一笑温。已约年年为此会,故人不用赋招魂。(《正月二十日与潘、郭二生出

郊寻春,忽记去年是日同至女王城作诗,乃和前韵》)

我们就像秋雁南飞一样准时,年年到这里寻春,往事却像梦境一般随风而去,杳无踪影。年复一年,冬去春来,在时光的流转中,诗人感叹人生的无常,流露出失意的情绪。但是小城浓浓的美酒、浓浓的人情味,使他时时感受到人间的温暖,从而忘却自己的凄凉与孤独。所以诗歌最后两句,他寄语远方的亲友:不必为我忧虑悲伤,也不必设法将我调离黄州,我已经可以安心愉快地在这里生活下去了,而且,早已和当地的朋友们约定,以后年年今日相聚城郊,同赏春光。

第三年正月二十,他们果然又如约前往,苏轼再次追和前韵:

乱山环合水侵门,身在淮南尽处村。五亩渐成终老计,九重新扫旧巢痕。岂惟见惯沙鸥熟,已觉来多钓石温。长与东风约今日,暗香先返玉梅魂。(《六年正月二十日复出东门,仍用前韵》)

此时,苏轼来到黄州已是第四个年头。这里的人,这里的山,这里的水,乃至这里的一草一木,对他来说都已是如此熟悉,如此亲切,没有机关巧算,也没有尔虞我诈,终老此地也未尝不是一件幸事。但是,儒家用世的理想是他心中永不熄灭的火种,所以诗歌最后一句化用唐代诗人韩偓《湖南梅花一冬再发偶题》一诗的诗意:"玉为通体依稀见,香号返魂容易回。……夭桃莫倚东风势,调鼎何曾用不才。"流露出希望朝廷重新起用的意思。

这三首诗歌反映了苏轼出世与入世的思想矛盾,同时也表现了他与三位市井朋友为代表的当地百姓之间融洽友好的关系,是他们友谊的明证。

住在长江对岸武昌车湖的王齐愈、王齐万兄弟,也是苏轼往来密切的朋友。王氏兄弟祖籍四川,是苏轼的同乡。苏轼来到黄州不过十来天,王齐万便慕名前来拜访。俗话说:"老乡见老乡,两眼泪汪汪。"患难之中流落他乡的苏轼更是百感交集,"留语半日",临别时亲自送到江边,微风细雨中看他登舟横江而去,心中怅然若失,于是爬上高坡,目送小船消失在浩淼烟波深处……自此以后,彼此便频繁往来。苏轼酷爱武昌山水,常常扁舟独往,每次过江必定拜访王家。有时遇上风起浪涌,不能当天回去,便留宿在那里,王氏兄弟杀鸡炊黍,热情款待,往往一留数日。四年后,苏轼离开黄州,船过武昌,特意在王家停留。追忆初识的经过,苏轼无限深情地写道:

> 仆以元丰三年二月一日至黄州,时家在南都,独与儿子迈来郡中,无一人旧识者。时时策杖至江上,望云涛渺然,亦不知有文甫(齐愈)兄弟在江南也。(《赠别王文甫》)

此番离别,"感物凄然,有不胜怀者",因此不免一留再留,临行前又写下《再书赠王文甫》一文:

> 昨日大风欲去而不可,今日无风可去而我意欲留。文甫欲我去者,当使风水与我会。如此,便当作留客过岁准备也。

文章纸短情长,故作无赖之语,足见彼此任心随意,亲密无间的深厚情谊。

作为犯官贬谪黄州,苏轼在不幸之中又十分幸运。知州徐君猷性情通达,心地仁厚,从见面的第一天起就对苏轼倍加礼遇,以后随着交往的加深更是日见亲近。一方面以知州的身份暗中保护苏轼，给他提供最大的自由与方便；另一方面，看到苏轼生活窘迫，又以朋友的身份时时给以力所能及的资助。每逢佳节，徐知州必在黄州名胜涵辉楼或栖霞楼设宴，款待这位失意的朋友。有时甚至携酒上门，亲自到临皋亭与苏轼畅饮。在"墙倒众人推"的势利官场，这份情义实属难得，令苏轼终生难忘。几年后，君猷在调赴湖南的途中不幸病逝，苏轼十分悲痛，在写给君猷的弟弟徐得之的信中，他满怀深情地回忆：

> 某始谪黄州，举目无亲，君猷一见，相待如骨肉，此意岂可忘哉！

此外还有鄂州知州朱寿昌、黄州监酒乐京、岐亭监酒胡定之等等，都是常往常来的朋友。不过，在众多的当地朋友中，与苏轼相知最深的，还是陈慥。

和苏轼一样，陈慥也曾是胸怀大志的"一世豪士"，年少时仰慕汉代著名游侠朱家、郭解的为人，扶危济困，行侠仗义；"稍壮，折节读书，欲以此驰骋当世"，然而壮志难酬；于是，隐居岐亭，"庵居蔬食，不与世相闻。弃车马，毁冠服，徒步往来山中，人莫识也"（《方山子传》）。相似的思想轨迹，怀才不遇的共同心情，加深了他们之间的友谊。岐亭距黄州百里之遥，苏轼谪居的四年中，陈慥曾七次来访，苏轼也有三次前往岐亭做客，每次相聚，总是盘桓十多天，每次分别，也总是远送数十里。在《陈季常见过三首》其二中，苏轼这样写道：

> 送君四十里，只使一帆风。江边千树柳，落我酒杯中。此

行非远别,此乐固无穷。但愿长如此,来往一生同。

相知相契的友谊使苏轼不再寂寞,他祈祷这种友谊能够地久天长。

陈慥的第一次来访是在元丰三年的六月。那时,苏轼一家在临皋亭刚刚住定,非常希望好友来看看他的新居,但是又不免为住房迫促,没有合适的房间接待朋友而发愁。他写信告诉陈慥:

> 临皋虽有一室可憩从者,但西日可畏。承天极相近,或门前一大舸亦可居。到后相度。

家中仅有一间朝西的房子是空余的,然而盛夏季节,酷热难当,所以打算到附近的承天寺借一间僧舍,或者干脆就让陈慥住在门前停泊的一艘旧船上。

不久陈慥来到黄州,没想到竟在小城里引起了一场不小的轰动。原来陈慥豪爽侠义,在江湖上颇有些声望,自从挂剑归山,多少人慕名想与他交游都难以遂愿。此番来黄,当地豪侠之士奔走相告,争相邀请他到自己家中做客。陈慥一一谢绝,宁愿挤在临皋亭那间火炉般的小屋子里,与老友高谈竟日,令苏轼大为得意,戏作一诗,将陈慥比作西汉的陈遵(字孟公)。

据《汉书》记载,这位嗜酒好客的侠士,所到之处"衣冠(士大夫)怀之,唯恐在后",人人都以陈孟公登门造访为莫大的荣耀。当时列侯之中,也有一人名叫陈遵,每到人家门前,便自称陈孟公,令人阖家轰动,纷纷惊起出迎,"既至而非,因号其人曰陈惊坐"。所以,诗歌最后两句,苏轼不无自豪地说:

> 汝家安得客孟公,从来只识陈惊坐。

不少老友至亲，频频来信问候，
甚至千里相寻，专程来黄州探望

友情在苏轼的生命中从来都占据着重要的位置，新的朋友圈子一旦形成，再艰难的生活也有了光彩，更何况还有不少老友至亲频频来信问候，甚至千里相寻，专程来黄州探望，令患难之中的苏轼倍感人间真情的温暖。

范镇、张方平、司马光、李常等，都因与苏轼来往密切受到过罚铜处分，但依然关心着苏轼，时常书信通问，李常更是利用调任之便，四年之中，两次绕道前往黄州看望。

钱塘主簿陈师仲在"乌台诗案"中也曾因"偶有相关及者"而受到株连，但他丝毫"不以前事介意"，一再主动给苏轼写信，平时所作诗文，"十常四五"提及苏轼兄弟，苏轼油然感叹道："何相爱之深也。"而且，他敢于"犯众人之所忌"（《答陈师仲主簿书》），热心地收集苏轼的诗文，并将密州、徐州时期的作品，分别编为《超然》《黄楼》二集。

杭州故人王复、张弼、辨才、无择等，每每谈及苏轼总是饱含深情，面向黄州所在的西方怅然眺望，对曾经有过、可能还会有的政治迫害毫不畏惧。他们相约凑钱，雇请专人，一年两次前往黄州探望苏轼，给他捎去杭州特产，令苏轼十分感动。在《杭州故人信至齐安》一诗中，他写道：

> 昨夜风月清，梦到西湖上。朝来闻好语，扣户得吴饷。轻圆白晒荔，脆酽红螺酱。更将西庵茶，劝我洗江瘴。故人情义重，说我必西向。一年两仆夫，千里问无恙。相期结书社，未怕

供诗帐。还将梦魂去,一夜到江涨(江涨,杭州桥名)。

　　黄庭坚、秦观等人也依然如故,"独喜见誉"(《答李端叔书》),逢人便要称说苏轼。在他们影响下,李之仪、李方叔等一批人,纷纷给苏轼写信,寄赠诗文,希望有幸列于门下。

　　因受苏轼牵连远谪广西宾州的王巩,虽然"流落荒服,亲爱阻隔",却并不因此而与苏轼疏远,始终保持着密切的联系。他一向生活奢华,骤然之间贬居穷乡僻壤,自然十分难受,但他"能以道自遣,无丝发蒂芥",表现出十分可贵的品格。对于王巩的遭遇,苏轼深感歉疚,"每念至此,觉心肺间便有汤火芒刺",因此也就对他分外关心,事无巨细,谆谆告诫。他一再提醒王巩,不可像寻常之人,于失意无聊中以声色自遣,一定要"深自爱重",还将自己经过实践认为行之有效的养生术传授给王巩,帮助他面对因生活环境的巨大变迁所引起的种种不适应。他说:

　　　　如君美材多文,忠孝天禀,但不至死,必有用于时。(《与王
　　定国》)

在这种艰难的时刻,能够顽强地活下去便是最大的胜利。鉴于王巩性喜奢华,他又劝诫道:

　　　　须少俭啬,勿轻用钱财。一是远地,恐万一阙乏不继。二
　　是灾难中节用自贬,亦是消厄致福之一端。(同上)

可谓关怀备至。元丰六年,王巩遇赦北归,绕道来到黄州与苏轼相见。随行有一位侍妾名叫柔奴,眉目媚丽,歌喉美妙,从小生长在京

师。王巩南迁，家属都留在南都岳父张方平家，柔奴毅然陪同前往。三年来与王巩同甘共苦，无怨无悔。来到黄州后，苏轼问她："广南风土应是不好？"

柔奴回答道："此心安处便是吾乡。"

苏轼十分敬佩这位品格超凡的女子，感激她在生活上、精神上给予密友王巩的照顾与慰藉，热情地写词歌颂：

> 常羡人间琢玉郎，天应乞与点酥娘。自作清歌传皓齿，风起，雪飞炎海变清凉。　　万里归来颜愈少，微笑。笑时犹带岭梅香。试问岭南应不好，却道：此心安处是吾乡。（《定风波》）

还有一位二十年前结识的老友马正卿，也是个行事奇异的性情中人。他曾在太学为官，因为性情耿直，学生不喜，同事忌恨。一天，苏轼去他寓所拜访不遇，久等不至，百无聊赖之际，信手拿起笔来在墙壁上写下杜甫的《秋雨叹》，掷笔而去。诗歌吟咏在秋雨中与百草一同烂死的决明草，比喻功业难成的书生，寄慨遥深。苏轼写时无意，马正卿读时却有心，第二天便辞官告归，白首穷饿，终身不再出仕。听说苏轼遭祸贬居，千里迢迢赶到黄州与他同甘共苦。说起这位朋友，苏轼格外动情：

> 马生本穷士，从我二十年。日夜望我贵，求分买山钱。我今反累君，借耕辍兹田。刮毛龟背上，何时得成毡。可怜马生痴，至今夸我贤。众笑终不悔，施一当获千。（《东坡八首》其八）

诗歌虽然语含戏谑，却是情深谊长，这种不与世态炎凉同步，不随穷达贵贱变迁的真实的友情，恰似寒夜的灯火，暖人心怀。

此外,杨绘、王适、参寥等也先后来到黄州探望苏轼,参寥更是一住一年,给苏轼的贬居生活带来无限欢乐。

苏轼带领全家早出晚归,开荒垦地

来黄州已经一年多,手头的积蓄即将告罄,以后靠什么生活,苏轼心中无底:

> 我生无田食破砚,尔来砚枯磨不出。(《次韵孔毅父久旱已而甚雨》)

读书做官是他生来所学到的唯一的谋生手段,如今"廪入既绝,人口不少"(《答秦太虚》),真有些一筹莫展。他想:要是自己有一块土地,男耕女织,自给自足,该有多好! 有一次,他偶然和马正卿说起这番心事,没想到他立即付诸行动,想方设法,四处奔走,终于从有关部门获得许可,批给苏轼一块废弃的营地,用于垦辟耕作。

这片营地位于郡城东门外的小山坡上,约有五十余亩,荆棘丛生,瓦砾遍地,极为贫瘠。但是如此窘迫的境遇下,苏轼别无选择,为了生活,即使是十分耕耘一分收获,也是值得尝试,值得努力的。元丰四年(1081)二月开始,他亲自带领全家老少早出晚归,开荒垦地。精劳力瘁之际,不免释耒而叹:

> 废垒无人顾,颓垣满蓬蒿。谁能捐筋力,岁晚不偿劳。独有孤旅人,天穷无所逃。端来拾瓦砾,岁旱土不膏。崎岖草棘中,欲刮一寸毛。喟然释耒叹,我廪何时高。(《东坡八首》其一)

经过连续多日的辛勤开垦,这片山间荒地终于稍有起色。站在坡垄上,苏轼周览全境,根据地势和土性,初步做了一个规划。他打算在低下潮湿的地方种上稻子,东部边地则种些枣树和栗树,江对岸的王文甫早已答应要送一批桑果树苗给他。竹子是他平生所偏爱的植物,自然也很想种上一片,但又担心生命力极为强盛的竹鞭在地底横冲直闯,影响其他作物的生长,所以一时还难以定夺。另外,将来有余力,还想在这里修几间房子,也得预先留出一块空地……正盘算着,忽见烧荒的僮仆兴冲冲地跑了过来,说是发现了一口暗井。苏轼一听大为高兴,只要有了水源,一切都好办!他们溯流探源,发现井水来自远处山岭上一道细细的山泉。翻过山岭,看到一口十亩见方的水塘,这便是井水的真正源头。连续数月的干旱,池塘水位降低,泉水也就枯竭了,昨夜一场大雨,水涨泉流,才又沿着故道叮叮咚咚地流到了这边的荒地。细细勘察一番之后,苏轼决定在这里筑水坝,修渠道,保证水流不竭。计划停当,他又兴致勃勃地设想开了:

> 种稻清明前,乐事我能数。毛空暗春泽,针水闻好语。(自注:蜀人以细雨为雨毛。稻初生时,农夫相语稻针出矣。)分秧及初夏,渐喜风叶举。月明看露上,一一珠垂缕。秋来霜穗重,颠倒相撑拄。但闻畦垄间,蚱蜢如风雨。(自注:蜀中稻熟时,蚱蜢群飞田间如小蝗状而不害稻。)新春便入甑,玉粒照筐筥(jǔ,盛物之器)。(《东坡八首》其四)

清明之前播下稻种,毛毛细雨中,针尖般的新芽破壳而出,田间道左,笑语声喧,大家争相观看;初夏时节分秧插稻,碧绿的禾叶迎风飘举,月明之夜,颗颗露珠悬挂叶端,晶莹剔透;等到秋来霜降,沉甸甸的稻穗压弯了稻秆,田垄间蚱蜢群飞,沙沙作响,有如微风细雨;新春好的大米,立即上灶蒸煮,洁白如玉,香气诱人……想到这里,诗人几乎忍不住咽口水了,他接着说:

> 我久食官仓,红腐等泥土。行当知此味,口腹吾已许。

拓荒的劳作漫长而艰辛,幸亏有马正卿鼎力相助,潘丙、郭遘、古耕道也当仁不让。不过,等一切整治完毕,种稻已经来不及了,于是,只好先种麦子:

> 良农惜地力,幸此十年荒。桑柘未及成,一麦庶可望。投种未逾月,覆块已苍苍。农夫告我言,勿使苗叶昌。君欲富饼饵,要须纵牛羊。再拜谢苦言,得饱不敢忘。(《东坡八首》其五)

播种不到一个月的工夫,就长出一片绿油油的麦苗,苏轼十分高兴,以为丰收在望。不过,当地的农民告诉他,麦苗过于茂盛,反而不利收成,要想收成好,就得趁苗叶最盛的时候,将牛羊赶到地里来回践踏一番。

苏轼听了农夫的指点,果然获得了丰收。这一年,自产大麦二十余石。当时,家里的大米刚好已经吃完,市面上米价又极贵,于是每天捣麦做饭,"以浆水淘之,自然甘酸浮滑"(《二红饭》),咀嚼起来,啧啧有声,吃饭时,小孩子们互相打趣,说是嚼虱子,惹得全家哄堂大笑。后来,苏轼又别出心裁,将大麦与小豆掺杂做饭,风味尤其独特,夫人笑着说:"这是新式的二红饭嘛!"

一家人勤勤恳恳地过起了农家的日子

现在苏轼成了一名地地道道的农民。除了种稻、种麦，他按照早已预定的计划先后种下了桑树、枣树、栗树、松树，还有李常特意托人远道送来的橘树，此外又辟出十几方菜地，种上时鲜蔬菜，这处小小的农场便已初具规模，闲时漫步其间，颇有志得意满之感。一天，他忽然想起园中尚缺茶树，于是寄诗一首，向一位和尚求取茶种：

> 不令寸土闲，更乞茶子艺(yì，种植)。饥寒未知免，已做太饱计。(《问大冶长老乞桃花茶种东坡》)

茶叶具有消食去腻的功效，如今荒地刚刚开垦，一家人能否赖以糊口还是个未知数，却已预备着饮茶消食，自己想想都觉得好笑。

从此，一家人早起种田，夜间织布，勤勤恳恳地过了农家的日子：

> 蓬蒿下湿迎晓耒，灯火新凉催夜织。老夫作罢得甘寝，卧听墙东人响屐。(《次韵孔毅父久旱已而甚雨三首》其二)

辛苦一天之后，躺在床上，舒展四肢，充实而满足，这种生活，"虽劳苦却亦有味。"(《与王定国》)

苏轼夫妇二人都是在小县城里生长的，以往虽不曾亲自参加劳作，但是耳闻目睹还是积累了不少田间生活的知识。有一次，他家的牛害了重病，几乎要死了，僮仆请来牛医，诊治再三，不明其状，王夫人听说之后,亲自到牛棚一看,便说:"此牛发豆斑疮了,应当给它喂青蒿粥。"

僮仆立即煮了一大锅青蒿粥,牛吃过,果然很快就好了。苏轼十分高兴,后来在写给章惇的信中,曾自豪地谈及此事。

生活内容的变迁,带来思想态度的转化。这一时期,苏轼对前代诗人白居易、陶渊明仰慕备至。白居易任忠州刺史时,曾在忠州东坡垦地种花,写有《步东坡》等诗:

> 朝上东坡步,夕上东坡步。东坡何所爱,爱此新成树。

苏轼这块新垦的荒地恰在黄州东门之外,于是沿引白居易的故事,将其取名为"东坡",他也自号"东坡居士"。居士原是对在家修行的佛教徒的称呼,这里指追求清高、对世事淡泊的人。这个自号意味着苏轼对白居易晚年"知足保和"思想作风的仰慕,意味着苏轼思想上的一个重大变化:佛老思想成为他在逆境中的主要处世哲学。

第二年正月,趁着农闲,苏轼在园中选择一块地势开阔的高地伐木垒砖,修筑一座五间房的农舍:

> 去年东坡拾瓦砾,自种黄桑三百尺。今年刈草盖雪堂,日炙风吹面如墨。(《次韵孔毅父久旱已而甚雨三首》其二)

这座粗朴的屋子,在春雪纷飞中建成,苏轼在正厅的四壁画满雪景,并命名为"雪堂"。雪堂南对四望亭,北临山泉,纵目四顾,景色如画。苏轼在堂中,"起居偃仰,环顾睥睨"(《雪堂记》),自以为得其所居,怡然自得之余,常将东坡比为陶渊明的斜川:

梦中了了醉中醒，只渊明，是前生。走遍人间，依旧却躬耕。昨夜东坡春雨足，乌鹊喜，报新晴。　　雪堂西畔暗泉鸣，北山倾，小溪横。南望亭丘，孤秀耸曾城。都是斜川当日境，吾老矣，寄余龄。(《江城子》)

白居易在忠州东坡垦地种花，聊以自娱，苏轼在黄州东坡垦地种稻，赖以糊口，处世态度上虽然近似，劳作的目的却显然不同。因此，在更多的时候，苏轼喜欢以不肯为五斗米折腰、辞官归隐、耕种为生的陶渊明自况，他说自己前生大概就是陶渊明。他曾写信向王巩描述自己的垦辟生活，说：

邻曲相逢欣欣，欲自号鏖糟陂里陶靖节，如何？

鏖糟陂是北宋汴京城外的一片大沼泽，据庄绰《鸡肋编》记载：在"许昌至京师道中"，"又有大泽，弥望草莽，名好草陂。而夏秋积水，沮如泥淖，遂易为鏖糟陂"。这里，苏轼取其脏乱不堪之意，谦言自己是不合格的陶渊明。与他此后一再说的"我比陶令愧"(《辨才老师退居龙井……》)，"我不如陶生，世事缠绵之"(《和陶饮酒二十首》)是一致的。

此时，陶渊明那篇著名的《归去来兮辞》，在苏轼心中引起了极为强烈的共鸣。他深深地仰慕陶渊明不肯与世浮沉、毅然辞官归隐的高风逸调，以及乐天安命的生活态度，于是，借用《归去来兮辞》的内容、词句，加以翻新，进行改写，所谓："稍加隐括，使就声律"，写成《哨遍》一词，田间地头，"使家僮歌之"，他自己也常常放下犁耙一同高唱，一边还敲着牛角打拍子。他唱道：

归去来，谁不遣君归。觉从前皆非今是……

歌声在田野里飘荡，嘹亮而悠扬。它驱散疲劳，解除忧烦，充满了"久在樊笼里，复得返自然"（晋·陶渊明诗《归园田居[其一]》）的无限欢欣，洋溢着唯有历经忧患、返归田园的诗人才能真正品味的乐趣：

但小窗容膝闭柴扉，策杖看、孤云暮鸿飞。云出无心，鸟倦知返，本非有意。　嘻！归去来兮，我今忘我兼忘世。亲戚无浪语，琴书中有真味。步翠麓崎岖，泛溪窈窕，清清暗谷流春水……

清静、悠闲、自给自足、与世无争，劳作之余，优游于山水琴书之中，与孤云为伴，与暮鸿为伍……这是怎样令人神往的生活呀！

然而，躬耕东坡的生活却并非总是这样充满牧歌情调。水旱灾害常常困扰着苏轼：

去年太岁空在酉，傍舍壶浆不容乞。今年旱势复如此，岁晚何以黔我突（黔，黑色。突，烟囱）。（《次韵孔毅父久旱已而甚雨三首》其一）

年年旱灾，稻麦皆难下种。而一旦下起雨来，则又是"沛然例赐三尺雨"（同上其二）、"十日愁霖并为一"（同上其三），没完没了。面对如此变化莫测的造物，诗人不禁哀叹：这样下去，叫我怎么开得了伙呢？

青天荡荡呼不闻,况欲稽首号泥佛。(同上,其一)

叫天不应,拜佛不灵,万般无奈,只有听天由命,他说:

阴阳有时雨有数,民是天民天自恤。我虽穷苦不如人,要亦自是民之一。(同上,其一)

虽然过着"先生年来穷到骨"(《蜜酒歌》)的困苦生活,却依然硬骨铮铮:

形容可似丧家狗,未肯弭耳争投骨。(《次韵孔毅父久旱已而甚雨三首》其一)

即使在最为窘迫的时候,他也不肯向人乞求帮助:

腐儒粗粝支百年,力耕不受众目怜。(同上,其二)

他决心通过自己的努力维持生计,同时勒紧裤带,提倡"节食":

东坡居士自今日以往,早晚饮食,不过一爵一肉。有尊客盛馔则三之,可损不可增。有召我者,预以此告之,主人不从而过是,乃止。一曰安分以养福。二曰宽胃以养气。三曰省费以养财。

他将这篇《节饮食说》亲笔书写,张贴在壁上,作为座右铭。就像初到黄州时小心谨慎地算计着花钱一样,虽是出于不得已,却仍然列出一长串的好处来宽解自己，"真可谓淡而有味者"(《与李公择》)。

虽然经济窘困，作为一位天才的美食家，苏轼仍然有办法使自己尝到美味。他做的东坡羹便很有名，吃过的人都觉得味道十分鲜美，纷纷向他请教。为此，苏轼还特意写了一篇《东坡羹颂》，详述做法。这道菜羹，不用鱼肉五味，以诸如蔓菁、荠菜、瓜、茄和赤豆、粳米等常见的廉价原料烹调而成，特别适合穷人和吃素的修道者食用。他做的东坡肉更是享誉千载的名肴，在《猪肉颂》中，他写道：

> 净洗锅，少着水，柴头罨(覆盖)烟焰不起。待他自熟莫催他，火候足时他自美。黄州好猪肉，价贱如泥土。贵人不肯吃，贫人不解煮，早晨起来打两碗，饱得自家君莫管。

此外，黄州地临长江，盛产鲜鱼，苏轼摸索出一种烹调法，几年后，他回到京城，身居高位，还经常亲自掌勺，请朋友们品尝鱼羹。

深刻的乡土之恋是苏轼终身难解的情结

就在初辟东坡的这年冬天，堂兄子明的儿子安节上京应举落第，归途中绕道黄州看望叔父，给苏轼带来无比的欢欣。他说：

> 瞻前唯兄三，顾后子由一。近者隔涛江，远者天一壁。今日复何幸，见此万里侄。(《冬至日赠安节》)

仕宦生涯，身不由己，三位堂兄，一位亲弟，却长相暌隔，难得一见。

> 忆汝总角时，啼笑为梨栗。今来能慷慨，志气坚铁石。(同上)

回想十多年前，最后一次离乡返京，安节还是个拖着鼻涕，跟在父母后面吵着嚷着要糖果吃的总角小儿。如今相见，竟已出落成昂藏俊发的后生，真是时光荏苒，催人奋进。

苏轼的三位堂兄，子明最好饮，安节恰像乃父，因此叔侄二人常常举盏对坐。冬至那天，安节还照家乡的习俗，酒筵上特意作诗一首，为叔婶请寿，苏轼十分高兴，即令家僮当庭快舞，尽欢而散。

但是，更多的时候，一个天涯逐客，一个落第书生，心境都不免有些寥落。夜间围炉，听窗外雨声淅沥，十分凄楚：

> 心衰面改瘦峥嵘，相见惟应识旧声。永夜思家在何处，残年知汝远来情。畏人默坐成痴钝，问旧惊呼半死生。梦断酒醒山雨绝，笑看饥鼠上灯檠。（《侄安节远来夜坐三首》其二）

世事变幻，白云苍狗，十多年的风风雨雨，自己从外貌到性情都已不同当年，而问及家乡故旧，更是半数都已经亡故，不由人不惊叹失声。

过了年，安节起程还乡，苏轼想起当年父亲苏洵落第还蜀时伯父苏涣写的送行诗，其中有两句：

> 人稀野店休安枕，路入灵关稳跨驴。

最见亲人之间的深情。苏轼吟诵伯父的诗句，再三叮嘱即将远别的侄儿一路小心，又将这十四个字，一字一韵，做了十四首小诗，赠予安节，将难舍之情、慰勉之意、思归之念，诸多复杂的情感表达得淋漓尽致。

深刻的乡土之恋是苏轼终身难解的情结,这一情结植根于孕育他成长的西蜀文化。西蜀士子从唐五代以来就有重乡恋土不愿出仕的传统。范镇《东斋纪事》说:

> 初,蜀人虽知问学,而不乐仕宦。

苏辙《伯父墓表》也说:

> 苏氏自唐始家于眉,阅五季皆不出仕。盖非独苏氏也,凡眉之士大夫,修身于家,为政于乡,皆莫肯仕者。

后来,苏轼的伯父苏涣于天圣二年(1024)考中进士,竟轰动全蜀,"蜀人荣之,意始大变",才打破蜀人不仕的旧例。苏轼从万山围抱的蜀地初到京师,对于举试原也未抱信心,他在《谢欧阳内翰启》中曾追叙道:

> 及来京师,久不知名,将治行西归,不意执事擢在第二。

从此一帆风顺,登上仕途。但在刚入仕途的嘉祐六年(1061),便与苏辙订下对床夜语、同返故里的誓盟。在此后的岁月里,他的怀乡之念始终不泯。他时而声称:

> 居杭积五年,自意本杭人。(《送襄阳从事李友谅归钱塘》)

时而表示:

> 便为齐安(黄州古称齐安)民,何必归故乡。(《子由自南都来
> 陈三日而别》)

通过转换自我身份的假设来认同异乡,这种言论带有浓厚的相对论色彩,其隐含的前提恰恰是对回归故乡的重要性的强调。

三位堂兄仅有子安一人家居不仕,苏轼十分羡慕他所拥有的那份平常而踏实的快乐:

> 此书到日,相次,岁猪鸣矣。老兄嫂围坐火炉头,环列儿女,(先人)坟墓咫尺,亲眷满目,便是人间第一等好事,更何所羡。(《与子安兄》)

在另一封写给内弟王元直的信中,他更以无比神往的心情,追忆当年在家乡度过的美好时光,希望有一天能得到朝廷恩准返归故里,重温往事:

> 但犹有少望,或圣恩许归田里,得款段一仆,与子众丈、杨宗文之流,往来瑞草桥,夜还何村,与君对坐庄门吃瓜子炒豆,不知当复有此日否?(《与王元直》)

乡愁就是这样一些琐碎的日常经验,一种遥远的亲切温暖的感觉,它融化在思乡者的视觉、听觉乃至味觉之中,与故乡有关的任何的人和事都有可能成为怀乡的诱因。西风起时,张季鹰油然想起了家乡的鲈鱼脍,秋霜落时,苏轼也不可遏止地渴望着家乡的元修菜。元修菜本名巢菜,是蜀中特有的一种蔬菜,苏轼爱吃,老友巢谷也爱吃,有一次,两人闲话间提起《世说新语》中的一段趣事:

梁国杨氏子,九岁,甚聪慧。孔君平诣其父,父不在,乃呼儿出。为设果,果有杨梅。孔指以示儿曰:"此是君家果。"儿答曰:"未闻孔雀是夫子家禽。"

巢谷说:"假使孔君平看到巢菜,大概又会说是我家的菜吧?"巢谷字元修,从此,苏轼便将巢菜戏称为元修菜。他说:

余去乡十有五年,思而不可得。

如今有了可种之地,恨不得立即种上一大片。元丰六年,巢谷将从四川来访,苏轼立即寄诗一首,请他带上一包巢菜籽。诗中写道:

彼美君家菜,铺田绿茸茸。豆荚圆且小,槐芽细而丰。种之秋雨余,擢秀繁霜中。欲花而未萼,一一如青虫。是时青裙女,采撷何匆匆。蒸之复湘之,香色蔚其馥。点酒下盐豉,缕橙芼姜葱。那知鸡与豚,但恐放箸空。(《元修菜》)

苏轼对道家养生之术的兴趣达到了极致

张耒在《齐安行》一诗中写道:

最愁三伏热如甑,北客十人九人病。百年生死向中州,千金莫作齐安游。

苏轼一家初到黄州，正当盛夏，千里跋涉之后，逢此湿热气候，一家人都水土不服，纷纷病倒。到八月间，年已七十二岁的乳母任采莲终于未能打熬过去，一病身亡。任氏自十四岁到苏家，侍奉苏轼的母亲程氏夫人三十五年，哺养了苏轼和他已经亡故的姐姐八娘。以后，跟随苏轼辗转杭州、密州、徐州、湖州，悉心照看苏家的第三代苏迈、苏迨、苏过。对于这位慈爱仁厚、工巧勤俭的老人，苏轼怀着十分深厚的感情，尽管经济窘迫，依然不遗余力营办丧葬，并亲自撰写《乳母任氏墓志铭》。哀悼未衰，不幸的消息又接连传来：苏辙到达筠州不久，一个十二岁的女儿染病夭亡，与此同时，堂兄子正也在成都任上病逝，"异乡罹此，触物凄感"（《与王定国》）。这一连串的变故，使苏轼倍感生命的脆弱，油然引发出许多深沉的感慨与思考。

苏轼人生思想的特点是"杂"：既表现为儒、佛、道思想因素同时贯穿他的一生，又表现为这三种思想因素的经常互相否定。儒家入世，佛家超世，道家避世，三者原有矛盾，苏轼却以"内儒外道"的形式将其统一起来。就像白居易晚年所倡导的那样：修身以儒，治心以佛，养生以道。在宋代三教合一日益成为思想界一般潮流的情势下，苏轼对此濡染甚深，并且具体化为以下形式：任职时期，以儒家思想为主；贬居时期以佛老思想为主。两件思想武器随着生活境遇的不同而交替使用。这又与儒家"穷则独善其身，达则兼善天下"（《孟子》）的旨趣相同。黄州时期，苏轼以佛、老思想作为主要的处世哲学，但是，他对于佛、老思想的吸取，是有所选择和保留的。他这时写给友人的信中说：

> 学佛老者，本期于静而达。静似懒，达似放。学有或未至其所期，而先得其所似，不为无害。（《答毕仲举书》）

意思是"静而达"是可取的，流于懒散和放纵就不好了。他还说，他对"佛书旧亦尝看，但暗塞不能通其妙，独时取其粗浅假说以自洗濯"(《答毕仲举书》)。他并不沉溺于玄奥的佛学教理，只是取其所需以保持自己达观的人生态度而已。

　　在这种为我所用的取舍态度的指引下，尽管"归诚佛僧"，坚持每隔一二天前往安国寺参禅，苏轼却并没有接受佛教大、小乘视人生为苦海，身体为腐囊的厌世主义，他执着地热爱生命，珍惜人生，在他看来，道家的重生正好匡救佛教之失，道家养生延年与佛教开悟智慧完全可以并行不悖，互为补充。因此，长期以来，他一直都对道家养生之术怀着十分浓厚的兴趣。乌台诗案之后，犹如死而复生，生死问题陡然而至，这场直接危及他生命的文字狱，反而促使他对个体生命的重视和珍视，这种切身的感受，不是安居适意时的纯粹哲思可以比拟的。人生大事，莫过于死生，苏轼经此巨变，平居之中，事无巨细，常以死为参照，对生命倍加爱重。而现在，又加上恶劣的气候条件、时时不断的病痛折磨、接二连三的死亡变故等诸种因素的促迫，更将他对养生延年的兴趣推向了极致。他说：

　　　　吾侪渐衰，不可复作少年调度，当速用道书方士之言，厚自养炼。(《答秦太虚》)

　　谪居无事，苏轼花了大量的时间进行钻研，经常在书信中与知己好友交流心得，并于元丰三年借得黄州天庆观道堂三间，冬至后闭关修炼四十九天，"但择平时所谓简要易行者，日夜为之，寝食之外，不治它事"(同上)。巨大的精神打击，恶劣的自然环境，以及艰苦的生活条件，三管齐下，苏轼依然顽强地活了下来，没有倒下，或许正是得益于他对道家养生术的研习与实践。

苏轼将道家珍爱生命的意识与儒家推己及人的思想、佛家众生平等的观念紧密联系在一起

在苦难中日益强化的珍爱生命的意识，又与儒家推己及人的思想、佛家众生平等的观念紧密联系在一起。受母亲程氏夫人的影响，苏轼从小不喜杀生，以前还只能做到不在家中杀猪羊，仍不免杀鸡鸭蟹蛤。"乌台诗狱"之后，决心"自此不杀一物"，每有朋友送来蟹蛤鱼虾，活的尽行放生，只将死的烹食，他说自己这样做，并非平常所谓的积阴德，有所希企，只是因为自己亲身经历患难，系身台狱时，"不异于鸡鸭之在庖厨"，设身处地，所以不肯再因自己的口腹之欲，"使有生之类，受无量怖苦尔"（《书南史卢度传》）。元丰四年正月，苏轼前往岐亭看望陈慥，途中忽然想起去年岐亭道上相遇后，陈慥为他杀鸡宰鹅的情形，不禁心生悲悯，于是预先寄诗一首，劝说陈慥戒杀。诗歌写道：

> 我哀篮中蛤，闭口护残汁。又哀网中鱼，开口吐微湿。相逢未寒温，相劝此太急。（《岐亭五首》其二）

诗人怀着深切的慈悲之心，哀怜世间一切有情生命，老友相见，来不及寒暄，一开口就急急地劝导，不可以杀生。诗中以唐代的卢怀慎与晋代的王武子相比较，前者生活清俭，日常所食不过菜豆而已；后者生活奢靡，每餐必有荤腥，甚至用人乳蒸食乳猪：

卢公信寒陋,衰发得满帻。武子虽豪华,未死神已泣。(同上)

清俭者得尽天年,奢靡者神人共怒。

陈慥受他影响,从此不再杀生。陈家的邻里纷纷传诵这首护生戒杀的诗歌,也有不少人受到感化,有的甚至终身吃素。他们都说:"'未死神已泣',读来令人凄然。"

一天,寓居武昌的同乡王天麟来访,闲话间偶然谈到,岳州、鄂州一带,一般人家限于经济能力,通常只养育二男一女,超过这个数目再有生养,往往在婴儿落地时以冷水浸杀,杀婴时,"其父母亦不忍,率常闭目背面,以手按之水盆,咿嘤良久乃死"(《与朱鄂州书》)。由于重男轻女的传统观念,迟来的女婴几乎无一幸免。这种惨绝人寰的愚昧风俗,令苏轼"闻之辛酸,为食不下"(同上),怀着人道的精神和慈悲的信仰,他立即写信给好友、鄂州知州朱寿昌,希望他出面运用官府的力量尽快革除这种恶习。他认为,岳鄂一带之所以杀婴成风,首先在于无知的人们缺少法律意识。按照当时法律,"故杀子孙,徒二年"。官府应该大力开展普法教育,引起全社会的关注,禁止这种违法行为的发生。对于屡禁不止者应该予以严惩。其次,有的人家不愿多有生养,确实是极端贫困,无力抚养。对于这种情况,官府应适当给予救济,只要在婴儿"初生数日不杀,后虽劝之使杀,亦不肯矣"。毕竟"父子之爱,天性故在"(同上)。信中还介绍了自己在密州收养弃儿、王天麟阻止杀婴的经验,提请朱鄂州参考,认为只要官府用心,终止这一恶俗易如反掌。

后来,他又打听到黄州也有这种不良风气,于是召集一帮热心公益的朋友,成立了一个民间慈善组织——育儿会,向本地富户募集资金,规定每年每户出钱十千,愿意多出者不限,用于买米、买布和棉絮等婴儿出生的必用品,由古耕道管钱,安国寺和尚继连管账,大家合力寻访那些极为贫困、无力养育孩子的人家,给予救济。苏轼虽然经济窘迫,自顾不暇,也慷慨解囊,每年捐献十千,他说:"若岁活得百个小儿,亦闲居一乐事也。"(《记救小儿》)

自身的不幸与坎坷,没有使苏轼变得麻木不仁,明哲保身,相反地却使他更加敏锐地体察民众的苦难,不再是高高在上地俯视与悲悯,而是感同身受地关切与同情。

一天,他在陈慥家里看到一幅《朱陈村嫁娶图》。朱陈村位于徐州丰县一座偏僻的深山之中,那里民风淳朴,一村仅有朱、陈两姓,世世互为婚姻,村民安居乐业,从无羁旅行役之苦,所以又是著名的长寿村,历来都是文人心目中的桃花源,成为诗歌吟唱和绘画的题材。苏轼担任徐州知州时曾到过朱陈村,这幅《朱陈村嫁娶图》油然引发了他对于徐州的亲切怀想。他细细地品鉴着画面,却没有完全沉浸于画中营造的祥和喜庆、其乐融融的热闹氛围。此时,苏轼对于现实已经有着十分清醒的认识,文人编织的桃源幻境无法令他陶醉,他写道:

> 我是朱陈旧使君,劝农曾入杏花村。如今风物那堪画,县吏催租夜打门。(《陈季常所蓄〈朱陈村嫁娶图〉二首》之二)

苏轼常常漫步江边,与渔民攀谈,渐渐地了解到这些水上人家的生活实况,他们终身漂泊水上,以江河为田,以舟楫为屋,以鱼虾为粮,吃住劳作都在那低矮狭窄的渔船上,因而大多长得矮小、驼背。在《鱼蛮子》一诗中,他写道:

> 江淮以为田,舟楫为居室。鱼虾以为粮,不耕自有余。异哉鱼蛮子,本非左衽徒(指未开化的少数民族)。连排入江住,竹瓦

三尺庐。于焉长子孙,戚施(驼背)且侏儒。擘水取鲂鲤,易如拾诸途。破釜不着盐,雪鳞芼青蔬。一饱便甘寝,何异獭与狙。

这是怎样一种非人的生活啊!然而,和那些被苛捐杂税逼得抛儿弃女、家破人亡的农民相比,他们可以逃脱赋税,境遇已经像天堂一般值得满足了:

人间行路难,踏地出赋租。不如鱼蛮子,驾浪浮空虚。

他们唯恐有一天连渔船也要征税,所以再三含泪叩头,恳请知情人不要将他们的情况告诉那些像汉代的桑弘羊那样长于逐利的大臣:

空虚未可知,会当算舟车。蛮子叩头泣,勿语桑大夫。

诗歌语含沉痛,表现了诗人对渔民悲惨生活的深刻同情。

苏轼躲在书斋,著书立说,以期有补于世

黄州时期,苏轼虽已远离论政于朝堂、理事于衙门簿籍之间的官场生涯,没有也不可能去施展他的政治抱负,但是,他始终没有放弃经世济时的儒家思想。以四十五岁的盛壮年华而遭废放,任时光如水白白流淌,对于一位有才有志的人来说,无异于一种最残酷的刑罚。他悲叹:

万事如花不可期,余年似酒那禁泻。(《次韵前篇》)

他忧恐：

> 长江滚滚空自流，白发纷纷宁少借。（同上）

每逢寒食、中秋等节日，他总是格外感到时序惊心：

> 自我来黄州，已过三寒食。年年欲惜春，春去不容惜。今年
> 又苦雨，两月秋萧瑟。卧闻海棠花，泥污燕脂雪。暗中偷负去，夜
> 半真有力。何殊病少年，病起头已白。（《寒食雨二首》其一）

海棠在绵绵阴雨的摧残下默默凋零，诗人在漫漫无期的贬谪中耗费生命，他的心充满了惶恐不安，真害怕星移斗转，就像一个缠绵病榻的少年，待到病愈之日，却已成白发的老翁。诗歌风格清寒萧索，表现了苏轼内心悲凉与愁苦的一面。

一个伟大人物之所以伟大，并不是因为他的身上没有人类所固有的弱点，而是因为他能够克服并超越这些弱点。在困苦无望的处境下，苏轼也和常人一样感到无奈和悲哀，但是他却不会被这种阴郁的情绪长期主宰，他永远有足够的勇气面对现实，重新安排自己的生活。

儒家"三不朽"——立德、立功、立言，是有追求的封建知识分子实现自我价值的三种途径。早在少年时代，苏轼便已将自我道德人格的完善、社会责任的完成和文化创造的建树融合一体，确定为自己的人生目标，现在事功世界的业绩已然无法成就，鱼蛮子的非人境遇、朱陈村平静的打破既然无能为力，但是趁此谪居赋闲的日子，躲进安静的书斋，著书立说，为人类精神文化大厦添砖加瓦，不也一样有补于世吗？所以，在黄州住定不久，他便开始研究《论语》，以阐

发孔子的政治思想,穷一年之力,写成《论语说》五卷,"颇正古今之误,粗有益于世,瞑目无憾也"(《与滕达道》)。接着又开始续写《易传》一书,这是父亲苏洵晚年未竟的事业,临终前遗命苏轼、苏辙最后完成。多年来,兄弟俩仕途奔波,无暇著述,直到现在,苏轼才有时间整理父亲的遗稿,又将弟弟平日读《易》的札记拿来,加入自己的心得体会,编撰成书。这两部著作分别训释儒家经典《论语》和《易经》,代表了苏轼的学术思想。

过去惨痛的经历使他深深感到,人生祸福难以预测,唯恐两部书稿遭到毁弃,沦没不传,所以考虑着要誊抄数本,流行于世,以便得到保存。但限于当时的经济能力,《易传》篇幅巨大,无力装写,只将《论语说》一书装订成册,寄给元老文彦博收藏。乌台诗案中,文彦博也曾牵连在内,受到罚铜处分,但他不避时忌,依然与苏轼保持着联系,是可以信赖的长者。在《黄州上文潞公书》中,苏轼写道:

> 到黄州无所用心,辄复覃思《易》、《论语》,端居深念,若有所得,遂因先子(父亲)之学,作《易传》九卷,又以自意作《论语说》五卷……公退闲暇,一为读之,就使无取,亦足见其穷不忘道,老而能学也。

著书立说的同时,苏轼还拿出相当一部分时间读书。最初专读佛经,后来又读史书和前人的文集等等,每晚必定读到三更时分,即使与朋友游玩,深夜归来,也仍会取书读上一阵,才肯就寝。苏轼以高才博学闻名于世,超凡的禀赋固然重要,但更重要的还是在于他的勤学苦读。

一天,苏轼夜间朗读杜牧的《阿房宫赋》,一读再读,每读一遍,即再三咨嗟叹息。外间屋里两位侍奉他的老兵深夜久坐,颇觉困倦,其中一人长叹一声道:"不知这文章有什么好处,夜深苦寒,犹不肯睡。"

另外一人却说:"也有两句好。"

前面那人大怒,说:"你懂得什么?"

后者回答道:"我爱听他念'天下人不敢言而敢怒'。"

幼子苏过躺在床上听到这番有趣的对话,第二天告诉父亲,苏轼不禁大笑,没想到几番诵读,连不识字的老兵也已掌握了其中的警策之句。

黄州教授朱载上长于写诗,苏轼对他诗中"官居无一事,蝴蝶飞上阶"一联十分激赏,两人结为诗友,常相往来。一天,朱载上到苏轼家中拜访,仆从通报之后却迟迟不见主人出来,朱载上等得很不耐烦,几乎想要走了,才见苏轼匆匆从内室出来,一边连声道歉:"刚才忙于完成些日课,让您久等了。"

两人坐定,寒暄一番,朱载上便忍不住好奇地问:"先生所谓日课是什么?"

苏轼回答道:"抄《汉书》。"

朱载上吃了一惊,说:"以先生天才,开卷一览,可终身不忘,何用手抄呢?"

苏轼说:"不然,我读《汉书》,至今已经抄过三遍,最初是每段事抄三字为题,第二遍则每段事抄两字为题,现在则只用一字。"

朱载上闻言肃然离席,请求道:"不知先生所抄之书,能否让我见识见识?"

苏轼便命人到书架上取来一册,朱载上前后翻看,茫然不解其意,苏轼说:"足下试举题中一字。"

朱载上如言挑出一字,苏轼应声背诵数百字,无一字差缺,几次改挑,都是如此。朱载上惊叹不已,说:"先生真谪仙才也!"

后来他常用这个例子教育儿子："东坡尚且如此,你不过中等智力,岂可不勤读书耶?"

苏轼晚年,侄婿王庠向他请教读书之法,他在回信中说:

> 但卑意欲少年为学者,每一书皆作数过尽之。书富如入海,百货皆有,人之精力,不能兼收尽取,但得其所欲求者尔。故愿学者每次作一意求之。如欲求古今兴亡治乱、圣贤作用,但作此意求之,勿生余念。又别作一次,求事迹故实、典章文物之类,亦如之。他皆仿此。此虽愚钝,而他日学成,八面受敌,与涉猎者不可同日而语也。

正所谓"旧书不厌百回读,熟读深思子自知"(《送安惇秀才失解西归》)。这是他一贯的主张。一本好书必须精读数遍,首先确定一个专题研读,然后换成另一个专题再研读,如是再三。这样读书便可做到既精又博,将来对各方面的问难和需要都能应付自如。而这种"八面受敌"的读书法,依然离不开"勤奋"二字。

就这样,在"表里俱然"的禅境中,在"气味深美"的修道中,在"荒山大江,古木修竹"的自然怀抱中,在剔除了欺诈与利用的真挚情谊中,在躬耕东坡的"垦辟之劳"与"玉粒照筐筥"的收获之喜中,在"穷不忘道"、"老而能学"的书斋生活中,苏轼度过了贬谪生涯的最初两年,完成了他的信念重组,从最艰难的境地里走了出来,从最可怕的精神危机中走了出来,他没有变得猥琐、颓唐,巨大的挫折促成了他思想的成熟,深邃细密的人生思考又丰富了他的性格内涵,使他在人生境遇的最低谷迎来了思想艺术的第一个高峰,给中国文学史掀开了辉煌灿烂的崭新一页!

第七章 三咏赤壁成绝唱

元丰五年（1082），是苏轼来到黄州的第三个年头，外部环境依然没有丝毫改善，他的心灵世界却已大大不同于往日，一个崭新的自我在苦难中蜕变出来，就像他在《次韵答元素》诗中所说："已将地狱等天宫"，完全超越于世俗的穷达观念之上，因而无时不在生活中感受到优美、领悟到哲思。怨怒与激愤都已成为过去，他变得更加光明、温暖、亲切、宽容，更加平和恬适、自然真率，充满了闪耀着智慧光彩的成熟的幽默感，也充满了宁静隽永、淡泊清空的审美情趣。他的情绪或许是随时多变的，但是超旷放达却已成为性格的主流，他的思想和艺术由此而升华到一个极其美妙的境界。

在自然的怀抱中苏轼无忧无虑，
享受着官居时不可能拥有的自在与闲逸

雪堂落成后，苏轼一天中大半时间都留在东坡，白天在田间耕耘劳作，晚上在雪堂读书著述。他的酒量不大，却十分好饮，所以身边总是带着一只酒壶，累了便喝上几口，然后随意地倒在草地上，头枕破砖，酣睡一阵。在自然的怀抱中，他无忧无虑，享受着官居时不可能拥有的自在与闲逸。

雪堂常用来接待远道来访的朋友,苏轼自己夜间主要还是和家人一起住在临皋亭。他每天清晨出门,深夜回家,看守城门的士卒都和他熟识了,他们很喜欢这个亲切诙谐的诗人,这个常常穿戴着农夫的衣帽的大学问家,但是他们并不理解他,有时候也会善意地取笑他,而苏轼总是宽容地哈哈一笑,他在心里说:

悬知百年后,父老说故侯。古来贤达人,此路谁不由。(《日日出东门》)

对于成就千年百世的功业与名望的贤达之士来说,苦难何尝不是一条必由之路,又何尝不是一份宝贵的人生财富!

出了城门,便是一条长长的黄泥路通往东坡、雪堂。这是黄州随处可见的那种黄泥田坂路,天晴的日子尘土飞扬,下雨的时候泥泞满地,但是,在苏轼的灵心慧眼观照下,这条普通的黄泥路竟也呈现出动人的美质:

大江泓以左缭兮,渺云涛之舒卷;草木层累而右附兮,蔚柯丘之葱茜。(《黄泥坂词》)

诗人日复一日往返其上,自有无穷乐趣:

朝嬉黄泥之白云兮,暮宿雪堂之青烟;喜鱼鸟之莫我惊兮,幸樵苏之我嫚(轻侮);初被酒以行歌兮,忽放杖而醉偃。(同上)

像一个真正的普通人一样混迹于渔樵之中,完完全全摆脱了声名之累,自由自在,随心所欲。

他往往在夜深人静的时候才披着清淡的月色,独自走回临皋亭,一路谛听手杖撞击在凹凸不平的路面上所发出的清脆声响,心头洋溢着澄净的喜悦:

> 雨洗东坡月色清,市人行尽野人行。莫嫌荦确坡头路,自爱铿然曳杖声。(《东坡》)

雪堂成为他与朋友们欢聚的场所。有一次,他们在一起偷饮违禁酿造的私酒,虽然酒味淡薄,却颇有幼儿偷食糖果般淘气的乐趣。没有下酒菜,西邻自告奋勇,将家中患有脚病的耕牛杀了,大家烧起篝火,大嚼烤牛肉。酒足肉饱之后,一个个摇摇晃晃,在山野间放歌、漫步,直到三更敲过,这才想起该回家了,此时早已城门紧闭,便趁着醺醺醉意翻墙而入。回到家中,苏轼意犹未尽,醉墨澜翻,记下这一夜的有趣经历:

> 今日与数客饮酒,而纯臣适至。秋热未已,而酒白色。此何等酒也,入腹无赃,任见大王。既与纯臣饮,无以侑酒;西邻耕牛适病足,乃以为炙。饮既醉,遂从东坡之东直出,至春草亭而归,时已三鼓矣。

另一次夜归则更富有传奇色彩。那天,苏轼和朋友在雪堂饮酒,兴致淋漓,醉了醒、醒了醉,待到乘醉回到临皋亭时,已摸不清究竟是什么时辰了。应门的家僮早已鼾声如雷,敲门也没有反应,他索性站在江边欣赏水天相接、风露浩然的江景,忽然心有所感:荣辱得失如今皆已淡然,唯有衣食身家之累没法解脱,所以还得在这纷纷扰扰的世上奔波忙碌,正所谓"尚有身为患,已无心可安"(《伯父送先人下第……》），真希望像范蠡一样，就此乘小舟遁入江海，度过余年。于是作歌一首，独自对着江面高歌数遍：

> 夜饮东坡醒复醉，归来仿佛三更。家僮鼻息已雷鸣。敲门都不应，倚杖听江声。　　长恨此身非我有，何时忘却营营！夜阑风静縠纹平。小舟从此逝，江海寄余生。（《临江仙·夜归临皋》）

第二天一早，这首歌辞便已传遍全城，人们都在绘声绘色地传说，苏轼昨夜吟唱此歌之后，"挂冠服江边，挐舟长啸去矣"（宋·叶梦得《避暑录话》）。知州徐君猷听到传闻，又惊又怕，他与苏轼私交甚好，又负有监管之责，一旦走失，朝廷一定严加追查，那时可就担当不起。急忙带人亲往临皋亭查看，谁知苏轼尚在梦中，鼾声如雷。君猷不禁失声大笑。

三月七日，苏轼在几位熟识的朋友陪同下，前往沙湖相田

其实真正了解苏轼的人，便不会发生这样的误会。人生思考的多元性，使苏轼性格呈现多样化和丰富性。作为一个复杂矛盾的整体，苏轼性格的各个部分互相撞击、互相制约，从而实现平衡互补。他虽然不乏诗人的纯真任诞与隐士的出尘之想，但这一切不会引起对于现实的完全舍弃或背离。他始终执着于现实，清醒地意识到自己对社会、对家庭所肩负的责任。朝廷的重新起用依然显得十分渺茫，一家数口的生活则需要有长远的、稳妥的安排。东坡毕竟是官府的属地，什么时候说要收回也就收回了，所以，苏轼打算在黄州买田置产。

听说黄州东南三十里处的沙湖，土地肥沃，三月七日这天，苏轼

便在几位熟识的朋友陪同下前往相田。天朗气清,大家一边赶路,一边欣赏着沿途的景致,没想到风云突变,眨眼之间下起了阵雨,同行的朋友都觉得十分狼狈,唯有苏轼毫不介意,他想:大雨既然已经来了,一时又没有躲雨的地方,缩成一团、东奔西窜也不免会淋得透湿,还不如坦然面对。所以他脚穿草鞋,手持竹杖,和着雨打疏林的沙沙声响,唱着歌,吟着诗,照样安步徐行。不一会,云开日出,雨过天晴。这场倏然而至、倏然而去的大雨,又使苏轼想起了许多,他写道:

> 莫听穿林打叶声,何妨吟啸且徐行。竹杖芒鞋轻胜马,谁怕?一蓑烟雨任平生。 料峭春风吹酒醒,微冷,山头斜照却相迎。回首向来萧瑟处,归去,也无风雨也无晴。(《定风波》)

这是诗人坦荡旷达的人生态度的自我表白。当肆虐的风雨扑面而来时,他自有"泰山崩于前而色不变"的勇气;当风雨骤去,斜照相迎时,他也不会欢喜忘形,暗自庆幸。阴晴晦明,进退得失,皆不足道,他完全超越于外部影响之上,履险如夷,宠辱不惊。

沙湖的田土位于山谷之间,周围都是野草散木,不耗地气,确实十分肥沃,据当地农民介绍,播种一斗,能收稻十斛(百斗)。不过由于种种原因,苏轼这次买田没有成交。

毕竟已是年近五十的人了,在春寒未尽时淋了那场冷雨,不久便害起左臂肿痛的毛病,恰在这时,有位名叫庞安常的医生听说苏轼来到沙湖,赶了十多里山路,慕名求见。他热情邀请苏轼去他家做客,一并治疗臂痛。庞安常医术高明,针灸尤为一绝,他轻财重义,博古通今,是远近皆知的名医。他为人治病手到病除,自己患有严重的耳聋却无法治愈。安常耳聋,但颖悟绝人,苏轼和他只能笔谈,往往"书不数字,辄深了人意"(《书清泉寺词》),苏轼和他开玩笑说:"余以手为口,君以眼为耳,皆一时异人也。"(同上)

两人相视大笑,自此订交。庞安常用针灸疗法为苏轼治疗臂疼,一针而愈。

苏轼病好后,两人同游位于蕲水县(今湖北浠水县)城外约两里处的清泉寺。寺中泉水据说是东晋著名书法家王羲之洗笔之处,泉水清洌,下临兰溪,溪水西流,两旁长满兰草,景色十分幽美。苏轼触景生情,信口而歌:

> 山下兰芽短浸溪,松间沙路净无泥,萧萧暮雨子规啼。　　谁道人生无再少,门前流水尚能西,休将白发唱黄鸡。(《浣溪沙》)

词的上片写景,描写兰溪静谧幽雅的自然环境;下片抒怀,表达诗人乐观积极的精神。我国地势西高东低,河流通常都是由西向东滚滚奔流,所以,有一首脍炙人口的东汉古诗这样劝谕年轻一辈:

> 百川东到海,何时复西归。少壮不努力,老大徒伤悲。

水向东流,永不西归,时光流逝,永不再回。站在清泉寺前,面对这少见的西去的流水,苏轼突发奇想:水可以倒流,难道人生就不能从白发老年重新恢复到青春少年吗?白居易"黄鸡催晓"、"白日催年"的诗句,一味悲叹容颜易老,时光飞逝,岂不是太消沉了么!全词清新活泼,生机益然。

从清泉寺出来,日已西斜,两人在温润的春风中乘马缓行,见路边有家酒店,便一同下马,畅饮数杯,苏轼不免又是醉眼蒙眬。看窗外月色溶溶,更觉兴致勃发,执意要乘醉踏月赏春。信马由缰来到一座溪桥之上,忽觉困意袭来,于是倚在桥边,枕臂而卧。等到酒醒之时,天已大亮,但见四周乱山簇拥,流水潺潺,最初的一刹那还以为自己进入了仙境瑶池。当时诗情澎湃,便掏出随身携带的文房四宝,在桥柱上随手写下一首《西江月》:

> 照野弥弥浅浪,横空隐隐层霄。障泥未解玉骢骄,我欲醉眠芳草。　　可惜一溪风月,莫教踏碎琼瑶。解鞍欹枕绿杨桥,杜宇一声春晓。

春夜的月光照耀着旷野,蕲水缓缓流淌,闪动着银色的波光,辽远的长空,依稀布满了变幻的云朵,矫健的马儿身披马鞯(jiān,遮挡尘土之用),在春风的刺激下显得格外精神抖擞,诗人完全沉醉于这美妙的夜景,情不自禁地想躺在鲜美的芳草地上,感受春的气息。这一溪风月,就像琼石美玉一般晶莹澄澈,他勒马溪边,不肯让马儿涉水而过,以免踏碎水中可爱的月影。诗人解鞍下马,倚在绿杨掩映的桥头,不知不觉进入了梦乡。当杜鹃的啼声将他唤醒时,大地已是一片曙色。整首词秀丽清新,展现出物我两忘的飘逸境界。

随着人生思考的逐步成熟,
苏轼的书画艺术也日益焕发出动人的光彩

沙湖归来不几天,马正卿忽然领来一位气宇轩昂的青年,竟是当今翰墨场上的奇才米芾。米芾年仅二十二岁,但在书法、绘画上造诣精深,已与当世名家并驾齐驱。他早与马正卿熟识,所以这次从湖南远道而来拜谒苏轼,即由正卿引见。苏轼一见,又惊又喜,立

即招待他在雪堂住下，两人谈书论画，欢聚数日，结为忘年之交。苏轼还将家藏吴道子画佛真迹拿出来请客人欣赏。这幅古画是苏轼的心爱之物，最初见于长安陈汉卿家，因年代久远，已十分破碎，他曾在诗中写道：

> 昔我长安见此画，叹息至宝空潸然。素丝断续不忍看，已作蝴蝶飞联翩。（《仆向于长安陈汉卿家……》）

此后十多年，该画几易其主，最后为鲜于子骏所拥有。子骏雇请最好的书画装裱师重新装池，从而使这一稀世珍宝免于沦没。适逢苏轼新任徐州知州，顺道来访，见到此画，赏玩不已：

> 吴生画佛本神授，梦中化作飞空仙。觉来落笔不经意，神妙独到秋毫颠。（同上）

子骏遂以此画慨然相赠，令苏轼大喜过望，从此成为他不肯轻易示人的至宝。这次米芾有幸一见，细细品鉴一回，竟至终身不忘，晚年著《画史》还特意提到：

> 苏轼子瞻家收吴道子画佛及侍者志公十余人，破碎甚，而当面一手，精彩动人，点不加墨，口浅深晕成，故最如活。

后来苏轼将此画捐赠给了成都胜相院收藏。

不久，米芾辞别归家，苏轼为他摆酒饯行。酒酣耳热之际，苏轼画兴陡起，命人取出画纸贴在壁上，他饱蘸浓墨，信笔画下两竿疏竹，然后又补上枯木、怪石，作为临别纪念送给米芾。当时米芾站在一旁看他挥毫泼墨,两竿墨竹都是从底部一直画到顶端,与通常的画法很不相同,于是好奇地问道:"为什么不逐节分画呢?"

苏轼回答道:"竹子生时,何尝逐节分?"

他所看重的是事物的全形和常理,从整体上突出事物的精神,这种画法虽是文同教给他的,但又融入了自己独特的艺术匠心与生活感悟。米芾大受启发,惊叹他"运思清拔"。对于苏轼的枯木怪石,米芾尤其激赏,他说:

> 子瞻作枯木,枝干虬屈无端,石皴(cūn)硬亦怪怪奇奇无端,如其胸中盘郁也。(宋·米芾《画史》)

这番议论的确是行家定评。苏轼的枯木怪石正是他不求苟合于世俗、力图保持自我真率本性的外在表现。米芾十分珍爱这幅临别赠画,不想后来被王诜探知,借去欣赏,就此不肯归还,米芾毫无办法,怏怏不已,只得憨态可掬地在《画史》上记下一笔:

> 后晋卿(王诜字)借去不还。

自来黄州后,苏轼有了更多的时间写字画画,随着人生思考的逐步成熟,他的书法和绘画作品也日益焕发出动人的光彩。如今,身边簇拥的都是些至情至性的患难之交,爱他字画的也都是出于真心,没有任何功利目的,苏轼很自然解除了戒心,人们不必绞尽脑汁、设置圈套,坦然索取,苏轼总是有求必应,其中尤以王文甫的儿子王禹锡所获最丰。这位王十六秀才酷爱苏轼字画,年轻人心地率直本无顾忌,又加上苏轼是他家常客,熟悉亲昵,所以他随时求取,三年中竟收集了满满两大箱子。后来,他去京城太学读书,两箱字画重得无法带走,只得留在家中请父亲保管,但自己先将箱子牢牢锁定,令文甫啼笑皆非,他说:"我们不是父子吗?哪里用得着这样防范?"

一天,苏轼在王文甫家喝酒大醉,画墨竹一幅。有人评论道:"一般人画竹,往往叶片肥实,您画的竹子则清瘦挺拔。"苏轼闻言大笑,想起白居易为唐代画家萧悦所作《画竹歌》中的句子:"萧郎下笔独逼真,丹青已来唯一人。人画竹身肥拥肿,萧画茎瘦节节竦。"于是,化用古人成句,以词作答:

> 雨洗娟娟嫩叶光,风吹细细绿筠香。秀色乱侵书帙晚。帘卷,清阴微过酒尊凉。　　人画竹身肥臃肿,何用?先生落笔胜萧郎。记得小轩岑寂夜,廊下,月和疏影上东墙。(《定风波》)

原来他常常对着月下竹影写生,所以深得竹之神韵。

绘画重在传神写意,这是中国画的独特传统。东晋著名画家顾恺之画人物,常常将眼睛留在最后完成,曾说:

> 传神写照,正在阿堵(眼睛)中。(刘义庆《世说新语·巧艺》)

但有一次,画像全部完成后,他又在人物脸颊上加了三根胡须,所有围观的人都拍手叫绝,认为"精彩殊胜",把人画活了。可见,颧骨和脸颊部位也很能传达一个人的神韵。因此,苏轼总结道:

> 传神之难在目,……其次在颧颊。(苏轼《传神记》)

一天夜里,苏轼坐在灯下,看到墙壁上映出自己的颧颊轮廓,便叫人将它描摹下来，不画眉毛眼睛，看到的人无不发笑，俨然是一个栩栩如生的苏子瞻。

这一时期，苏轼作字画很多，但是自己十分满意的只有少数，毕竟真正的艺术神品是可遇不可求的。所以有一次王巩来信求画，一时间竟让他颇觉为难，他回信说：

> 画不能皆好，醉后画得一二十纸中，时有一纸可观，然多为人持去，于君岂复有爱（吝惜）？但率急画不成也。今后当有醉笔，嘉者聚之，以须的信寄去也。

苏轼确实从不吝惜自己的字画，每有得意之作，即使碰巧无人求取，也会主动送给好友：

> 数日前饮醉后作顽石乱筱一纸，私甚惜之，念公笃好，故以奉献。（《与朱康叔》）
>
> 近者百事废懒，惟作墨木颇精，奉寄一纸，思我当一展顾也。
>
> ……
>
> 本只作墨木，余兴未已，更作竹石一纸同往，前者未有此体也。
>
> （宋·何薳《春渚纪闻》引）

面对滚滚东去的长江，
苏轼写下千古绝唱《念奴娇·赤壁怀古》

送走米芾，不觉又是暮春四月，日暖风轻，正是出门游玩的最佳时节。黄州城西北长江之滨，有座红褐色石崖，形状像个鼻子，因此称为赤鼻山或赤鼻矶；又因崖石屹立如壁，也称赤壁。深碧的江水衬着红色的崖石,十分明丽醒目。赤壁之下,江面开阔,苏辙《黄州快哉亭记》说:"波流浸灌,与海相若。"赤壁之上,则有栖霞楼、竹楼、月波楼、涵辉楼等建筑,因此,这是个观赏江景的游览胜地。从唐代以来的诗文中,又有意无意地把它和三国时赤壁之战的古战场牵连在一起,因此,这又是个凭吊古迹的地方。

早在元丰三年八月,苏轼就和长子苏迈划小舟第一次夜游赤壁,尽兴而回。适逢杭州的辨才、参寥派人来黄州看望他,于是乘兴写下一篇短小优美的游记作为回信:

> 予谪居黄州,辨才、参寥遣人致问,时去中秋不十日,秋潦方涨,水面千里,月出房、心(星宿名)间,风露浩然。所居去江无十步,独与儿子迈棹小舟至赤壁,西望武昌,山谷乔木苍然,云涛际天,因录以寄参寥,使示辨才,有便至高邮,亦可录以寄太虚(秦观)也。(《与参寥子》)

从此,苏轼经常到赤壁游玩,风雨苍茫之日则登楼远眺,波平浪静之时则泛舟江中。

赤壁之下多细巧卵石,有的温润如玉,呈红、黄、白三种颜色,石上布满细纹,宛如人手指上的螺纹,精明可爱。黄州的小孩在江中游泳常常能够摸到卵石,苏轼便用糕饼和他们做交易,久而久之,换得二百九十八颗,大的约有两寸,小的则如枣、栗、菱、芡之类。他将这些美石用一只古铜盆装着,便成一件难得的艺术品。这年五月,庐山归宗寺的佛印禅师派人前来向他致意,苏轼便将这一盆美石命名为"怪石供"送给佛印以表心意,两人自此订交。

一天,苏轼又来到赤壁,站在矶头,望着滚滚东去的长江,想起自己一生坎坷,少年壮志皆已付之东流,不禁俯仰古今,浮想联翩,写下著名的词作《念奴娇·赤壁怀古》：

> 大江东去，浪淘尽、千古风流人物。故垒西边，人道是、三国周郎赤壁。乱石穿空，惊涛拍岸，卷起千堆雪。江山如画，一时多少豪杰！　　遥想公瑾当年，小乔初嫁了，雄姿英发。羽扇纶巾，谈笑间、樯橹灰飞烟灭。故国神游，多情应笑我，早生华发。人生如梦，一樽还酹江月。

引发诗人这一番思古幽情的是历史上著名的赤壁之战。这场战争发生在东汉建安十三年（208），当时曹操初步统一了北方，率军二十余万南下，进攻东吴。东吴孙权与蜀汉刘备相联合，以五万兵力，火烧赤壁，大破曹军，奠定了魏、蜀、吴三国鼎立的局面。这场战役的主帅东吴大都督周瑜年仅三十四岁，他容貌俊美，风度闲雅，精通音乐，是著名的儒将；此外，前来协助作战的诸葛亮以及他们的对手曹操，都是声名赫赫的文武全才。但是，当年作战的赤壁，不在黄州，而是在黄州以西（有湖北嘉鱼、蒲圻、武昌等不同说法）。对于黄州赤壁是否就是三国赤壁，苏轼也多次表示怀疑，在《赤壁洞穴》一文中，他说：

> 黄州守居之数百步为赤壁，或言即周瑜破曹公处，不知果是否？

在《与范子丰书》中又说：

> 黄州少西，山麓斗入江中，石室如丹。传云曹公败所，所谓赤壁者，或曰非也。

因此,词中用了"人道是"三字不加肯定。然而,追忆周瑜当年叱咤风云、指挥若定的儒将风采,自己困顿失意、心头郁结,又何妨联系起来一抒苦闷?

词的开篇即以雄伟的魄力,展开了一个在时间上无始无终的宏大场景,然后又陡然收缩,在这一时间流上截取三国赤壁作为特写。大江波涛汹涌,千百年来一如今日,在这如画的江山,曾有多少英雄人物辉煌一时,最终又不免像沙砾一样,被时光之水所淘尽。

词的下片着力刻画周瑜的形象:写他的美满姻缘,写他的少年英俊,他的服饰表示了风度的闲雅,他的谈笑显示出胸有韬略。"樯橹灰飞烟灭"仅仅六个字概括了一场恶战,突出了战事的顺利和战果的辉煌。"故国神游"以下则转写自己的感慨,和周瑜相比,自己年将半百却蹉跎人生,白发已生而功业全无。但是,人生虚幻犹如一场大梦,即使像周瑜这样的英雄人物,最终不也是一样淹没在奔流不息的时光长河之中吗,自己又何必因碌碌无为而悲伤呢?凭吊古迹,兀自心情激动,实在是一种可笑的多情。只有江水、明月才是永恒的存在。最后,诗人举杯祝月,领受这夜静时分的无边美景。

词中包含着苏轼政治理想落空的悲哀,但是他将这种悲哀融汇在壮阔的江山与久远的历史中,写得气势恢宏。这是强者的悲啸,而不是弱者的吟泣,它不会使人落泪,反而使人油然产生一种苍凉悲壮的崇高之感。而且,在超越古今的巨大时空背景映衬下,小我的忧患显得多么无足轻重!正是有了这样一种历史的通观,苏轼得以从悲哀中解脱出来。也许按照儒家的传统观念,"人生如梦"的虚幻感充满了消极色彩,但事物在特定情境下发生特定的转化,这种原本消极的思想却在苏轼的身上起到了积极的作用,使他在逆境中不被沉重的失意情绪压垮,而是始终保持旷达乐观的胸怀。

《前赤壁赋》正是苏轼在厄运中，
坚持人生理想，超越苦难的心灵缩影

五月，又有一位奇异的客人前来拜访苏轼，这便是四川绵竹武都山道士杨世昌。杨道士善画山水，长于鼓琴吹箫，通晓天文、历算及星相、卦术，还懂得炼丹、医药、酿酒等等，可谓多才多艺。他的到来带给苏轼无限欢欣，因他是个无牵无挂的方外之人，苏轼便留他在雪堂久住，直到第二年五月才离去。

从此，苏轼闲暇时候又有了这位道士朋友为伴，谈天说地，游山玩水，并时时向他请教道家养生炼丹之术。苏轼既是好酒之人，自然也不肯错过机会向杨道士学习酿制蜜酒。他兴致勃勃地抄下秘方，便回到临皋亭，独自关在厨房里挥汗如雨地折腾开了，一边喜滋滋地想象：

> 一日小沸鱼吐沫，二日眩转清光活。三日开瓮香满城，快泻银瓶不须拨。百钱一斗浓无声，甘露微浊醍醐(tí hú，精制的乳酪)清。(《蜜酒歌》)

他想象原料入瓮之后，一天天发酵，一天天不同，待到做成，醇香浓酽，看上去比甘露浊一些，但比醍醐要清。

> 君不见南园采花蜂似雨，天教酿酒醉先生。(同上)

他又开心又得意，忍不住写信告诉朋友，信中套用"白马非马"的诡辩命题，自称蜜酒非酒，滑稽百出：

> 近日黄州捕私酒甚急,犯者门户,立木以表之。临皋之东
> 有犯者,独不立木,怪之,以问酒友,曰:"为贤者讳。"吾何尝为
> 此,但作蜜酒尔。(《与吴君采》)

不过,很遗憾,蜜酒做成之后,效果并不好,喝下去就要闹肚子,原因
是苏轼没有耐心精确地按照杨道士所给的配方来做,很多时候都是
"差不多"、"大概如此",结果蜜水不是发酵,而是腐败了。

一次不成,以后苏轼也就不再做了,总之他也不缺酒喝,徐知州
会送来最好的州酿,黄州邻近的四五个郡县也常送酒给他,他将各
种不同的酒都混合着放在一个大酒樽里,称为"雪堂义樽"。

读书耕作之余,他依旧陶情山水,何况现在又有杨道士的箫声
琴韵,更是雅兴倍增。

七月十六日,苏轼又和几位朋友在赤壁之下泛舟游玩,他们时
而诵诗,时而唱歌,时而听杨道士吹箫,玩得十分尽兴。著名的《前
赤壁赋》即以充满诗意的神奇笔调,记载了这一夜的漫游:

> 壬戌之秋,七月既望,苏子与客泛舟游于赤壁之下。清风
> 徐来,水波不兴。举酒属客,诵"明月"之诗,歌"窈窕"之章。少
> 焉,月出于东山之上,徘徊于斗、牛之间。白露横江,水光接天。
> 纵一苇之所如,凌万顷之茫然。浩浩乎如凭虚御风,而不知其
> 所止;飘飘乎如遗世独立,羽化而登仙。

那是个夏末初秋的凉爽夜晚,诗人与朋友荡桨水上,清风习习,水面
上泛起细细的波纹。他一边举杯向客人敬酒,一边吟唱起《诗经·陈
风》中那首优美的《月出》:

月出皎兮,(月亮出来明皎皎呀,)

佼人僚兮。(佳人容貌多俊俏呀。)

舒窈纠兮!(身材苗条惹人爱呀!)

劳心悄兮。(相思缠心好烦恼呀。)

似乎是受到这歌声的感召,不一会儿,月亮从东山顶端缓缓地露出了脸庞,徘徊在斗宿、牛宿之间。一时间,清风与明月交织,露珠与水光相辉。苏轼与朋友驾着这一叶小舟,飘浮在辽阔苍茫的江面上,就仿佛腾云驾雾在空中迎风飞翔,而不知道自己要飞向何处;又仿佛抛开了凡庸的尘世,进入到飘逸的神仙境界。

于是饮酒乐甚,扣舷而歌之。歌曰:"桂棹兮兰桨,击空明兮溯流光。渺渺兮予怀,望美人兮天一方。"客有吹洞箫者,倚声而和之。其声呜呜然,如怨,如慕,如泣,如诉;余音袅袅,不绝如缕;舞幽壑之潜蛟,泣孤舟之嫠($l\check{\imath}$)妇。

在这种美妙的境界中,诗人情不自禁敲击着船舷唱起歌来。他唱道:

扬起手中的棹来,举起手中的桨,

击荡着银色的江水呀,让船儿溯流而上。

我的心儿憧憬着遥远的地方,

那无法企及的美人激起我热烈的向往。

在我国的诗歌传统中,美人常常被作为贤君圣主或美好理想的象征,因此,这首歌唱出了苏轼心中怀才不遇、壮志难酬的深深苦闷。

同游的朋友都沉浸在这悲哀的情绪之中,杨道士忍不住和着歌声吹起了洞箫。歌声停止了,箫声依旧呜咽,独奏的曲调所表达的好像是一种深切的哀怨,又好像是一种难言的思慕,像是哭泣,又像是倾诉,一曲终了,余音悠悠不绝,宛如细丝一般,它是如此的悲凉,如此的凄厉,使潜藏在深渊里的蛟龙也舞动起来,使孤舟上的寡妇伤心落泪。

苏子愀(qiǎo,忧愁变色的样子)然,正襟危坐而问客曰:"何为其然也?"

这悲哀的旋律令诗人不禁惨然变色,他立即整理衣襟,端坐起来以抑制心灵的颤动,他说:"箫声为什么这么悲凉?"

客曰:"'月明星稀,乌鹊南飞',此非曹孟德之诗乎?西望夏口,东望武昌,山川相缪(liǎo,互相盘绕),郁乎苍苍,此非孟德之困于周郎者乎?方其破荆州,下江陵,顺流而东也,舳舻(zhú lú,大船)千里,旌旗蔽空,酾(shī,斟酒)酒临江,横槊赋诗,固一世之雄也,而今安在哉?况吾与子渔樵于江渚之上,侣鱼虾而友麋鹿,驾一叶之扁舟,举匏(páo,酒器)樽以相属(zhǔ,敬酒),寄蜉蝣(fú yóu)于天地,渺沧海之一粟。哀吾生之须臾,羡长江之无穷,挟飞仙以遨游,抱明月而长终。知不可乎骤得,托遗响于悲风。"

杨道士回答道:"'月明星稀,乌鹊南飞',这不是曹操那首著名的《短歌行》里的诗句吗?我们现在荡桨的赤壁,往西看是夏口(今武汉市黄鹄山),往东则是武昌(今湖北鄂城),四周山环水绕,郁郁苍苍,不就是千年前赤壁之战发生的地方吗？虽然那场战争曹操是以失败告终，但是当时他攻克荆州（当时治所在今湖北襄阳），占领江陵（今湖北江陵），顺着长江向东进军，巨大的战船首尾相接，绵延千里；五彩的战旗迎风飘扬，遮蔽了天空；曹操一手举杯，一手横执长矛，临江赋诗，何等英武豪迈，又是何等儒雅风流！确实是时代的英雄啊！可是，现在他在哪里呢？不也一样在时光的流逝中消失得无影无踪吗？何况像你我这样的凡夫俗子，整天在沙洲上捕鱼打柴，以鱼虾为伴侣，和麋鹿交朋友，乘着一叶小舟，饮酒作乐，逍遥度日，就像朝生暮死的蜉蝣一样短暂地寄生在天地之间，渺小得就像沧海中的一粒小米。我为自己生命的短促而深感悲哀，羡慕这永恒存在的滚滚长江。而通过修炼长生不老之术，达到可与神仙一道遨游、与明月一起长存的境界，也不是轻而易举的事情，所以只好将表达我这种心情的箫声，付托于悲凉的秋风之中。"

　　杨道士的一番议论从凡人"小我"之见出发，突出短暂人生与永恒自然之间的鲜明对比，因而乐极生悲。接下来，苏轼则从"真人""大我"之见出发，消除人天对立，来劝慰杨道士：

　　　　苏子曰："客亦知夫水与月乎？逝者如斯，而未尝往也；盈虚者如彼，而卒莫消长也。盖将自其变者而观之，则天地曾不能以一瞬；自其不变者而观之，则物与我皆无尽也，而又何羡乎？且夫天地之间，物各有主，苟非吾之所有，虽一毫而莫取。惟江上之清风，与山间之明月，耳得之而为声，目遇之而成色，取之无禁，用之不竭，是造物者之无尽藏也，而吾与子之所共适。"

苏轼认为，按照《庄子》的观点，人原本是自然的一分子，所以不应以一种游离于自然之外的眼光来看待天人关系。人与自然是息息相关而不可分割的整体,人天之间是一种亲和关系,了解了这种关系的人便达到了"真人"的境界,他将不为生死问题而烦恼。首先,人的生死正如昼夜的变化,乃是自然的规律,真人能够安心适时而顺应变化,因此,哀乐的情绪就不会侵入心中。其次,"大块载我以形,劳我以生,佚我以老,息我以死"(《庄子·大宗师》)。大自然赋予人以形体,用生使人劳碌,用老使人清闲,用死使人安息,生是人存在的一种形式,死是人存在的另一种形式,生和死都是同样美好,人由生到死,就像月亮由盈到缺,流水由东到西。因此,作为自然的一分子,人无所谓生,也无所谓死,他来自自然,又复归于自然。况且,事物的大小,时间的久暂,也都是相对的概念,"天下莫大于秋毫之末,而大山为小;莫寿于殇子,而彭祖为夭"(《庄子·齐物论》)。秋天飞鸟身上飘落的鸿毛可以说是巨大的,太山则可以说是微小的;刚刚出生便夭折的孩子可以说是长寿的,而活了八百岁的彭祖则可以说是短命的,全看你用什么做参照。所谓得性不为夭,苏轼即以这种齐物的思想开导朋友,他说:

"你没看见江水和月亮吗? 江水昼夜奔流,无时不在变化,但是千百年过去了,它并没有流逝掉;月亮由圆而缺,一天比一天不同,但是千百年过去了,它也并没有一点点增减。其实,无论是物,无论是我,都既有变的一面,又有不变的一面。从变的角度来看,天地万物就连一眨眼的工夫都不能保持不变;从不变的角度看,万物和人类都是永久的存在,又何必羡慕长江和明月呢?"

无数的"变"组成了"不变",无数的"瞬间"组成了"永恒"。人在山水之乐中逍遥适意,与自然合一,也就达到了"瞬间"与"永恒"合一的境界。所以诗人接着说:

"天地之间,物各有主,不属于我的,一毫也不能获取。惟有江上的清风与山间的明月,这种自然界最美妙的音乐和最怡人的景色,却是取之无禁,用之不竭的,这是无偏无私的造物主的无尽宝藏。我们尽可以在自然的怀抱中陶然自得。"

> 客喜而笑,洗盏更酌。肴核既尽,杯盘狼藉。相与枕藉乎舟中,不知东方之既白。

一番话使朋友们豁然开朗,从悲观失望的情绪中解脱出来,于是重新置酒欢饮,菜肴和果品都一扫而空,待到杯盘狼藉之时,大家也都已十分困倦,就在船上互相靠着睡着了,不知不觉间,天色已经发白……

赋原是从《楚辞》发展而成的传统文体之一。经过"汉赋"、魏晋"抒情小赋"直到唐代"律赋"的曲折发展,赋的创作颇为沉寂。发展到宋朝,逐渐走向散文化;但仍适当运用传统赋的铺张排比的手法,讲究词采,杂以骈偶韵语,成为一种类似散文的赋。《前赤壁赋》即是这样一篇兼具诗文之长的杰出之作。全篇从乐到悲,又以乐作结,运用了主客对答体这一赋的结构方式,但已不是简单地借设问以说理。主客间的长篇对话,实际上是苏轼自己的心灵独白,展示了他思想的波折、挣扎和解脱的过程。首先写"苏子"陶醉于清风明月交织而成的江山美景之中,逗引起"羽化登仙"的超然之乐;继而写"客"对曹操等历史人物兴亡的凭吊,跌入现实人生的苦闷;最后写"苏子"从眼前水月立论,阐发"变"与"不变"的哲理,在旷达乐观中得到解脱。这里,从游赏之乐,到人生不永之悲,到旷达解脱之乐,正是苏轼在厄运中努力坚持人生理想和生活信念的艰苦思想斗争的缩影。散文的笔势笔调,使全篇文情勃郁顿挫,像"万斛泉源"喷薄而出。与骈赋、律赋讲究整齐对偶不同,它的抒写更为自由。骈散夹杂,参差疏落之中有整饬之致,从而使全篇特别宜于诵读,极富声韵之美。

空灵奇幻的《后赤壁赋》
是对天地万物与我一体的自然妙旨的形象注解

如果说,《前赤壁赋》以说理为主,阐明诗人对于自然与人生的真实了悟,那么,《后赤壁赋》则承续上文,以写景叙事为主,从现实情境中将这一番真实了悟落实到行动。前后两赋相互发明,相映生辉。

这篇为历代文论家极口称颂的《后赤壁赋》作于这年的十月十五日。那天夜里,苏轼从雪堂回临皋亭,有两位朋友陪同他走过黄泥坂,时至深秋,霜露已降,路旁的树木都只剩下光秃秃的枝干,在夜空中兀然挺立。月亮明晃晃地照了下来,三人的身影清晰地映在地上,他们不约而同地举头望月,一时沉醉在这莹洁的秋光之中。倏然惊觉,不禁相视而笑,于是,一路前行,一路大声唱起歌来。文章便从这里落笔:

> 是岁十月之望,步自雪堂,将归于临皋。二客从予,过黄泥之坂。霜露既降,木叶尽脱,人影在地,仰见明月。顾而乐之,行歌相答。

此情此景,令苏轼游兴陡起:

> 已而叹曰:"有客无酒,有酒无肴;月白风清,如此良夜何?"

在这样美好的夜晚,又有朋友相伴,却没有美酒,也没有下酒的菜肴,岂不是很遗憾的事情?

客曰:"今者薄暮,举网得鱼,巨口细鳞,状如松江之鲈。顾安所得酒乎?"

朋友家中刚好有一尾黄昏时刚刚捕到的鲜鱼,只是不知从哪里能弄到酒。苏轼想,或许夫人会有办法。

归而谋诸妇。妇曰:"我有斗酒,藏之久矣,以待子不时之需。"

果然,夫人说:"我正好有一斗美酒,以备你不时之需呢!"

于是携酒与鱼,复游于赤壁之下。江流有声,断岸千尺,山高月小,水落石出。曾日月之几何,而江山不可复识矣。予乃摄衣而上,履巉(chán)岩,披蒙茸,踞虎豹,登虬龙,攀栖鹘之危巢,俯冯(píng)夷之幽宫。盖二客不能从焉。划然长啸,草木震动,山鸣谷应,风起水涌。予亦悄然而悲,肃然而恐,凛乎其不可留也。返而登舟,放乎中流,听其所止而休焉。时夜将半,四顾寂寥。适有孤鹤,横江东来。翅如车轮,玄裳缟衣,戛然长鸣,掠予舟而西也。

他们带着美酒佳肴来到赤壁,远远地便已听到江水哗哗的声响,但见陡峭的江岸壁立千尺,清朗的夜空下已是一片疏朗的冬景:山峦高耸,月亮恰似镶嵌在山顶上的一颗明珠;江水下落,雪白的岩石露出水面。诗人不禁感叹:才隔了两三个月的时间,山容水态竟已变得难以相认了! 他舍舟登岸,踏着险峻的岩石,拨开纷繁的草木,蹲坐在形似虎豹的山石上,又攀上像虬龙一样弯曲的古木,向上可以触到高高的鹘鸟的巢穴,向下可以俯视河神的幽宫(深不可测的江水）。两位朋友没有跟他上岸,他独自伫立高崖之上,对着夜空发出一声长啸,声音如此高亢嘹亮,震动了身边的草木,激起了四面的回声。一种寂寞的悲凉与忧恐在心中悄然升起,他连忙回到舟中,把船放到江心,任它随意飘荡。夜已深,四周一片寂静,忽见一只孤鹤横飞长江,一声长鸣,自东向西,掠舟而去。

> 须臾客去,予亦就睡。梦一道士,羽衣翩跹,过临皋亭之下,揖予而言曰:"赤壁之游乐乎?"问其姓名,俯而不答。呜呼噫嘻! 我知之矣。畴昔之夜,飞鸣而过我者,非子也耶? 道士顾笑,予亦惊寤。开户视之,不见其处。

过了一会儿,他们便尽兴而回,各自散去。这天夜里,苏轼梦见一位道士穿着五彩的羽衣飘然而至,向他拱手施礼,说:"赤壁之游可还尽兴?"

苏轼问他名字,道士并不回答。苏轼恍然大悟:"江边飞鸣而过的孤鹤莫非就是您?"

道士回头一笑,苏轼陡然惊醒,匆匆起床开门去看,外面除了清朗的月光,什么也没有。

全篇所表现的是一种随缘任性、清澈无滓的自然之境。诗人处处以自然本心遇人处事,无有杂念二心,乐则乐,悲则悲,恐则恐,当行则行,当止则止,一如江山景色,秋冬更迭,发乎自然,毫无刻意造作的人为痕迹。"划然长啸"的诗人与"戛然长鸣"的孤鹤一样,都是涤尽了世俗机心的自然之子,他虽敏感于"曾日月之几何,而江山不可复识矣",这种梦幻一般的飞速变化,却没有"哀吾生之须臾,羡长江之无穷"的悲叹,物与我合一,我又何所哀、何所羡? 这便是对《前赤壁赋》所极力发挥的自然妙旨的形象注解。文章构思空灵奇幻,云中孤鹤、梦中道士与诗人自身三而一,一而三,迷离惝恍,难以言说,读来真有"凭虚御风,羽化登仙"之感。

十二月十九日,朋友们在赤壁之下摆酒设宴,庆贺苏轼四十七岁生日

赤壁三咏,是苏轼人生思考步入新境界的艺术总结,是苦难之根上盛放的绚丽花朵,是他以超凡的理性、过人的坚忍从逆境中重新站起的崇高宣言,是他参禅学道、随遇而安从而心境平和、生活安宁的最佳发挥。从此,黄州赤壁名扬天下,知名度远远超过了嘉鱼、蒲圻、武昌等地的赤壁,尽管这几个地方作为三国古战场似乎更为真实可信。但是,千百年来,人们津津乐道、口耳相传的不再是仅有历史依据的"三国赤壁",而是包含着丰富的人文意味的"东坡赤壁",黄州赤壁因而具有了永不衰退的魅力。清人干脆将"东坡赤壁"四个大字镌刻在建筑物的门额上。

其实,何必等到清人,当时苏轼的一帮朋友就已将赤壁视为他的"私家园林"。因为,只有在他亲自引领和指点下,人们似乎才能清楚地看出赤壁上下一丘一壑的独特匠心和创意,才能完全领会岸边水上所有漫不经心之处所蕴含的无边诗意。这风景令人过目难忘,回味良久。

这年的十二月十九日,朋友们便大张旗鼓地在赤壁矶下摆酒设宴,庆贺苏轼四十七岁生日。前临江水,后踞陡崖,临风把酒,意兴浩然。正当酒酣耳热之际,忽听笛声从遥远的江心隐隐传来,如此悠扬悦耳,大家都不约而同停止了喧哗,侧耳细听。郭遘和古耕道都精通音乐,他们评价道:"这笛声颇有新意,不是一般乐工能吹奏出来的。"

不一会儿,一艘小船乘风而来,船上站着一位少年书生,但见他

身着青巾紫袍,腰间别着一支玉笛,神情爽朗,气质不凡。小船渐近赤壁,少年拱手向苏轼行礼。原来,这书生名叫李委,久闻苏轼大名,无缘得见,听说苏轼今天生日,与朋友欢聚赤壁,所以特意谱了一支名为《鹤南飞》的新曲前来祝寿。苏轼连忙邀请他入席就座。坐定之后,李委首先献上《鹤南飞》,接着又即兴连奏几支新曲,声音嘹亮高亢,穿云裂石,在座的人全都听得入了迷,其时风起水涌,水底的游鱼都浮了上来,随着乐曲在江面起舞;山头的栖鹘也扑扑惊飞,伴着旋律在空中盘旋。几曲吹过,大家连声叫好,一齐满饮一杯。李委取出一纸精美的素绢,说:"我无求于公,得一绝句足矣。"

苏轼朗声一笑,提笔写道:

> 山头孤鹤向南飞,载我南游到九嶷。下界何人也吹笛,可怜时复犯龟兹(qiū cí)。(《李委吹笛》)

笛声时而超轶绝尘,时而哀怨悲凄,诗人沉醉其中,飘飘欲仙,仿佛乘鹤高飞,来到九嶷山下,听到娥皇和女英悲悼虞舜的哀哀歌哭。"此曲只应天上有",诗人几乎不能相信,如此绝美的笛声竟然不是来自琼楼玉宇的月宫仙境,也不是来自那善制新曲的龟兹古国的宫廷乐师。诗歌形象地描述了李委优美的笛声所产生的动人艺术效果,盛赞他超凡绝俗的演奏技艺。

这一天,大家痛饮狂欢,大醉而归。

雪堂之中,高人满堂、奇士盈庭,

三教九流如百川归海,一齐汇聚于苏轼的麾下

转眼又是元丰六年(1083),春节刚过,故人巢谷便冒着风雪前

来投奔。巢谷现已五十六岁，年轻时曾读书应举，到京城参加进士考试时，结识了一帮应试武举的朋友，大觉气味相投，于是干脆放弃旧学，改习骑马射箭，后来投入熙河名将韩存宝军中做幕僚，存宝教他兵书。元丰四年，在征讨西南少数民族的战役中，韩存宝因逗留无功得罪被诛，巢谷受他生前嘱托，将数百两积蓄的银两送交他的妻儿，此后便更名改姓，逃亡江湖。此番前来，潦倒不堪。尽管苏轼经济上也极不宽裕，但他仍热情地收留了这位落魄的朋友，让他在雪堂住下，顺便教苏迨、苏过读书。他在写给堂兄子安的信中说：

> 巢三见在东坡安下，依旧似虎，风节愈坚，师授某两小儿极严。

安顿好朋友的衣食住行，苏轼还常常以自己的切身体验开导巢谷，他说：

> 努力莫怨天，我尔皆天民。行看花柳动，共享无边春。（《大寒步至东坡赠巢三》）

当时雪堂久住的远客，除了杨世昌、巢谷，还有一位来自庐山的琴师崔闲。他于前一年年底来到黄州拜见苏轼，便长住下来，苏轼闲时常和他探讨琴艺，获益匪浅。苏轼曾自谦平生三不如人：下棋、喝酒、唱曲。其实，这里所谓的"不如人"并不是不会，而是不能像他的诗、词、文、书法、绘画一样独步当世，达到最高水平。其实，棋、酒、曲都是他平生所好，他是深得其趣的个中人。他深谙乐律，常常倚声作歌，不少词作都是在歌筵酒席上即兴写成，而歌辞音调与内容、音律吻合无间。乐器中，苏轼最喜欢的是古琴，他家旧藏雷琴一张，还是唐代开元年间所制。到黄州后，又有彦正判官送古琴一张。

他自己虽不善弹,但极爱听人演奏,他说:

> 古琴当与响泉韵磬,并为当世之宝。(《与彦正判官》)

琴声雅韵常能启发他的灵心慧思,那首脍炙人口的《琴诗》,即是听琴时的佳构:

> 若言琴上有琴声,放在匣中何不鸣。若言声在指头上,何不于君指上听。

诗歌通俗浅易,富于哲理意味,读者自可从中得到多方面的启迪。

一天,苏轼与几位朋友闲坐,偶然谈及欧阳文忠公(修)生前旧事,不想却由此引出一段蜚声琴界的佳话。原来,四十年前,欧阳修遭人诬陷而谪居滁州,为排遣内心的苦闷,公余之暇陶情山水。滁州四面环山,坐落于西南方向的琅琊山景色尤为绮丽,泉鸣空谷,声若环佩。欧阳修时常漫步山间,把酒临听,欣然忘归。他自称醉翁,并写下著名的《醉翁亭记》,传颂一时。其后十年,一位担任太常博士的音乐家沈遵,被《醉翁亭记》所展示的意境和情韵深深吸引,他跋涉千里,从京城来到滁州,在琅琊谷中徘徊终日,细听鸣泉飞瀑,乐思如潮,于是便在泉边席地而坐,信手弹琴,谱成《醉翁操》(又名《醉翁吟三叠》)一曲,"节奏疏宕而音指华畅,知琴者以为绝伦"(《醉翁操引》)。但是"有其声无其辞",只是一首器乐曲,欧阳修虽曾为这首乐曲填词,却与琴声不合,成为琴界憾事。如今,苏轼与崔闲,一个是欧门弟子,一个是沈氏琴友,相聚雪堂,追怀两位过世多年的先贤,崔闲情不自禁轻抚琴弦,弹起了这首著名的《醉翁操》。他写下曲谱,请苏轼倚声填词。在崔闲的琴声中,苏轼似乎已置身于琅琊幽谷,听到了叮咚的山泉,黄州四年来苦闷、挣扎、解脱的全部思想历程,使他终于深深地理解了欧阳修,理解了《醉翁亭记》这篇苦难中诞生的华美之章。于是,他不假思索,执笔顷刻而就:

> 琅然,清圆,谁弹,响空山,无言。惟翁醉中知其天。月明风露娟娟,人未眠,荷蒉过山前,曰有心也哉此贤。醉翁啸咏,声和流泉。醉翁去后,空有朝吟夜怨,山有时而童颠,水有时而回川。思翁无岁年,翁今为飞仙,此意在人间,试听徽外三两弦。

全词短句多,韵位密,多用平韵,间有拗句,吟诵一过,琴音的清圆婉和,泉声的琤琮叮咚,仿佛依稀可闻。一经写出,即被广为传唱,称为琴词佳构。苏轼自己也颇为自得,在写给沈遵的儿子本觉法真禅师的信中说:

> 二水同器,有不相入;二琴同手,有不相应。沈君信手弹琴而与泉合,居士纵笔作词而与琴会,此必有真同者矣。

能够顷刻之间一字不改地写出与琴曲音乐“真同”的词,又为当时和后世争传不绝,既见出苏轼对音乐有一定的造诣,又说明这首词与乐曲音律的融合无间。

三月寒食刚过,参寥从杭州於潜天目山不远千里来到黄州,寓居雪堂整整一年,直到第二年(元丰七年)四月,才和苏轼一道离开。从此,苏轼有了唱和的对手,两人同游山水,同题赋诗,坐忘人世,乐趣无穷,令远方的朋友羡慕不已。有人写信给苏轼说:

闻公与诗僧相从,岂非"隔林仿佛闻机杼"者乎？真东山胜
游也。

将苏轼比作出仕前隐居东山,优游林下的东晋名相谢安。苏轼将这
封信拿给参寥看,并朗诵参寥的名句"隔林仿佛闻机杼,知有人家住
翠微",笑着说:"此是师父十四字法号。"

一天晚上,苏轼梦见参寥拿来一卷诗,上有《饮茶诗》一首,其中
两句为:

寒食清明都过了,石泉槐火一时新。

唐宋旧俗,寒食节照例禁火三日,到清明节时钻榆柳取火,称为新
火。苏轼梦中读诗,觉得词清意美,却有些不解,他说:"火固新矣,
泉何故新?"

参寥回答道:"民间风俗,清明节要淘井,所以说泉水一时新
了。"

醒来之后,诗句和对话依然历历在目,苏轼便以《记参寥诗》为
题,将这个有趣的梦境记了下来。

现在,雪堂之中,可说是高人满堂,奇士盈庭,一个多才多艺的
道士,一个清诗绝俗的僧人,一个行伍多年的逃犯,一个飘逸闲雅的
琴师,三教九流,有如百川归海,一齐汇聚于苏轼的麾下。再有远客
来时,还得另找住处,好在五月间,在临皋亭附近的高坡上,苏轼又
有一处新居落成。这座新屋的修建得力于与他同年进士及第的蔡
景繁。景繁现任淮南转运副使,黄州是他所辖范围,元丰五年十月,
他巡视属邑,来到黄州,专程到临皋亭看望苏轼,见他住处狭窄,便
出资替他盖了三间瓦房,苏轼将这处新居取名为南堂。

南堂俯临大江,坐北朝南,清风送爽,最宜消夏。苏轼在那里读书作文,习字绘画,练气养丹,迎宾待客,再也不用担心连绵的春雨穿过破漏的屋顶淋湿床铺,再也不必发愁朋友来访没有合适的住房接待。晴朗的日子斜靠床头,窗下落帆点点,构成天然清丽的图画;新雨的晚上挑灯夜读,屋上雨声沙沙,恰似美妙动人的音乐。无限欢欣感激之余,他一连写了五首绝句:

> 江上西山半隐堤,此邦台馆一时西。南堂独有西南向,卧看千帆落浅溪。
>
> 暮年眼力嗟犹在,多病颠毛却未华。故作明窗书小字,更开幽室养丹砂。
>
> 他时夜雨困移床,坐厌愁声点客肠。一听南堂新瓦响,似闻东坞小荷香。
>
> 山家为割千房蜜,稚子新畦五亩蔬。更有南堂堪著客,不忧门外故人车。
>
> 扫地焚香闭阁眠,簟纹如水帐如烟。客来梦觉知何处,挂起西窗浪接天。

春夏之间,苏轼卧病不出,闭门谢客,于是谣言顿起

自二月以来,苏轼的健康状况一直不太好,首先是患疮疖,疼痛难耐,竟至卧病不出,原定的岐亭之游也取消了。此病迁延不去,到五六月间,风火之毒上升,侵及右眼,炎赤肿痛,几乎失明,所以,六月之后便借了一间僧舍打坐静养。

卧病期间,闭门谢客,除了现在雪堂寓居的四位远客及陈慥等几位最密的朋友,其余前来拜访的客人一律婉拒不见。

　　既然苏轼因病不能如期去岐亭做客,五月,陈慥便抽空来黄州探望。四年来,这已是他第六次到黄州,与他同来的还有一位王长官。这是一位生性淡泊、与世无争的闲雅之士,弃官归田已经三十三年,黄州的百姓尊称他为王先生。那天,阵雨刚过,江边劲风陡起,茂林修竹颠狂起伏,涛声阵阵。他们来到临皋亭,车盖和车帘上还带着烟云之气。苏轼抱病相见,宾主一见如故,畅饮高谈,直到深夜。第二天,王先生告辞回家,临行前,苏轼作《满庭芳》一词相送:

　　　　三十三年,今谁存者,算只君与长江。凛然苍桧,霜干苦难双。闻道司州古县,云溪上、竹坞松窗。江南岸,不因送子,宁肯过吾邦?　　　　扨扨(chuāng,撞击声,形容雨声),疏雨过,风林舞破,烟盖云幢(chuáng,车帘)。愿持此邀君,一饮空缸。居士先生老矣,真梦里、相对残钉(gāng,灯)。歌声断,行人未起,船鼓已逢逢(péng,鼓声)。

三十三年,这是多么漫长的一段岁月呀,什么样的变化不会发生,什么样的沧桑不会经历? 然而,王先生自甘寂寞,矢志不移,他高洁的品格与长江同在,就像那历尽风霜的苍老桧树,凛然挺立,举世无双。他居住在古风犹存的黄陂县(唐时称为南司州),门前小溪横跨,庭外植满松竹,居处素雅,环境清幽,更衬出他超然世外的不凡风调。他平时深居简出,疏于交游,独与陈慥往来频密,这次进城就是因为送陈慥,当然顺便也想拜访一下陈慥经常提起的苏子瞻先生,不然他怎肯轻易地涉足这纷纷扰扰的城市? 下片首句:"扨扨,疏雨过,风林舞破,烟盖云幢。"既承续上片写王先生与陈慥顶风冒雨而来,同时,又喻指宾主三人一样走过风雨人生。回首往事,无限感慨,灯下饮酒,恍如一梦。其实,在阅尽兴亡盛衰、饱看繁华易主的睿智老者看来，人生本来就像一场大梦。一夜长谈，宴饮的歌声刚刚停息，王先生醉卧未起，却已听到开船的鼓声在咚咚地催行了……全词不事雕琢，字字苍寒，音节铿锵，笔力雄厚，成功地塑造了一位超尘绝俗的雅士形象，同时表现出主客之间相知深厚，淡然如水，不与寻常友情同调。

这段时间，虽然为病所苦，苏轼却乐观风趣依旧，时不时还要编个笑话自己取乐。一天，有人跟他说，患风火眼赤不能吃肉，为了尽快病好，他决定暂时戒吃荤腥，可是，一闻到肉香，又不免嘴馋，于是写下一篇谐趣横生的《口目相语》：

> 子瞻患目赤，或言不可食脍。子瞻欲听之，而口不可。曰："我与子为口，彼与子为眼，彼何厚，我何薄，以彼患而废我食，不可。"子瞻不能决。口谓眼曰："他日我喑（yīn，嗓子哑），汝视物，吾不禁也。"

黄州人早已见惯苏轼每天出入东门，时时畅游赤壁，但是今年自春末以来，忽然踪影全无，大家都觉得有些奇怪，隐隐约约听说病了，而且病得不轻。四月十一日，与苏轼同样出自欧阳修门下的散文大家曾巩在临川病逝，于是谣言顿起，说苏轼与曾巩在同一天故去。更有人神乎其神地传说，这两位大文豪就像唐代诗人李贺一样，被玉皇大帝召到天庭做文学侍从去了。谣言很快传到了京城，甚至传到了皇宫。神宗听说之后，立刻召问尚书左丞蒲宗孟。因为，宗孟和苏轼是同乡兼远亲，他的姐姐嫁给了苏轼的堂兄。蒲宗孟也是刚刚听到这个传说，皇上询问，只得如实奏闻："日来外间似闻此语，亦未知是否确实。"

常言道："三人成虎。"神宗这一天之内，已不止听三个人说到苏轼的死讯,不能不信以为真。他当时正在用餐,听了蒲宗孟的汇报,叹息再三,说:"才难! 才难!"饭也不吃,便起身回到书房,郁郁不乐。

谣言传到许昌,范镇退休之后就住在那里。老人是个至情至性的人,听到这一不幸的传闻,竟毫不怀疑,当即伏案大哭,立刻叫儿子准备钱款,派人前往黄州吊唁。他坐在那儿,一想到苏轼贫病交加,身后萧条,不由又流下泪来。儿子却还冷静,他缓缓地劝慰老人:"黄州路远闭塞,这个消息是真是假还很难说,不如先派个人送一封信去,问问他身体是否安好,如果消息确实,那时再去吊唁慰恤他的家人也不为迟。"

范镇想了想,觉得儿子说得有理,于是修书一封,派门客李成伯前往探听。

李成伯快马加鞭到达黄州,苏轼病体已基本康复。一见苏轼好好活着,李成伯十分高兴,不免道出此行的缘由。苏轼大笑不止,心中却充满了感激之情,他给范镇回信道:

> 某凡百粗遣,春夏间多患疮及赤目,杜门谢客,而传者遂云物故,以为左右忧。闻李长官说,以为一笑,平生所得毁誉,殆皆此类也。

苏轼善于从普通生活中发现美感,
从而实现了从现实人生到艺术人生的转化

到七月初,苏轼就已完全恢复了原有的生活习惯,依旧早出晚归,往来于东坡与临皋亭之间,或者是与朋友们结伴四处游玩。经过几个月闭门幽居、足不出户之后,苏轼感到大自然分外亲切和美

好。他怀着新奇与欣喜的心情打量着周围的一切,从每一样最普通、最细小的事物中发现无穷乐趣:

> 林断山明竹隐墙,乱蝉衰草小池塘。翻空白鸟时时见,照水红蕖细细香。　村舍外,古城旁,杖藜徐步转斜阳。殷勤昨夜三更雨,又得浮生一日凉。(《鹧鸪天》)

苏轼的朋友圈中,如今又增加了一个新近谪居黄州的张怀民。怀民初来乍到,暂且寓居在承天寺,同时在江边选了一块地方,准备营造新居。新屋动工之前,却在旁边先建了一座可供游赏的亭子,苏轼以战国时代宋玉《风赋》中"快哉,此风"一句命名为"快哉亭",并作《水调歌头·黄州快哉亭赠张偓佺》:

> 落日绣帘卷,亭下水连空。知君为我新作,窗户湿青红。长记平山堂上,欹枕江南烟雨,杳杳没孤鸿。认得醉翁语,山色有无中。　一千顷,都镜净,倒碧峰。忽然浪起,掀舞一叶白头翁。堪笑兰台公子,未解庄生天籁,刚道有雌雄。一点浩然气,千里快哉风。

黄昏日落之际卷起亭上的绣帘,但见亭下水天相接,在夕阳的余晖映照下,显得空濛迷离。诗人不由回想起当年在扬州平山堂上,倚枕遥望江南烟雨蒙蒙的景色,目送孤鸿一点渐渐消失在远方的情景,再一次体会到欧阳修的名句"山色有无中"所描写的美妙意境。接下来,则分别展示长江的静景和动景:浩瀚的江面,波平浪静,明净如镜,映照着青山的倒影,水光山色,令人心旷神怡;忽然风起浪涌,波涛翻滚,扁舟之上白发老渔翁从容搏击于巨浪之巅;这壮美的场景动人心魄,诗人油然感受到一种浩气雄风,从而引发出对宋玉《风赋》的议论:正像庄子所说,风吹万窍,各自成声,显示出毫无机巧的天然和谐,是无偏无私的造物主赐予人类的美妙享受,宋玉却不理解,硬把风分成"大王之雄风"和"庶民之雌风",实在可笑可叹。其实,天地之间,无论贵贱,只要胸中有一股浩然之气,在任何情况下都可坦然处之,就能享用这无比爽快的千里清风。

虽然时已初秋,暑热却尚未完全消退。这天夜里,苏轼和家人在南堂临水的横廊上闲坐乘凉,江风习习吹拂,带来荷叶的清香,他的脑海中不由闪现出几个句子:

> 冰肌玉骨,自清凉无汗。水殿风来暗香满。

轻轻吟诵一遍,才忽然想起,这不是七岁那年听那位九十岁的朱姓老尼姑讲故事时学来的吗?据说还是五代的后蜀国主孟昶为他的宠妃花蕊夫人所作呢。他极力想回忆起全篇,可是,毕竟漫长的四十年过去了,怎么也想不出任何一个其他的句子来。他反复吟咏这三句,推想音律,认为原词的词牌应是《洞仙歌》。于是,一边轻摇手中的蒲扇,一边就将这首残缺的蜀宫词补缀成篇:

> 冰肌玉骨,自清凉无汗。水殿风来暗香满。绣帘开、一点明月窥人;人未寝,欹枕钗横鬓乱。　　起来携素手,庭户无声,时见疏星渡河汉。试问夜如何?夜已三更,金波淡、玉绳低转。但屈指西风几时来?又不道流年,暗中偷换。

水殿风凉,明月诱人,令人难以安眠。孟昶和花蕊夫人索性起床追凉赏月。夜空疏朗清丽,不时看到稀稀落落的星星滑过银河。

月光渐渐暗淡,北斗七星也悄然移转。夜色深沉,花蕊夫人仰望苍穹,屈指细算:不知炎热的夏季还要持续多久?凉爽的秋风几时才能来到?当此之际,她却不曾想到,夏逐年消,人随秋老,时光已在不知不觉中将年华偷换。该词铺写蜀宫旧事,却不落《花间》俗套,毫无香秾软艳之病,将夏夜纳凉这样一个日常生活细节,写得如此清空而有意趣,使主题上升到哲理的高度。

不满有缺陷的现实,向往将来的美境,于是,无情的时光便在向往中悄然逝去,这似乎是常人难以避免的偏执,芸芸众生,不知有几人能真正拥有此时,把握现在?而苏轼卓然独立于世人之上,恰恰在于他能立足现实,从苦难中寻求快乐,从凡夫俗子的普通生活中发现愉悦自身的美,以此实现从现实人生到艺术人生的转化。

一天夜里,苏轼和张怀民在月光下散步,回来后写了一篇随笔:

> 元丰六年十月十二日,夜,解衣欲睡;月色入户,欣然起行,念无与为乐者。遂至承天寺,寻张怀民。怀民亦未寝,相与步于中庭。庭下如积水空明,水中藻荇交横,盖竹柏影也。何夜无月,何处无竹柏,但少闲人如吾两人耳。(《记承天寺夜游》)

简练的叙事,精妙的写景,耐人寻味的抒情和议论,这一切都浓缩在八十四个字之中,而行文仿佛极不经意,遂成为千古传诵的名篇,从此,读者再也无法忘记那一片清淡的月色和那个信步中庭的"闲人"。这篇短记激动人们之处,首先就在于可以从中认识到一颗不朽的灵魂:既寂寞又自悦,生活遭际上困于他人,但在精神生活上超出常人。胸怀大志却落得有闲之身固然引起千愁万恨,但是,"江山风月本无常主,闲者便是主人。"(《临皋闲题》)正如西方哲人所说:

"心境愈是自由,愈能得到美的享受"(海德格尔语)。苏轼也认为"闲人"才是无主江山的真正主人,多少佳景胜概都被"忙人"匆匆错过。为不少论者所激赏的"庭下如积水空明"一句,正是在这个意义上获得了最佳的艺术效果,使人玩味不尽。这是一种对人的精神世界丰富性的发现的乐趣。

随笔,或称笔记小品,原来大都用以客观地记录人物、事件或事物,感怀抒情之作很少。苏轼的随笔(后人辑有《东坡志林》、《仇池笔记》等书)却有许多从日常生活片段的记叙中,展现动人心魂的美,揭示某些人生哲理,使人们认识到发现这些自然美和人生哲理的心灵的丰富性。明人王舜俞《苏长公小品》中说:"文至东坡真是不须作文,只随笔记录便是文"(见《书天庆观壁》眉批),说中了这类文体的艺术特点:信手点染,不刻意为文,努力在三笔两笔中写出一种情调或一片心情。这类美不胜收的笔记小品,黄州时期写了不少,除了《记承天寺夜游》,《书临皋亭》亦极负盛名:

> 东坡居士酒醉饭饱,倚于几上,白云左绕,清江右洄,重门洞开,林峦坌(bèn,一起)入。当是时,若有思而无所思,以受万物之备,惭愧! 惭愧!

全篇不足五十字,在一种寓意于物而不受制于物的精神状态下,领受大千世界无穷之美,达到主体的完全自适和充分肯定。

苏轼不仅享受着自然的慷慨赐予,
而且享受着家庭生活的幸福与和美

怀着一颗充满赏爱的自由的心灵,苏轼不仅享受着自然的慷慨赐予,而且享受着家庭生活的幸福与和美。妻子王闰之贤惠勤俭,安贫乐道;三个儿子成长于患难之中,小小年纪都已懂得为父母分忧解难,而且个个勤奋好学,所以,在《次韵和王巩六首》其五中,苏轼曾得意地说:

> 子还可责同元亮,妻却差贤胜敬通。若问我贫天所赋,不因迁谪始囊空。

只要一家人和和睦睦,孩子们聪明懂事,生活就有希望,有奔头,再苦再穷也不会让苏轼发愁。陶渊明(元亮)曾写过一首《责子诗》,为五个儿子不思长进而感到悲哀。诗中说:

> 虽有五男儿,总不好纸笔。阿舒已二八(十六岁),懒惰故无匹。阿宣行志学(即将十五岁),而不爱文术。雍端年十三,不识六与七。通子垂九龄,但觅梨与栗。

苏轼认为自己的三个儿子或许算不上十分出色,却还是"孺子可教",相比之下,不无欣慰。苏轼显然不是"严父",他喜欢和孩子们嬉玩,以他泛爱世人的天性,"眼前见天下无一个不好人"(元·陶宗仪《说郛》引),更不必说自己的三个儿子。他曾自称"誉儿有癖",儿子稍有好的表现,便要赞不绝口。

一天夜里,全家闲坐聊天,苏轼忽然来了兴致,要和长子苏迈联句。当时清风入户,窗外一轮明月在浮云中穿行,时隐时显。苏轼脱口吟道:

> 清风来无边,明月翳复吐。

苏迈应声接道：

> 松声满虚室，竹影侵半户。

苏轼含笑点头：

> 暗枝有惊鹊，坏壁鸣饥鼠。

苏迈步步紧跟：

> 露叶耿高梧，风萤落空庑(wú,屋子)。

苏轼由景及情，沿用古诗典故，微露投闲置散的失意情怀：

> 微凉感团扇，古意歌白纻。

苏迈心领神会，借用眼前实景，表现天伦之乐以劝慰老父：

> 乐哉今夕游，获此陪杖屦。

苏轼十分高兴，最后总结道：

> 传家诗律细，已自过宗武。短诗膝上成，聊以感怀祖。

杜甫曾有《示宗武》一诗夸奖儿子宗武善于作诗，能够传承家学。苏轼则大言不惭地声称,苏迈作诗已经超过了宗武。杜甫的祖父杜审言和苏轼的远祖苏味道,同为武则天时代的宫廷诗人,与李峤、崔融合称为"文章四友"。杜甫曾自豪地说:"诗是吾家事",苏轼此处也有这个意思。随后,苏轼便将这首父子合作完成的诗歌记录下来,即为《夜坐与迈联句》。

苏轼另有一篇随笔《题和王巩六首诗后》,对"妻却差贤胜敬通"一句做了解释,他说:

> 仆文章虽不逮冯衍,而慷慨大节乃不愧此翁。衍逢世祖英睿好士而独不遇,流离摈逐,与仆相似。而衍妻妒悍甚,仆少此一事,故有胜敬通之句。

冯衍(字敬通),是东汉学者,一生坎坷不遇,妻子又专横跋扈,十分不幸。苏轼庆幸自己拥有一个好太太,不像冯衍那样内外交困。

一天, 苏轼手书杜甫《屏迹》诗:

> 用拙存吾道,幽居近物情。桑麻深雨露,燕雀半生成。村鼓时时急,渔舟个个轻。杖藜从白首,心迹喜双清。晚起家何事,无营地转幽。竹光团野色,山影漾江流。废学从儿懒,长贫任妇愁。百年浑得醉,一月不梳头。

然后在下面戏题一句:

> 此东坡居士之诗也。

旁观的朋友不解地问:"这明明是杜甫的《屏迹》诗嘛,居士怎能据为已有?"

苏轼回答道:"禾麻谷麦,最初不都是由神农、后稷发现并且培植的吗? 但是现在贮存在家家户户的仓库里,就变成各家的私有财产,倘若有谁不经人许可擅自去取,就被视为盗贼,被盗者为失主。其实,如果追溯当初,不都是神农、后稷的财物吗? 同样,这首《屏迹》诗,虽然最初是杜甫所作,但字字句句都是东坡居士的生活实录,所以是东坡居士之诗也。杜甫怎能禁止我拥有它呢?"

语近狡辩,却谐趣横生。诗的最后四句写尽从心任性,悠闲自在之状,确实不失为苏轼黄州生活的生动写照。

却说范镇既已得知苏轼只是病过几个月,依旧好好活着,总算放下心来,听说苏轼打算购田置土,作退隐终老之计,所以随即写信建议他在许昌买地,将来可以比邻而居,长相往来。苏轼得信,心中自然十分感激范镇的深情厚意,但前不久陈慥打听到荆州附近的一座小田庄要出卖,已叫苏迈前往相看,家中所有钱款也都一并带去了,不可能再去许昌置产;况且,四年来远离士大夫生活圈,在黄州这座偏僻的小城放任自在惯了,还真有些怕自己不能适应那名士汇集、公卿如林的大都市的生活。在《书范蜀公约邻》一文中,他写道:

> 范蜀公约我卜邻许下。许下多公卿,而我襄衣箬笠放浪于东坡之上,岂复能事公卿哉! 若人久放浪,不觉有病,忽然持养,百病皆作。如州县久不治,因循苟简,亦曰无事,忽遇能吏,百弊纷然,非数月不能清净也。要且坚忍不退,所谓一劳永逸也。

所以写信婉谢了范镇的好意。不过,这次苏迈跑了一趟,荆南的小

田庄却未能成交,苏轼不由感叹:

> 吾无求于世矣。所须二顷稻田,以充饘粥耳。而所至访
> 问,终不可得。岂吾道方艰难时无适而可耶?抑人生自有定
> 分,虽一饱,亦如功名富贵不可轻得也耶?

四年中,神宗曾多次打算起用苏轼

到元丰六年,变法运动已经持续整整十六年了。十六年来,神宗皇帝殚精竭虑,事必躬亲,国富兵强的理想却始终难以成为现实,相反的,似乎越来越遥远,越来越渺茫了。他常常感到力不从心,多么希望有一批强有力的助手来帮助他应付这日见艰难的局面啊!可是环顾四周,曾几何时,朝廷要职都被一群无能之辈所占据,一想到这一点,神宗心中便涌起一阵悲哀。

熙宁初年,变法刚刚开始的时候,神宗也曾想将各种力量都集中到自己的变法大旗之下,然而,政见之争竟是如此激烈,变法的阻力又是如此巨大,他不得不采取强硬措施黜退反变法的官员,专门任用拥护新法的人,这种推行新法的强硬态度又因他本人的个性而走向极端,从而导致专制独裁政治的出现,有才华有主见的大臣,无论是王安石还是司马光,无论是主张变法还是反对变法,都难以与他长久共处,唯有王珪这样唯唯诺诺、见风使舵的“三旨相公”可以始终不倒。改革陷入困境,神宗心里充满了矛盾和痛苦。作为一位有为的君主,他不得不反思以往,开始考虑起用一些反对新法的官员,并曾公开表示“欲取新旧人两用之”。司马光、范纯仁、苏轼、李常等都在神宗的考虑之中。可是起用这些人并非易事,王珪、蔡确等居于高位的既得利益者都坚决反对,他们唯恐反变法派重新登上

政治舞台,自己的位置便将不保,所以,千方百计从中作梗。为了不引出更多的矛盾,保持全局的稳定,神宗多次妥协。

神宗第一次试图起用苏轼是在元丰三年的九月。一天,神宗与几位宰执大臣商议人事,议论一开始,神宗便拿出一份预先拟定的名单,王珪点头哈腰地走上前去,接过来一看,不由暗自一惊,表上赫然写道:御史中丞司马光,中书舍人翰林学士苏轼。此外还有其他反变法派大臣都各有任命。

御史中丞有弹劾百官的权力,中书舍人掌管起草皇帝诏令,如果事有不妥,或任免非人,可以直接奏请皇上重新考虑,实际上已参与核心决策。王珪心想:如此重要的职位,神宗都打算任命反变法人物,看来一不当心,政局真会发生翻天覆地的变化。他的心不由突突地猛跳起来,外表上却依然强装镇定。这时,他听见神宗说:"这几位大臣虽然在此之前立朝议论有所不同,但都是各行其所学,对于朝廷还是忠心不二的,怎可以长期弃而不用?"

王珪不愧为久戏风波的"三旨相公",神宗话音刚落,他就高声说:"领圣旨。"真是字正腔圆,训练有素。

退朝后,王珪、蔡确等人又忙不迭地开起了小会。蔡确一个劲地说:"这事如何使得,必须将死马当作活马医。"

几个人叽叽咕咕一阵商量,终于想出一条诡计:设法使西部边境接连不断的小规模军事冲突扩大为战争,吸引皇上的注意力,此事便可不了了之。

于是,他们一边采取拖延战术,每当神宗问及起用司马光等人的事情,总是毕恭毕敬地回答:"臣等正商量执行。"一边由蔡确授意庆州知州俞充,上了一道所谓"平西夏策",夸大西夏的内乱,声称趁此大好时机,可以一举征服西夏,大振天威。

果然,神宗接到俞充的报告,龙颜大悦,几位宰执大臣对此心照不宣,在一旁煽风点火,极力主战,一场征讨西夏的战争就这样风风火火地准备开了。神宗再也无心过问旧臣的起用,王珪等人的目的终于达到了。但是,战争使国家蒙受了巨大的损失,给人民带来极大的痛苦。

不久,朝廷商议修撰国史,神宗又想到了苏轼。他对王珪说:"修国史是关系千秋万代的大事,可叫苏轼主持编撰。"

王珪等人个个面有难色,神宗不便违拗众意,只得说:"如果苏轼不合适,那就用曾巩吧。"

王珪、蔡确积极主张的这场对西夏的战争,于元丰四年正式打响。与此同时,针对愈演愈烈的"冗官"之弊,从元丰三年八月开始进行的官制改革,经过一年的准备,也已基本就绪。一天,神宗主持御前会议,商量官员任免名单,总的宗旨仍是"新旧人两用之"。会上,神宗提出:"著作郎(掌管修纂日历,为文臣清贵之选)非苏轼不可。"

大家都不说话,这次神宗不肯妥协,沉默一阵之后,便继续讨论其他官职的任命。会议结束时,神宗说:"朕与高遵裕(攻打西夏的主将)有约,待他攻下灵武,捷报一到,即举行庆贺大典。今天议定的任命名单,也将在大典上宣布。所以,在此之前,诸位爱卿务必保守秘密,不可泄露。"

谁知,等到十月,消息传来,宋军惨败,几乎全军覆没。高遵裕的捷报,神宗预备的庆赏,都成了泡影。新官制则推迟到元丰五年五月才正式颁行,但经过大半年的时间,最初议定的名单,已改动了十分之五六。苏轼的名字自然也早就被王珪等人设法除去了。

元丰六年六月,听说苏轼病逝,神宗十分悲伤;此后又很快证实,不过是个谣言,他的心中充满了失而复得的喜悦。这一悲一喜,更激发了神宗对苏轼的珍惜。一天,他和身边近臣谈论古今人才,神宗说:"苏轼可与哪位古人相比?"

近臣回答:"颇似李白。"

神宗说:"不然,李白有苏轼的才气,却没有苏轼那么深厚广博的学识。"

这样一个旷代奇才生长在自己的时代,确实是人主的福气和骄傲。倘若不能为我所用,岂不是最大的遗憾? 再也不能优柔寡断、拖延时日了!

元丰七年正月的一天,神宗忽然亲书手札:

苏轼黜居思咎,阅岁滋深;人才实难,不忍终弃。

诏令将苏轼改授汝州(治所在今河南临汝)团练副使,本州安置,不得签书公事。这一招非常巧妙,不撤销原有处分,只是量移到离京城较近的州郡,算不得重新起用,因此王珪等人不便反对,但是,皇帝亲下手诏量移逐臣,意义非比寻常,等于神宗已将自己对苏轼的眷顾昭示众人,为将来的起用埋下了极为重要的伏笔。

读过诏令,苏轼百感交集

居住在黄州这么闭塞的小城里,苏轼自然不知道,围绕他的起用朝中所发生的这一系列斗争。

正月的一天,秦观寄来一首《梅花》诗,苏轼与参寥一同展读,十分欣赏,于是各自和作一首。写完《和秦太虚梅花》一首,苏轼诗兴犹浓,又在参寥和诗的基础上作《再和潜师》。晚上,大家聚在雪堂听崔闲弹琴,琴曲为《晓角》,清越悠扬,苏轼的脑海里油然冒出"月语星声"四个字来,他写道:

孟东野作《闻角》诗云:"似开孤月口,能说落星心。"今夜闻崔诚老弹《晓角》,乃知此诗之妙。(《书孟郊诗》)

春天来了,虽然寒意未尽,毕竟已是万物复苏的季节。二月一日,苏轼和徐得之(徐君猷之弟)、参寥结伴寻春。他们从雪堂出发,先到古耕道的南坡观赏竹林,接着拜谒了乳母任氏的坟墓,又在东坡茶圃锄了一会儿地,然后往赵氏园探梅。园中寒梅初绽,清香四溢。盘桓一阵之后,便到尚氏第,那里有一株遒劲弯曲有如龙蛇之状的老枳树。最后来到定惠院,喝一杯茶,休息一会,便尽兴而归。相约三月初三上巳日,再一道携酒踏青。

定惠院东面小坡,是一处私人的园圃。苏轼初到黄州发现那株海棠之后,便经常前往观赏,一来二去,和主人熟识了。因为苏轼的缘故,这株被忽视的海棠得到了精心的培植,长得愈加繁茂。以后每年花开,苏轼都和朋友们在园中置酒赏花,到元丰七年上巳日,"已五醉其下矣"。这天,苏轼和徐得之、参寥、崔闲一早如约前往,在花下饮酒。除了海棠、桃、李等树,山上还有一种枳树也十分茂盛。枳树"木性瘦韧,筋脉呈露,如老人项颈,花白而圆,如大珠累累,香色皆不凡"。这种树木没有多少实用价值,因此不为人所喜,往往砍去。也是由于苏轼喜欢,主人才留下了这片枳树。花下饮酒之后,便到尚氏第休息。尚氏也是苏轼的市井朋友,他家的竹木花圃都修剪得整洁可爱。这时醉意袭来,苏轼便在小板阁上睡了一会儿。将醒未醒之际,听到崔闲在弹雷氏琴,"作悲风晓月,铮铮然,意非人间也"(《记游定惠院》)。下午,他们又游赏了何氏、韩氏竹园,并在何氏园的竹荫下置酒,吃刘家的"为甚酥"。路上,苏轼还买了一只大木盆,打算用来盛水或腌菜,又向何家要了一丛橘树,打算移种到雪堂的西面。这时候他做梦也没有想到，两天之后，他将收到朝廷的诏令，从此便将永远离开生活了五个年头的黄州。

读罢诏令，苏轼百感交集，虽然一切都没有根本性的改变，只是稍微内移，但"人才实难，不忍终弃"一行字，显示出皇上对他的深深眷顾。作为一名正直的封建知识分子，苏轼具有浓厚的"忠君爱国"思想，并不因遭遇坎坷而心怀怨恨。经历了五年的谪居生活之后，读到这样饱含珍惜之意的话语，无异于漫漫长夜里的一线光明。可是，一想到骤然之间就要告别黄州的一切，心中便有万分的不舍。他很想上书朝廷，请求皇上同意他继续留在黄州，但又不忍拂逆皇上的一片好意，汝州毕竟是一个繁华富庶的城市，各方面条件都比黄州要好。犹豫再三，他终于决定前行，一家人便开始匆匆打点行装，从此，又将踏上漂泊之旅。

第八章　投老江湖终不失

元丰七年(1084)三月中旬,苏轼循例上了《谢量移汝州表》,随后便忙着收拾行李,准备离黄。他将东坡、雪堂和乳母的坟墓都托付给潘丙照看。出发的日子已经定了,船也已租好,不过,他自己先去筠州看望苏辙一家,稍后再由苏迈带领全家到九江和他相会。

苏轼即将离开黄州的消息很快就传开了, 前来话别的人络绎不绝

苏轼即将离开黄州的消息很快就传开了,前来话别的人络绎不绝,饯行的酒会一个接着一个,把日程排得很紧。许多朋友请苏轼题字留念,苏轼本来就不惜笔墨,又极重感情,在这离别伤怀的日子里,自然一一应承,因此,在黄州的最后一个月,他变得异常地忙碌。潘丙的两个侄儿大观、大临兄弟,请求苏轼为他们手书《赤壁》二赋,苏轼则表示更愿意写《归去来辞》,两位年轻人倒是毫不客气,索性一并都要。这样长篇的文字,须用蝇头小楷书写,苏轼是个急性的人,平时最不耐烦写小楷,这次竟也没有推辞。他从百忙之中抽出时间,一天一小段,精心书写,为此还将预定的启程日期推迟了好几天。不过,更多的题赠都是在酒席上即兴完成。

一天,州府的郡僚设宴为他送行,侑酒的歌妓中有一位名叫李琪的姑娘,天资聪颖,极爱读书,和一般歌妓相比,别有一种娴雅妩媚的风韵。但她为人矜持腼腆,不好言谈,虽然心中十分敬仰苏轼,每次官府宴集,看到其他歌妓争相求诗乞字,往往各有所得,暗自羡慕不已,可自己就是没有勇气开口。现在,苏轼很快就要离开黄州了,这是最后一次机会,绝对不能错过。酒过三巡,李琪终于鼓起勇气走到苏轼面前举杯再拜,取下围巾请苏轼惠赐墨宝。苏轼接过这洁白的丝巾,不由仔细端详了一会儿这位美丽而略带忧愁的少女。其实,许久以来,他就注意到李琪的与众不同,有时他猜想,或许这姑娘有着不为人知的身世的隐痛。这使他油然想起定惠院东面小山坡上那株高洁的海棠,在杂花乱草中幽独地生长,想到这里,他提笔写道:

东坡五载黄州住,何事无言及李琪?

正在这时,又有几位邻桌的客人过来敬酒,苏轼连忙放下手中的笔,与他们饮酒谈笑,随后又到其他酒桌上回敬,题诗的事情似乎已经忘到了脑后。同席的人传看这首没有完成的诗歌,觉得平常浅易,以苏轼的敏捷才思,下面必有奇句来振起全篇,所以都怀着期待的心情等待着下文。李琪更是焦急万分,不知如何是好。眼看着宴席将散,她再也忍耐不住,硬着头皮再拜求诗,苏轼这才猛然想起,哈哈大笑,说:"几乎忘了出场。"于是挥笔写道:

恰似西川杜工部,海棠虽好不吟诗。

杜甫在素有"香海棠国"之称的西蜀生活了整整十年,写过不少咏物诗,却不知何故始终没有一篇提到海棠。苏轼运用这个典故,对于自己几年来不曾为李琪题诗,做了一个巧妙的不成解释的解释,同时又以海棠比李琪,称赞她为花中极品,不同流俗。黄州所有歌妓,唯有她得到的褒扬最甚。读过全诗,满座击节称叹。

东坡和临皋亭的左邻右舍都舍不得苏轼一家离去,他们纷纷以最淳朴的方式表达自己的留恋之情。有的送来土特产以表心意,有的则主动帮忙打点行装。对于黄州父老的深情厚意,苏轼心中充满感激。在过去的艰难岁月里,他们曾给予过多少无私的帮助啊。垦荒时:

从我于东坡,劳饷同一餐。(《东坡八首》其七)

筑堤时:

四邻相率助举杵,人人知我囊无钱。(《次韵孔毅父久旱已而甚雨三首》其二)

种地时:

农夫劝我言,莫使苗叶昌。君欲富饼饵,要须纵牛羊。(《东坡八首》其五)

点点滴滴的往事早已深深地烙进了苏轼的脑海中,今生今世难以忘怀。四月一日那天,在朋友与邻居的告别宴上,苏轼无限感慨地写道:

归去来兮,吾归何处?万里家在岷峨。百年强半,来日苦无多。坐见黄州再闰,儿童尽,楚语吴歌。山中友,鸡豚社酒,相劝老东坡。 云何？当此去，人生底事，来往如梭！待闲看秋风，洛水清波。好在堂前细柳，应念我，莫剪柔柯。仍传语，江南父老，时与晒渔蓑。（《满庭芳》）

从元丰三年二月直到现在，苏轼在黄州已经生活了四年零两个月，其中经历了元丰三年的闰九月和元丰六年的闰六月两度闰年，孩子们都已经是满口的黄州方言，在人的一生中这已是不算太短的一段日子。经过如此漫长的等待之后，仕宦生涯终于有了一点点转机，他的心中虽然又重新燃起了希望的火花，但是，身不由己、没有尽头的辗转跋涉令他疲惫、倦怠，年近五十，渐入老境，他真的觉得有些累了。多么希望能像陶渊明一样彻底摆脱仕途的羁绊，回归到率真抱朴、怡然自得的田园生活呀！然而，既已许身事君，命运便不再由自己主宰，况且，在他的思想深处，儒家的淑世精神根深蒂固，因此，无论从主观上还是客观上，目前他都不可能真的抛弃一切回到四川老家，或者是违背君命继续留在黄州，归隐田园永远都只是一个可望而不可即的梦想。他必须走，在这春光烂漫的时节，离开熟悉的东坡，离开山中淳朴亲切的老友，去到那洛水之畔的汝州。想到这一切，他不由发出一声深深的感叹：人生为什么总是这样来往匆匆啊！他说，秋风乍起时，我一定会情不自禁地怀念这里的故人，相信黄州的父老们也会时时想起我。雪堂前面我种下的那些柳树，希望你们能加意爱护，不要轻易剪去那柔嫩的枝条，也请时时替我晒一晒打鱼时穿的蓑衣，在不久的将来，我一定会回来的！整首词淋漓尽致地铺写了苏轼进退两难的处境、矛盾的心理以及对于黄州父老依依惜别的深情。

尽管充满了离情，启程的日子还是不可避免地来到了。清早起来，天气很晴朗，因为夜里下了几点微雨，空气中弥漫着清新的气息。东坡上绿油油的水稻已经开始抽穗。邻里好友都知道苏轼今天出发,不约而同地来到雪堂前,和他最后话别。一位老人用颤抖的手满满地斟了一杯酒,双手奉上,说:"先生,请您喝了这杯送行的酒吧,以后可别忘了这个地方,它也是您的家呀。"

苏轼恭恭敬敬地接过酒杯,环顾乡邻朋友。他想说点什么,但嗓子好像被哽住了。是呀,要说的太多了,怎么能说得清呢?想当初自己被贬谪来到这里,没有亲戚,没有朋友,没有固定的住所,几乎是一无所有。患难之中,是黄州父老给予他热情的关怀和帮助,他们朴实真淳的情谊,使他时时感受到人间的温情。他本想终老此地,谁知身不由己。这一去,真不知何时才能故地重游,何时才能与老友相见。他衷心地感谢乡亲们的一片真情并致以美好的祝福,然后仰头将酒一饮而尽,从此又将踏上风波难测的漫漫征途。

这天黄昏,苏轼一行渡过长江,在茫茫夜色之中前往武昌的王齐愈、王齐万家。四周一片静寂,可以听到江涛澎湃的声音。忽然,一阵隐隐的鼓角声隔江传来,苏轼心中不由一震。这声音是多么熟悉,多么亲切! 这是黄州的鼓角声呀。在过去的四年中,它多少次陪伴着我夜游,又多少次惊醒我醺醺的醉意! 是不是它也知道我要离开,所以也前来送行呢? 平时的鼓角声带着静夜时分古朴的安详,今天夹杂在波涛声中,听来竟别有一番凄清悲壮的意味,想来它也为离别而难过吧。想到这里,苏轼停下脚步,回望东坡,凄然泪下,写下《过江夜行武昌山上,闻黄州鼓角》一诗:

> 清风弄水月衔山,幽人夜渡吴王岘。黄州鼓角亦多情,送我南来不辞远。江南又闻出塞曲,半杂江声作悲健。谁言万方声一概,鼍愤龙愁为余变。我记江边枯柳树,未死相逢真识面。他年一叶泝江来,还吹此曲相迎饯。

诗歌酣畅淋漓地表现了苏轼对黄州的无限留恋,他再一次满怀深情地表示:有朝一日我还会渡江重来,到那时,请你再吹奏这个曲子来迎接我吧! 然而,仕途羁旅,这个美好的愿望终究没能实现,尽管他一直怀念东坡,怀念真挚朴实的黄州父老。直到元祐四年(1089)出知杭州时,在《次韵毛滂法曹感雨诗》中,还充满感情地写道:

> 我昔在东坡,秋菊为夕餐。永愧此邦人,布褐为我完。

在王家住过两天,因老友杨绘新任兴国军(宋时属江南西路,治所在今湖北阳新)知州,派州学生李翔前来,专程邀请他往游其地。于是,苏轼便在陈慥、参寥、赵吉这一侠、一僧、一道三位朋友陪同下前往。

赵吉也是一位喜论养生的得道异人,原在筠州行乞,自称已经活了一百二十七岁,与人相见不须交谈,便能说出这人的性情好恶和身体状况。他平时衣衫褴褛,蓬头垢面,从不洗沐,好饮酒,醉了便要骂人,所以当地人都很怕他,称他为疯子。但他极爱动物,出门总是带着宠物行走,日后竟被一头驴子踢死。据说几年后他又从坟墓里复活,还有人亲眼见到。苏辙到筠州不久,赵吉忽然求见,对他说:"我知道你爱好养生之道,但不得要领,阳不降,阴不升,所以肉多而浮,面赤而疮。我传授给你一些秘诀,只要坚持,必有成效。"

苏辙听从他的指点,果然效果明显。从此两人结为朋友,频繁往来。听说苏轼谪居黄州,赵吉有心一见,元丰六年十月,即携苏辙的书信前往。他非常喜欢苏轼旷达随和的性格,因此在雪堂一住半年,这次才和苏轼一道离开黄州。到兴国军后,即被杨绘留下。

一行人在兴国军逗留了好几天,杨绘置酒款待,大家欢饮竟夕。随后,李翔又邀请苏轼等人去他家做客。苏轼身材修长,皮肤微黑,穿一件刚可及膝的绿色短衫,拄杖而行,往往一路高歌,飘逸洒脱,给当地人留下了极深的印象。李翔还将苏轼醉后留题壁上的那间房子,取名为怀坡阁。

四月十四日,苏轼抵达慈湖,顺江而下,前往九江。潘丙、郭遘、古耕道、王齐愈、王齐万等十九位邻居好友乘船赶来,远道相送,在苏轼再三劝阻下,大家才依依不舍地返回。唯有陈慥,交情更是不同一般,坚持一定要送到九江。临别之际,两位老友久久握别,相互告诫:

> 将行出苦语,不用儿女泣。吾非固多矣,君岂无一缺。各念别时言,闭户谢宾客。(《岐亭五首》其五)

苏轼又将四年前岐亭道上巧遇陈慥以及此后三次岐亭之游所作的诗歌,连同这首临别之作,合编为《岐亭五首》,前加长序,留给陈慥作为两人患难交情的永久纪念。

初入庐山,苏轼心中蓄满了惊叹与喜悦

九江别过陈慥,又有老友刘恕的弟弟刘格前来迎接,陪同苏轼、参寥往游庐山。

庐山位于浔阳县东三十二里处,层峦耸秀,高入云霄,缕缕白云缠绕在山腰,恍如仙境一般飘渺。而它之所以饮誉古今,令文人墨客心驰神往,不仅由于秀丽的自然景色,更由于它拥有丰富的人文景观。这里古刹林立,先贤遗迹随处可见,神话传说数不胜数,仅是庐山的得名,便充满了传奇色彩。庐山原名鄣山,传说殷周时代,匡裕"受道于仙人,共游此山,遂托室崖岫,即岩成馆"(晋·慧远《庐山

记略》），在这里隐居修炼，羽化成仙，只留下空空如也的草庐。此后，人们便将此山称为庐山，又名匡庐。宋初为避宋太祖赵匡胤的名讳，又改称康山。唐代诗人钱起在游过庐山之后，深有感触地写道：

> 咫尺愁风雨，匡庐不可登。只疑云雾里，犹有六朝僧。

写尽了庐山的高峻与神秘。

　　四月二十四日一早，苏轼一行即由南麓正面上山，但见奇峰异石，山谷秀美。幽静翠绿的山径中，凉爽的山风划过树梢，清晨的阳光从绿叶交错的缝隙洒落，在长满青苔的石板路上留下一个个斑驳的光点。周围一片静谧，偶尔传来一两声鸟鸣，更显出山中的幽静，蜿蜒的涧水随山势曲折，潺潺的水声随处可闻。山中的景色奇幻而富于变化：时而是苍翠深谷，时而是峭壁陡崖，时而是缓坡绿地……景随形换，不可胜记，令人应接不暇，叹为观止。如此胜境，确实是造物主的名篇杰作，绝非人类的语言所能描述。因此，初入庐山，苏轼便与参寥约定，此行决不作诗。

　　奇怪的是，不知何时，苏轼到来的消息早已传遍庐山上下，所到之处，山中僧俗纷纷奔走相告，兴奋地说："苏子瞻来了！苏子瞻来了！"此情此景，令苏轼既高兴又诧异，不觉吟成一绝：

> 芒鞋青竹杖，自挂百钱游。可怪深山里，人人识故侯。（《初入庐山三首》之一）

诗刚出口，忽然想起与参寥的约定，又不免一番自嘲。不过既已破戒，也就不必守约，面对这奇诡变幻的美景，苏轼又脱口吟道：

青山若无素,偃蹇不相亲。要识庐山面,他年是故人。(《初入庐山三首》之一)

神奇美丽的庐山兀然耸立在云雾之中,瞬息万变,飘渺难测,就像一位高傲的丽人,初次见面,决不肯与人随意亲近,若想认识她的本来面貌,恐怕必须是相识多年的老朋友。诗歌以生动形象的语言表明:认识事物必须亲身实践,反复接触。

走在幽峭的山林间,欣赏着绮丽多变的景色,苏轼心中蓄满了惊叹与喜悦。多少年的向往,多少次的神游,他简直不敢相信这云霞,这雾霭,这满眼的层峦叠嶂,竟已如此真实地出现在他的周围,不再是虚幻的梦想:

自昔怀清赏,神游杳霭间。如今不是梦,真个在庐山。(《初入庐山三首》之一)

这天刚好有朋友给他寄来亡友陈舜俞所作的《庐山记》,该书对庐山的一水一石,莫不记录,十分精要。苏轼兴致勃勃,边走边读。其中谈到前人题咏庐山瀑布的诗篇,李白那首著名的《望庐山瀑布》自然是雄视千古的佳构:

日照香炉生紫烟,遥看瀑布挂前川。飞流直下三千尺,疑是银河落九天。

全诗俊逸飞扬,气象宏阔,以出人意表的夸张与想象生动地再现了庐山瀑布的壮美景观,带给人力与美的双重享受。然而,中唐徐凝的《庐山瀑布》一诗则较为平常:

虚空落泉千仞直，雷奔入江不暂息。今古长如白练飞，一
条界破青山色。

苏轼认为，这首诗歌既无气魄，又无想象，将飞崖直下、势不可挡的
瀑流写得轻飘无力，毫无生气，读罢全诗不由笑出声来。平心而论，
苏轼这番评价近于偏激，徐凝的诗歌虽不能与李白相比，但也算不
得"恶诗"，"白练""青山"色泽明艳，"界破"一词也颇有力度，据说白
居易激赏此诗。出于自身的偏见，苏轼认为白居易绝不至于如此缺
乏眼光，这段记载十有八九是伪造的。想到这里，苏轼不由加快了
脚步，他迫不及待地想要去观赏这神往已久的庐山瀑布。

几个人穿云度雾，不一会儿便来到了开先寺，寺中住持早已闻
讯，带着大小僧众在寺前迎候，当下请入寺中喝茶休息。

开先寺位于五老峰下，原为南唐中主李璟年少时的读书堂，在
他即位之后，下诏改建为寺庙。因为历史悠久，寺内古木参天，楼台
掩映，著名的庐山瀑布水即在寺外不远处，坐在寺中，就能听到飞瀑
直泻的轰鸣。苏轼等人在寺中稍坐片刻，便在住持和尚的陪同下前
往观赏。

迤逦前行，水流的声音越来越响，似有千军万马奔腾而至，山路
也为之震动。转过一个山坡，清凉的水气扑面而来，轰鸣声陡然清
晰，呈现在他们面前的是一条飞腾跳跃的白龙，真似从九天之上倾
泻而下。珠飞玉溅，撞击在嵯峨的岩石上，飞出一片片濛濛的水雾，
声势夺人。其时已近黄昏，落日斜射，水雾呈现出五彩缤纷的颜色，
苏轼不禁对造化的神奇发出阵阵惊叹。这飞悬三百余丈的瀑流，下
注深谷，汇成大龙潭，潭水深碧，天光云影缓缓地摇荡，构成极其迷
幻的图景，苏轼想起了传说中那位可以自由地往来于水中的仙人琴

高,多么希望能手持白莲,跟随在他身后,骑一尾金色的鲤鱼,没入这幽深碧绿的潭水之中,到龙王的水晶宝殿去遨游。

天色渐晚,苏轼一行告别开先寺继续前行,住持和尚请求留诗,苏轼想起白天读到的徐凝的诗歌,再与刚才所见的实景比照,更觉俗不可耐,诙谐幽默的诗人随即口占一绝:

> 帝遣银河一派垂,古来惟有谪仙词。飞流溅沫知多少,不与徐凝洗恶诗。

他们乘着月色匆匆赶路,来到甘泉口西面的圆通山,山南有一座圆通禅院,是父亲苏洵的旧游之地。父亲当年游历庐山,曾在这里住过一些日子,与当时的住持居讷长老结识。居讷长老是皇祐年间有名的高僧,京城新建净因禅院,屡次请他前往住持寺务,但长老以目疾坚辞,终老此地。苏轼小时候,父亲每每提起这次庐山旧游,必定谈到居讷长老,对长老的修为极口称赞。这天晚上,苏轼一行人便住在圆通禅院,现任住持可仙禅师热情地接待了他们。院中还有一位名叫宣逮的川籍老僧,与苏洵熟识,当年苏洵与居讷长老清谈游赏时,宣逮一直侍奉在侧。夜间闲坐谈天,听宣逮老和尚娓娓叙说先父遗事,苏轼心中百感交集。适逢父亲去世十八周年忌日,苏轼斋戒沐浴,手书《宝积菩萨献盖颂佛偈》一则,并彩幡一对捐给禅院,为父亲祈求冥福。

第二天,苏轼又马不停蹄地游赏了几处名胜,因为急着去筠州探望苏辙,便匆匆下山了。

苏辙得知兄长正日夜兼程前来相会，
心中充满了期盼

苏轼风餐露宿数百里前往筠州，一想到很快就要见到分别五年的弟弟，他就激动得无法安然入睡：

> 对床欲作连夜语，念汝还须戴星起。(《将至筠，先寄迟、适、远三犹子》)

几年来，兄弟俩书信频寄，交流各自读书、作文、学佛、修道诸多方面的体会，互相勉励。苏辙的几位女婿文逸民、王适、曹焕经常轮流到黄州探望苏轼。患难之中，大家的日子都过得很不容易。苏辙有三个儿子、七个女儿，经济负担一向很重，经过"乌台诗案"一番离乱播迁，更是"债负山积"(《与章子厚书》)，随后又贬官筠州，薪水大减，生活更觉艰难。初到筠州，知州毛国镇也是一位风雅的文人，为政宽仁，十分相得。元丰五年，毛知州告老还乡，同僚中便有人开始排挤、打击苏辙。苏轼听说后，心里十分难受，却又无能为力，不免有"虎落平阳被犬欺"的悲哀，一连写了好几首诗歌安慰弟弟。在《初秋寄子由》一诗中，他又深情地提起了怀远驿中那一段难忘的旧事：

> 百川日夜逝，物我相随去。惟有宿昔心，依然守故处。忆在怀远驿，闭门秋暑中。藜羹对书史，挥汗与子同。西风忽凄厉，落叶穿户牖。子起寻夹衣，感叹执我手。朱颜不可恃，此语君莫疑。别离恐不免，功名定难期。

兄弟情深,当年少年英迈,前程无量,即已期待着携手归隐的一日,何况如今年老衰颓,仕途之上遍地荆棘,真不如兄弟俩一道在黄州买田筑室,相依相守,下半生做个草野之民。所以,他接着说:

> 当时已凄断,况此两衰老。失途既难追,学道恨不早。买田秋已议,筑室春当成。雪堂风雨夜,已作对床声。

然而,这一切依旧不过是美妙却无法实现的梦想,是无奈之中一点点可怜的心理慰藉。苏辙仍然早出晚归,勤勤恳恳地坚守着他那烦杂而卑微的监酒职责。

苏轼抵达建昌,意外地遇上刚从筠州探望过岳家、正要返回徐州的王适,惊喜之情难以言喻。两人既有师弟之谊,又有姻戚之亲,感情自是不同一般,一夜长谈,第二天便依依不舍,各奔东西。

离筠州越来越近,苏轼的心情也越来越激动。他一路揣想着弟弟一家的情形,尤其是三个侄儿,七八年不见,大概都长成为俊发的小后生了吧?可是在他的睡梦中,最小的虎儿(苏远)还是当年在济南时见到的那幅垂髫总角、牙牙学语的娇憨模样。想着想着,他情不自禁地写下一首《将至筠,先寄迟、适、远三犹子》,托信使快马捎去。

离建昌,过修水,到奉新,筠州已经指日可达,苏轼抑制不住内心的兴奋,又提笔写了一封快信:

> 吾已至奉新,旦夕可相见。

却说苏辙早已得知兄长正日夜兼程前来相会,心中充满了期盼。这天早起,他忽然想起平时与自己相交甚密的云庵禅师和有聪禅师对兄长也很仰慕,何不赶快将这个好消息告诉他们呢?他来到云庵禅师所在的洞山禅院,有聪禅师正好在座,二人正在谈论着什么。原来,昨天夜里,两位禅师不约而同地梦到与苏辙一起去迎接五祖戒禅师,百般推解,不知是什么含义。苏辙一听,不禁抚掌大笑,二人同梦,真是不可思议!接着便将兄长要来的消息告诉两位禅师,他们都很高兴。正在这时,苏辙的家人叩门进来,递上一封来信,正是苏轼在奉新所写。苏辙读罢,大略算一算时间,苏轼今天晚些时候便将抵达筠州。他再也坐不住了,即刻与两位禅师并苏迟、苏适、苏远一道,出城二十多里前往迎接。

他们在城郊的建山寺等候不久,便见远处风尘飞扬,一行人骑马疾驰而至,走在最前面的那个人,身形矫健,长袖飘飘,正是苏辙朝思暮想的兄长,依旧是满面爽朗的笑容。苏辙急忙迎上前去,紧紧地握住哥哥的双手。兄弟二人对视良久,不禁有些双眼模糊。

苏辙向兄长介绍了两位禅师,大家一同到建山寺里稍息片刻。闲聊中,两位禅师不觉又谈起了昨夜的怪梦,苏轼心中也暗暗称奇,他说:"我八九岁时,常常梦到自己是个僧人,往来于陕西东部一带。而且,听说母亲怀我时,也曾梦到一个瘦高的瞎眼和尚来我家借宿。"

云庵和尚一听,惊诧不已:"五祖戒禅师正是陕西东部人,身材瘦高,瞎了一只眼睛,他晚年曾到筠州,五十年前在大愚山坐化。"

苏轼此时恰好四十九岁,这一切实在是太巧了。有聪禅师说:"居士莫不是戒禅师转世?"

总之,不管是巧合还是什么,这件事情更加深了苏轼的人生梦幻意识,自此以后,他常穿僧衣,并自称"戒和尚"。

适逢端午节,一家人的兴致都非常高,他们按照四川老家的风俗,臂上系了五彩的丝线,门上挂了辟邪的菖蒲,苏辙的夫人还亲手做了家乡的水饼,把节日的气氛烘托得十分浓烈。遗憾的是,苏辙公务繁忙,节日也不得空闲,一大早就上班去了。兄弟俩已经有六年没在一起过端午节了,原以为这一次可以相对痛饮:

> 谓言必一醉,快作西川语。(《端午游真如,迟、适、远从,子由在酒局》)

没想到又为俗务所扰,苏轼心中不免有些怅然,好在有三个可爱的侄儿围绕在身边,愁闷的情绪顷刻即散。吃过早餐,便带着三个侄子到筠州名胜真如寺游玩:

> 独携三子出,古刹访禅祖。高谈付梁罗,诗律到阿虎。归来一调笑,慰此长龌龊。(同上)

他们一路谈天说地,吟诗作赋,连十一岁的虎儿也不甘示弱,和伯伯、哥哥一起即景联句,玩得十分开心。

苏轼在筠州停留了七八天,兄弟二人珍惜这相处的分分秒秒。他们常常把酒论诗,互相切磋;也常常对床夜语,共诉人生感慨。

> 风里杨花虽未定,雨中荷叶终不湿。(《别子由三首兼别迟》)

他们一样从小受儒家思想影响,拯世济时的理想并不因仕途坎坷而失落,立身处世的原则并不因处境艰难而放弃,兄弟俩互相勉励,互相劝慰。看到哥哥情绪高昂,对未来充满信心,苏辙从心里感到高兴,但他仍不忘提醒哥哥要有防人之心,平时还是少说为佳。

应佛印禅师之邀，苏轼与参寥重上匡庐

离开筠州，返回九江，家人尚未到达。神交已久的佛印禅师年前离开庐山归宗寺，任润州金山寺住持，最近回庐山办事，仍住归宗寺，派专人捎信邀请苏轼同游庐山。苏轼闻讯，即与参寥重上匡庐。佛印，又名了元，字觉老，他才思俊迈，风韵飘然，博览群书，过目不忘，是当时名动朝野的人物，佛印之号，即为神宗所赐。苏轼与他一见如故，两人同游庐山，相对溪上，听泉鸣空谷，恍如闻众佛齐诵八万四千偈颂，心神俱爽。

一天，苏轼与佛印同游，路遇一座古碑，上有一篇数百字的文章，不觉停步细读。游罢归来，苏轼问佛印身边众多同游的侍者："你们之中有谁能记得今天所读的那一篇碑文？"

众侍者相顾错愕，无人答话。唯有一位名叫自顺的侍者从容出列，将这篇匆匆读过一遍的碑文背诵出来，准确性达十分之七，苏轼大为惊叹，连忙问他叫什么名字，他回答道："自顺。"

苏轼说："逆则烦恼，顺则菩提。(菩提，梵语。意译正觉，即明辨善恶，觉悟真理之意。)"

从此，丛林佛界都盛称自顺为顺菩提。

庐山黄龙峰北麓是著名的庐山汤泉，涌出的泉流像刚刚煮沸的开水一样烫，汤泉旁边另有一条冷泉，两股泉流汇聚于下面的水池便为冷热适宜的温泉。用温泉水沐浴，祛病延年，益处多多。苏轼乘兴前往，在温泉水中尽情浸泡一番，随后便漫步池边，看壁上留题的诗句。其中署名为圆通禅院可遵和尚的一首诗歌引起了苏轼的注意。其诗为：

> 禅庭谁作石龙头,龙口汤泉沸不休。直待众生尘垢尽,我
> 方清冷混常流。

苏轼对其中表现的心忧众生的无私超度精神很欣赏,但认为"我执"太重,道性高深的佛徒当以平等心看待大千世界中的一切,于是一时兴起,也作一首,题于石壁之上:

> 石龙有口却无根,自在流泉谁吐吞。若信众生本无垢,此
> 泉何处觅寒温。(《余过温泉,壁上有诗云……》)

苏轼的诗作很快便传到了圆通禅院,可遵和尚还在禅院中。他平时虽好作诗,但为人粗鄙,自以为能,喜欢卖弄才学。现在听说苏轼竟然欣赏他的诗,不禁得意非凡,连忙追踪前往,途中又听人纷纷传诵苏轼新作的《栖贤三峡桥》诗,更是心急火燎,要赶上前去与苏轼"唱酬"。

苏轼与佛印、参寥正兴致勃勃赏玩山景,忽听身后有人气喘吁吁地高叫:"苏学士请留步!"

大家停步回头,佛印认出来人正是可遵。只见他一头大汗,小跑而来,尚未站定,就迫不及待地说:"山中盛传学士《栖贤三峡桥》诗,贫僧偶有一绝,正宜题在此诗之后。"说完便朗声诵道:

> 君能识我汤泉句,我却爱君三峡诗。道得可咽不可漱,几
> 多诗将竖降旗。

苏轼见可遵气质鄙俗,举止轻狂,心中早有几分不悦,耐着性子听他读完这首歪诗,更觉此人沽名钓誉,俗不可耐,后悔落笔轻率,惹来这等无聊之辈,便急忙令轿夫起驾赶路,不予理睬,围观者无不

拍手称快。可遵讨了个没趣，竟大言不惭地说："苏子瞻自护其短，见我的诗好，所以嫉妒而去。"

然后自己跑到栖贤寺，想将他的"绝句"题在壁上。栖贤寺的和尚们正忙着磨石刻写苏轼的题诗，早有快嘴的人将刚才的事情绘声绘色地说给他们听了，可遵一来，大家便你一言，我一语，痛痛快快地挖苦他一番，将他赶了出去。这件事一时在庐山传为笑谈。

一天，参寥、佛印都各有事情，苏轼屏退随从，独自出游。信步来到白鹤观。据陈舜俞《庐山记》：

> 庐山峰峦奇秀，崖穴深邃，林泉茂美，为江南第一。白鹤观复为庐山第一。（转引自清·查慎行《苏诗补注》）

它位于五老峰前，观中"长松荫庭，风日清美"（《观棋》）。时逢中午，观中人大都闭门昼寝，一片寂静，古松流水之间不时传来棋盘落子的清脆声响，苏轼独步庭中，恍如闯进了司空图的诗境之中，他后来写道：

> 司空图表圣自论其诗，以为得味于味外。"绿树连村暗，黄花入麦稀。"此句最善。又云："棋声花院闭，幡影石坛高。"吾尝游五老峰，入白鹤观，松荫满地，不见一人，惟闻棋声，然后知此句之工也。（《书司空图诗》）

从白鹤观出来，已是下午两三点钟。观前流水叮咚，清澈可爱，苏轼沿溪漫步，走了不远，忽见一块巨石兀立溪中，上有"醉石"二字，据石上碑文所记，白居易曾在这块大石上醉卧。苏轼跃过溪水，坐在石上遐想一番，提笔写道：

　　眉山苏轼来游庐山,休乐天醉石之上,清泉潺潺,出林壑中,俯仰久之,行歌而去。

　　这条溪水的上游即是白云庵,苏轼的至交好友李常和他的哥哥李莘年少时曾在这里读书。兄弟俩出仕为官之后,将九千多卷藏书留在庵中,以便更多的人能够使用,庵中人即将这间书屋称为"李氏山房",苏轼知密州时,曾应约作《李君山房记》。苏轼称赞李氏兄弟藏书于僧舍而不藏书于家,从而使书更好地发挥社会效用,"此仁者之心也"。今天游历至此,怎能不进去参观一番? 他翻阅着友人曾经精读过的书卷,揣想着他们兄弟二人当年同窗共读的情形,心中颇有感慨,提笔画了一幅枯木图,留在庵中作为纪念。庵中长老又拿出李常新近从京城寄来的诗作,请苏轼欣赏,其中有两句格外触动苏轼的心事:

　　　　烦师为扫山中石,待请归时欲醉眠。

他很羡慕李常有这么好的归隐之处,将来能像谪仙李白一样,脱帽散发,无拘无束地在五老峰下悠哉游哉。想到这里不禁又题诗一首:

　　　　偶寻流水上崔嵬,五老苍颜一笑开。若见谪仙烦寄语,匡山头白早归来。(《书李公择白石山房》)

　　正当苏轼在山中流连忘返之际,忽有僮仆来报,苏迈已带领全家抵达九江。虽然前后两次约有半个月的时间徜徉山间,却仍有不少名胜古迹未能游遍,其中位于北香炉峰下的东林寺和西林寺似乎是不可不去的。所以苏轼最后一站便直奔这两座相距甚近的东晋古寺。

东林寺规模极大，其间水深石怪，古迹无数，三门之内有一条小渠，名为虎溪。这里原是东晋高僧慧远的道场，他曾在这里组织佛教史上著名的"白莲社"，弘扬净土宗教义，除了僧人，尚有许多社会名流参加，成员多达一百二十三人。慧远"德行淳至，厉然不群。卜居庐阜，三十余年，不复出山"（汤用彤《汉魏两晋南北朝佛教史》），每次送客以虎溪为界，即使是皇帝召见也辞而不赴。唯有一次例外，陶渊明、陆修静两位当代高士前来拜访，彼此十分投契，边走边说，不知不觉过了溪桥，林间伏虎长啸不止，慧远这才发现打破了数十年的规矩，三人相视大笑。这段故事虽与史实不合，却是历代文人心驰神往的山林佳话，曾有《三笑图》流传。这天夜里，苏轼就住在寺中，卧听虎溪淙淙的水声，遥想慧远的高风逸调，不胜钦敬。

第二天，在东林长老常总和尚的陪同下，苏轼又游览了西林寺。半个多月的游玩即将告一段落，虽然不再像刚来时一样，觉得庐山不可亲近，却依然觉得它千变万化，神秘莫测，他心中时时有一种奇妙的感觉，同一座山峰，同一种景物，从不同的距离，不同的角度来观察，得到的印象竟截然不同，庐山是一部读不完、看不倦的好书，它引人深思，给人启迪。临下山之前，他在西林寺壁上题诗一首：

> 横看成岭侧成峰，远近高低各不同。不识庐山真面目，只缘身在此山中。（《题西林壁》）

这首哲理诗，是苏轼游山观感的总结。他从庐山奇妙的景物特点中，引出一个认识事物的道理：身在其中，不一定认识事物的全貌和本质。从不同的角度只能看到山的局部，局中人反而看不清事物的真相和全貌,所谓"当局者迷,旁观者清"。只有跳出一己的局限,摆脱自我的成分,才能获得客观全面的圆融观照。由此,他反观自己的生活道路,对于生活中某些问题的认识有了更为深入的看法。

《题西林壁》与《石钟山记》
是苏轼这一时期人生思考的艺术总结

从庐山下来,已是五月下旬,参寥与苏轼就此分途,他将在庐山留住一些日子。九江话别,两位知己以道相律,不因离别而含悲,苏轼赋诗相赠,约他来日汝州相会。

此时长子苏迈已经二十六岁,新近任命为德兴县尉。一家人乘船绕道湖口,送苏迈赴任。

湖口有一座石钟山,郦道元《水经注》曾提到它。关于石钟山的命名,历来有两种解释:郦道元认为是因为山脚下有深潭,水石相击,声如洪钟,因而得名;对于这种说法,苏轼表示怀疑,他说:

> 今以钟磬(古代一种打击乐器)置水中,虽大风浪不能鸣也,而况石乎?(《石钟山记》)

唐代李渤曾在潭中找到两块石头,用木棍敲击,发现出自南边的石头声音沉浊厚重,出自北边的石头声音清脆悠远。于是自以为找到了石钟山得名的缘由。这种说法苏轼更不肯苟同,他反驳说:

> 石之铿然有声者,所在皆是也,而此独以"钟"名,何哉?(同上)

他当年读郦道元《水经注》和李渤《辨石钟山记》时,便希望有一天能亲临湖口,实地考察一番,这次正是最好的机会。

六月初九船到湖口,苏轼便和苏迈一起前往石钟山游览。山上寺院的住持热情地接待了他们,并叫一名小沙弥带着一把锤子,领他们上山,在山间的乱石堆中,挑取一两块石头,用锤子敲击,发出硿硿的声音,和尚解释说这就是石钟山命名的缘由。听了和尚的解释,苏轼笑而不答,依旧不肯相信,他觉得这种声音和一般的石头发出的声音相比并无异样。他决定乘船到山水相接之处,再进一步考察郦道元所提出的那种解释。

这天夜里,月朗风清,苏轼带着苏迈,乘小舟,至绝壁之下,夜访石钟山。月光下,嶙峋的山石高高地耸立着,好像猛兽奇鬼,似乎随时可能向人扑来,在夜间显得格外阴森恐怖;栖息在山上的大雕被夜风惊醒,不时发出磔磔的怪叫声,令人毛骨悚然;鹳鹤(鸟名)的鸣叫好像老人边咳边笑,回荡在山石之间,回荡在寂静的夜空中。

苏轼心中也有些害怕,正想返回,忽然,"大声发于水上,噌吰(chēng hóng,响亮厚重的声音)如钟鼓不绝"(《石钟山记》)。船夫吓得浑身发抖。苏轼仔细聆听一会,便叫船夫慢慢把船靠过去,到发出声音的地方察看,发现"山下皆石穴罅(xià),不知其深浅,微波入焉,涵澹(大水流动的样子)澎湃而为此也"(同上)。原来是山下的石头都有洞孔和裂缝,水波冲入其中,才发出像钟鼓一样的声音。不仅如此,当船行到两山之间时,苏轼又看到"有大石当中流,可坐百人,空中而多窍,与风水相吞吐,有窾坎(击物声)镗鞳(钟鼓声)之声,与向之噌吰者相应,如乐作焉"(同上)。原来这块挡在水中的大石头,也因同样原因而发出钟鼓一类的声音。两种声音互相共鸣,互相应和,才合成响亮厚重的钟鼓之声,犹如奏乐一般。苏轼恍然大悟,认为这才是石钟山命名的来由。从这件事情,他得出结论:"事不目见耳闻而臆断其有无"(同上),是不可能取得正确认识的。

虽然关于石钟山命名的由来,后人又提出比苏轼更为合理的解释,但他不轻信盲从,主张通过实地考察得出正确认识的见解,对于后人依然具有启发意义。

作为文学史上的名篇,《题西林壁》和《石钟山记》,既是苏轼游山感受的记录,也是他这一时期人生思考的一个方面的艺术总结。黄州五年佛、道修持的意义,儒、佛、道三教合一在苏轼思想上的体现,不仅仅在于获得乐观旷达的心境,同时也在于认识论上的刷新。如何认识人生,如何认识客观世界,在思维方式和思想角度上,儒、佛、道三家各有侧重。儒家重视现实、实践和实用;道家强调客观事物与主观价值判断的相对性与流变性;佛家主张整体地而不是分别地、局部地把握宇宙人生的实相;与儒家的注重自我感觉不同,佛、道两家都主张破除"我执"(即排他的自我中心意识),追求涵容的开放心灵。苏轼融摄三家,互补短长,从而超越了自身原有的思想境界,更客观、更全面地观照事物、理解人生。

认识论上的蜕变与成熟,和长期的地方官任上的实践体验相结合,促使他重新看待熙宁变法,逐渐认识到新法的精神实质是用裁抑少数豪强和兼并势力的某些利益,来缓和社会矛盾,巩固朝廷的统治,以期达到文治武功的理想社会,这本来就是他所追求的目标;同时,他还看到,新法虽有流弊,却有某些可以"便民"的地方。早在初贬黄州时,他曾给变法派大臣章惇写信:

> 追思所犯(指反对新法),真无义理,与病狂之人蹈河入海者无异。(《与章子厚书》)

如果说这时的表态还可能夹杂着个人求助的动机,那么,元祐元年(1086)他给至交好友滕元发的信,则无疑表达了他的真实思想:

> 盖为吾侪新法之初,辄守偏见,至有异同之论。虽此心耿
> 耿,归于忧国,而所言差谬,少有中理者。今圣德日新,众化大
> 成,回视向之所执,益觉疏矣。(《与滕达道书》)

他承认自己反对新法是"差谬"、"少有中理",承认熙宁变法在造成
一定流弊的同时,也获得一定的成效。正是带着这种认识,加上对
王安石"道德文章"的一贯仰慕,船过金陵(今江苏南京)时,他会见
了罢相八年的王安石。也正是基于这种认识,在随后的"元祐更化"
时期,他难以与走向极端的反变法派大臣同朝共事。

撤开纷繁的政见不说,
对于苏轼的才华,王安石一直都非常欣赏

苏迈在湖口与全家分别,独自前往德兴县赴任。临别前,苏轼
送给他一方砚台,并亲手在底座刻上四句铭文:

> 以此进道常若渴,以此求进常若惊,以此治财常思予,以此
> 书狱常思生。(《迈砚铭》)

他谆谆告诫儿子,一定要如饥似渴地追寻宇宙人生的真谛,精进努
力,奋发向上,同时保持一颗仁爱好生的慈悲心,不吝惜财物,积极地
付出、给予,帮助那些需要帮助的人,作为县尉负责一县的治安,审理
案件要慎重,决不可草菅人命。苏迈谨受父亲的教诲,再拜而别。

随后,苏轼即挈家经池州,过芜湖、当涂,于六月底到达金陵,连
续数月的奔波,已使他非常疲惫,再加上烈日暴晒的大热天,行舟水

上，闷热难受，苏轼和夫人都病倒了，所以，他决定在金陵多停留一些日子。

苏轼泊舟金陵的消息很快传开了，许多新朋故旧都急切地想和他会面，其中退职宰相王安石，心情格外复杂。

作为北宋政坛上叱咤风云的人物，王安石曾两度为相，几起几落。他学贯古今，才思俊迈，品格高洁，卓尔不群，怀抱着匡时济世、致君尧舜的远大理想，忠心耿耿，将一腔热血奉献给变法事业，可是，在错综复杂的政治大环境中，最后却落得"亲友尽成政敌，谤怨集于一身"的可悲结局。在他执政后期，不仅承受着来自反变法派的巨大压力，而且还遭到吕惠卿一次次的阴谋陷害。这个当年投身于王门之下，由王安石亲手栽培、大力扶持而登上政坛的吕惠卿，自认为羽翼已丰，竟将重返京城、再度为相的恩师视为自己登上权力顶峰的最大障碍。他一再离间神宗与王安石之间的关系，甚至不惜在王安石写给他的私人书信中伪造"无使上知"之类的话语，企图以罔上欺君的罪名置王安石于死地。长期以来，为了使变法大业能在艰难曲折中进行下去，王安石忍辱负重，极力维护变法阵营的安定团结，吕惠卿的反目对他无疑是致命的一击。他曾痛苦地写道：

> 自念行不足以悦众，而怨怒实积于亲贵之尤；智不足以知人，而险陂常出于交游之厚。(《与王禹玉参政书》)

一方面，他痛心于新法败坏在一帮不堪重任的宵小之手，理想蓝图终难实现；一方面，他深深地悔恨自己缺乏知人之明。神宗虽然并不因此而怀疑他的忠诚，但是，随着身居帝位日久，变得越来越独断专行，不再像即位之初那么尊重他的意见。他完全清楚自己的处境，心头常常泛起无力回天的凄凉与悲哀。在这种灰心失望的时刻,熙宁九年(1076),长子王雱忽然病逝,年仅三十三岁,对于王安石来说,更是雪上加霜的沉重打击。他悲伤不堪,万念俱灰,坚决请求解除相职,于熙宁九年十月归隐金陵,从此习修佛、老,不问世事。

　　和年轻时代一样,王安石的生活依然十分简朴,退归之后,在金陵东门之外,距离蒋山(又名钟山,即今紫金山)与城区各七里的地方,修了一所住宅,取名为"半山园"。这座退职宰相的府第,"但庇风雨,又不设垣墙"(《东轩笔录》),没有一点"侯门深似海"的排场。他平日常骑一头驴子四处游玩,身边只跟着一两个小书僮。元丰七年春,王安石大病一场,病愈之后,更将世间的一切看得淡了,将经营了几年的半山园捐为佛寺,由神宗皇帝命名为"报宁禅寺"。苏轼到达金陵时,王安石一家正准备搬到江宁城内秦淮河畔一个小小的独院居住。

　　撇开纷繁的政见不说,对于苏轼的才华,王安石一直是非常欣赏的。尽管熙宁初年,苏轼频频上书攻击新法,此后又写过一些诗文批评新法实行之后所产生的负面影响,曾令王安石感到不快。但是,作为一位伟大而无私的政治家,在他当政时期,并没有因此而打击、迫害苏轼。相反的,到元丰二年苏轼身陷台狱,王安石已不在其位,仍仗义执言,上书营救。苏轼贬居黄州之后,王安石始终默默地关注着这位比他年轻十五岁的当代英才,每当碰到从黄州来的人,他必定要问:"子瞻近日有何妙语?"

　　一天,有位朋友带来苏轼的新作《胜相院经藏记》。这是苏轼应成都大圣慈寺中和胜相院长老惟简的请求而写的一篇记文。在这篇千余字的文章里,苏轼不仅记叙了胜相院雄伟庄严的庙相,而且从禅修的角度回视过去,"觉今是而昨非",检讨自己遭致诽谤和诬陷的内在原因是口业不断,并且执着己见至于"强恨自用"。文章说:

我今惟有，无始已来，结习口业，妄言绮语，论说古今，是非成败。以是业故，所出言语，犹如钟磬，黼黻文章，悦可耳目。如人善博，日胜日负，自云是巧，不知是业。

据说苏轼在临皋亭夜半醉梦而起，一气呵成此篇。朋友说得眉飞色舞，王安石听得津津有味。当时夜幕初降，王安石接过文章，等不及家僮掌灯，便站在屋檐底下，就着黄昏的微光，展卷细读，一边读，一边不住地称赞："子瞻，人中龙也！"

他深深地敬佩苏轼"不怨天，不尤人"的伟大风范，由衷地欣赏苏轼敏捷超迈的才思。读罢全文，他评论道："子瞻这篇文章只有一字不够稳妥。"

朋友连忙请教。他说："'如人善博，日胜日负'，不如改为'如人善博，日胜日贫'。"

这番话后来传到了苏轼的耳中，他不禁拊掌大笑，认为王安石确实堪为自己的一字师，随即欣然提笔，改"负"为"贫"。

在逗留金陵的一个月中，苏轼频繁地出入于半山园

听说苏轼已经到达金陵，并将择日前来拜访自己，王安石既高兴，又感慨，同时也不免有些顾虑，毕竟过去的岁月里，两人曾有过十分尖锐的对立。但是转念一想，当年的争执，彼此都是出以公心，并无半点个人恩怨，因此心地坦然，不等苏轼到来，便骑着毛驴，一身便服，在两位书僮陪伴下，到江边看望苏轼。

苏轼站在舟中，远远看见王安石走来，十四年不见，这位精明强干、雷厉风行的政治家，竟已是一位风烛残年的孱弱老人！苏轼心

中既感动又酸楚,他来不及思索,便穿着家居的衣裳跳下船来,快步迎上前去。两人执手相对,心情激动,一时竟不知说什么好。半晌,还是苏轼一句笑谈打破了沉默:"苏轼今日敢以野服见大丞相。"

王安石朗声笑道:"礼仪岂是为我辈所设!"

十多年的隔阂冰消瓦解,心与心的距离顿时缩小,友谊取代了旧嫌,倾慕化解了对立,两个一样伟大的人物,握手言和,这一刻他们置身于喧嚣的政治舞台之外,留下一段文坛佳话。此后,在逗留金陵的一个月中,苏轼频繁地出入于半山园,成为王安石家里的常客。两人谈佛论道,评诗议史,每次都有说不完的话题。

有一次,他俩谈起陈寿的《三国志》和裴松之的《三国志注》。王安石说:"我认为,裴松之对于三国史料的掌握非常详备、广博,实已出于陈寿之上,但他没有另写史书,只是注《三国志》,因此许多重要的史料都在注中。"

苏轼对此亦颇有同感,他说:"当年欧阳公重修《五代史》却未能重修《三国志》,实在是令人遗憾的事情。"

王安石说:"你我同出欧公门下,皆有义务秉承师志,可惜我已垂垂老矣,心有余而力不足。这件大事,恐怕只有子瞻能够承担,他人下手不得矣!"

苏轼颇为感激荆公(王安石致仕后封为荆国公)的信任,可是,他觉得史学并非自己所长,沉思良久,他十分慎重地回答道:

"我平时虽也常读史书,喜欢考论史实,但毕竟所知有限,难当重任。愿举刘道原(著名史学家刘恕)之子刘羲仲自代,羲仲家学渊源,识见不凡,年富力强,当是最佳人选。"

鉴于以往二人政见不同,苏轼原来是不打算讨论敏感的政治问题的。经过几次谈话,他觉得王安石确实是胸怀天下的时代伟人,更深地体会到他推行新法、实行改革的良苦用心。自元丰以来,朝廷穷兵黩武，冤狱连连，苏轼希望王安石能利用自己的政治影响，阻止事态的进一步严重化。

一天，两人正谈得投机，苏轼突然严肃地说道："荆公，我有话要对您说。"

一听苏轼的语气，王安石心中不由一惊，以为他要重提熙宁年间在朝时那些不愉快的往事。以前因为自己锐意改革，求成心切，听不进半点反对意见，苏轼的屡次外任，不能说与自己毫无干系，对此，他是心存愧意的。苏轼何等聪明，一见王安石的神色，便明白他误会了自己，连忙说："我想谈论的是有关天下安危的大事。"

王安石心下稍宽，他说："子瞻但请明言。"

苏轼忧心忡忡地说："屡启战端，严于刑律，乃是强汉盛唐灭亡的先兆。自太祖立朝，列祖列宗皆以仁厚治天下，正是为了避免重蹈覆辙。但现在，西北与辽、夏连年交战，屡战屡败；而在东南繁华之地，蔡确等又罗织罪名，大兴冤狱，军队疲惫厌战，人民忧恐不安，这些都是国家动荡的根源呀。您为什么不置一词，拯救这种危难的局面？"

王安石无奈地摊开两手，摇了摇头，说："这两件事情都是吕惠卿引起的。我早已告老还乡，所谓'不在其位，不谋其政'，哪敢再说三道四，自讨没趣。"

苏轼义正词严地说道："'不在其位，不谋其政'，是臣下事君的常礼。但当今圣上以非常之礼待您，您怎能仍以常礼事君？只要利国利民利圣上，您难道不应该越常礼而行事吗？"

面对苏轼的诘问，王安石顿时热血沸腾，他站起身来，激动地说："子瞻不必再说，我一定向皇上进言！"

过了一会儿，他不禁又满脸忧戚，叮嘱苏轼道："此事出自老夫之口，入于子瞻之耳，切不可对他人提起。"

对于吕惠卿的恶意中伤,他仍然心有余悸。苏轼对此深表理解,他自己又何尝不是惨遭陷害,几乎九死一生。

接着,王安石若有所思地说:"行一不义之事,杀一无辜之人,就算可以因之而得到天下,也不肯做,这样的人才算可取。"

苏轼笑着说:"可现在的人为了能得到半级官职的升迁,即使是杀人也会干。"

王安石笑而不答,心中感叹苏轼在经历了这么多的磨难之后,依然率真不减,毕竟是诗人之心呀。

金陵自古便是繁华之地,历史上曾有六个王朝在这里先后建都。"江南佳丽地,金陵帝王州"(谢朓诗句),名胜古迹随处可见。这些日子,苏轼与王安石经常携手出游,同题赋诗,极尽欢愉。

距离半山园仅七里之遥的蒋山,更是金陵一大胜地。汉代末年,一位名叫蒋子文的县尉追捕盗贼来到此地,不幸以身殉职。后人为了纪念他,在山上立庙祭祀,蒋山之名即由此而来。东晋时,山上的树木十分稀少,当时朝廷明令各州刺史罢职回京时,必须在蒋山种松百棵。此后历朝基本上沿袭了这一传统。到苏轼的时代,蒋山之上已是古松盘曲,翠柏青青,显出悠悠的森严气派。到达金陵不久,苏轼便兴致勃勃地前往游览。王安石因年迈体衰无力攀登没有同往,与苏轼结伴游山的是他的旧友、新任江宁府知府王胜之。他们清晨上山,直到黑夜才踏着月影尽兴而归。苏轼畅游山中时,作《同王胜之游蒋山》一诗。诗歌很快传下山来,王安石急忙命人抄来先睹为快。当他读到"峰多巧障日,江远欲浮天"时,不禁拍案叫绝:"老夫平生作诗,无此二句!"

这两句诗传神地写出了蒋山的独特景致。而王安石的称叹,恐怕除此之外更有深意,所谓"伤心人别有怀抱",这两句诗在写景之外,极易引发出身世之感。

这天晚上,王安石和游于门下的几位清客、弟子闲坐,谈话间议论到"动"、"静"二字的解释,在座各位的回答都长达数百言,王安石颇不以为然,他说:"过几天苏轼来了再问他吧。"

等苏轼再来拜访,王安石果然提出了这个问题,苏轼应声答道:"精出于动,神守为静。动、静,即精神也。"

王安石闻言,击节称赞。

后来,他们又谈起苏轼在密州的旧作《雪后书北台壁二首》。王安石指出,"冻合玉楼寒起粟,光摇银海眩生花"两句用典极为精妙。王安石的女婿蔡卞恰巧在座,他不解地问:"这两句诗不就是描述雪后的景色吗?屋宇覆盖着深雪,恍如玉楼,四野弥漫着雪花,恰似银海。并不见何处用典。"

王安石解释道:"这里的典故出自道家典籍,道家以两肩为玉楼,以双目为银海。子瞻,是这样吗?"

苏轼笑了,自从这首诗写出来,还没有人看出这里的用典呢。后来,他和朋友谈起来,不胜钦佩地说:"学荆公者,岂有如此博学哉!"

经历了太多的政海翻覆,此时的王安石所向往的不再是建功立业,而是宁静安定的普通人的生活,对此,苏轼也颇有同感。《三国志》曾记载过这样一个故事:许汜拜访陈登,陈登"久不相与语,自上大床卧,使客卧下床",令许汜备受冷落而愤愤不平。刘备听说之后,指出:士大夫应"忧国忘家,有救世之意",而许汜"求田问舍,言无可采",理当受人怠慢。他说,如果许汜来拜访自己,他将睡在百尺高楼之上,让许汜睡在地上,"何但上下床之间邪?"这个故事成为文学作品中频频出现的典故,有才有志的文人常常自比刘备,抒发慷慨豪壮的英武之气,鄙视那些只知置办家产、没有远大抱负的人。青壮年时代的王安石、苏轼亦复如此。可是现在,坎坷的仕途已使他们心生倦怠,平凡的生活对于他们有着不可抗拒的吸引力。苏轼

渴望着能与弟弟同归乡里,曾说过:

> 一任刘玄德,相对卧高楼。(《水调歌头》)

王安石也写过一首《读蜀志》,表达了同样的意思:

> 千载纷争共一毛,可怜身世两徒劳。无人语与刘玄德,问舍求田意最高。

因此,他殷切地劝说苏轼在金陵买田置产,比邻而居。对于这番盛情,苏轼非常感动,欣然从命,积极措办。在《次荆公韵四绝》之三中,他诚恳地写道:

> 骑驴渺渺入荒陂,想见先生未病时。劝我试求三亩宅,从公已觉十年迟。

金陵购田不成,他又在附近的仪真(今江苏仪征)访求。他在离开金陵不久所写的《上荆公书》中说:

> 近者经由,屡获请见,存抚教诲,恩意甚厚。……某始欲买田金陵,庶几得陪杖屦,老于钟山之下,既已不遂。今来仪真,又二十余日,日以求田为事,然成否未可知也。若幸而成,扁舟往来,见公不难也。

但后来却未能如愿以偿。而王安石也在一年多后离开了人世。

应老友滕元发之约，
苏轼前往金山相聚

在金陵的日子里，苏轼尽管和友人酬唱频繁，宴饮流连、尽览六朝故都的名胜古迹，但在家庭生活中，却有颇多不遂意的事情。刚到金陵不久，他的小儿子苏遁（小名幹儿），便因病夭折了。

这孩子去年九月二十七日出生在黄州，暮年得子，苏轼十分欢喜，三朝那天，特意大摆宴席，邀请乡邻朋友喝酒庆贺。席上，苏轼做《洗儿》诗一首：

> 人皆养子望聪明，我被聪明误一生。惟愿孩儿愚且鲁，无灾无难到公卿。

诗歌虽然语含戏谑，却表达了苏轼对孩子的无限希望。谁知还不到一周岁，老天爷便将他活生生夺去。苏轼悲痛难抑，写诗痛悼：

> 吾年四十九，羁旅失幼子。幼子真吾儿，眉角生已似。未期观所好，蹁跹逐书史。摇头却梨栗，似识非分耻。吾老常鲜欢，赖此一笑喜。忽然遭夺去，恶业我累尔。……归来怀抱空，老泪如泻水。（《去岁九月二十七日，在黄州，生子遁……》其一）

遁儿是侍妾朝云所生，年轻的母亲痛不欲生，终日以泪洗面：

> 我泪犹可拭，日远当日忘。母哭不可闻，欲与汝俱亡。故衣尚悬架，涨乳已流床。感此欲忘生，一卧终日僵。（同上，其二）

情意悲切,使人不忍卒读。丧子之痛对苏轼的打击很大,在这段时间的书信和诗歌中,他曾反复地提到这件事。

八月十四日苏轼离开金陵,临行前专程到半山园辞别荆公。或许是预感到自己来日无多,这一别即成永诀,王安石显得分外伤感。苏轼走后,他仍久久沉浸在这种情绪之中,十分感慨地对身边的门客说:"不知更几百年,方有如此人物!"

坐在前往仪真的船上,苏轼的眼前不时地浮现出王安石衰病、寂寞的面容,心中无限怅惘。第二天一早,他便情不自禁地提起笔来给王安石写信:

> 某游门下久矣,然未尝得如此行,朝夕闻所未闻,慰幸之极。已别经宿,怅仰不可言。

到达仪真,在知府袁陟的帮助下,苏轼借得仪真学舍,暂且将家属寄居其中,即应老友滕元发之约,前往金山相聚。

滕元发是北宋名臣范仲淹的外甥,他性情豪迈,身材魁伟,气度不凡,是个引人注目的美丈夫。据说每次御前奏对完毕,退出时,皇帝必定以欣羡的目光注视着他的身影,直到消失在重帘复幕之外。他精明强干,政绩斐然,尤其具有杰出的军事才能,治边有方,在当时号称名帅。和张方平一样,都是苏轼心目中的伟人。苏、滕之间,声气相通,融密无间。元丰四年正月,滕元发曾利用调任之便,绕道黄州探望苏轼,此后两人书信频寄,或交流调气养生的经验和体会,或就政治问题倾心恳谈。如今一别四年,彼此都渴望着重聚。适逢滕元发调任湖州,苏轼道经江淮,真是天赐良机。坐在船上,苏轼心情十分激动,忽然,他看见前方波涛深处,一艘小船破浪而来,船上临风玉立的不是别人,正是老友滕元发!两人执手相对,禁不住热泪盈眶。

后来,苏轼曾在好几封信中提到这次激动人心的会面:

> 久放江湖,不见伟人。昨在金山,滕元发以扁舟破巨浪来相见,出船巍然,使人神耸。(《答贾耘老》)
>
> 一别四年,流离契阔,不谓复得见公,执手恍然,不觉涕下。风俗日恶,忠义寂寥,见公使人差增气也。(《与滕达道》)

在金山的日子充满了欢乐,金山寺住持佛印禅师热情地接待了他们,秦观和润州知府许遵也闻讯赶来,大家欢饮畅谈,游山玩水。

秦观此前最后一次与苏轼会面是在元丰二年。那年春天,他与苏轼同船到达湖州,住了两个多月,陪同苏轼遍游当地寺院,然后告别前往会稽。谁知不久便传来苏轼被捕的消息,秦观忧心如焚,急忙渡过钱塘江到湖州探问详情,希望能帮忙做些什么。苏轼贬居黄州,秦观也频频写信问候,如今重见,感慨万千。

对于秦观的才华,苏轼一直都十分赞赏。现在历经忧患之后,更认识到他独立不阿、赤心待人的可贵品格。可是,像这样一个德才兼备的人,却总是科场不顺,连续几次参加进士考试都未能中第。苏轼很想助他一臂之力,所以在金山,他又专门给王安石写了一封信,并附上秦观的诗文。信中说:

> 今得其诗文数十首,拜呈。词格高下,固无以逃于左右(逃不出您的眼光),独其行义修饬,才敏过人,有志于忠义者,某请以身任(担保)之。此外,博综史传,通晓佛书,讲习医药,明练法

律,若此类,未易以一二数也。才难之叹,古今共之,如观等辈,
实不易得。愿公少借齿牙,使增重于世,其他无所望也。(《与王
荆公》)

王安石立即回信,表达了自己对秦观的极大赏识:

> 得秦君诗,手不能舍。叶致远(王安石的门客)适见,亦以为
> 清新妩丽,与鲍、谢(指南朝文学家鲍照、谢脁)似之。不知公意如
> 何?余卷正冒眩尚妨细读,尝鼎一脔,旨可知也。公奇秦君,数
> 口之不置,吾又获诗,手之不舍。(王安石《回苏子瞻简》)

两位前辈文豪的热情揄扬,为秦观在北宋文坛脱颖而出铺平了道路。

上过《乞常州居住表》,
苏轼一边等待朝廷回音,一边携家人缓缓北上

从一开始,苏轼就不愿移居汝州,只因不忍拂逆神宗的一片好
意,才勉强成行。来到他所熟悉的江南之后,赴汝的决心更加动摇,
所以他欣然接受王安石的卜邻之约。到金山后,滕达道也劝他向朝
廷上表,要求改换一个安置所,就在江淮一带安家。他积极地着手
这件事情,每到一地都求田问舍,朋友们纷纷给他出主意,都希望他
定居在离自己近一些的地方,最后,苏轼选定了常州宜兴。熙宁七
年离杭州通判任前,他曾在那里买过一些田地,这次又在仪真巧遇
同年蒋之奇,之奇帮忙在常州新购置了一处小农庄,两处田产合在
一起,足够养活一家人了。于是,十月十九日,苏轼写了《乞常州居
住表》,希望朝廷能够恩准。

上过表状，苏轼一边等待朝廷的回音，一边携家人乘船缓缓北上，沿途走亲访友。十二月初一抵达泗州（治所在今江苏盱眙[xū yí]县东北），其时已是天寒地冻，苏轼决定舣舟城外，等过了除夕再走。

《乞常州居住表》呈上去已经一个多月，迟迟不见回音，苏轼等得心焦，到泗州之后，又再写了一篇《乞常州居住表》，词情更加哀婉：

> 但以禄廪久空，衣食不继。累重道远，不免舟行。自离黄州，风涛惊恐，举家重病，一子丧亡。今虽已至泗州，而资用罄竭，去汝尚远，难于陆行。无屋可居，无田可食，二十余口，不知所归，饥寒之忧，近在朝夕……臣有薄田在常州宜兴县，粗给饘粥，欲望圣慈，许于常州居住。

表状写好，即派人进京于闻鼓院投递。

泗州雍熙塔下有一所寺院经营的澡堂，逗留泗州时期，苏轼常常光顾。痛痛快快地洗个热水澡，不失为漂泊劳顿的旅途之中一大乐事。十二月十八日那天，他又兴致勃勃地去了。沐浴之后，身心舒泰，他提笔写下两首《如梦令》：

> 水垢何曾相受，细看两俱无有。寄语揩背人，尽日劳君挥肘。轻手，轻手，居士本来无垢。
> 自净方能净彼，我且汗流呀气。寄语澡浴人，且共肉身游戏。但洗，但洗，俯为人间一切。

诗人以佛教思想来观照沐浴这一日常生活细节，从中悟出了"垢"与"净"，"自"与"彼"之间的统一性。按照佛教的观点，万物本无差别，众生皆有佛性，种种分别都源于人心灵的不净，心净则眼净，所谓

"以佛眼观之,一切皆佛",一旦涤除了自己心中的污垢,则所见无非清净。两首《如梦令》融叙事与说理为一体,诙谐生动。

据《苕溪渔隐丛话》记载:

> 淮北之地平夷,自京师至汴口并无山,惟隔淮方有南山,米元章(芾)名其山为第一山。

所以泗州南山亦是单调的大平原上一道难得的风景,而且山上出产一种名叫都梁的香草,山上山下总是缭绕着一缕似有若无的幽香。苏轼在泗州曾多次前往游玩。一天,他与泗州知州刘士彦同游南山。天气晴朗,大家的兴致都很高,他们时而在山头远眺,时而在缓坡纵马,时而在草地上围坐喝酒,时而在丛林中放歌长啸……循规蹈矩的刘士彦从来没有这样开心地玩过,趁着几分醉意,竟不惜违犯宵禁的法规,直到深夜才尽兴而归。苏轼写下一首《行香子·与泗守过南山,晚归作》,其后半阕是:

> 飞鸿落照,相将归去。澹娟娟玉宇清闲。何人无事,宴坐空山? 望长桥上,灯火乱,使君还。

描写南山宴饮后夜过泗州长桥,他目送刘士彦在灯火簇拥下回衙的情景。谁知,第二天一早,刘士彦酒醒起床,读到这首词,吓得心都快跳出来了,急忙找到苏轼说:"学士(指苏轼)名满天下,一有新作,立即传遍全国。这首词如果传到朝廷,可就了不得了。因为法律规定:泗州夜过长桥者徒二年,何况我还是知州。"

这个谨小慎微的老实人央求苏轼把这首《行香子》藏起来,再也不要拿出来给人看。苏轼既觉抱歉,又觉得无奈,他笑了笑说:"我这一生,开口便会得罪,而且都不在两年徒刑以下。"

这个回答,幽默中寓辛酸,道出一个事实:他因文字名满天下,也因文字而穷愁潦倒,连二年徒刑也算不得什么严重处罚。

转眼已到年关,泗水上的船只也稀少了。苏辙的儿女亲家、淮南东路提举常平官(掌管财赋、监察等事)黄寔,因出公差路过泗州,除夕之夜泊船汴口。当时大雪纷飞,寒气逼人,黄寔透过船舱向外张望,忽见对岸银色旷野之上,有一个熟悉的身影,仔细一看,竟是苏轼。他拄杖而立,若有所思,若有所待,独立苍茫,衰老而疲惫。黄寔心头一酸,连忙叫手下人移舟过河,不等船停稳,便跳上岸去。这意外的相逢,令苏轼十分惊喜,立即将刚才弥漫于心的那种天涯孤旅、不知所归的伤感与茫然抛在了脑后。得知苏轼一家漂泊江淮,经济窘迫,除夕之夜并无多少过年物品,黄寔连忙回到船中,取出两樽上好的扬州府酿和一大盒精美酥脆的点心相赠。这种雪中送炭的盛情,令苏轼全家既高兴又感动,在《泗州除夜雪中黄师是送酥酒二首》中,苏轼写道:

> 暮雪纷纷投碎米,春流咽咽走黄沙。旧游似梦徒能说,逐客如僧岂有家。冷砚欲书先自冻,孤灯何事独生花。使君夜半分酥酒,惊起妻孥一笑哗。(其一)

元丰八年(1085)正月初四,苏轼一家离开泗州继续北上。听到曾经熟悉的骡驮清脆悦耳的铃声在两岸回响,苏轼心中涌起一种久违的亲切之感,这是中原特有的声音啊!在《泗岸喜题》中他写道:

> 谪居黄州五年,今日离泗州北行。岸上,闻骡驮铎声空笼,意亦欣然,盖不闻此声久矣。韩退之诗云:"照壁喜见蝎。"此语

真不虚也。

来到宿州灵璧镇(在今安徽灵璧县),六年前,苏轼在这里写下《灵璧张氏园亭记》,构想了一种可仕可隐的理想生活。如今重来,却依然进退维谷,他心中不免有些感慨。张氏兰皋园中,有一块奇美的假山石,号为小蓬莱,苏轼特别喜欢,他油然想起唐代宰相李德裕平原庄里的醒醉石。据说,李德裕每当酒醉,便坐到石上,顷刻酒醒。由古及今,苏轼在石上题道:

　　　　东坡居士醉中观此,洒然而醒。

从此,这块奇石除了它本身的观赏价值,又平添了几分人文意味,越来越多的人慕名前来观赏。苏轼的老友蒋之奇见了之后,在后面题道:

　　　　荆溪居士暑中观此,爽然而凉。

宿州知州吴安中听说,专程来到张氏园,又在后面题道:

　　　　紫溪翁大暑醉中读二题,一笑而去。

这块风韵雅逸的奇石,后来被皇宫收藏。

老友孙觉此时已调回京中任太常少卿(太常寺副长官,掌有关礼乐、郊庙、社稷、陵寝等事),迁秘书少监(秘书省副长官,掌古今图书、国史、实录、天文历算等事),常常得到皇上赏赐的佳墨良纸,孙觉不善书画,每当得到这些赐品,便怅然怀想苏轼。听说苏轼已到泗州,即托人辗转将这些文房之宝转赠给他。苏轼一见,如获至宝,一连写了四首诗歌表示感谢。然后又细研精墨,轻铺佳纸,手书《泗州除夜》等七首诗,赠给夫人王闰之,与她共享这一份喜悦。诗后题跋说:

> 过泗州,作此数诗,偶此佳纸精墨,写之,以遗旌德君(即王夫人)。元丰八年正月十日,东坡居士书。

收到朝廷准予常州居住的诏令,
苏轼欣慨交加

二月,苏轼到达南都,拜谒息影林下的张方平。老人已是七十九岁高龄,三十多年来,他对待苏轼兄弟如同自家的子侄,而苏轼、苏辙也衷心爱戴这位德高望重、才识不凡的长辈,只要有机会必定前往看望。苏轼此番前来,令老人分外高兴,执意留他一家长住。

在南都住了不到一个月,朝廷下达诏令,批准了苏轼乞居常州的申请:仍以检校尚书水部员外郎、团练副使、不得签书公事、常州居住。收到诏令,苏轼可说是欣慨交加,一方面,他庆幸自己终于可以免除长途奔波,到那人地两生的汝州,终于可以回到美丽富饶的宜兴,安定闲适地度过这劫后余生;而另一方面,他又为自己过早地退出事功世界,再也不能以身报国、建功立业而怅然若失。怀着矛盾的心情,他写下《满庭芳》一词:

> 归去来兮,清溪无底,上有千仞嵯峨。画楼东畔,天远夕阳多。老去君恩未报,空回首、弹铗悲歌。船头转,长风万里,归马驻平坡。 无何,何处有? 银潢尽处,天女停梭。问“何事人间,久戏风波?”顾谓同来稚子:“应烂汝腰下长柯。”青衫破,群仙笑我,千缕挂烟蓑。

上片直抒胸臆,写出复杂的内心世界。下片则借天女的问话,表现出对过去漫长的险恶仕途的后怕。能够如愿以偿地回到自己向往多年的宜兴居住,使苏轼感到君恩深重,虽然远逐天涯,君王的眷顾仍像温暖的阳光洒满心坎。怀着壮志未酬的怅惘,他祈祷从此一帆风顺,走上平稳安详的人生之路。

正当苏轼感念神宗的恩泽,为"君恩未报"而深深遗憾的时候,不幸的消息从天而降。三月初五,年仅三十八岁的神宗皇帝,因积劳成疾,带着事业未竟的满腔遗恨,一病身亡。噩耗传来,苏轼万分悲痛,十八年来,尽管个人遭遇坎坷,但神宗对他的赏识与爱重却是亲历亲闻的,而且,经过许多磨砺和反思,他又进一步理解了神宗锐意革新的苦心和功绩,他情不自禁地提起笔来,一连写了三首挽词,歌颂神宗所创立的功业,痛悼其英年早逝,深切的哀思发自肺腑。几个月前,与滕元发相会于金山时,他们还相约要磨濯晚节,报效神宗,谁知尚未来得及实行,神宗皇帝竟已永远地去了!在《与王定国书》中他无比沉痛地说:

> 先帝升遐,天下所共哀慕,而不肖与公,蒙恩尤深,固宜作挽,少陈万一……无状坐废,众欲置之死,而先帝独哀之,而今而后,谁出我于沟渎者。已矣,归耕没齿而已。

由于张方平的苦苦挽留,苏轼没有立即挈家前往常州,仍在南都留住了一些日子。四月初,才发舟辞行。

四月下旬,苏轼一家到了扬州,这里距离常州已经很近了,苏轼的心中有一种归乡的惬意之情。五月初一,他和朋友到扬州竹西寺游玩。竹西寺位于一座名为蜀冈的山坡北面,山上有井,水味与四川岷江相似。喝着乡味浓浓的井水,设想着归隐田园的闲逸生活,

苏轼写道:

> 十年归梦寄西风,此去真为田舍翁。剩觅蜀冈新井水,要携乡味过江东。(《归宜兴,留题竹西寺三首》其一)

从熙宁七年初次买田宜兴,到今天放归阳羡,正好十年过去。这十年来,他一直向往的不就是这一天吗?此时,他的心中充满了幸福的喜悦。

时已初夏,苏轼四处游玩,跑得又累又渴,便在寺中休息。竹西寺和尚招待他喝鸡苏水、莺粟汤,都是庙里自产的中草药凉茶,便口利喉,调肺养胃:

> 道人劝饮鸡苏水,童子能煎莺粟汤。暂借藤床与瓦枕,莫教辜负竹风凉。(同上,其二)

苏轼躺在藤床上,枕着清凉的瓷枕,在竹荫间舒舒服服地打了一个盹儿,又抖擞精神出门。寺外是一望无边的稻田,庄稼长势喜人,农民都在田间劳作,有十几个父老蹲坐路旁歇息说话,其中一人双手合十,说:"听说是好个少年官家。"

此时距神宗驾崩已近两月,哲宗即位,年仅十岁。苏轼听到百姓真诚地夸赞新君,心里十分高兴,不觉又吟成一首小诗:

> 此生已觉都无事,今岁仍逢大有年。山寺归来闻好语,野花啼鸟亦欣然。(同上,其三)

苏轼到达常州,已是五月二十二日。走在青山绿水之间,他不禁长长地吁了一口气。数千里的辗转跋涉，四百多个日日夜夜的水上漂泊，总算告一段落。他急切地想要买一座房子，好让疲惫的家人尽快安定下来。许多朋友热心地帮忙物色，其中邵民瞻找到的那处房子最合苏轼的心意。房主要价五百缗，苏轼将手中现款倾囊而出，刚好够数。两下成交之后，苏轼选定一个吉日，全家高高兴兴搬进新居。这天晚上，苏轼月下散步，来到一处村落，忽听竹篱茅舍中传来凄婉的哭声。他心中一动，不由推门进去，则见一位白发苍苍的老妇人在昏黄的孤灯下哀哀饮泣，满脸绝望的神情。苏轼关切地询问，老妇人回答道："我原有一座祖传的百年老屋，儿子不肖，把它卖给了别人，今天才搬到这里。相守了一辈子的百年旧居，一旦诀别，不免悲泣。"

苏轼听了也觉得怆然伤感，他又问道："您那座百年老屋被谁买去了？"

老妇人哽咽道："儿子说是卖给一个有名的苏学士了。"

苏轼大吃一惊，看着这悲伤的老妇人，他的心充满了悲悯之情，没有一丝犹豫，便拿出了房契，他告诉老妇人，自己就是她儿子所说的那个苏学士，现在决定把房子还给她。说着便将房契凑在灯火上点燃，老妇人停止了哭泣，呆呆地看着那一纸房契慢慢变成灰烬，不敢相信这一切竟是真的，她拼命地揉着自己的眼，掐自己的腿，喃喃地说："我一定是在做梦，一定是在做梦……"

苏轼将老妇人的儿子叫来，告诉他退房的事情，一个字也没有提到钱，只是反复叮嘱他好好孝敬他的老母亲。

就这样，苏轼一家又从那所房子里搬了出来，租了一处民居住下。积蓄都已花光，他再也没有钱买房子了。

正当苏轼悠然自在地过着田园生活，
又接到了重新起用的诏令

这时，朝中政局发生了巨变。年仅十岁的哲宗不能亲政。自从三月初一，神宗病重无法视朝，应群臣的请求，神宗的母亲高太后垂帘听政。太后的政治态度十分鲜明，十几年来，她一直坚决地站在反变法派的一边。神宗去世不久，她便传下诏书，批评熙宁、元丰时期的政治，将以"母改子政"的形式改变神宗的既定政策，这在"以孝治天下"的封建时代，原是天经地义的事情，因此群臣之中，无人敢公开非议。高太后采取的第一个措施，即是起用司马光。三月十七日司马光应诏入京，五月二十六日拜门下侍郎（副宰相），第二年（元祐元年，1086）闰二月二日，出任尚书左仆射兼门下侍郎（宰相）。北宋历史从此进入一个新的阶段，史称"元祐更化"。

元丰八年夏天，北宋政坛已是雷声隐隐，山雨欲来风满楼。这是"元祐更化"的前夕，政局将变而未大变的时期。当时的执政大臣既有反变法派的司马光，又有变法派的蔡确、章惇等，双方力量暂时处于均衡的状态。前者积极酝酿废除新法，后者则竭尽全力组织反抗。三月，司马光刚刚应诏入京，就上疏要求下诏广开言路，以制造反对新法的舆论。但是直到五月才拟出诏令草稿，蔡确还在草稿上加了一些威胁上书言事者的话，在提出征求直言的同时，还要求"以六事防之"，如不能"观望朝廷之意"等，暗示人们，一旦说得不对，便当治罪。司马光坚决反对这份草稿，认为这实际上是禁止人们"言新法不便当改"。建议删去此段。高太后听从了他的意见，于是，诏令一经发出，朝野上下纷纷议政，上书者多达数千人。

在这风云突变的日子里，苏轼正悠然自在地过着田园生活。他虽也细读每一份邸报,关注着朝中发生的一切,但并不轻易发表意见,还写信劝朋友不要非议新法,他心甘情愿地置身于政治的旋涡之外,做一个超然闲逸的旁观者:

> 青泥赤日午相烘,走访船窗柳影中。辍我东坡无限睡,赏君南浦不赀风。坐观邸报谈迁叟(司马光),闲说滁山忆醉翁。此去澄江三万顷,只应明月照还空。(《小饮公瑾舟中》)

他不时地往返于真州、润州之间,和相知相得的朋友往来:

> 问禅时到长干寺,载酒闲过绿野堂。(《次韵许遵》)

金山寺更是他常去的地方。他与佛印性情相合,意气相投,经常在一起谈锋斗智。

一天,苏轼又要拜访佛印,事先写信说:"不必出山,当学赵州上等接人。"

但是佛印抑制不住内心的喜悦,仍然早早便下山迎接。及至相见,苏轼笑问佛印为何下山。佛印心想一是对权贵,一是对朋友,当然不一样。但该如何回答呢? 他灵机一动,口占一偈:

> 赵州当日少谦光,不出三门见赵王。争似金山无量相,大千都是一禅床。

佛教认为,境由心生,只要此心寂寂,即使走遍大千世界,也如同面壁禅房之中一样清净无扰。因此,又何必在意出不出山呢? 对答机智,境界高妙,苏轼不禁抚掌叹服。

二人相随进入禅房,佛印故意为难道:"此间无坐榻,居士来此做什么?"

苏轼应声答道:"暂且借和尚您的四大来做禅床。"

佛教以地、火、水、风为构成世界的四大物质,而人亦是世界万物之一,苏轼由此引申:既无坐榻,那就拿你佛印作禅床。

佛印心中暗喜,早已想好了对答之语,却不忙着说出来,故意转换话题说:"山僧有一问,居士倘能应声对答,即借在下四大与你,倘若对答不上,便请留下腰间玉带。"

苏轼欣然同意。佛印说:"四大皆空,五蕴非有,居士欲于何处坐?"

五蕴,是指色、受、想、行、识五种构成世界和生命的物质与精神因素,地、水、火、风四大即包括在色蕴之中。佛教认为,五蕴的组合显现了世界和生命,但是,这种组合无论在时间上、空间上还是形态上,都是变化无常的,由此形成了大千世界的生死轮回。因此,从佛教哲学的角度来看,人的身体和宇宙万物一样,都是虚幻不实的暂时存在。既然这样,又如何能坐? 苏轼觉得佛印言辞极为巧妙,一时无言以对,略一沉吟之间,佛印即对身边侍立的沙弥道:"居士输了。快! 收下玉带,永镇山门。"

苏轼哈哈大笑,随即解下玉带。

佛印又说:"尽管你输了,但我也不能让你空手而归。"

说完便令侍者取来衲裙(僧衣)一件,赠给苏轼,并即兴作偈颂两首,苏轼和其韵也赋两绝:

> 病骨难堪玉带围,钝根仍落箭锋机。欲教乞食歌姬院,故与云山旧衲衣。

此带阅人如传舍,流传到我亦悠哉。锦袍错落差相称,乞与佯狂老万回(万回,唐武则天时僧人,此指佛印)。(《以玉带施元长老,元以衲裙相报,次韵二首》)

佛印素知苏轼爱吃猪肉,每当苏轼来访,必定烧上一锅猪肉款待。不想有一天,烧得喷香的猪肉竟不翼而飞,不知被哪个馋嘴的和尚偷吃了,苏轼因而戏作一绝:

远公沽酒饮陶潜,佛印烧猪待子瞻。采得百花成蜜后,不知辛苦为谁甜。(《戏答佛印》)

无边的美景,无穷的佳肴,无数次快乐的相聚……这样的日子不在天堂,胜似天堂!走过穷乡僻壤,熬过艰难苦楚的苏轼完完全全地陶醉了:

白水满时双鹭下,绿槐高处一蝉吟。酒醒门外三竿日,卧看溪南十亩阴。(《溪阴堂》)

可是,这样的好日子竟是何其短也!司马光已在朝中身居要职,大批反变法大臣正有计划、分步骤得到重新起用,苏轼既以才高名世,又曾因讥讽新法下狱遭贬,自然不会被人遗忘。六月初,京城便已盛传苏轼即将被起用的消息,王巩最先听到,忙寄书相报,其他的朋友也纷纷来人来函,告知他们听到的消息。扰扰攘攘地搅得他很不安宁。"树欲静而风不止",看来,人的命运真的不是自己所能把握的。

果然,到六月下旬,苏轼便接到了朝廷的诏令:以朝奉郎起知登州(治所在今山东蓬莱)军州事。全家人欣喜若狂,苏迨、苏过把诏令和当月的邸报翻来覆去,看了又看,唯恐弄错,朋友们争先恐后前来庆贺:

> 故人改观争来贺,小儿不信犹疑错。(《次韵答贾耘老》)

而苏轼此时在欣喜之外,又不免有一丝惆怅在心中袅袅升起……

极为短暂的安定之后,一家人又开始打点行装,准备远行。

第九章　华灯飞盖寓京华

"山重水复疑无路，柳暗花明又一村"（宋·陆游诗句）。六年闲废的贬谪生活已告结束，仕宦之路又变得平坦宽广，苏轼心中没有太多的激动和喜悦，却有着无限的留恋和怅惘。在《蝶恋花》一词中他这样写道：

> 云水萦回溪上路，叠叠青山环绕溪东注。月白沙汀翘宿鹭，更无一点尘来处。　溪叟相看私自语，底事（何事）区区苦要为官去。樽酒不空田百亩，归来分得闲中趣。

经历了近三十年的仕途风雨和九死一生的"乌台诗案"，经历了黄州时期的参禅悟道与返璞归真，年少时争强好胜之心与功名利欲之念均已淡然无痕。

> 吾生七往来，送老海上城。（《次韵孙莘老寄子由……》）

赴任登州，他将第七次渡过淮水。早在元丰二年移知湖州时，他就曾感叹：

　　　好在长淮水,十年三往来。功名真已矣,归计亦悠哉。(《过
淮三首赠景山兼寄子由》)

如今更觉倦怠而淡漠。在他看来,此行不过是去到那海滨城市度过
他衰颓老境的一段岁月而已。

　　　与君暂别不须嗟,俯仰归来鬓未华。记取江南烟雨里,青
山断处是君家。(《赠王寂》)
　　　别时酒盏照灯花,知我归期渐有涯。(《次韵徐大正》)

作别常州的山水与故人,他祈祷此去仅为暂别,归程指日可期。

元丰八年七月下旬,苏轼启程前往登州

　　元丰八年(1085)七月下旬,苏轼启程前往登州。和往常一样,
沿途游山玩水、访朋问友,因此,直到八月下旬,还逗留在润州一
带。

　　寒暑易节,出发时还是暑气未尽的初秋时分,不出半个来月,便
是新凉乍至的中秋佳节。这天夜里,苏轼与朋友们一道登上金山妙
高台赏月。天宇四垂,一碧无际,山崖之下,江流汹涌。适逢当时著
名歌唱家袁绹在座,苏轼便请他演唱一曲《水调歌头》。袁绹欣然从
命,他举杯望月,长袖临风,唱道:

　　　明月几时有,把酒问青天……

歌声清越,响遏行云。优美动人的旋律,空灵蕴藉的意境,令所有的人深深陶醉。歌罢,苏轼情不自禁在月下起舞,当时月色如昼,清影徘徊,他笑着对大家说:"这便是神仙境界!"

过了中秋,苏轼继续前行,经泰州,过扬州,抵楚州,九月初到淮口,不巧遇上大风,整整三天无法开船。舟中无事,便与儿子谈诗论文,消遣时光。这天,苏迨凭窗而立,心有所感,写下一首《淮口遇风》诗请父亲指教。苏轼读后,十分高兴,立即步韵和诗一首:

> 我诗如病骥,悲鸣向衰草。有儿真骥子,一喷群马倒。养气勿吟哦,声名忌太早。风涛借笔力,势逐孤云扫。何如陶家儿,绕舍觅梨枣。君看押强韵,已胜郊与岛。(《迨作〈淮口遇风〉诗,戏用其韵》)

诗歌以杜甫的儿子宗武(小名骥子)相类比,以陶潜的儿子作反衬,盛赞苏迨才气不凡,大有胜过中唐诗人孟郊、贾岛之势。不仅如此,他还将诗歌寄给远方的朋友:

> 两日大风,孤舟掀舞雪浪中,但阖户拥衾,瞑目块坐耳。……某有三儿,其次者十六岁矣,颇知作诗,今日忽吟《淮口遇风》一篇,粗可观,戏为和之,并以奉呈。子由过彼,可出示之,令发一笑也。(《与杨康功》)

字里行间,欣欣得意之情难以自抑。

行旅之中,岁月如梭,到达海州时已是十月。经海州,过怀仁县,翻过常山,便进入密州境内。阔别十年,旧地重游,苏轼不禁有些激动,他说:"我是胶西旧使君。"(《怀仁令陈德任新作占山亭二

353

绝》其二)可是,仰望常山,高峻耸立,像一个兀傲的老人,丝毫也没有相识相亲的意思,令诗人满腹怅然。

然而,山水无情人有情,密州的父老乡亲并没有忘记这位造福一方的父母官,苏轼将要经过密州的消息早已传遍了州境,所到之处,人们扶老携幼,夹道欢迎,争先恐后地献酒祝寿。他们欣喜地看到,十年过去,苏轼虽已不复盛壮,却依旧精神矍铄。那数千名在大饥荒中幸存的弃婴,如今都已长成了健壮的少年,他们一个个睁大好奇的双眼,端详这位从小就听乡亲们每日念叨的救命恩人。父老的盛情令苏轼极为感动,在《再过超然台赠太守霍翔》中他写道:

> 昔饮雪泉别常山,天寒岁在龙蛇间。山中儿童拍手笑,问我西去几时还。十年不赴竹马约,扁舟独与渔蓑闲。重来父老喜我在,扶挈老幼相遮攀。当时襁褓皆七尺,而我安得留朱颜。

现任密州知州霍翔在超然台上置酒款待苏轼一行。重上超然台,当年镌刻在台上的《超然台记》《和潞公》等诗文依旧保存完好。触抚旧迹,感慨万千。此时日已西斜,纵目远眺,夕阳的余晖映照着对面的山峰,宁静而辉煌。酒筵之上,苏轼回忆起十年前那一场可怕的蝗旱之灾,殷切地嘱咐霍翔,利用当地的水源,发展农田水利,以防患于未然。

匆匆告别密州,苏轼沿海东进,于十月十五日抵达登州。登州的百姓早已闻讯赶来,迎接这位名重天下的新知州,船边岸上,人山人海。苏轼刚一踏上陆地,便见几位年长的父老迎上前来,打头的一位双手举杯,对苏轼说:"苏大人,您为政爱民,能像马使君一样吗?"

马使君即当时名臣马默,他曾于熙宁初年出任登州知州,政绩卓著,深得吏民爱重。父老的期望令苏轼热血沸腾,他郑重地接过酒杯,说:"我当勉力而行,不负众望。"

上任伊始,苏轼便马不停蹄地开展工作,进行广泛的社会调查。他敏锐地发现了有关军政与财税的两大弊政,正当苏轼准备大展宏图,尽心尽力为登州百姓办实事,却又接到朝廷以礼部郎中(中央负责礼仪、祭享、贡举等事的机关的主管官)召还的诏令。但是,在还京的途中,他仍一连写了两道奏章:《登州召还议水军状》、《乞罢登莱榷盐状》,提请朝廷重视登州的海防,减轻人民负担。

倏然而来,又倏然而去的海市,
令苏轼想起了许多

刚到登州,又将匆匆离去。办好政务移交手续,苏轼便趁回京前有限的几天闲暇,饱览登州山水。这座边远小城,依山傍海,景色壮丽,与苏轼所熟悉的一般内陆城市相比,可谓风情独具。

丹崖山上的蓬莱阁,是登州的名胜之一,建于宋英宗治平年间。阁下有狮子洞,洞前有泠然泉,潮生浪起则泉源淹没不见,水退则泉水甘洌如故,因此古时又称浪泉。蓬莱阁下的细石经海浪淘洗、激荡,年深月久变得圆润光滑,黑白两色的常被当地人捡来做棋子。登阁远眺,一望无际,目力所及,可以看到沙门、鼍矶、牵牛、大竹、小竹五个岛屿。其中沙门岛离岸最近,上面一片枯黄,没有一点生机。其余四岛,则层峦叠嶂,林木繁茂,出没于波涛之间,缥缈迷离,真像是神仙的居所。岛上遍布人们叫不出名字的奇花异卉和五彩斑斓的美石,有的石头上的花纹极像是古代的金文篆书,十分奇特。如今,苏轼登上蓬莱阁,遥望云水相隔的四座小岛,心中生出无限的向往,可是只能望洋兴叹而已。好在海面景色如画,令人心旷神怡,依然不虚此行,他随笔写下一篇短文《蓬莱阁记所见》:

> 登州蓬莱阁上，望海如镜面，与天相际。忽有如黑豆数点者，郡人云："海舶至矣。"不一炊久，已至阁下。

不过这里最为著名的景观，还是登州海市：

> 东方云海空复空，群仙出没空明中。荡摇浮世生万象，岂有贝阙藏珠宫。(《登州海市》)

每当春夏晴和之时，旭日初升，东风微拂，便有五彩的云霓缭绕在沙门、鼍矶、牵牛、小竹、大竹五座岛屿之上，渐渐变化成宫殿、楼观、城墙、车马、冠盖，还有各色各样长裙飘曳的人物，"凡世间所有，象类万殊，或小或大，或变现终日，或际海皆满"(元·于钦《齐乘》)，十分神奇，令缺乏科学知识的古人惊叹不已。因为它稍纵即逝，可望而不可及，所以往往被视为有着琼花玉树的神仙世界在尘世间的偶然乍现。蓬莱三岛之所以有仙境之称，即与这里经常出没海市有关。不过也有人认为，这是蛟蜃吐气所形成的景象，或者是"沧溟与元气呼吸"(同上)而产生的奇观。苏轼即持这样一种观点。他认为，群仙出没，万象摇荡，都不过是幻影而已，并不是什么海神所居的珠宫水殿。这种认识对海市蜃楼的形成原因的解释固然荒唐，结论却是正确的。其实，海市蜃楼是一种大气光学现象，它的形成是因为光线经过不同密度的空气层，发生显著折射，就把远处景物显示在空中或地面。总之，它是造化的杰作，大自然罕见的动人画卷。苏轼如今亲临其地，自然很想一饱眼福。可是当地的父老都说，海市一般只在春夏之间出现，如今已是岁晚天寒的初冬季节，不可能见到。朝命催迫，行期已定，苏轼不免深感遗憾，怀着侥幸的心理，他去海边的龙王庙虔诚祈祷，希望海龙王为他把冬眠的鱼龙打醒，破例在天寒地冻的日子里出现海市：

> 心知所见皆幻影,敢以耳目烦神工。岁寒水冷天地碧,为
> 我起蛰鞭鱼龙。(《登州海市》)

第二天,奇迹真的发生了!

> 重楼翠阜出霜晓,异事惊倒百岁翁。(同上)

清晨,朝阳初上,霜露未晞,蔚蓝的海面上,朵朵白云聚集在五岛的
周围,苏轼和无数闻讯赶来的当地百姓伫立海滨,凝神注视着远方。
不一会儿,一个缥缈的世界出现在云海之中:高楼林立,树木葱
茏……人们惊诧莫名,就连登州的百岁老人也叹为奇事。诗人不禁
感叹:

> 人间所得容力取,世外无物谁为雄。率然有请不我拒,信
> 我人厄非天穷。(同上)

本来,人间事物可以力取,但世外事物人类却不能逞强去获得。现在
海龙王竟然应允了我的请求,足见我这个人在世间所遭遇的厄运并
不是天帝的旨意。苏轼因将赴京任职,心情比较乐观,相信天帝会给
他带来好运。不过,他也并没有因此而得意忘形。中唐著名文学家
韩愈曾谪居潮州遇赦归来,路过南岳衡山,正值秋雨连绵的季节,无
法上山游玩、观赏那倚天壁立的南天柱石和高峻耸立的祝融峰,于是
潜心向山神默祷,须臾之间,果然云开日出,雨过天晴,韩愈十分兴
奋,认为是自己的正直感动了山神。苏轼自比韩愈,但他认为:

> 潮阳太守南迁归,喜见石廪堆祝融。自言正直动山鬼,岂知造物哀龙钟。伸眉一笑岂易得,神之报汝亦已丰。(同上)

一个微不足道的愿望得到满足,并不是自己的正直感动了天地鬼神,而是造物主哀怜他龙钟老迈,饱经人世间的艰辛苦楚。因此,对于神灵的厚爱,他充满了感激之情。

这罕见的冬季海市持续了整整一天,到黄昏时候终于消失无踪:

> 斜阳万里孤鸟没,但见碧海磨青铜。新诗绮语亦安用,相与变灭随东风。(同上)

遥望长空,夕阳斜射,飞鸟没入云端,天宇之下,那繁华的海市已了无痕迹,只见幽蓝的大海一平如镜,仿佛什么也不曾发生过。倏然而来,又倏然而去的海市,使苏轼油然想起《金刚经》里那一则著名的偈语:

> 一切有为法,如梦幻泡影,如露亦如电,应作如是观。

世间的一切,不就像这眼前的海市蜃楼一样吗?热闹非凡的生机之下掩盖的却是无常的本质,由此看来,轩冕荣华,富贵恩宠,又有什么值得人欢欣沉溺的呢?正是怀着这样一种超然淡泊的心情,苏轼踏上了回京的旅途。

沿途之中,到处是逢迎的笑脸,满耳是曲意的奉承,路过青州时,就连现任青州知州、"乌台诗案"的主谋之一李定,都出人意外地接待了苏轼,并为他举行了盛大的宴会,苏轼一律淡然处之。一颗伟大而宽广的心灵既不计较昔日的恩恩怨怨,也不会沾沾自喜,只是由此进一步加深对人生虚幻性的领悟。面对世事的浮沉、人情的炎凉,他有时自嘲:

> 羡师游戏浮沤间,笑我荣枯弹指内。(《龟山辨才师》)

有时则有些倦怠,在写给米芾的信中,他说道:

> 某自登赴都,已达青社,衰病之余,乃始入闹,忧畏而已。复思东坡相从之适,何可复得。(《与米元章》)

他到京后,写给友人的诗歌,也依旧是欣喜之中夹杂着一缕挥不去的怅惘之情:

> 东坡已报六年穰(rǎng,丰收),惆怅红尘白首郎。枕上溪山犹可见,门前冠盖已相望。(《次韵赵令铄》)

在冠盖如云、宾客盈门的热闹场中,他的思绪常常飞到洒下过汗水的黄州东坡,他的眼前常常浮现充满了诗意的常州山水……

一条世人所渴慕的黄金大道已在苏轼面前展开

苏轼于元丰八年(1085)十二月上旬末抵达汴京就任礼部郎中,不到十天,又接到新的任命,迁为起居舍人。起居舍人与礼部郎中虽然同为从六品官职,但其重要性却不可同日而语。元丰改制以后，门下省的起居郎、中书省的起居舍人，同领修起居注的职责，记录皇帝言行，合称为左右史。皇帝御正殿时，起居郎与起居舍人侍立两侧，皇帝外出时，则为左右随从。凡礼乐法度的因革损益，文武百官的任免赏罚，群臣进对，临幸引见，朝廷所有大小事务，起居舍人皆参与其中。苏轼起于忧患之中，深知"祸兮福所倚，福兮祸所伏"，不愿骤然之间便登上这众所欣羡、人所共争的机要职位，因此一连写了两道辞免状，又专程到宰相府当面提出辞呈，但均未得到批准，只得赴任。早已不再以功名为意的苏轼，直到此时仍丝毫也没有意识到，一条世人所渴慕的黄金大道已在他的面前展开，那些令人难以置信的荣宠将接二连三地降临。

元祐元年（1086）正月的一天，瑞雪纷飞，皇城内外一派银装素裹。苏轼以七品服入侍延和殿，皇帝有旨，诏赐绯（红）袍银鱼袋。在封建时代，官服的颜色最鲜明地表现官员品位的高低。北宋前期，官分九品（每品分正、从，四品以下正、从之中又各分上、下，共三十阶），服色分紫、红、绿、青四种。元丰改制以后，官分九品（每品分正、从，共十八阶），服色分三种：七品以下官员穿绿袍，五、六品官员穿绯袍，四品以上官员穿紫袍。鱼袋则是系在官服腰带后面的一个重要佩件，是高级文官的标志。太宗雍熙年间规定：服紫者佩金鱼袋，服绯者佩银鱼袋。苏轼现已是从六品官员，所以依例着绯戴银。

当苏轼脱下穿了二十五年的绿色官服，一身簇新地出现在家人们面前，妻儿仆婢都不约而同地发出惊喜的欢笑，顽皮的幼子苏过更是缠绕膝前，好奇地摆弄父亲佩带的银鱼袋不忍释手。看着家人幸福的笑靥，苏轼心中涌起无限的满足和愉悦。

令家人惊喜的消息还在不断传来。苏轼任起居舍人不出三个月，又有一道特诏下达：诏令苏轼免试任中书舍人。中书舍人一职位居四品,例兼知制诰。据《宋史·职官志》:中书舍人与翰林学士分掌内外制。学士掌内制,舍人掌外制,称为两制。制,即皇帝的命令。凡是有关任免百官、改革旧政、宽赦俘虏等政令,都属外制,由中书舍人起草,如果事有失当或除授非其人,可奏请皇帝重新考虑,实际上已正式参与大政方针的讨论及朝廷百官的选派,地位显赫。而且,按规定,"知制诰"必须先考试然后任命,宋朝开国百余年来,免试任命者,仅陈尧佐、杨亿、欧阳修三人。如今苏轼也荣登此列,不能不说是非常的恩宠。再三辞免不允,苏轼脱下绯银,换上紫金。

元祐元年九月,苏轼再次获得荣升,奉诏任翰林学士知制诰(正三品),专掌内制,承命撰写有关任命将相大臣,册立皇后、太子等事的文书,以及与周边国家往来的国书等。对大臣奏章的批答亦在其职责范围之内。作为皇帝最亲近的顾问兼秘书,翰林学士知制诰从中唐以来就有"内相"之称,往往是"将相之储"。苏轼之前,欧阳修、王安石、司马光都曾担任过这一职务,并由此升任副宰相,诚如苏轼在《辞免翰林学士状》中所说:"非高材、重德、雅望,不在此选。"就任当日,皇帝特赐给他官服一对,金腰带一条,金镀银鞍辔马一匹,"被三品之服章"(《谢赐对衣、金带及马表》),"里巷传呼,亲临诏使;私庭望拜,若被德音"(《谢宣召入院状》),备极儒臣的尊荣。

这一连串升迁在苏轼心中激起的反应除了愕然、惶恐与强烈的知遇之感,便是超然于功名利欲之外的淡泊,"再入都门万事空"(《送杜介归扬州》),对于一个透彻地领悟到生命本质的人来说,人生的真正快乐又何尝存在于世人眼中的轩冕荣华之中?摒除了常人难免的私心杂念,"舍身报国"的儒家淑世精神在苏轼身上表现得更为纯粹。

元祐二年八月,在原有官职的基础上,苏轼又兼任了经筵侍读。

经筵是古代帝王为研读经史而特设的御前讲席,侍读则是皇帝的老师。每年春二月至端午日,秋八月至冬至日,逢单日入侍讲读。对于这一任命,苏轼从内心深处是十分乐意接受的。"致君尧舜",这是千百年来中国传统知识分子的最高理想,"帝王之师",则是实现这一理想的最佳位置!

就这样,在不到一年的时间里,苏轼便从投闲置散的谪官,扶摇直上,成为朝廷之上举足轻重的人物。他变得异常忙碌,那么多重要的诏令需要由他起草,那么多奏章在经过太后御览后需要由他草拟批答,此外他还需花很多精力认真准备富有启发性的内容和方法,为年少的哲宗皇帝讲述历朝历代治乱兴衰的缘由,帮助他培养辨别正邪得失的能力……

> 微霰疏疏点玉堂,词头(唐宋时朝廷命官任职的谕旨)夜下揽衣忙。(《卧病逾月,请郡不许,复值玉堂……》)

他常常在学士院里工作到深夜,天寒地冻的日子,太皇太后和皇上会差人给他送来宫烛与热酒,以示慰问。那些必须使用固定格式与套路的官样文章,在他的生花妙笔之下,都写得十分精彩,措词古雅,各种各样的典故信手拈来。繁重的公务使他抽不出时间写诗作文。有一次,同僚曾布请他写一篇《塔记》,一拖再拖,总难复命,只得写信请求谅解:

> 《塔记》非敢慢也,盖供职数日,职事如麻,归即为词头所迫,率以夜半乃息,五更复起,实未有余暇。(《答曾子宣》)

苏轼的声望与日俱增

作为北宋文坛当之无愧的领袖、元祐政坛令人瞩目的大臣，苏轼的声望与日俱增。如果说在此之前，他的声望完全来自个人出众的才华，那么现在，又加上了荣华富贵的诱人光环，几乎全社会的人（包括爱才、爱名、爱利、爱权的人）都羡慕他，崇拜他。他平日家居时，喜欢戴一种高筒短檐的便帽，也为全国士大夫竞相仿效，"人人皆戴子瞻帽"（宋·胡仔《苕溪渔隐丛话》），乃至形成一股"流行潮"。针对这种时尚，有人还作过一副讽刺性的对联：

伏其几而袭其裳，岂为孔子；学其书而戴其帽，未是苏公。（元·陶宗仪《说郛》引）

这件事情也被敏锐的艺人作为素材搬上了舞台。一天，苏轼陪同皇上去醴泉看戏，宫廷艺人们便上演了这样一出滑稽小品：几个书生打扮的丑角在台上吹牛，都说自己的文章盖世，你一言，我一语，争得不可开交。这时，一个头戴"子瞻帽"的丑角走上台来将他们喝住："不必吵了，我的文章比你们都要好得多！"

"为什么？"其余小丑大惑不解。

"哼，你们没看见我头上戴着的'子瞻帽'吗？"

小品嘲笑那些追求时髦、附庸风雅的士人。哲宗皇帝会心地笑了，还忍不住回头看了看苏轼。

苏轼既以书法名世，如今更是一字值千金。崇拜者们想尽一切办法，狂热地收集他的亲笔题字，即使能得到一张三五个字的便条，也足够让他们兴奋好几天。殿前副都指挥使（统领禁军的副长官）

姚麟即是这类收藏爱好者之一。他是个武人，无缘与苏轼结交，但是他的朋友韩宗儒借着父辈的关系，倒经常出入苏府，偶尔也与苏轼有些笔墨往来。一天，姚麟对宗儒说："你若是能给我弄到一张苏翰林的墨宝，我送你一腿羊肉。"

宗儒一则想显示自己的能耐，二则又有他最爱的羊肉可吃，何乐而不为？于是满口应承。此后，他不时借故给苏轼写信，收到回函，立即去姚麟那儿换回十几斤羊肉。这个秘密不知怎么被黄庭坚知道了，便和苏轼开玩笑："当年王右军（晋朝书法家王羲之）手书《黄庭经》换得一群白鹅，人称'换鹅字'。现在韩宗儒用您的信函换羊肉，看来也可称为'换羊书'了。"

苏轼听了大笑不止。

不久即逢哲宗的生辰，需要撰写的制诰特别多，苏轼忙得不亦乐乎，连续收到韩宗儒好几封信，都无暇回复。宗儒等得心焦，便派仆人前来催促，苏轼刚想匆匆写上几笔，猛然记起前些天黄庭坚说的笑话，不由笑出声来，于是搁笔，对韩家仆人说："告诉你家少爷，本官今天不杀羊。"

此时，苏洵、苏轼、苏辙的诗文早已传到了周边的辽、西夏、高丽等国，监察御史张舜民奉命出使大辽时，就曾在沿途旅馆、驿站的墙壁上读到过辽人所题写的苏轼诗歌，在辽国都城的书肆里，他还买到一本《大苏小集》，里面刊载了几十篇苏轼的作品，他将这本集子带回汴京，并在书后题诗道：

> 谁题佳句到幽都，逢着胡儿问大苏。（宋·王辟之《渑水燕谈录》引）

这些地方的使者来到汴京，也总要询问苏轼、苏辙的情况，热切地表示希望能够会见苏轼、苏辙：

> 毡毳年来亦甚都,时时鴂舌问三苏。(《次韵子由使契丹至
> 涿州见寄四首》之一)

因此,作为翰林学士,苏轼经常奉命接待来使。在亲切友好的氛
围中,使者们总会不失时机地朗诵三苏诗文,信手拈来,恰到好
处。有一次,在酒席上,辽使刘霄高举酒杯来到苏轼面前,用带着
浓重的辽国腔调的中原官话说:"'痛饮从今有几日,西轩月色夜
来新'(苏轼《闻乔太博换左藏知钦州以诗招饮》),苏大人岂可不
满饮此杯?"

在《记虏使诵诗》一文中,苏轼不无惊异地写道:"虏亦喜吾诗,
可怪也。"

元祐时期,宋与辽、夏基本维持着和平状态,在接待聘使的活动
中,宾主多以谈谑诗文相娱乐,但在温文儒雅的纱幕之下,仍时时掩
盖着唇枪舌剑的智斗。在这种场合,苏轼每每以他广博的学识、敏
捷的才思,出奇制胜,充分表现出中原古国的文化优势,为大宋王朝
争得光彩。

一天,苏轼陪同各国聘使品茗听曲,皓月临空,花香习习,大家
谈笑风生,气氛十分融洽。座中有位辽使,素来自视颇高,有心与苏
轼比试高低。瞅着一个空子,辽使起身对苏轼拱了拱手,故作谦逊
地说:

"苏大人,在下久闻大名,不胜钦敬,今有一事求教。我大辽国,
旧有一对,曰:三光日月星。遍国之中,无人能对。贵国既以文治名
世,大人又为中朝第一,作一对联,想来不费吹灰之力,不知能否赐
教一二?"

这个上联出得很绝，"三"是数目字，下联自然也应以数字相对，"日月星"是三样发光且同在天空的东西，下联同样应该对上几样既有共同点又同为一体的东西。

苏轼不假思索，回答道："此对确有难度，不过'四诗风雅颂'倒是天生妙对，不知尊意以为如何？"

《诗经》分为风、雅、颂，其中"雅"又分大雅、小雅，因此合称四诗。三光日月星，四诗风雅颂。果然对得天衣无缝！辽使暗自惊叹不已。这时苏轼又缓缓地说："此外还有一对，亦可凑数：四德元亨利。"

辽使一听，差点笑出声来，《易经》所谓四德不是元、亨、利、贞吗？苏翰林啊苏翰林，原来连这种基本的文化常识也会有出错的时候呢！这样想着，嗵的一声就站了起来，打算反驳。苏轼忙说："您以为我忘了其中一德，是吗？且听下文。我们两国是兄弟友邦，您作为大辽的使节，总该知道，那未曾说出的一德，正是我朝仁祖的庙讳也（宋仁宗名赵祯），怎可以直言相称？"

辽使大出意外，一时无言以对。一轮竟败了两次，辽使的气恼可想而知，但他仍不肯轻易服输，他平时常以能诗自矜，于是提议在座各位即兴赋诗，希望能以此挽回面子。苏轼心中暗笑，风趣幽默的他，这时又忍不住想开开玩笑了，他说："我以为赋诗是件很容易的事情，倒是读诗更难。"

此言一出，人人都觉得困惑不解，读诗有什么难的？从小到大，谁还没读过成百上千首诗呢？苏轼笑而不答，即令左右递上文房四宝，随手写下一首《晚眺》诗：

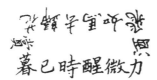

　　好奇而又好胜的辽使率先接过来一看,不由目瞪口呆,横看竖看,怎么也念不成句。这首奇怪的诗在众使节手中转了一圈,竟无一人能读出来,大家疑惑地看着苏轼,这难道真是一首诗?

　　苏轼微微一笑,解释道:"这是一首'神智体'诗,诗的内容不全是用语言表达的,而是'以意写图,令人自悟'。"说着便吟道:

　　　　长亭短景无人画,老大横拖瘦竹筇。回首断云斜日暮,曲江倒蘸侧山峰。

众位使节听罢,无不叹服,个个兴趣盎然,央求苏轼再写一首类似的诗歌给他们见识见识。于是,苏轼又提笔写下一首回文体诗:

此诗读为:

　　　　赏花归去马如飞,去马如飞酒力微。酒力微醒时已暮,醒时已暮赏花归。

367

荣华富贵的热闹场中，
苏轼依旧过着恬淡简朴的生活

有人说："宋朝是官僚的乐园。"此言确实不虚。当时，一名中级官员的俸禄已是极为可观，而三四品以上的高官待遇尤为丰厚。尽管宋朝开国君主宋太祖、宋太宗本身都能防微杜渐、保持着节俭的作风，但是，在"杯酒释兵权"的著名酒宴上，宋太祖为劝谕开国功臣而发表的那番"多积金帛田宅以遗子孙，歌儿舞女以终天年"的讲话，无异于是对享乐安逸生活的提倡。对于一般人来说，既有大把的银钱可花，又有君王的默许甚至鼓励，不沉溺于奢华逸乐几乎是不可能的事情，即使是一些立朝刚正、功业赫赫的名臣贤相也往往不能免俗。随着经济的发展，城市的繁荣，这股奢靡之风愈演愈烈，几乎成为士大夫中一种普遍风尚。

经历了六年多穷困潦倒的贬谪生活之后，苏轼重登朝堂，回到这"金翠耀目，罗绮飘香"（宋·孟元老《东京梦华录》）、五色五音迷人耳目的京国大都会，完全可以在这座官僚的乐园里尽情地享受，尽情地弥补。可是，二十多年宦海沉浮所得到的人生体验，再加上在黄州安国寺"间一二日辄往，焚香默坐，深自省察"，乃至坚持五年而不懈的实证功夫，苏轼已深深地领悟"人生如梦"、"一切皆空"的佛理禅意，佛道思想不再是脱离于他思想意识之外的理论工具，不再是招之即来、挥之即去、仅仅用来忘忧解闷、聊以自遣的精神寄托，而是作为他自身修养的一个重要部分，与他固有的儒家思想水乳交融、互相作用，构成他与熙宁时期不尽相同的新的思想境界。仕途通达，生活遂意，繁华满眼，金玉满堂，而他毫不沉溺，毫不迷恋，"胸中廓然无一物"，在超越"世俗之乐"的高度上"以时自娱"（《与子明兄》），享受物我相忘、无待于外的人生至乐。他曾说：

> 　　乐事可慕，苦事可畏，此是未至时心耳。及苦乐既至，以身
> 履之，求畏慕者初不可得。况既过之后，复有何物比之，寻声捕
> 影，系风趁梦，此四者犹有仿佛也。（《乐苦说》）

　　乐事与苦事，构成了人生的基本内容，人们总是处于慕乐畏苦的状态之中。但在苏轼看来，乐既不足慕，苦亦不足畏，身历其中，苦乐一样平常。艰难困苦终将过去，功名利禄又何尝不是过眼烟云？这篇短文集中表现了苏轼这一时期对于人生本质的清醒的哲理性认识。

　　正是基于这样一种认识，环境的改变没有使他迷失自我，荣华富贵的热闹场中，他没有随波逐流，依旧过着恬淡简朴的生活。由于他不吝惜财物，乐善好施，随时随地帮助一切需要帮助的人，因此，尽管除了拥有三品文官的优厚待遇，按规定，还有撰写内外制所得的数目不小的额外的"润笔"之费，但是手头却并不如何宽裕，基本的家庭日用之外，极少有奢侈的排场。

　　按照时尚，苏轼的家里，也像当时一般达官贵人之家，蓄养了一批色艺俱佳的歌姬舞女，但是这不是为了自身享乐，而是纯为交际应酬之用。每有苏轼并不喜欢却又不得不虚与委蛇的政客同僚或泛泛之交登门拜访，"则盛列妓女，奏丝竹之声聒两耳，至有终席不交一谈者"（宋·施德操《北窗炙輠录》），以此来逃避那言不由衷、索然无味的谈话。得到这种待遇的客人，往往不明其意，反而心花怒放，自以为得到苏轼的另眼相看，盛情款待。殊不知，真正的贵客嘉宾，苏轼从不以这种方式接待，总是"屏去妓乐，杯酒之间，惟终日谈笑耳"（同上）。

不仅自己不以世俗红尘之中的声色犬马为乐,苏轼还经常劝告他人不要落此俗套。

一天,退休宰相韩维的两个女婿前来拜访苏轼。韩氏家族在宋朝极为显赫,先后出过七位宰相,韩维的兄长韩绛,嘉祐二年,与欧阳修一同主持礼部考试,与苏轼亦有座主与门生的关系。谈话间,苏轼向两位年轻人问起韩维的近况。他们说:"岳父大人自从退休以后,十分喜欢饮宴。他曾对人说:'我如今老了,没有什么值得挂虑的事情,只想在声乐酒色之中快乐地度过余年,否则,不知道该怎样打发时光。'"

苏轼听了以后,很不以为然,他说:"正因为他老人家已是桑榆暮景,来日无多,这样做就更不应该。不知你们兄弟俩能否替我捎一句话给他?"

两位年轻人连忙点头:"当然,苏大人请讲。"

苏轼品了一口清茶,说:

"从前,有一位老人,一生从未参禅,但他天性近道,言行举止皆雅合禅理,生死之际极为了然。一天,他忽然吩咐家人摆酒设宴,大会亲友。宴会结束时,他对大家说:'我今天就将辞别人世。'于是,整衣端坐,顷刻之间,奄奄一息。儿女子孙惊惶失措,围绕在他身旁悲泣不止,都说:'大人,您今天真的就要走了吗?请给我们留几句话吧。'老人说:'只有一句话,你们且都记住:第一要五更起床。'子孙都不明白,说:'为什么?'老人解释道:'只有五更起来可以做做自己的事情,日出之后,想做自己的事情也不可能了。'子孙更不明白,说:'家中富有,衣食无忧,何必早起?再说,家里件件事情都是自己的事情,哪里有什么分别?'老人说:'不然,所谓自己的事情,是死时能带走的。你们看看,我平生治下万贯家财,今天死去,能带走什么呢?'子孙听了似有所悟。"

苏轼停了停，接着说："现在韩大人既然自以为已是风烛残年，我想请两位郎君转告他：趁着闲暇，多做做自己的事情。与其在声乐酒色中劳心费力，不如想想死时可以带走的东西。"

苏轼认为，功名利禄，声乐酒色，都是外在的东西，只能带给人暂时的满足，过后仍是无边的空虚，执着于这些东西，即是"贪"。而从佛学的角度看来，贪、嗔、痴三种本能的烦恼，是造成众生一切痛苦的根本原因，也是众生沉浮于生死轮回的苦海，永远不得解脱的根本原因。满足贪欲，反而会刺激贪欲日趋强烈，所谓"欲壑难填"，只有断除贪念，才是根本的办法，才能在茫茫无边的生命苦海中获得自救。这种观点又与中国儒、道两家所倡导的"无待于外"的自我修养理论相契合。苏轼所追求的正是一种去除了对外物的渴望与贪求、可以完全无所待于外的自我完成，有了这样一个完成，才是真正圆满快乐的人生。所以他特别推崇可敬的忘年之交范镇，他曾说：

> 范景仁平生不好佛，晚年清谨，减节嗜欲，一物不芥蒂于心，真却是学佛作家；然至死常不肯取佛法。某谓景仁虽不学佛，而达佛理，即毁佛骂祖，亦不害也。（宋·李廌《师友谈记》引）

其实学不学佛并非关键所在，只要明了人生的真谛、生命的本质，便能合于大道。可是世间多少芸芸众生，被滚滚的红尘蒙蔽了双眼，从而认虚无为实有，认无常为永恒，将痛苦之源视为最大的幸福和满足，却自鸣得意，炫耀于人，实在是可悲而又可叹！苏轼堂嫂的弟弟蒲宗孟便是这样一个人。

蒲宗孟字传正，熙宁年间曾官至翰林学士兼侍读，元丰五年拜尚书左丞，但是很快便因荒于酒色以及营造府第超过其应有的规格而遭到弹劾，罢知汝州，元祐初年移知杭州。他听说杭州有位异人，年逾九十,而面有婴儿之色,连忙请入府中,待为上宾,请教长生不老之术。老人说:"我的长寿之道非常简单易行,其他无所顾忌,只需弃绝女色。"

蒲宗孟低头沉思良久,说:"如果是这样的话,即使活上千岁,又有什么意义呢?"

对于他来说,既要贪求感官欲乐的种种享受,又要贪求生命的长期延续,二者皆不可舍。这是怎样的一种荒唐和痴迷!他曾给苏轼写信,自称晚年有所得。信中介绍了他那一整套的保养办法,所谓"大洗面"、"小洗面"、"大濯足"、"小濯足"、"大澡浴"、"小澡浴"等等。也就是说,他一天洗两次脸、洗两次脚,隔天洗一次澡。"小洗面"只洗脸部,但需换一次水,由两个仆人侍候;"大洗面"洗脸部、颈部和肩部,需换三次水,由五个仆人侍候;"小濯足"洗脚掌、脚背,换一次水,由两个仆人侍候;"大濯足"洗膝盖以下部位,换三次水,由四个仆人侍候;"小澡浴"比较简单,由五六个仆人侍候;"大澡浴"则较为复杂,需要涂抹药膏,并由八九个仆人侍候;每次沐浴换洗的衣裳都放在网上,用名贵香料徐徐熏烤;此外,无论"洗面"、"濯足"、"澡浴"都需配以繁简不同的推拿按摩……苏轼耐着性子读完这一套繁琐而奢侈的经验,回信道:

> 闻所得甚高,固以为慰。然复有二,尚欲奉劝,一曰俭,二曰慈。(宋·李廌《师友谈记》引)

苏轼自己也依然注重养生,但他的养生之道确实是简单而易行。每晚入睡之前,在床上舒展四肢,使其完全放松,如果身体哪处感到有些倦痛,则略微按摩一会,然后轻轻合上双眼,聆听自己的呼吸,在心中默默计数,呼吸渐渐均匀平缓,心也跟着静定下来,此时如果身上再有某处发痒、不适，也不应随意动弹，务必以定力克制自己，这样坚持一顿饭的工夫，"则四肢百骸，无不和通。睡思既至，虽寐不昏"（宋·李廌《师友谈记》引）。每天无论上朝或是居家，必定五更之初起床，梳头数百遍，盥洗之后，再和衣在一把躺椅上躺下，重复晚上入睡前的那一套程序，然后小睡一会，"数刻之味，其美无涯"（同上）。

在兄弟之情与天伦之乐的脉脉温情中，
苏轼休息着疲惫的身心

就在苏轼奉命回朝之际，苏辙也于元丰八年底以秘书省校书郎召回，元祐元年正月下旬抵达京师，随即改任右司谏。和哥哥一样，在此后的几年中，苏辙不断获得升迁，历任起居郎、中书舍人、户部侍郎、翰林学士知制诰、御史中丞，元祐六年官拜尚书右丞，第二年再迁为门下侍郎（副宰相）。

元祐元年春末，苏轼以中书舍人侍立迩英阁，同年秋冬之交，苏辙也以起居郎相继入侍。迩英阁在崇政殿西南，是侍读给皇帝讲课的地方。这里冬暖夏凉，环境极为优雅，阁前有两株百年古槐，枝叶拂地，状如龙蛇，有人称之为凤凰槐。阁后是一片竹林，微风过处，龙吟细细，凤尾潇潇。朝臣侍立迩英，陪皇帝听讲，也是身份和地位的象征。苏轼兄弟二人同时荣膺此选，当时即在朝中传为美谈，苏轼也对此颇感荣幸。他曾在诗中写道：

> 瞳瞳日脚晓犹清，细细槐花暖欲零。坐阅诸公半廊庙，时看黄色起天庭。（《轼以去岁春夏，侍立迩英，而秋冬之交，子由相继入侍，次韵绝句四首，各述所怀》之一）

诗歌的前二句写景：朝阳初上，薄薄的晓雾中，带着些许初冬的凉意，阁前古槐繁花满树，清香脉脉，沁人心脾，微风中，飘舞着片片凋零的花瓣。在这安谧优雅的环境中，苏轼油然想起，自他入仕以来，多少出将入相的名卿巨公都曾侍立迩英阁，由此而被君王委以重任，驰骋当世。如今，他们兄弟也得以从容不迫地出入其中，他仿佛看到，那象征着吉祥与喜气的黄色正在弟弟的两眉之间（即相术所谓天庭）袅袅升起。诗歌情调闲雅自适，表现了苏轼此时愉快的心情。

但是，即使是在最为春风得意的时候，苏轼也依旧保持着一份恬淡，一份超然：

> 江湖流落岂关天，禁省相望亦偶然。（《和子由除夜元日省宿致斋三首》之一）

当年兄弟"江湖流落"，如今彼此"禁省相望"，荣辱自是不可同日而语，然而，这一切似乎都在命运的冥冥掌握之中，并不值得人为之悲、为之喜。深知人生之路波谲云诡，他希望在历经坎坷之后，能够安定闲适地度过余生：

> 微生偶脱风波地，晚岁犹存铁石心。定似香山老居士，世缘终浅道根深。（《轼以去岁春夏，侍立迩英……》之一）

白居易晚年，隐居洛阳香山寺，自称香山居士，以"儒教饰其身，佛教治其心，道教养其寿"。苏轼此处即以白居易自比，表达了他对晚境余生的美好设想。

不过，如今君恩未报，身负的社会责任也还没有完成，归隐依然只能是一个无法确定的未来计划。

苏轼兄弟先后离开京城均已有十五六年以上，当年父亲苏洵在汴京购置的宅院也早已在潦倒窘迫中卖掉，所以这次回京，苏轼便在城西靠近皇城的地方重新建造了一座住宅。这里浓荫覆地，环境幽雅，既有城居的便利，又有山居的宁静，是朝廷百官最为喜爱的住宅区。

兄弟二人自从踏上仕途，总是聚少离多，如今相聚京师，同朝为官，心中都有说不尽的欢喜。苏辙的府第也建在城西，两家相距很近，每次退朝，苏辙总是顺道先到哥哥家里盘桓一阵，有时候兄弟俩对饮闲聊，有时候看子侄们习字临帖，十分惬意。一天，寒流骤至，天色阴晦，好像很快就要下雪的样子，苏轼退朝回到家中，家人早已在书房生起了炭火，红泥小火炉上搁着一把精致的小酒壶，暖暖的酒香满室弥漫。苏轼随手拿起一本书来，斜靠在椅背上一边漫不经心地读着，一边等待着弟弟到来。此时，他思绪飘飞，时而飞到故乡的青山绿水之间，时而飞到京城的怀远驿，时而又飞到徐州的逍遥堂……他想起那年徐州相聚时苏辙写的那首《逍遥堂会宿》：

逍遥堂后千寻木，长送中宵风雨声。误喜对床寻旧约，不知漂泊在彭城。

当年长相暌隔中偶一相会，已觉得是漂泊的人生旅途中难得的幸运和快乐，如今同住一地，朝夕相见，更胜于当日，想到这里，心中油然溢满了幸福和满足，于是起身来到书桌前，铺开纸笔，写道：

急景归来早，浓阴晚不开。倾杯不能饮，待得卯君来。

接着,又在诗下题道:

> 今日局中早出,阴晦欲雪,而子由在户部晚出,作此数句。
> 忽记十年前在彭城时,王定国来相过,留十余日,还南都。时子
> 由在宋幕,定国临去,求家书,仆醉不能作,独以一绝与之。云:
> "王郎西去路漫漫,野店无人霜月寒。泪湿粉笺书不得,凭君送
> 与卯君看。"卯君,子由小名也。今日情味虽差胜彭城,然不若
> 同归林下,夜雨对床,乃为乐耳。元祐三年十月二十三日。

虽然暂且不能实现他归隐田园的旧梦,但是,能在兄弟之情,天伦之
乐的脉脉温情中,休息着疲惫的身心,苏轼在精神上仍然感到满足。

长期以来,对于亲人,苏轼心中总有一份歉疚,尤其是夫人王闰
之,跟随自己东飘西荡,担惊受怕,没有过上几天舒心的日子。现在
总算好了,她再也不用为养家糊口而精打细算,而且,只要愿意,她
完全有条件经常光顾那些昂贵的店铺,买一些奢华的衣饰,不过,她
是一个虔诚的佛教徒,物质的欲望一向比较淡漠,所以苏轼为人大
方,乐于帮助别人,夫人从来也没有表示过不满。

全家初到京城时,长子苏迈仍在江西德兴任县尉。元祐元年六
月三日,苏辙奏上《乞兄子迈罢德兴尉状》,不久,苏迈即解除现职,
带着妻小回京与家人团聚。一时间,三代同堂,儿孙绕膝,家中又更
热闹了几分。同年八月,苏迈被任命为酸枣县尉。酸枣县,位于京
城西北方仅九十里处,依旧可以经常回家,做官侍亲两不相误,因
此,赴任之前,朋友赋诗相赠,即满怀羡慕地说:

> 翩翩苏公子,一官不远游。侍养两得意,人生复何求。

次子苏迨也已年近弱冠,蒙恩赐官承务郎。当时,欧阳修的两个儿子欧阳棐、欧阳辩都在京城任职,苏轼兄弟常与他们交游。闲时谈及各自的儿女,原来苏迨与欧阳棐的女儿年龄相当,气质性格也颇多相似之处,正是天生的一对。于是,择了一个吉日,苏轼专程到欧阳府上拜见师母——欧阳太夫人,为苏迨求婚。太夫人一听,十分高兴,说是"师友之义",当即便将婚事定了下来。

只有苏过年纪尚小,正该是读书上进的时候,苏轼自己公务繁忙,所以仍请苏辙的女婿王适指教。苏迈、苏迨公余之暇也常从王适问学。三个儿子中,苏过性情最像父亲,他天资聪慧,喜欢吟诗作文,长大以后,翰墨文章颇能传承家风,时人称之为"小坡"。对于这个聪颖好学的儿子,苏轼自然是特别喜欢,百忙之中常抽时间悉心调教。有时候教儿子体会诗句的优劣,学习作诗的技巧。在写给苏过的短文《评诗人写物》中,他曾说:

> 诗人有写物之功。"桑之未落,其叶沃若。"他木殆不可当此。林逋《梅花》诗云:"疏影横斜水清浅,暗香浮动月黄昏。"决非桃、李诗。皮日休《白莲》诗云:"无情有恨何人见,月晓风清欲堕时。"决非红莲诗。此乃写物之功。若石曼卿《红梅》诗云:"认桃无绿叶,辨杏有青枝。"此至陋语,盖村学中体也。

有时候则不失时机地对儿子进行人格教育。一天,苏过朗读史书,苏轼在躺椅上闭目聆听。《梁书·王志传》说:"志家世居建康里马蕃巷……时人号马蕃诸王为长者。"读到这里,苏轼对儿子说:"马蕃巷后来讹称为马粪巷,因为王家子孙都笃实谦和,所以'恰似马粪王家'便是最高的奖谕。但是《后汉书·李固传》论李固,其中却有一句话:'视胡广、赵戒犹粪土。'这里粪土便是污秽不堪之物。遇着胡、赵之流,粪土亦且不幸。"

卧听儿子的琅琅书声,如今是苏轼生活中一大乐趣。伴着这悦耳、动听的声音,他缓缓地放松了被复杂的政治事务所绷紧的神经,愉快地温习着这些年少时熟读的经典,有时候也会不由自主地回忆起几十年前,在眉山纱縠行的老屋里,他和弟弟轮流站在父亲面前朗读的情形……时间的流逝真如白驹过隙! 他还清楚地记得,嘉祐二年那个难忘的春日,兄弟俩五更即起,赶赴考场,当时星月未落,东风骀荡……一晃几十年过去,恩师早已仙逝,当年的青年才俊都已成白发的老人,年轻一代又已成长起来。在《和子由除夜元日省宿致斋三首》其二中,他无限感慨地写道:

> 当年踏月走东风,坐看春闱锁醉翁。白发门人几人在,却将新句调儿童。

苏轼的机敏和才智,
使他在歌筵酒席之上游刃有余

不过,像这样怡然自得地在家中陪伴妻儿,对于苏轼来说,也是非常难得、非常少有的闲适之乐。繁重的公务、官场的应酬,以及与朋友之间的交游占据了他绝大部分的时间。

北宋的都城汴京,是当时世界上最大最繁华的城市,会聚了一百多万人口,以它"惊人耳目"、"长人精神"的无穷魅力,屹立于时代文明的峰巅。孟元老《东京梦华录序》说:

> 举目则青楼画阁,绣户珠帘;雕车竞驻于天街,宝马争驰于御路,金翠耀目,罗绮飘香。……八荒争凑,万国咸通,集四海

之珍奇，皆归市易；会寰区之异味，悉在庖厨。花光满路，何限春游，箫鼓喧空，几家夜宴……

在这样令人心旷神怡、醺醺欲醉的氛围中，上流社会朝歌暮舞，宴饮成风。作为位高望重的社会名流，苏轼如今交游遍及朝野，士大夫争相迎候，因此，各种各样的雅集宴会应接不暇，成为他日常生活中一个十分重要的部分。苏轼自己也非常喜欢请客，如果请的是至交好友，他甚至会亲自下厨露一手。他虽不善饮，但极为好饮，尤其喜欢看别人饮酒。在《书东皋子传后》一文中，他曾自述道：

> 予饮酒终日，不过五合，天下之不能饮，无在予下者。然喜人饮酒，见客举杯徐饮，则予胸中为之浩浩焉，落落焉，酣适之味，乃过于客。闲居未尝一日无客，客至，未尝不置酒。天下之好饮，亦无在予上者。

在宋朝这样的文治之邦，当朝官贵，几乎无一不是饱学之士，歌筵酒席之上，随意的言谈谑笑，也往往暗含机锋，充满了智慧的较量。苏轼的机敏和才智使他在这种场合游刃有余，每一次宴饮都会留下一些妙趣横生的故事，令时人回味不已，津津乐道。

一天，中书舍人刘贡父请客，苏轼与同僚姜至之等均在被邀之列。席间，姜至之忽然对苏轼说："你是一味药。"

苏轼不解，惊问其故。姜至之回答道："子苏子（紫苏子）。"

苏轼哈哈一笑，应声答道："你也是药。不是半夏，便是厚朴。"

见姜至之一脸茫然，苏轼接着说："若非半夏厚朴，何以姜制之？"

话音刚落，举座称绝。

这天，苏轼因有要事在身，不等席散，便要先走一步。临出门前,贡父说:"幸早里,且从容。"

表面听来,似乎只是关照苏轼,时间还早,不必着急,实则语带双关,六个字即暗含着三果一药:杏、枣、李、苁蓉。苏轼何等聪明,当即脱口回道:"奈这事,须当归。(柰、枳、柿、当归。)"

除了这种随机应对的说笑,苏轼还长于编故事,转弯抹角地跟人开玩笑,用幽默轻松的谑戏,委婉地传达他心中的不满。

有一次,他有事拜谒宰相吕大防。吕大防是个心宽体胖、行动迟缓的老好人,苏轼来时他还在睡午觉,听到仆人禀报,便以惯有的速度慢条斯理地穿衣起床。当他终于来到客厅时,苏轼早已等得有些不耐烦了。宾主依次坐下,吕大防仍是睡眼惺忪,苏轼心中不免又添了几分不快。他环顾四周,看见窗前几案上一只瓦盆里养着的绿毛龟,立时便有了主意,他说:"吕大人,那瓦盆里养着的是什么龟?"

一听苏轼提起他新近所得的这件宠物,吕大防不禁为之精神一振,他不无得意地回答道:"是一只世所罕见的绿毛龟,据说已经有好几百岁了。"

"是吗?"苏轼装着很有兴趣的样子走过去,看了一看,摇摇头说,"这种龟不算稀罕,乌龟中若要称真正的稀世之宝,当推六眼龟。"

吕大防吃惊地睁大了眼睛:"六眼龟?世上会有六眼龟?"

"是啊!"苏轼一本正经地回答,"唐庄宗时,曾有人献上一只六眼龟。庄宗很感新奇,问这龟有什么好处,他身旁的优人敬新磨当即编了一首歌谣:'不要闹,不要闹,听取龟儿口号。六只眼儿睡一觉,抵别人三觉。'"

吕大防这才明白,原来苏轼在变着法子取笑自己贪睡。这位雅能容物的忠厚长者给逗乐了,四目相对之际,两人不由得迸发出一阵爽朗的笑声。

苏轼好开别人的玩笑,自然也就会有人要钻空子跟他开玩笑。

同僚之中，刘贡父是与苏轼旗鼓相当的滑稽之雄。一天两人闲谈，苏轼说："我觉得，简朴的生活，只要过得充实，便是最为快乐的生活。当年，我和子由准备制科考试时，寄住在怀远驿，每天享用的仅只三白，却觉得味道极美，几乎不再相信世间还有什么山珍海味。"

贡父好奇地问："什么是三白？"

"一撮盐，一碟生萝卜，一碗白米饭，此乃三白也。"

贡父闻言大笑。

过了些日子，苏轼收到刘府送来的请柬，邀他同吃"晶饭"。此时他早已忘了那天的闲谈，心想："贡父读书多，'晶饭'必有出处。"

第二天便怀着满心好奇，兴致勃勃地前往赴宴，却见桌上仅有盐、萝卜、白米饭，这才恍然大悟，知道自己中了圈套，但他不动声色，风卷残云地把这"晶饭"吃了个一干二净。几天之后，苏轼也给刘贡父送去一张请柬，请他吃"毳饭"。贡父明知苏轼是跟他开玩笑，却不知"毳饭"究竟是什么东西，所以仍然如期而至。两人清茶在手，高谈阔论，直到日已过午，苏轼始终不提吃饭的事情。刘贡父肚子饿得咕咕叫，只得开口了："子瞻，'毳饭'可曾备好？"

苏轼说："稍等一会。"

两人继续闲谈，看看又是一顿饭的工夫，还是不见动静，刘贡父饥不可耐，忍不住再次催问，苏轼也不解释，只说"稍等"。这样反复再三，才将贡父引入餐厅就座，出人意外的是，桌上什么东西也没有，苏轼笑着说："菜也毛（即没有），饭也毛，盐也毛。不必客气，请，请，请！"

贡父一愣，随即反应过来，不禁捧腹大笑："早知你要报那一箭之仇，但实在没想到这一招！甘拜下风！甘拜下风！"

这时，仆人送上早已准备好的美酒佳肴，两位好友痛痛快快地大吃了一顿。

苏门内部自由议论与自由批评之风，
达到了坦诚无讳、畅所欲言的最高境界

灯红酒绿之中，苏轼似乎是如鱼得水，尽情地戏谑玩耍。不过，尽管他天性开朗，乐群好友，总能以平和可亲的风度、诙谐幽默的谈吐给人们带来快乐，使每一次宴饮气氛更加热烈，但就本心而言，他最喜欢的还是三五知己小聚轻酌，谈诗论艺，随心所欲地泼墨挥毫，人生享受莫过于此。他曾说：

> 吾醉后，乘兴作草书数十行，觉酒气拂拂，从十指间出。（《跋草书后》）
>
> 某平生无快意事，惟作文章，意之所到，则笔力曲折，无不尽意，自谓世间乐事无逾此矣。（宋·何薳《春渚纪闻》引）

美酒、佳肴和同气相求的朋友，正是灵感迸发的触媒。

在苏轼的知交好友中，"苏门四学士"最为人们所喜闻乐道。这四位在北宋文坛上引人注目的杰出人物，投札执礼、列入苏门均已十年以上，如今，他们各自的才华也都焕发出了动人的光彩：黄庭坚自是诗界翘楚，秦观的词篇传遍南北，晁补之、张耒文章议论名动朝野。元祐之初，他们先后汇聚京城，供职馆阁，"四学士"之称即出现在此时。加上李廌、陈师道，时人又将他们合称为"苏门六君子"。

对于这数位晚辈，尤其是"四学士"，苏轼极为爱重，多年来一直利用自己的影响，不遗余力地称扬，使他们得以顺利地崭露头角。在《答李昭玘书》中，他曾十分欣慰地写道：

> 轼蒙庇粗遣，每念处世穷困，所向辄值墙谷，无一遂者，独
> 于文人胜士多获所欲。如黄庭坚鲁直、晁补之无咎、秦观太虚、
> 张耒文潜之流，皆世未之知，而轼独先知之。

个人的遭遇坎坷多蹇，唯有识拔后进是平生一大快事。而且，作为一代宗师，苏轼对晚辈的热情培养、提拔，并不仅仅出于彼此之间私人情感、脾性的相得与投缘，更是出于一种对国家、民族文化传承的深切的责任感，他曾语重心长地告诫门生们说：

> 文章之任，亦在名世之士相与主盟，则其道不坠。方今太
> 平之盛，文士辈出，要使一时之文有所宗主。昔欧阳文忠常以
> 是任付与某，故不敢不勉，异时文章盟主，责在诸君，亦如文忠
> 之付授也。（宋·李廌《师友谈记》引）

他孜孜以求地识拔后进，正是为了培养第三代的文坛盟主，以保证一代文学的顺利发展，这也就是他引以为快事的原因所在。

当时苏轼名满天下，一般士人无不仰之如北斗。但是，十分难能可贵的是，作为全才，苏轼并没有以自己的文学好尚强加于他的门生，而是尊重他们各自的艺术风格。苏轼本人是个才气焕发的天才型人物，因此，他的诗歌"不以锻炼为工，其妙处在乎心地空明，自然流出，一似全不着力，而自然沁人心脾"（清·赵翼《瓯北诗话》），随物赋形，信笔挥洒，毫无"矜心作意之处"（同上）；黄庭坚、陈师道却与他截然相反，讲求学力，注重章法，"专以拗峭避俗，不肯作一寻常语"（同上），大有"语不惊人死不休"（杜甫《江上值水如海势聊短述》）的精神，当时人们即已盛传陈师道"闭门觅句"的苦吟轶事；秦观感情丰富而又细腻，无论吟诗、作文、填词，皆以清丽优美见长，尤

其是他的词作,是典型的传统一派,宛然与苏轼的词学追求迥异其趣;晁补之、张耒、李廌也都呈现出与苏轼不尽相同的艺术风范。张耒曾经十分形象地描述过苏门师弟的不同风采:

> 长公(轼)波涛万顷海,少公(辙)峭拔千寻麓,黄郎(庭坚)萧萧日下鹤,陈子(师道)峭峭霜中竹,秦(观)文倩丽舒桃李,晁(补之)论峥嵘走珠玉。

凡此种种,苏轼皆能以其"海不择流,有容乃大"的心胸予以接纳和欣赏,极大地鼓励了门人弟子艺术才能的自由发挥,直接促成了北宋中后期文坛异彩纷呈的多样化格局的形成。

更令人称羡的,是苏门内部的自由议论与自由批评之风,达到了坦诚无讳、畅所欲言的境界。

学术界绵延近千年的关于苏轼"以诗为词"的争论,最初便是在苏门展开的。宋人笔记中曾记载了两则十分有趣的故事:

> 东坡在玉堂(即学士院),有幕士善讴,因问:"我词比柳词何如?"对曰:"柳郎中词,只好十七八女孩儿,执红牙拍板,唱'杨柳岸,晓风残月';学士词须关西大汉,执铁板,唱'大江东去'。"公为之绝倒。(宋·俞文豹《吹剑续录》)
>
> 东坡尝以所作小词示无咎、文潜曰:"何如少游?"二人对曰:"少游诗似小词,先生小词似诗。"(宋·王直方《王直方诗话》)

这两则故事都发生在元祐时期的苏门,从中我们可以清楚地看到:一方面,苏轼在我国词史上革新词派是相当自觉的,他要求门下之士以柳永、秦观比较他的词作,反映了他潜意识中以柳、秦作为竞争对手,正说明他力图在当时流传最广的柳词和成就较高的秦词之外,另辟蹊径,别开生面;另一方面,苏轼具有豁达的气质和艺术上的宽容度量。当时的词,一般是供歌女在酒筵娱乐场合演唱的,常用琵琶等丝竹乐器伴奏,所以"关西大汉持铁板"之喻,实则含有戏谑婉讽的意味,苏轼却"为之绝倒",不以为忤。他与晁、张二人的对答应和,更烘托出平等探讨、心情舒畅的艺术氛围。而"以诗为词"之论,则准确地抓住了苏轼革新传统词风的主要方法和手段。

苏轼的豁达宽容,对于苏门中在文学、学术上的自由讨论和争论,不啻是无言的鼓励,促使门人们在这位尊师面前更大胆地直抒己见,放言高论乃至无所顾忌。从苏轼一面来看,他也常在轻松戏谑中对门人进行辩难和批评。

苏、黄之间,既互相敬重,也彼此批评。苏轼曾说:"黄鲁直诗文,如蝤蛑、江珧柱(*蟹贝类海鲜*),格韵高绝,盘餐尽废;然不可多食,多食则发风动气。"

而黄庭坚也坦言在他看来苏轼"文章妙一世,而诗句不逮古人"。

黄庭坚作诗,以追求"不俗"、"不鄙"为旨归,部分作品"格韵高绝",品格上乘,但也伤于单一,为苏轼所不满。苏轼才情奔放,以挥洒自如,醋畅自适为艺术真谛,黄庭坚批评他"未知句法"。这些意见都耐人寻味。

在谈笑中见出严肃的艺术沉思,幽默感更有助于深刻评论的淋漓发挥,这样的场景在苏门中可说是时时可见的。

苏轼与黄庭坚,同为北宋著名书法家,但是风格迥异。一天,两人一起切磋书法技艺,苏轼评论道:"鲁直近日所作字书,虽清新劲拔,但用笔过于瘦弱,就像树上挂着的蛇一样。"

黄庭坚心中叹服,却不免反唇相讥:"先生的字我固然不敢随便加以评论,但有些地方觉得太局促,写得太扁平,很像石头下压着的蛤蟆。"

两人相对大笑,都以为十分恰切地说出了各自的毛病。对比苏、黄现存的法帖,我们亦当会心而笑。

这种情形也同样发生在苏轼与秦观之间。元祐二年,由于苏轼与鲜于子骏联名举荐,秦观从蔡州进京参加制科考试,稍事休整,即往西城苏府拜望恩师。久别重逢,十分欢愉,苏轼忙令家人沏上一壶密云龙茶送到书房。密云龙茶品优异,产量有限,为皇室所独享,宫廷赏赉,仅限于王公近臣,因此极为苏轼所珍视,自己偶尔品啜一杯,绝不用来招待一般的客人,唯有四学士得以分享。当时师生几人细品清茗,畅谈别后情形。苏轼说:"一别三年,少游文章定然是大有长进。前些日子,京城还在盛传你新作的'山抹微云'一词呢。"

听到老师提及自己的作品,秦观连忙拱手逊谢。这首《满庭芳》(山抹微云)是秦观近期力作,一经写出便众口传唱,苏轼读了亦赞不绝口,早已和晁补之等品评议论过一番。晁补之激赏其中"斜阳外,寒鸦数点,流水绕孤村"几句,他说:"近世以来作者,皆不及少游,像'斜阳外'这样的句子,即使是不识字的人,也能听出是天生好言语。"

苏轼认为整首词诗情画意,情词双绝,且能融身世之感于艳情之中,在传统母题的基础上,写出了一定的新意,使词作内容显得较为厚重,开篇"山抹微云,天粘衰草"两句,尤其从容整练,他开玩笑说:"今后见到少游,我就不称其字,就叫他'山抹微云君'得了。"

不过,对于词中描写男女相思离别之情过于绮靡,苏轼稍觉不满,认为未脱《花间》、柳永习气,今天相见,不能不提出来,因此单刀直入,对秦观说:"想不到分别后你却开始学习柳七(柳永)作词。"

秦观一听,便有些不服气,他自认为词风深婉清丽,与柳永那些为市井之人所欣赏的香软浅俗之作还是不同的,因此当即辩解:"我虽然学无所成,但也不至于到那种地步。"

苏轼笑着说:"那么'销魂,当此际,香囊暗解,罗带轻分',难道不是柳七的用语?"

秦观顿觉无言以对。苏轼又问:"不知你近来可有什么新作?"

秦观忙拿出《水龙吟》一词,首句为:"小楼连苑横空,下窥绣毂雕鞍骤。"

苏轼读罢,不禁摇了摇头说:"这开篇十三个字,只说得一个人骑马楼前过。"

回环往复,情深言长本是传统词作的突出特点,它能使抒情更为深婉、细腻和恳挚,加强感情的深度。但是,作为革新词派的开创者,苏轼的美学趣尚稍有不同,他不太满意这种委婉深曲的表达方式,更倾心于像诗一样较为简洁的语言风格,因此便直率地提出来讨论,并吟诵他当年在徐州时所写的那首《永遇乐》(明月如霜),作为相反的例证。这首词是苏轼新型词风步入成熟时的一篇力作,颇能代表他的词学追求,正如晁补之所评述的,"燕子楼空,佳人何在?空锁楼中燕",只三句,便说尽张建封(中唐名臣,曾镇守徐州)旧事,确实是非常简练。

苏轼和弟子们之间就是这样坦诚相待,各抒己见,充满了平等探讨的艺术氛围。

苏轼"为时"、"为天下"爱护和奖掖后进,

赢得了弟子们衷心的敬仰

作为宗师和盟主,苏轼当然还要在做人、作文诸多方面对门下之士进行适当的引导。本着对人才的深切爱惜,他特别注意因人因

势采取不同的方式。

李廌性情豪爽，大大咧咧，初到京师游学时，有好名急进之弊，穿梭于权贵之门，频频投文献诗，时时遭人轻视，惹人白眼。苏轼很欣赏他的文章才气，却不赞成他这种"朝扣富儿门，暮随肥马尘"（杜甫诗句）的做法，便以长者的口吻劝导他说："你天分很高，定有出头之日，最要紧的是循序渐进，决不可轻浮躁进而有伤做人的气格。"

李廌自入京以来，虽也结识过不少巨公大卿，却从未有谁这样真诚地关心过他，心中十分感激，此后常常引以为戒。

晁补之的堂弟晁载之，年方二十，天性较为敏感，苏轼对他作品的指点，则采取了一种更为委婉的方式。一天，苏轼读过晁载之的《悯吾庐赋》，为他不凡的才气而称叹不已，但觉得奇丽有余，平和不足。他认为，作文首先应该追求平和，在此基础上溢为怪奇，那也是顺乎自然的发展变化，晁载之如今平和不足，先在怪奇上用心，不利于他的发展。如果直说，恐怕要伤他的自尊心，寻思一会，便提笔给黄庭坚写了一封信，信中说：

> 晁君骚词，细看甚奇丽，信其家多异材邪？然有少意，欲鲁直以己意微箴之。凡人文字，当务使平和，至足之余，溢为奇怪，盖出于不得已耳。晁文奇丽似差早，然不可直云尔。非为之讳也，恐伤其迈往之气，当为朋友讲磨之语乃宜。不知以为然否。

将自己对晁载之的指点，委托黄庭坚以朋友的身份委婉地加以劝导，以免斫伤其年轻锐气。用心之周到细密，对友生的一腔拳拳关爱之情，千载之下，犹能感人肺腑。

苏门这种自由品题甚或互相讥评之风，虽尖锐直率却不留芥蒂,因为它根植于苏轼对人才的钟爱和尊重,体现的是平等的人际关系,在某种意义上是彼此间一种揄扬方式。恰如清代批评家叶燮所指出的:"苏轼于黄庭坚、秦观、张耒等诸人,皆爱之如己,所以好之者无不至","及观其乐善爱才之心,竟若歉然不自足。此其中怀阔大,天下之才皆其才,而何娼疾忌忮之有?"(清·叶燮《原诗》卷三)

元祐三年,又值三年一度的进士考试,苏轼任主考官,黄庭坚、张耒等同入春闱,负责参详编排、点检试卷等工作。尚无功名的李廌欣然应试,志在必得。为防止徇私舞弊,当时通用糊名卷。阅卷时,苏轼读到一篇词华气古,事备意高的好文章,不禁拍案叫绝,对黄庭坚说:"这一定是咱们李廌的文章!"

于是取为第一,谁知发榜后,却是章惇之子章援,而李廌竟名落孙山。身为考官,误失这一才气横溢、作文"有漂沙走石之势"(《答李昭玘》)的难得人才,苏轼自责不已,引为终身遗憾。在《余与李廌方叔相知久矣,领贡举事,而李不得第,愧甚,作诗送之》一诗中,他说:

> 与君相从非一日,笔势翩翩疑可识。平生漫说古战场,过眼终迷日五色。

李廌连年科场不顺,经济上十分窘迫,苏轼时常周济他。元丰八年,漂泊江淮的苏轼途经南都,有位朋友听说他即将去常州安家,特意送来十匹绢、一百两丝作为安家之费。适逢李廌前来拜谒,苏轼得知他家境清寒,祖母、父亲、母亲等先后病故,均无力安葬,心中十分难过,便将朋友的馈赠全部转送给他。元祐四年,苏轼出守杭州前夕,又将朝廷恩赐的一匹宝马赠给李廌。继而想到他经常衣食不继,说不定哪天就要卖马救穷,必须写张公据给他,说明来源才好

脱手,于是便亲笔写了一张"马券",措辞婉转,又绝不至于伤害到李廌的自尊心:

> 元祐元年,余初入玉堂,蒙恩赐玉鼻骍。今年出守杭州,复沾此赐。东南例乘肩舆(即轿子),得一马足矣,而李方叔未有马,故以赠之。又恐方叔别获嘉马,不免卖此,故为出公据。四年四月十五日,轼书。(《赠李方叔赐马券》)

这张马券,后来在眉州刻石,有拓本流传于世。

苏轼在向鲜于子骏推荐人才时曾说:"某非私之也,为时惜才也。"元符三年(1100)当他听到秦观谢世的消息,"为天下惜此人物,哀痛至今"(《与钱济明》),并将秦观的名篇《踏莎行》中"郴江幸自绕郴山,为谁流下潇湘去"两句,写在扇子上,发出"少游已矣,虽万人何赎"的沉痛叹息。他是从"为时"、"为天下"的高度而爱护、奖掖后进的,他豁达广博的胸怀度量、无与伦比的人格魅力以及宽厚关爱的一片至诚,赢得了弟子们的衷心敬仰。

元祐以来,黄庭坚在诗坛的地位逐渐上升,还与苏轼相互戏谑揭短,但在执弟子之礼这件事上从未改变。有一次苏轼学黄庭坚的风格作诗,并自注"效山谷体"(黄庭坚号山谷),黄庭坚见了十分惶恐,连忙赋诗表明愧不敢当:

> 我诗如曹邻,浅陋不成邦。公如大国楚,吞五湖三江。

以战国时代雄霸一方的楚国比拟苏轼诗作,而以弱小的曹国、邻国自比。并在题记中写道:

子瞻诗句妙一世,乃云效庭坚体,盖退之(韩愈)戏效孟郊、樊宗师之比,以文滑稽耳。恐后生不解,故次韵道之。

直到晚年,他还将苏轼的画像悬挂在厅堂中央,每天清晨都整冠上香,态度极为恭敬。一天,有人不解地问他道:"您与苏翰林当年并称'苏黄',声名实不相上下,何必如此恭敬?"

黄庭坚马上反驳说:"庭坚永远都是东坡先生的弟子,这是做弟子的本分。"

苏门的组合,不是以地位、官爵、利禄为基础,而是以共同的生活理想和文化志趣为前提,以苏轼强大的人格魅力为凝聚力,所以真诚而牢固,历久而弥坚。在元祐以后的政治厄运中,他们始终保持联络,无一叛离,这是不多见的。

苏轼兄弟和门人弟子,
与王诜、米芾、李公麟等书画大家诗酒流连

这一时期,与苏轼往来酬唱、交往最密的除了以"四学士"、"六君子"为中心的晚辈学弟,还有王诜、李公麟、米芾等书画朋友。

王诜出身豪门,是开国元勋王全斌的后代,他工于绘画,也好吟诗,早已是苏轼最为亲密的朋友。在"乌台诗案"中,他和王巩一样,遭到严重处罚,因其夫人是英宗的女儿、神宗的妹妹蜀国长公主,才得免于远谪蛮荒。不料公主仍然受不了这样的打击,竟至抑郁成疾,病重之际,神宗忙将王诜官复原职,但为时已晚。公主死后,王诜失去靠山,不久即被外放均州,哲宗即位之后,才许迁回京城。元祐元年正月,苏轼与他在宫殿门前不期而遇,两位好友同经患难,闻问隔绝,已经七年,执手唏嘘,无限感慨。

王诜对于苏轼的书画爱之成癖，作为至交，自然是近水楼台，随时求取，所获甚丰。但他仍不满足，每当从别人那儿看到苏轼的手笔，总想设法据为己有，甚至不惜重金求购，他曾将苏轼黄州时赠与米芾的枯木竹石图"借去"不还，令米芾终身耿耿于怀。苏轼在黄州时曾醉后作《黄泥坂词》，原稿不知藏到哪里去了。一天夜里，与黄庭坚、张耒、晁补之围炉夜话，偶尔提起，他们三人便在书房里翻箱倒柜，居然给找了出来。因为是醉中所作，字迹极为潦草，难以辨认，苏轼仔细回忆，总算补缀成文，张耒将全诗手录一本给老师留下，趁机将原本求去。第二天，王诜听说了，即派人去张耒家中要求借阅，有了米芾的前车之鉴，张耒自然死活不肯。王诜没办法，只得写了一封"抗议信"给苏轼，苏轼接信大笑不止，忙用佳墨良纸将这篇《黄泥坂词》重书一遍，送给王诜，并在正文后面附了一则题跋，记下这个小故事：

> 余在黄州，大醉中作此词，小儿辈藏去稿，醒后不复见也。前夜与黄鲁直、张文潜、晁无咎夜坐。三客翻倒几案，搜索箧笥，偶得之，字半不能读，以意寻究，乃得其全。文潜喜甚，手录一本遗余，持元（原）本去。明日得王晋卿书，云："吾日夕购子书不厌，近又以三缣博两纸。子有近书，当稍以遗我，毋多费我绢也。"乃用澄心堂纸、李承晏墨书此遗之。元祐元年十一月二十一日。（《书黄泥坂词后》）

专程去黄州拜访过苏轼的米芾，如今也在京城做太学博士，他依旧气宇轩昂，傲骨天成，不仅书法沉着飞扬，自出新意，而且长于"泼墨"，所画山水树木，信笔挥洒，不求工细，但求神似，人称"米家山水"。这位年轻的天才艺术家行为古怪，极好标新，常常穿着奇装异服,尤其喜欢戴高筒帽,出门时,轿顶太矮,帽子太高,他也绝不肯摘下来,却叫人将轿顶拆了,他就坐在没顶的轿子里招摇过市。米芾的书房取名为"宝晋斋",其中收藏了大量两晋、六朝、隋唐、五代的名画古帖,据说其中不少是通过以假乱真的方式所得。因他酷嗜书画,常常向人借阅,回家之后,便用心临摹,并将崭新的画纸弄得恰似年深月久的样子,连一条折痕也不疏忽,然后将真假两本一齐送还原主,任他挑选,而原主又往往真假难辨,就这样巧取豪夺,收藏日丰。

另一位大名鼎鼎的画家李公麟,则是苏轼这次回朝新交的朋友。李公麟生长于丹青翰墨之家,见多识广,博学能文,精于画马,兼长佛像与人物画。他曾为王安石画像,后来藏于金陵定林庵,人们进院见画,无不为之惊叹,只觉得一股淋漓的生气逼面而来。元祐时期李公麟为苏轼画了一张写真,至今仍然流传于世。画中苏轼,乌帽道服,轻松地斜坐在石头上,左手拿一根藤杖,横置膝前,眉目细长,神情疏朗,右颊几粒黑痣清晰可数,黄庭坚说:"极似子瞻醉时意态。"

苏轼兄弟及其门人弟子,与这几位书画名家经常相聚,诗酒流连。有时他们结伴出游,在郊外的青原、城中的古刹,度过一个个愉快的假日,更多的时候则在彼此的家中喝酒、谈笑、吟诗、作画。王诜的西园,是他们去得最多的地方。园中小桥流水,林石清美,确实是文人雅集的最佳场所。他们常常一边喝着酒,一边就开始赋诗,几位画家则忙着画画:山水、松石和骏马。不言而喻,谁的诗先成,谁就能得到这即兴的佳构。照例,每幅画上都会由几位书法大家轮流题字,或者是一首诗,或者是几句精警的跋语。一天,有位朋友摘取杜甫的四句诗:

松根胡僧憩寂寞,庞眉皓首无住处。偏袒右肩露双脚,叶里松子僧前落。

请李公麟画一幅《憩寂图》。适逢苏轼兄弟等在座,于是两位画家便携手合作,苏轼画他最拿手的山石,李公麟画苍松与松下的僧人,其余的人在一旁围观,欣赏这精彩的时刻。画成之后,苏辙题道:

东坡自作苍苍石,留取长松待伯时(公麟字)。只有两人嫌未足,兼收前世杜陵诗。

苏轼继而和道:

东坡虽是湖州派,竹石风流各一时。前世画师今姓李,不妨题作辋川诗。

诗中将李公麟比作唐代诗画名家王维,称许他画笔之中蕴含着无穷诗意。苏轼掷笔回头,见黄庭坚侍立身后,忙说:"此一卷公案,不可不令鲁直下一语。"

于是,黄庭坚又在画后题道:

或言:子瞻不当目伯时为前身画师,流俗人不领,便是诗病。伯时一丘一壑,不减古人,谁当作此痴计。子瞻此语是真相知。鲁直书。

在洋溢着浪漫与自由气息的理想氛围中，
苏轼创作了大量的题画诗

在这一大群第一流的文学艺术大师中，苏轼最充分地体现了他们所共同崇尚的旷然天真、至情至性的艺术精神，多年以后，弟子们都不约而同地深情回忆道：

> 东坡居士极不惜书，然不可乞；有乞书者，正色诘责之，或终不与一字。元祐中，锁试礼部，每来见过，案上纸不择精粗，书遍乃已。性喜酒，然不能四五龠已烂醉。不辞谢而就卧，鼻鼾如雷。少焉苏醒，落笔如风雨，虽谑弄皆有义味，真神仙中人。(宋·黄庭坚《题东坡字后》)
>
> 东坡不善饮弈，一小杯，则径醉，睡或鼾，未尝放笔。既觉，读其所属词，有应东而西者，必曰"错也"！但更易数字，因其西而终之，初不辨其当如是也。(宋·李之仪《庄居阻雨邻人以纸求书因而信笔》)

在这种洋溢着浪漫与自由气息的理想氛围中，苏轼创作了大量的题画诗，其中一些诗歌体现了苏轼对于书画艺术的精辟见解，是他多年来艺术创作和艺术欣赏的经验总结。

一天，他在晁补之家欣赏表兄文同的一幅墨竹，这使他油然回想起当年文同画竹的情景：

> 与可画竹时，见竹不见人。岂独不见人，嗒然(形容心境空灵，物我尽失的精神状态)遗其身。其身与竹化，无穷出清新。庄周

世无有,谁知此凝神。(《书晁补之所藏与可画竹三首》之一)

诗歌形象地写出了艺术家创作时的精神状态,用全部身心投入创作,凝神默想,物我两忘,"身与竹化",只有这样,才能达到艺术上的极致。

而在《书鄢陵王主簿所画折枝二首》中,苏轼则又一次表明了他一以贯之的重"意"求"神"以及"诗画同源"的艺术理论:

> 论画以形似,见与儿童邻。赋诗必此诗,定非知诗人。诗画本一律,天工与清新。

绘画光讲形似,其见识和小孩一样幼稚;写诗拘泥于题目的意思,那就算不得懂诗。单纯的形似只能传达知识概念,不能给人以情感的激发与美感的享受,唯有通过对客观对象遗貌取神的深刻把握,才能步入艺术的殿堂。而在此基础之上更进一步,表现出画家内心的情感与他所向往的精神世界,获得"象外之意",也就是"画中有诗",才是艺术的最高境界。

强调"神似"并不是说绘画可以不要"形似";注重"味外之旨",也不是说写诗可以离题万里,而是"论妙于形似之外,而非遗其形似;不窘于题,而要不失其题。"(金·王若虚《滹南诗话》),即在形似的基础上追求神似,在抓住题意的前提下又能挖掘得深,生发得广,达到言有尽而意无穷的境界。苏轼曾批评当代著名的花鸟画家黄筌"观物不审"(《书黄筌画雀》),因为他画的飞鸟颈足皆展,而事实上鸟飞的时候总是缩颈则展足,缩足则展颈。在《书戴嵩画牛》中,他还讲述了一个十分有趣的故事:

> 蜀中有杜处士，好书画，所宝以百数。有戴嵩《牛》一轴，尤所爱，锦囊玉轴，常以自随。一日曝书画，有一牧童见之，拊掌大笑，曰："此画斗牛也。牛斗，力在角，尾搐入两股间，今乃掉尾而斗，谬矣。"处士笑而然之。古语有云："耕当问奴，织当问婢。"不可改也。

这种"观物不审"的弊端，有时李公麟也不能幸免。一天，黄庭坚、秦观等人一起欣赏李公麟所作的《贤己图》，画面上六七个人正在赌博，盆中骰子五枚已定，都是六点，唯有一枚旋转不已，一人俯伏在盆边张嘴大叫，其余的人都变色起立，似乎已紧张得喘不过气来。整幅画可说是惟妙惟肖，几位朋友都相与叹赏不绝。正在这时，苏轼从外面进来，细细品鉴一番，说："龙眠居士（李公麟号）怎么说起闽语？"

大家一时都愣住了，不知是什么意思，苏轼解释道："四方口音，说'六'都是闭口音，唯有闽语则张口，现在盆中五子已定，都是六，只有一子未定，照理该叫六，而那人却张口在叫，却是为什么？"

李公麟是安徽人，并没有去过福建，当然不会说闽语，听到苏轼的评论，也觉得心服口服。

苏轼另外一些题画诗侧重于对画面作生动形象的描写，缘物寄情，发抒感慨。《惠崇春江晓景二首》其一，即是最为脍炙人口的名篇：

> 竹外桃花三两枝，春江水暖鸭先知。蒌蒿满地芦芽短，正是河豚欲上时。

诗歌所题原画已经失传，大概是一幅春江鸭戏图。诗人妙笔生花，以通俗简洁的语言，再现出一幅生意盎然的早春图景：桃花初开，春水初暖，群鸭嬉戏于江面，蒌蒿芦芽遍地生长。当此春江水发、蒌蒿遍地而芦芽初生之际，正是河豚由海入河、逆流上水之时，诗人紧紧抓住和突出自然景物在季节转换时的特征，把画面上已有的鸭、桃等物和未有的河豚，统一组成他心目中的"第二自然"，构成了全诗冬去春来时的意境，表达了他对春天的喜悦和礼赞，对生活的热爱和肯定。尤其是鸭戏春江的欢乐场面，生动地传达出诗人对于春意的敏感和欣喜，"春江水暖鸭先知"因此而成为千古传诵的名句。全诗体物精细，表现了诗人高度的艺术表现力。

苏轼还曾为王巩所藏、王诜创作的《烟江叠嶂图》写过一首长篇歌行。据清代卞永誉《式古堂书画汇考》所记，《烟江叠嶂图》共有四本：青绿、水墨皆各分绢本、纸本，是王诜的得意之作。苏轼这首《书王定国所藏烟江叠嶂图》题于青绿绢本上：

> 江上愁心千叠山，浮空积翠如云烟。山耶云耶远莫知，烟空云散山依然。

诗歌开篇从画面的远景写起，烟波浩淼的春江上，青翠的峰峦在茫茫云海中或隐或现，分不清是云还是山。接着镜头拉近，写出画中的中景：烟消云散处，苍崖奇绝，峡深万丈，林石依稀可见，飞泉汇成奔流：

> 但见两崖苍苍暗绝谷，中有百道飞来泉。萦林络石隐复见，下赴谷口为奔川。

而在画面的近处,是一片开阔的旷野,小桥野店透露出太古的宁静和安谧,树木掩映中,有人在悠闲地漫步,不远的江上,一叶小舟在波涛中浮沉:

> 川平山开林麓断,小桥野店依山前。行人稍度乔木外,渔舟一叶江吞天。

写到这里,诗人不由深深地赞叹道:

> 使君何从得此本,点缀毫末分清妍。不知人间何处有此境,径欲往买二顷田。

这样一幅布局高妙,笔触工细的山水长卷,不仅给人以美的享受,而且油然激发起苏轼对那与世无争的桃源胜境的无限向往,他不禁想起风景幽绝的武昌、樊口,想起他在黄州所度过的"扁舟草履,放浪山水间"(《与王庆源》)的闲适自在的生活:

> 君不见武昌樊口幽绝处,东坡先生留五年。春风摇江天漠漠,暮云卷雨山娟娟。丹枫翻鸦伴水宿,长松落雪惊醉眠。桃花流水在人间,武陵岂必皆神仙?

那里一年四季景色如画,生活其间,"不知祸福安在"(《答毕仲举》),真是世外桃源一般的清静天地。如今江山依旧,而我却混迹红尘,桃源望断,归去无缘:

> 江山清空我尘土,虽有去路寻无缘。还君此画三叹息,山

中故人应有招我归来篇。

诗歌以对与世无争的田园生活的向往绾合两处风光,而描写手法各异其趣,画中之景从空间上着眼,由远及近,层次分明;黄州自然之景则以时间为线索,展示春夏秋冬的不同特色。整首诗描摹细致,气韵婉转。

如果说写于元丰八年底的《惠崇春江晓景二首》,以其欢快的笔调,表现了苏轼初回京城时乐观明朗的心境,那么,元祐三年十二月十五日创作的这首《书王定国所藏烟江叠嶂图》,则反映了他对翻云覆雨、充满了猜忌和争斗的官场的深深厌倦。三年来,尽管苏轼享有世人所艳羡的盛名与高位,私人生活也是多彩多姿,潇洒写意,但是"高处不胜寒",就在他踏入朝堂的那一刻,激烈的政治斗争的浪潮就把他卷了进去,从此他身陷其中,无力自拔,在官僚的围剿中弄得身心交瘁,遍体鳞伤。

第十章　四任知州泽生民

也许像苏轼这样一个有着独立思想与自由精神的人本来就不适合从政，高远的理想与现实的政治大相径庭，独立不回的品格气节又使他无形中成为一般庸碌官员天然的政敌，再加上他"性不忍事"，不耐烦违背自己的个性，去迎合微妙暧昧的官场、谨言慎行地周旋于各种政治势力之间，因此，回到京城不久，他就发现自己完全不适应朝中的政治气氛。

苏轼抛弃过去的偏见，
成为免役法的坚定维护者

元丰八年岁暮，苏轼回朝时，变法与反变法两派间一度短暂的均衡已被打破。尽管蔡确、章惇依然高居相位，但反变法派在高太后强有力的支持下，势力迅速壮大。司马光一入朝堂，即被倚为擎天柱石，高太后对他言听计从，一切朝政皆有赖他的筹划。

司马光字君实，宋仁宗宝元进士，历仕四朝，在北宋政坛声望卓著。他品德高尚，学问渊博，立身处世十分谨严，是一位正直忠信的贤人君子。自从熙宁三年与王安石议政不合，便退居洛阳，带领刘攽、刘恕、范祖禹等人潜心修撰《资治通鉴》，十五年不问世事，但他既以道德文章名重天下，又作为熙宁政坛反变法派的领袖而令世人记忆犹新，因此，自王安石退隐之后，即被舆论推为"真相"。人们希望他出来主持朝政。司马光此番进京，所到之处，百姓遮道聚观，拥塞道路，以至于马不能行，人们纷纷哀泣："公无归洛，留相天子，活百姓"（元·脱脱《宋史·司马光传》），请求他一定要留在京城，辅佐君王。

抵达京城之后，司马光依礼拜谒现任宰相，成千上万的百姓又蜂拥而至，有的爬上相府对面人家的屋顶，有的攀缘在府前的大树上，一心想看看这位当代的伟人。相府卫士出来阻拦，百姓们说："我们并不是看你家相公，我们只想瞻仰司马相公的风采。"

这一天，相府附近人家的屋瓦都被踩碎，树枝也被折断不少。百姓的盛情，使司马光进一步确信自己近二十年来所坚持的反变法立场没有错。于是，没有经过更客观更冷静的调查分析，这位避居书斋十五年的老臣，很快与久处深宫的太后达成了共识，一致认为神宗皇帝任用王安石、吕惠卿变法求新，已经完全失败了。目前当务之急，便是排除阻力，罢废新法，一切回到熙宁以前的原样。

沿着这一思路，司马光执政之后，一方面，有计划、分步骤地起用反变法大臣，逐渐改变两派之间人事力量的对比，打破春夏之间那种势均力敌的格局；另一方面，陆续废除熙宁、元丰年间实施的新法。元丰八年七月罢保甲法，十一月罢方田法，十二月罢市易法、保马法，紧接着，对免役法的罢废又提到了议事日程上。

保甲、方田、市易、保马等法，在实施过程中产生的流弊较为严重，因此，逐一被废时几乎没有遇到什么阻力，也不曾引起较大的论争。然而，在免役法的存废问题上却掀起了一场轩然大波，各种政治立场的人物都被卷入论争，众说纷纭，争执不已。持反对意见的不仅仅章惇等变法派人士，许多反变法大臣也认为免役差役各有利弊,相比之下,还是免役法较为有利,"法无新旧,惟善之从"(元·脱脱《宋史·王觌传》),不应轻易以旧易新。中书舍人范百禄说,免役法推行之初,仅开封府就革去役夫数百人,老百姓奔走相告,额手称庆,只是后来有关部门不断增加免役钱和助役钱,这才招致民怨。因此,他主张维持成法,只对施行过程中出现的弊端予以纠正。吕公著、范纯仁、李常等,也持同样意见。苏轼恰在这是非扰攘之际奉调回京。

熙宁初年,王安石变差役为免役时,苏轼曾是最激烈的反对者之一。但是,此后多年担任地方官所积累的实践经验,使他逐步认识到,原来以为不可取代的差役法积弊很深,早已是贪吏猾胥残民以逞的借口;免役法虽然也不是十全十美,但按户等征税雇役,颇合"有钱出钱,有力出力"的原则,可以断绝官吏勒索的机会,确实有其可取之处。尽管苏轼因反对新法而蒙受了极大的苦难,几乎是九死一生,颠沛流离,但他丝毫不从个人的好恶出发,而是处处从利国利民的客观效果来考虑问题,因此,一旦卷入这场政治大辩论,他便完全抛弃过去的偏见,成为免役法的大力维护者。

登州召还第一次与司马光见面,苏轼便将自己十多年来对于两法利弊的深思熟虑和盘托出,希望司马光能有所吸取,更全面、更慎重地对待免役法的存废问题。

谁知司马光个性极为执拗,对新法的成见太深,根本听不进不同意见,任凭苏轼条分缕析,侃侃而谈,他只是板着面孔一言不发,待苏轼把话说完,他一摇头,一摆手,表示不以为然,就此结束这番谈话,令苏轼颇有挥拳击空之感。

这番谈话,双方都觉得非常失望和扫兴。苏轼十分敬重司马光的人品和学问,也感激他对自己的提携,长期以来,他和所有政治观点相近的人一样,急切地盼望司马光执掌朝政,给国家带来富强,给民众带来安宁。没想到他竟重蹈王安石的覆辙，固执己见，刚愎自用，"专欲变熙宁之法，不复较量利害，参用所长"（《辩试馆职策问劄子二首》之二）。如此意气用事地处理国家大事，岂不堪忧？苏轼闷闷不乐地回到家里，连夜起草了《论给田募役状》一文，阐述当年在密州推行免役法时，"因法以便民"的经验，准备在适当的时候上奏朝廷，以资参考。

尽管舆论汹汹，司马光仍于元祐元年正月初三和十七，连续进呈了两道《乞罢免役钱依旧差役劄子》。正如苏辙后来所指出的："君实为人，忠信有余而才智不足，知免役之害而不知其利"（苏辙《亡兄子瞻端明墓志铭》）。司马光在这两道劄子中所提出的理由互相矛盾，漏洞百出，以致遭到章惇强有力的驳斥。两人还在太后帘前当面争论，甚至恶语相向。因高太后的立场完全偏向反变法派，章惇的驳斥不但没有发生任何作用，他本人还为此而被罢免了相位。

元祐二年二月六日，朝廷正式下诏，天下免役钱一切并罢。紧接着又成立了负责研讨役法改订的专门机构——详定役法所，苏轼也被选派参加。到了这个份上，盈廷朝士，谁也不敢再发表不同意见。唯有苏轼不肯见风使舵，随波逐流，尽管自回朝以来，他的官位一直处于不断上升的趋势，但是高官厚禄并不能换来苏轼无原则的追随。在与挚友的信中，他说道：

> 昔之君子，惟荆（荆国公王安石）是师；今之君子，惟温（温国公司马光）是随。所随不同，其为随一也。老弟（苏轼自称）与温相知至深，始终无间，然多不随耳。（《与杨元素书》）

事关国计民生，他必须尽力谏诤。免役法宣布废罢没几天，他便将前一年写好的那份《论给田募役状》送到役法详定所。又在政事堂当面与司马光理论,公开陈述他的反对意见。司马光心里极不耐烦,不禁怒形于色。

苏轼说:"当年您做谏官时,与韩魏公(韩琦)争论朝政得失,魏公不乐,亦奋然不顾。如今当了宰相,难道就不能允许我苏轼把话说完吗?"

见苏轼提起往事,司马光不得不勉强一笑以示歉意,但心中却存有芥蒂,依旧一意孤行,对苏轼的意见置若罔闻。司马光的顽固态度令苏轼极为愤慨,退朝回家后,他依然怒气冲冲,一边卸巾解带,一边连声怒呼:"司马牛,司马牛!"

在详定役法所里,苏轼也坚持己见,不肯稍屈,经常与同局官员发生激烈辩论,难以共事。"上与执政不合,下与本局异议"(《再乞罢详定役法状》),因而遭到一帮紧跟司马光的朝臣的敌视。在这种不容异见的政治气氛中,苏轼心中充满了苦涩,他感叹道:

> 念我山中人,久与麋鹿并。误出挂世网,举动俗所惊。归田虽未果,已觉去就轻。(《送吕行甫司门倅河阳》)

他一再奏请朝廷解除其参与详定役法的差事,同时要求离开汴京,出任地方官,但是都没有得到批准。

就在苏轼怀着对国家前途的深切忧虑,当廷力争,不惜跟交情甚笃的司马光闹翻时,朝中却不乏竭尽全力媚上邀宠之徒,开封府知府蔡京即是最为突出的一个。免役法明令罢废的当天,他就积极行动起来,仅仅五天便征集一千多人充役,率先将差役法的重新实行落到实处。司马光十分高兴,称赞道:"假使人人都能像蔡京一样少发议论,多办实事,天下还有什么事情办不成?"

殊不知,在此后政局再度翻覆时,以恢复新法为名,大兴元祐党祸,残酷迫害元祐诸臣的,正是这个蔡京;怂恿徽宗皇帝挥霍国币,大兴土木,劳民伤财,最后导致北宋亡国的,也是这个蔡京!

苏轼当众嘲笑程颐,遗下无穷后患

半年之后,司马光因病去世,苏轼与他在政治上的矛盾没有继续发展,然而,事情并未就此了结。苏轼事后追述说:

> 始论衙前差雇利害,与孙永、傅尧俞、韩维争议,因亦与司马光异论。光初不以此怒臣,而台谏诸人,逆探光意,遂与臣为仇。(《杭州召还乞郡状》)

作为一位胸襟坦荡的贤人君子,司马光生前并没有因意见不合而开罪苏轼,相反,在他执政期间,苏轼一直仕途通达。但是,由司马光一手提拔的四名御史:刘安世、王岩叟、刘挚、朱光庭,却早已将苏轼视为异端。此后,由于一些错综的人事关系,这一矛盾又沿续和夹杂在另一个更复杂、更持久的"洛蜀党争"之中。

历史发展的必然性中往往充满了偶然的巧合。当宋仁宗嘉祐元年,苏洵携二子苏轼、苏辙进京应试时,程珦也与二子程颢、程颐同一年抵达京城。二苏连名中第,二程则因先入国子监就学,后国子监解额减半,仅程颢一人登科。在此后的岁月,他们沿着自己的人生轨迹向前发展,在不同的领域里各领风骚。没想到,到了元祐年间,二苏、程颐又同在京城,各立门户,自树宗派,竟至演成旷日持久的"洛蜀党争",成为历史上的一桩公案。程颢、程颐兄弟是洛阳人,苏轼、苏辙兄弟是四川人,洛党、蜀党即由此得名。

程颐,世称伊川先生,青少年时代与哥哥程颢一起师从北宋理学创始人周敦颐,为宋代理学的代表人物。英宗、神宗两朝,大臣屡次推荐,他都不肯出仕,授徒讲学三十余年,门人弟子遍布朝野,在当时政界影响很大。哲宗即位之后,司马光、吕公著联名举荐,任崇政殿说书。程颐想到少年皇帝的教育,关系国家未来的治乱盛衰,所以,在年过半百之际欣然出山就职。按照宋朝的官制,经筵讲官,地位高的为侍讲、侍读,位卑资浅的为说书,程颐以布衣的身份初入仕途,担任这一从七品的职务,作为帝王之师,乃是一种非常的荣耀。

程颐为人不苟言笑,动辄诵说三代古礼,开口必称尧、舜、孔、孟,俨然以师道自居,丝毫不近人情。这副迂夫子的模样,不仅性情通脱、崇尚精神自由的苏轼看着别扭,就连生活谨严、一丝不苟的司马光也觉得有些过分。

一天,程颐在经筵为皇帝讲书,课间休息时间移坐殿旁小轩,君臣喝茶赏春。当时微风轻拂,垂柳依依,小皇帝顺手折下一根柳枝玩耍。这本是平常小事,但程颐见了立即站起身来,拉长了脸教训道:"现在正是春天,莺飞草长,万物生荣,皇上不可无缘无故摧折生命,致伤天地和气。况且,为君者以仁为本,爱惜万物须从小事做起……"

哲宗此时刚刚十一岁,想不到攀一根柳枝也会惹来这么多啰嗦,心里很不高兴,一赌气,将柳枝狠狠地扔在地上。

司马光听说这件事情后,十分感慨地对门人说:"人主不愿接近儒生,正因为有这样一些迂腐之人的缘故。"

程颐处世的生硬拘泥,确实是司马光所始料未及。他当初汲引程颐,本意是想利用他在学术上的声望和才华,辅助经国大业,影响年少的哲宗,结果却是适得其反。

司马光于元祐元年九月一日去世,那天,皇帝正领着百官在南郊举行明堂祀典,安放神宗的灵位入太庙。九月六日,典礼结束,朝臣们都急着赶往宰相府吊唁。程颐连忙拦住大家,说:"《论语》曰:'子于是日哭,则不歌。'今明堂吉礼刚过,岂可又行丧礼?庆吊同日,与古礼不合也。"

有人当场反驳道:"孔子说,哭则不歌,但并没有说歌则不哭呀。"

程颐有些尴尬,顿时满脸涨得通红,不禁提高了嗓门,继续争辩。苏轼在一旁见程颐板着面孔唠叨不休,不禁有些厌憎,心想:世上竟有如此泥古不化之人,实在是可笑之极!于是上前挖苦道:"此乃鏖糟陂里叔孙通所制礼也。"

叔孙通是秦汉时的儒生,刘邦称帝后,他采择古礼,结合秦制,为汉王朝制定了一整套规章与礼仪。鏖糟陂则是一处沼泽地,位于北宋都城西南十五里处,"夏秋积水,沮如泥淖"(宋·庄绰《鸡肋编》)。"鏖糟陂里叔孙通",意思是从脏乱之地而来的冒牌叔孙通。苏轼嘲笑程颐拘泥小节,不识大体,是个没有见过世面的村学究,他将一个土得掉渣的脏乱差的地名,与庄重严肃的儒者形象混搭,极尽幽默讽刺之能事。又与历史人物叔孙通制定朝仪、举朝整肃形成强烈反差,由此获得入木三分的讽刺效果。此言一出,百官哄堂大笑,程颐恼羞成怒,朝中那帮出自程门、视程颐如圣人的洛学弟子更是怒不可遏。从此苏、程结怨,遗下无穷后患。

这肇事的端由虽然只是细故,并不涉及国家大政的争论,但究其根本,却反映了苏轼、程颐两人思想、志趣和性格上的歧异。程颐讲求道学规范,不免泥古不化,以至于矫情伪饰,苏轼崇尚真率通脱,追求本真自然;苏轼曾多次表示:"素疾程颐之奸,未尝假以色词。"(《杭州召还乞郡状》,又见《再乞郡劄子》)程颐也指斥苏轼有纵横家捭阖的习气。以此为发端,更由于各自门人推波助澜,从而导致了水火不容、攻讦不已的洛蜀党争。

洛学弟子为老师报一箭之仇，
引起元祐党争的公开爆发

元祐元年十一月，作为翰林学士，苏轼首次主持进士候选馆职的考试，他在试题中说：

> 今朝廷欲师仁祖(仁宗)之忠厚，而患百官有司不举其职，或至于媮；欲法神考(神宗)之励精，而恐监司守令不识其意，流入于刻。(《策问·师仁祖之忠厚，法神考之励精》)

这本来颇为准确地概括了仁宗、神宗两朝施政方针的不同特点。但程颐的门生、左正言(谏官)朱光庭却借机生事，从这道策问题中截取两段，断章取义加以笺注，上表弹劾苏轼，说他"谤讪先朝"，要求朝廷予以惩治。

高太后虽是久处深宫的女流之辈，但她历经丈夫英宗、儿子神宗两朝，对于政界的恩恩怨怨见多识广，因而知人善任，稳健宽仁。读过谏章，并不相信苏轼真有不臣之心，明白谏官寻瑕摘疵是官场打击异己的惯用手段，但宋室传统尊重台谏意见，为君者不便出面反驳，以免堵塞言路，便将此事淡化处理，下诏对苏轼免罪。

苏轼认为他本来无罪，不甘心被人平白无故地诬陷，十二月十八日上章自辩：

> 臣之所谓媮与刻者，专指今日之百官有司及监司守令不能奉行，恐致此病，于二帝何与？至前论周公太公，后论文帝宣帝，皆为文引证之常，亦无比拟二帝之意。(《辩试馆职策问劄子》)

这封辩状递上去后,太后再次下诏免罪。但朱光庭不肯罢休,继续上章攻击,认为罪不当免。

按照宋朝的规定,大臣对于谏官的指责,只能自辩,不能反击,因此,朱光庭大可出言不逊,苏轼却无法以牙还牙。殿中侍御史吕陶,是苏轼的同乡好友,见此情形颇为不平,于是上疏弹劾朱光庭"假借事权以报私隙"(元·脱脱《宋史·吕陶传》),一针见血地揭发出这件事情的真实背景:

> 议者谓轼尝戏薄程颐,光庭乃其门人,故为报怨。夫欲加轼罪,何所不可! 必指其策问以为讪谤,恐朋党之弊自此起矣。(元·脱脱《宋史·吕陶传》引)

本来这件案子十分简单,不过是洛学弟子为他们的老师报一箭之仇,高太后的处置也完全是不偏不倚的。可是,就在这时,忽然传出来一个谣言:朝廷认为朱光庭所言非是,将要罢去他的左正言之职。一石激起千层浪,苏轼当初为争免役法而得罪的那帮官员也按捺不住,纷纷登场,合力围攻,元祐党争由此公开爆发,"遂有洛党(河南派)、蜀党(四川派)、朔党(河北派)之号。洛党以(程)颐为首,朱光庭、贾易为辅;蜀党以苏轼为首,而吕陶等为辅;朔党以刘挚、梁焘、王岩叟、刘安世为首,而辅之者尤众"(清·毕沅《续资治通鉴》),苏轼陷身其中而无法自拔。

洛、朔二党联合攻击苏轼,除了报复旧怨,还隐含着具体的政治目的。苏轼自登州召还,"曾未周岁,而阅三官"(《谢宣召入院状》),骤然之间,身入玉堂,跻位禁林,宠遇之隆,已令人侧目,何况当时又正逢司马光去世、继任宰相吕公著因为老病频频求退的微妙政局之下。按照宋朝惯例,翰林学士常为宰辅的后备人选,朝中大臣无不对此极为敏感,因此,苏轼初任翰林学士之时,人们就纷纷议论开了,照这个趋势发展下去,苏轼迟早就会拜相。于是,那些有旧怨的、有野心的,以及对苏轼的政治观点和为人处世态度不赞成的人,都开始想方设法要阻止这个趋势。

司马光尚未去世时,侍御史孙升就曾对他说:"苏轼为翰林学士,其任已极,不可再加。如用文章为执政,则国朝赵普、王旦、韩琦,未尝以文章名世。"后来,孙升又在太后帘前上奏道:"辅弼经纶之业,不在乎文章学问。今苏轼之学,中外所服,然德业器识,有所不足。为翰林学士,可谓极其任矣,若或辅佐经纶,则愿陛下以王安石为戒。"

可见事情已经提上日程,所以,一旦谣传朱光庭在与苏轼的矛盾中可能失败,怀着形形色色目的的人便都迫不及待地跳了出来,加入这场混战。

策问题文理显豁,并没有丝毫可以引起歧义之处,一帮官僚政客却胡搅蛮缠,死死揪住不放。

　　欲息波澜须引去,吾侪岂独坐多言。(《次韵钱越州见寄》)

苏轼心中渐渐明白他们的目的所在,一切不就是为了做官吗?不做官便没有这些是非纠葛。对于高官厚禄,苏轼从来就没有太大的兴趣,他随时准备放弃这个受人妒羡的职位。

　　逝将江海去,安此麋鹿姿。(《次韵钱穆父会饮》)

所以,他不再和政敌们做无谓的争辩,接连上了四道奏章,请求离朝外任,但是仍然没有得到批准。

苏轼在党争的旋涡中进退维谷，
一再以疾病为由请求外任

置身于污浊的官场，亲历现实利害冲突中翻云覆雨的人情诡变，苏轼越来越怀念黄州，怀念那里单纯的生活、淳朴的民风和那些患难之中结识的真挚的朋友。在《如梦令》二首中，他深情地写道：

> 为向东坡传语：人在玉堂深处。别后有谁来？雪压小桥无路。归去，归去，江上一犁春雨。

诗人设想别后东坡的寂寞与冷清：积雪覆盖了小桥，也遮没了弯弯的小路，看不到人行的痕迹。严冬过后，便是温润的春天，诗人心中归思潮涌，不禁回想起在雪堂时美好闲适的生活情景：

> 手种堂前桃李，无限绿荫青子。帘外百舌儿，惊起五更春睡。居士，居士，莫忘小桥流水。

雪堂的前面，有我亲手种植的桃李，早春时节，树上挂满了青青的果子。幽静的晨曦中，百舌儿清脆婉转的鸣叫将我从梦中惊醒。那熟悉的一切，如今却是如此地遥远。居士，居士，你可不能忘了黄州，忘了那里生活着的父老乡亲呀。这最后的几句既是对自己的叮咛，更是真实的表白。回到汴京后，苏轼一直和潘丙、郭遘、古耕道、王文甫兄弟等保持着密切的联系，陈慥还曾专程到京城看望老友。这次考试馆职，苏轼与翰林院同事邓温伯同锁宫中，夜宿玉堂。邓温伯曾担任过武昌县令，和苏轼一样酷爱武昌山水，经常往来于寒溪西山之间。两人偶话旧事，心中无限神往，无限怅然。苏轼挥笔写下一首长诗《武昌西山》，诗歌情浓意挚，感人至深，一经传出，朝中唱和者竟多达三十余人。

当苏轼在党争的旋涡中进退维谷，一再以疾病为由请求外任时，高太后特予召见，当面问他："近来为何屡次上书乞郡？"

苏轼说："臣疾病连年，体力不支，难以应命。"

高太后自然不肯相信，她说："是不是因为台谏有言之故？倘是这样，今后但请安心，勿恤人言。"

苏轼深感太后的高恩厚德，低头承命，正要告退时，太后忽然又说："老身还有一事要问内翰。"

苏轼恭恭敬敬地说："请陛下明言。"

"请问内翰前年任何官职？"

前年是元丰八年，那时苏轼正携家漂泊江淮，奔波在调赴汝州的途中。苏轼不知何意，如实答道："汝州团练副使。"

"那么，今为何官？"

"备员翰林充学士。"苏轼答道，但心中十分纳闷。只听太后接着问道：

"如何会有今天的地位？"

苏轼答道："因为陛下的提拔。"

高太后微微一笑，说："和老身没有关系。"

苏轼忙又答道："那一定是官家（哲宗）的赏识。"

太后又摇了摇头："也不关官家的事。"

"莫非是大臣的推荐？"

高太后仍是摇头。苏轼大惊，郑重地说："臣虽不肖，但绝不至于别有干请，以求苟进。"

"早就想让学士知道，"太后缓缓地说，"学士今日的进用，正是神宗皇帝的遗意。神宗皇帝常在用餐时读奏劄,每当看得停箸不举时,宫人们就会说:'那一定是苏轼的文章。'有时,他看着看着,便会脱口夸赞道:'奇才!奇才!'只是没有来得及起用学士,便撒手西去了……"

说到这里,太后喉头哽咽,再也说不下去,苏轼更是忍不住失声痛哭,哲宗以及侍奉左右的宫人也都泣不成声。过了一会儿,太后赐坐赐茶,又以"托孤"的口吻对苏轼说:"内翰,内翰,你一定要尽心侍奉官家,以报先帝知遇之恩呀。"

苏轼叩拜领旨,心中充满了感动。太后命侍从撤御前金莲花烛送苏轼回翰林院。金莲花烛相送,是一种特别的礼遇和恩宠。晚唐时,令狐绹为翰林承旨,一天,宣宗皇帝深夜召见,商议要事,临别时,令狐绹带来的蜡烛烧尽了,宣宗命以御前金莲花烛送还,不久,令狐绹即被擢升为宰相。如今苏轼也受此恩遇,实已明确透露了"天将降大任于斯人"(《孟子》)的信息。

从此,苏轼更加勤于公事,直抒己见。在他看来,朝廷既以国士待我,此身已非己有,惟有以死报恩,这种自幼培养的社会责任感和历史使命感,再一次得到强化。这一点,连与他存有龃龉的人也不得不承认,朔党领袖刘安世就曾称述"东坡立朝大节极可观","在元丰则不容于元丰,人欲杀之,在元祐则虽与老先生(司马光)议论亦有不合处,非随时上下也"(宋·刘安世《元城语录》)。而这又恰恰是混迹官场的最大忌讳,久历风波,苏轼何尝不知?

一天晚饭后,苏轼在院子里散步。当时正是暮春天气,阳光和煦,家中侍妾、婢女正忙着收拾曝晒了一天的书籍。苏轼忽然拍拍肚子问道:"你们说,这里都装的是什么?"

一个婢女抢先答道:"都是文章。"

苏轼微微一笑,不以为然。另一个人接着说:"是满腹经纶。"

苏轼又摇了摇头。最后,侍妾朝云不急不徐地说:"依我看,学士一肚皮都是不合时宜。"一言中的,苏轼不禁莞尔一笑。

封建官场中派系斗争的积习太深,发展为无休无止的人事倾轧,不仅苏轼动辄得咎,连他的朋友、门人如王巩、欧阳棐、黄庭坚、秦观、晁补之等也跟着遭殃,不断被台谏弹劾,几乎无一幸免。虽然风风雨雨中,这些人对于苏轼的友情依旧,敬爱依旧,但苏轼心中的遗憾和痛苦,更甚于自己遭受侮辱与损害。这几年中,一方面是洛朔二党对苏轼穷追不放,另一方面,由于弟弟苏辙在担任谏官时曾连章攻伐吕惠卿、蔡确、章惇等变法派人物,吕惠卿等虽已遭贬谪,但他们执政多年,党羽遍及朝野,仍然拥有相当大的潜在势力,无不视苏氏兄弟为仇敌。"二年之中,四遭口语"(《乞郡劄子》),接二连三的弹章使苏轼难以安于朝中,他说:"臣若不早去,必致倾危。"(同上)经过一再请求,元祐四年(1089)三月十六日,朝廷终于批准他以龙图阁学士的身份出任浙西路兵马钤辖(管辖隶属于浙西路的六个州郡)兼杭州知州。

苏轼对杭州挚爱依旧,
决心尽自己的努力使山水增色,为民众造福

> 到处相逢是偶然,梦中相对各华颠。还来一醉西湖雨,不见跳珠十五年。(《与莫同年雨中饮湖上》)

苏轼于元祐四年七月三日抵达杭州任上。重回杭州,他内心的欣喜与激动难以言喻。浮生若梦,充满了捉摸不定的偶然,谁能想到,在走过漫长坎坷的十五年之后,还能在西湖迷濛的雨雾中一醉方休,再见"白雨跳珠乱入船"(《六月二十七日望湖楼醉书五绝》)的

奇丽美景？虽然华年已逝，虽然岁月的风霜染白了双鬓，但苏轼对这片给予过他无限欢欣与抚慰的土地挚爱依旧。当他以赏爱的目光环顾四周时，心中早已立下宏愿，要尽自己的努力为山水增色，为民众造福。

一到杭州，苏轼所面对的便是严重的灾情。原来，这里年初即遭水灾，早稻无法下种，五六月份以来又闹旱灾，刚刚种下的晚稻也收成无望，真是"早晚（稻）俱损，高下（高地和低地作物）并伤。民之食艰，无甚今岁"（《乞赈济浙西六州状》）。粮食歉收，米价猛涨，七月份每斗六十钱，到十一月则已卖到每斗九十钱，照这种情形下去，如果不采取措施，明年春夏之交，后果将不堪设想。熙宁八年这里就曾闹过一次饥荒，米价涨到每斗两百钱，"人死大半，父老至今言之流涕"（同上）。为了防止悲剧重演，苏轼一反一般地方官报喜不报忧的陋习，以他惯有的不屈不挠为民请命的精神，一再上奏朝廷，申述灾情，请求缓交部分上供米。经过反复陈词，朝廷终于准奏，决定拨本路上供米二十万石，宽减元祐四年上供米三分之一，并赐度牒（僧尼出家，由官府发给凭证，可免赋役，叫作度牒。元丰年间规定，每道度牒一百三十千钱）三百道赈济灾情。苏轼将救灾款连同原来计划用来整修官舍的费用，全部拿到外地采购粮食，这样，加上朝廷所拨的二十万石，官府手中便掌握了足够的存粮，得以有计划分步骤地投放市场，平抑物价。因此，尽管元祐四年的水旱灾害不亚于熙宁八年，但元祐五年春夏，杭州米价稳中有降，百姓得以平安度过荒年，没有一人饿死。

粮食问题解决了，水旱灾害带来另一个灾难性后果——疫病流行。在连最基本的公共医疗卫生设施也不具备的古代社会，流行病的发生，和饥荒同样凶险可怕。人心惶惶，成千上万的人坐以待毙。面对这种情形，爱民如子的苏轼当然不会袖手旁观，他连忙组织了一批懂得医术的僧人，"多作饘粥、药剂"（苏辙《亡兄子瞻端明墓志铭》），由官吏率领走街串巷，为民治病，同时自费购买了大批药材，配制成一种名为"圣散子"的药剂，命人在街头架起大锅熬煎，过往行人，"不问老少良贱，各服一大盏"（《圣散子叙》）。

圣散子是苏轼谪居黄州时从老友巢谷那里得来的治疗瘟疫的秘方。据说这一药方"用药节度不近人情，至于救急，其验特异"，病情严重的"连饮数剂，即汗出气通，饮食稍进，神守完复"，病情轻微的则更不在话下，即使"平居无疾，能空腹一服，则饮食倍常，百疾不生"（同上），起到防病健身的功效。而且，这一药方"所用皆中下品药，略计每千钱即得千服"（《圣散子后叙》），便于在普通民众中推广使用。巢谷将此方视为至宝，连亲生儿子也不舍得传授。苏轼历来注重保健养生，与此相应，对于医药也有着十分浓厚的兴趣，平时喜欢阅读医书，收集单方。一天，两人闲谈，巢谷偶然提起圣散子，立即引起苏轼极大的好奇，百般恳求，软磨硬缠之下，巢谷才终于答应把药方给他，传方之前还特意把苏轼叫到江边，让他指江水为誓，决不传给他人。苏轼口头上虽然发了誓，心中却颇不以为然，他十分反对这种秘而不宣的做法，认为应该将药方公开，使更多的人得以从病痛的折磨与死亡的阴影中走出来，所以不久便将此方传给曾为他治疗过左臂肿痛的名医庞安常，由安常著入医书，流传后世。"圣散子"又为抗击疫情发挥了有效的作用。

在苏轼有条不紊的指挥与部署下，一场可怕的瘟疫终于过去了，数千人免于死难，杭州的百姓无不充满感激。但苏轼并不满足于这种临时抱佛脚的短期效应，他认为凡事预则立，不预则败，应该有未雨绸缪的远见。他说："杭州是水陆交通枢纽，客商往来频繁，疾病的传播比其他地方更为容易，更为迅速，每年因病而死的人也比别处多。应该创立一所方便民众的病坊（医院）。"

一旦想到，苏轼立即付诸行动，他拨出公款二千缗，自己又捐赠黄金五十两，在众安桥创置了一所病坊，取名安乐坊，延请懂医的僧人坐堂诊治，并且规定每年从地方税收中拨出少许资金作为维持病坊的经费，对于医术高明、医德高尚、三年之内治愈病人上千名的僧人，即由官府呈报朝廷，赐紫衣以示奖励。安乐坊不仅平时开业看病，收留贫困病人，而且每年由专人配置圣散子，从立春直到端午前后，免费向百姓发放。据说，安乐坊是我国第一所面向民众的官办医院。这所病坊后来搬到西湖边，改名为安济坊，直到苏轼去世时依然存在。

在对付饥荒与疾疫两大灾难的同时，苏轼的另一工作重心是兴修水利，疏河治湖。作为江南水乡第一重镇，杭州的农业、工商业无不仰仗于水源。解决水的问题，既是拯救连年旱涝的根本途径，也是保证航运畅通、物价稳定的长远措施。

苏轼来到杭州，下车伊始，便带领僚属对杭州的水形地势做了认真细致的实地考察，决定首先疏浚盐桥、茅山两河。这两条河是沟通大运河与钱塘江的要道，其中盐桥河横穿繁华热闹的城区，茅山河则绕经人口稀少的东郊，两河在城北相接，注入大运河，把内河航运与海运连成一片。但在涨潮时，海水挟泥沙倒灌，造成河道淤塞。苏轼利用钤辖浙西路兵马的便利，调集了一千多名地方军，从元祐四年十月开始疏河，到第二年四月竣工，仅仅半年时间内疏浚两河各长达十余里，深八尺以上。一时之间，公私舟船通行便利，"父老皆言自三十年已来，开河未有若此深快者也"（《申三省起请开湖六条状》）。然而，钱塘江潮日落日涨，淤填如旧，照此情形，则三五年间，又将前功尽弃。为了巩固这一成果，苏轼采纳部下苏坚的建议，在两河南面交汇处建造堰闸，潮水来时关闭闸门，让挟带泥沙的潮水沿茅山河北去，潮平之后再打开闸门，让清水注入盐桥河，避免"淤填"或"涸竭"(同上)。这样,今后便只需定期疏浚城外的茅山河,既可节省人力物力,又便利施工,不影响居民的日常生活。

当时正值青黄不接的饥荒季节,无数灾民仰仗政府的救济。苏轼将他们召集起来,"以工代赈",将救灾与兴修船闸结合在一起,很快完成了这一工程,接着,又以余力治理杭州六井。

熙宁年间,苏轼任杭州通判时,曾与知州陈襄一道疏浚六井,使"民足于水,为利甚博"。如今十多年过去了,六井重又淤塞,其中沈公井更是"终岁枯涸,居民去水远者,率以七八钱买水一斛,而军营尤以为苦"(《乞子珪师号状》)。苏轼派人寻访当年参与治井的四位僧人,三人均已亡故,唯有子珪还在,年已七十,但精力不衰。苏轼请他出来再次主持六井的修治。子珪认为,熙宁时六井虽已修缮完备,但由于使用毛竹为水管,易致废坏,建议改用瓦筒引水,筒外再盛以石槽,"底盖坚厚,锢捍周密,水既足用,永无坏理"(同上),虽然投资较大,但是一劳永逸。苏轼采纳了他的建议,用这种办法疏通六井,连接西湖,并在北郊新挖了两口大井,将湖水引到以前难以得水的地方,于是,"西湖甘水,殆遍一城,军民相庆"(同上),再也不用为饮水而发愁了。

在杭州父老强烈要求下,
苏轼克服一切困难,全面治理西湖

苏轼上任不到一年,战饥荒,驱疾疫,疏浚两河,整治六井,雷厉风行,政绩卓著,赢得了杭州百姓一致的爱戴与信赖。他们深信,有这位脚踏实地、急民之所急的知州做主,再艰难的事情也是可以办到的。于是,元祐五年四月的一天,一百一十五名父老相约来到州府,请求苏轼治理西湖。他们说:

西湖之利，上自运河，下及民田，亿万生聚，饮食所资，非止为游观之美也。(《申三省起请开湖六条状》)

西湖不仅是湖山胜境，更是杭州农田灌溉、居民饮水的主要水源，也是保证运河通畅的重要水源。"而近年以来，堙塞几半，水面日减，葑莩（茭白等水草）日滋"，稍有远见的人无不忧心忡忡，深恐"更二十年，无西湖矣"（同上）。对此，苏轼也深有同感，在《去杭十五年复游西湖》一诗中，曾叹息道：

葑合平湖久芜蔓，人经丰岁尚凋疏。

西湖的淤塞严重影响了这一带的农业生产，昔日鱼米之乡，如今即使在收成尚好的年份也显得有些凋零、落寞了。他说：

使杭州而无西湖，如人去其眉目，岂复为人乎？(《申三省起请开湖六条状》)

既是造福一方的大好事，苏轼决心克服一切困难将它办成。他首先进行全面的调查、察访，广泛征求水利专家的意见，制定治湖规划，然后利用手头尚存的救灾钱款，召集民工，"以工代赈"，趁黄梅雨后葑草浮动之时，于元祐五年四月二十八日动工，开掘葑滩，疏浚湖底，同时一连写了两道奏章申述民意，反映西湖所面临的严重情况，阐明疏浚西湖对于杭州乃至全国经济的重要性，为全面治理西湖争取必要的经费。

湖中葑田多达二十五万余丈，挖出来的淤泥将会堆积如山，如何处置这些淤泥，也是治湖所面临的一大难题。苏轼亲自来到湖上,巡视良久,终于想出一个两全之策,用无处安置的湖草、淤泥在湖中筑起一道长堤,南起南屏山,北至栖霞岭,上建跨虹、东浦、压堤、望山、锁澜、映波六桥,沟通里湖和外湖。从此南北往来极为便利,人们再也不必绕湖三十里了。

开湖筑堤时,苏轼每天都到湖上巡视,肚子饿了,有时就在工地上和民工一同吃饭。端午佳节,杭州百姓抬猪担酒,给苏轼拜节,表达他们衷心的感激和爱戴。盛情难却,苏轼收下这些厚礼,命人将猪肉切成方块,按照他在黄州时摸索出来的烹调法:"净洗锅,少着水。柴头罨烟焰不起。待它自熟莫催它,火候足时它自美",加以精心烹制,送到工地,分发给浚湖的民工。从此,百姓们都学会了这种烧肉法,杭州又多了一道流传千古的名菜:东坡肉。知州的关怀,令人心更加振奋,人们争先恐后,奋勇当先,工地上一派你争我赶的热闹景象,苏轼怀着无比快乐的心情伫立岸边,憧憬着美好的未来,他相信,西湖的开浚,必将使杭州更加繁荣昌盛,在《南歌子·杭州端午》一词中他唱道:

> 古岸开青葑,新渠走碧流。会看光满万家楼,记取他年扶病入西州。　　佳节连梅雨,余生寄叶舟。只将菱角与鸡头,更有月明千顷一时留。

经过半年整治,西湖面貌一新,水草淤泥全部铲除,湖面豁然开朗,一条长八百八十丈,宽五丈的南北长堤屹立湖中,随后,苏轼又命人在长堤两岸遍植芙蓉、杨柳,修建了九座亭阁,给西湖美景增色不少。竣工之日,杭州百姓欢欣雀跃,湖畔堤上,游人如织,士女如云。几年以后,回忆当时盛况,苏轼还在诗中写道:

　　我在钱塘拓湖渌,大堤士女争昌丰。六桥横绝天汉上,北山始与南屏通。忽惊二十五万丈,老葑席卷苍云空。(《轼在颍州,与赵德麟同治西湖,未成,改扬州,三月十六日湖成,德麟有诗见怀,次其韵》)

　　为了纪念苏轼,杭州人民将这道新筑的长堤称为"苏公堤",后人简称为"苏堤"。历经千年,"苏堤春晓"今天依然是引人入胜的"西湖十景"之一。

　　由于西湖沿岸水浅之处,极易繁殖水草,为了防止西湖再度埋塞,苏轼采纳钱塘主簿许敦仁的建议,将岸边的湖面租给民户种植菱角。因为每年春天农民在浅水种菱,都需清除水中藻荇,做到寸草不留,才可下种,所以凡是种菱的地方,杂草都不易生长。这个办法一则可使沿岸湖面每年都得到一次清理;二则可以收取租金和税金,用于西湖的疏浚和长堤的维修;三则可以解决一些民户的生计问题,确实是一举三得。此外,为了防止过犹不及,保持西湖大部分水域的开阔清澈,苏轼又计议在湖上造小石塔三五处,禁止在石塔以内的水域种植菱荷茭白之类。不久,建成三座,后来演变为今天的"三潭印月"。一切处置完毕,苏轼高兴地说:

　　我凿西湖还旧观,一眼已尽西南碧。(《与叶淳老、侯敦夫、张秉道同相视新河,秉道有诗,次韵二首》之一)

字里行间充满了喜悦与自慰。

苏轼总是极为慎重地处理民间诉讼，
尽可能做到国法与人情两相兼顾

除了解决救灾驱疫这类迫在眉睫的问题,除了主持治水浚河这类轰轰烈烈的大事,作为一州之守,苏轼每天还需处理诸如征税、判案等日常事务。这些事务虽说十分琐细繁杂,可是对处于社会底层的老百姓来说,一旦对簿公堂,则犹如站在了人生的三岔路口,升沉起落,何去何从,全在执法者的一念之间。因此,就像当年送长子苏迈的《迈砚铭》中所说:"以此书狱常思生。"苏轼总是极为慎重地处理哪怕是最微不足道的民间诉讼,怀着一颗充满仁爱与慈悲的心,他希望尽可能做到国法与人情两相兼顾。

一天,苏轼刚从筑堤工地回到衙门,便遇上一件债务纠纷案。被告是个专以制扇为业的小商人,年前曾向一位绸缎商赊去一批绫绢,价值二万贯钱,原来说好三个月内一定还清,可是眼看一年过去,仍是分文未偿。绸缎商愤愤不平地说:"小人只是小本生意,一分一厘挣来也很不容易,加上水旱相继,生意更不好做,现在小店连周转都有了问题,指望收了这两万银钱养家糊口。恳请知府老爷一定要为小民做主。"

苏轼忙命手下吏卒将被告传入公堂,当庭对证。这被告原是个奉法守纪的老实人,第一次惹了官司,吓得脸色发白,浑身抖个不停,跪在堂前一个劲地磕头,没有一丝抵赖,完全承认原告所说都是事实,他战战兢兢地说:"小人并非想要赖账,实在是家门不幸。年初父亲染病亡故,求医问药,治丧埋葬,欠下一身债务,不想自春入夏以来,又一直久雨不晴,天气阴冷,全家人起早贪黑辛苦劳作,制出的扇子却一把也卖不出去,以此无力还债。"

苏轼听罢,不禁心生怜悯。虽说此案情节简单,一问就明,如何处置却令他大费踌躇。对于这样一个被天灾人祸逼入绝境的穷苦百姓,怎么忍心再以公正的名义,轻易地判他个限期还债?或者更有甚者,以打板子、投监牢、拆屋卖女来处罚他呢?然而,欠债还钱,本是天经地义的事情,何况二万银钱也是绸缎商一家的活命钱啊。苏轼紧锁眉头,冥思苦想,终于想出了一个绝妙的主意!他对被告说:"你去取二十把上好的团扇来,我替你还债。"

制扇商简直不敢相信自己的耳朵,他想:时已深秋,莫非知府老爷还有心要买我的扇子?再说,二十把扇子能值几个钱?但他不敢发问,连忙躬身弯腰退出衙门,一路小跑取回二十把团扇。

苏轼随手拿起一把,反复观赏,发现这扇子选料上乘,做工精细,堪称佳品,即命左右递上文房四宝。只见他信笔挥洒,时而画一丛竹石,时而画几株枯木,还不忘用蝇头小楷题一两行诗,署上自己的字号,不一会,二十把团扇变成了二十幅东坡字画。堂下的原告和被告都看得呆了。

只见苏轼把笔一搁,对制扇商说:"此扇一千钱一把,拿去还债吧。"

一个小时之前还愁苦不堪的被告,被这突如其来降临的幸福弄得有些发晕,他像梦游人一般抱着扇子走出衙门,才想起还没有向苏大人磕头致谢呢。

苏轼画扇的消息早已传遍了街市,那些爱好字画的人纷纷赶来,聚在衙门口,制扇商一出门,大家你争我夺,几分钟就抢购一空,来迟一步的人都遗憾得不得了。那绸缎商见此情形,也急忙抢了一把在手中,一边说:"你还我一万九千钱好了。"

事隔不久,苏轼又遇到一桩涉嫌欺诈、偷税的案子。那天,已是薄暮时分,苏轼正准备退衙回府,忽见负责税务的官吏押进一个人

来。那人年近六旬,须发花白,穿着虽算整齐却透着几分寒酸,随身带着两个巨大的包裹,上面赫然写着:

翰林学士知制诰苏某封寄京师苏侍郎收

税务官禀报说:"小人业已查过,包裹里尽是些上好的麻纱,显然是盗用大人名号以便一路偷税,去京师做生意。"

苏轼见此情形,不由心头震怒,他一拍堂木,沉下脸来问道:"大胆刁民,你是何人?竟敢冒用本官的名义干这不法的勾当?"

那人跪在堂下,听到苏轼发问,不禁大吃一惊,原来这堂上高官正是大名鼎鼎的苏学士,连忙磕头认罪。原来此人名叫吴味道,是南剑州(今福建南平)的乡贡举人,进京参加来年的礼部进士考试,因家中贫困,没有川资路费,临行前,乡邻亲友东拼西凑,好容易凑来一百千钱,有那精明的人替他合计,购置两百匹本地名产建阳纱,带到京城变卖用作盘缠,所谓物以稀为贵,只要出了南剑州,便能卖个好价钱。这个主意确实不错,可是两百匹麻纱从福建带到汴京,沿途抽税,等到了京师恐怕一半也剩不了。吴味道久闻苏轼兄弟的大名,也了解官场风气,于是决定盗用他们的名衔以便逃税。他想:"二苏素有乐于奖掖后进,提携寒士之名,我这点小花招纵然败露,想来他们也不会见怪。"

迤逦上路,果然畅通无阻,没人抽税。但他来自偏远,信息不灵,不知道苏轼已于前一年任职杭州,所以来到江浙一带,仍像在别处一样,不遮不掩,招摇过市,被税务官当场拿获。

听完吴味道的陈述,苏轼心头怒气早已消散,他十分同情这位白首科场、蹭蹬不遇的穷书生。没有再多说什么,便命人揭去包裹上的旧封,亲笔写道:

龙图阁学士、钤辖浙西路兵马知杭州府苏某封寄京师竹竿巷苏学士(此时苏辙已迁为翰林学士)。

他笑着对吴味道说:"前辈,这回你就是带到皇帝面前也没有关系。"

随后又写了一封短信,叫吴味道带给苏辙,让苏辙予以关照。

吴味道喜出望外,千恩万谢地辞别苏轼进京应试。第二年终于一举中第,揭榜后,他专程到杭州向苏轼道谢,苏轼十分高兴,还邀请他到家里小住了几天。

公余之暇,苏轼喜欢屏退侍从,
独自漫游在西湖群山之中的丛林寺庙

苏轼自从来到杭州,政事繁复,千头万绪,可说是忙无虚日,但是同僚友善,部属得力,还能为百姓做几件实事,比起在京城陷身复杂的党争,精神上畅快得多。况且,他还有一个很好的治事习惯,常将须做的公事按轻重缓急记录在备忘录上,做好的事情当晚勾销,因此"事无停滞"(宋·周辉《清波杂志》),尚能忙里偷闲。

还像十多年前一样,他喜欢把办公桌搬到西湖边,"欲将公事湖中了"(宋·秦少章《呈东坡先生》)。每当天气晴好,总是命侍从仪仗从北山路出钱塘门前往西湖,自己只带一两个老兵沿南山路"自涌金门,泛舟绝湖而来","至冷泉亭,则据案判决,落笔如风雨,分争辩讼,谈笑而办"(宋·费衮《梁溪漫志》)。然后,徜徉于灵隐天竺之间,或去普安院与和尚们一道吃斋,或与僚友部属在湖畔剧饮。傍晚时分才乘马归府,满城老少,都怀着无比崇敬的心情,夹道观看他们所爱戴的知州大人。

不过,也许是老境渐至,苏轼的性情变得越来越恬淡。尽管公余之暇,偶尔也会有约客携妓,纵游湖上的雅兴,但更多的时候,他宁愿屏退骑从,独自漫游在西湖群山之中的丛林寺庙,感受那远离尘嚣的清幽与静谧:

> 清风肃肃摇窗扉,窗前修竹一尺围。纷纷苍雪落夏簟,冉冉绿雾沾人衣。日高山蝉抱叶响,人静翠羽穿林飞。(《寿星院寒碧轩》)

他喜欢在这样的环境中与方外的僧人谈禅论道,品茗说诗,休息疲惫的心灵。

他常常去龙井圣寿院拜访辨才法师。辨才十岁出家,博通诸典,道行高妙,先后住持杭州上天竺与下天竺两座名刹,是禅门临济宗一代高僧。早在熙宁年间苏轼便与他相识,那时苏轼年轻气盛,与世相忤,心中纠结着无数难解的迷茫与痛苦,可是只要走进辨才的禅房,聆听寥寥数语,便觉得心地澄澈,百忧消解。在《赠上天竺辨才士》一诗中,他怀着无比崇敬的心情写道:

> 南北一山门,上下两天竺。中有老法师,瘦长如鹳鹄。不知修何行,碧眼照山谷。见之自清凉,洗尽烦恼毒。

在诗歌的后半部分,苏轼还提到:

> 我有长头儿,角颊峙犀玉。四岁不知行,抱负烦背腹。师来为摩顶,起走趁奔鹿。

次子苏迨,生来体弱多病,长到四岁还不能走路,身怀绝技的辨才为他摩顶祝赞,几天之后便能像正常的孩子一样行走跑跳。因此,对于这位有道高僧,苏轼更于崇敬之外又充满了感激。此时,辨才法师已年过八十,"退居龙井,不复出入"(宋·阮阅《诗话总龟》)。一天,苏轼前往拜访,清谈终日,十分欢愉,临别前,辨才送出山门,两人一边谈笑,不知不觉走到了风篁岭,侍奉身旁的僧徒惊呼:"远公复过虎溪矣!"

辨才笑着对苏轼说:"杜甫不曾说过吗,'与子成二老,来往亦风流'。"

为了纪念这段丛林雅事,后人便在风篁岭上修建了一座亭子,名为"过溪",又叫"二老亭",沿用庐山慧远与陆修静、陶渊明"虎溪三笑"的故事。

老友参寥也从於潜来到杭州,住持孤山之上的智果精舍。这座寺庙屋宇虽小,但环境清雅:

> 三间得幽寂,数步藏清深。(《参寥上人初得智果院,会者十六人,分韵赋诗,轼得心字》)

苏轼经常往来其间:

> 相携横岭上,未觉衰年侵。一眼吞江湖,万象涵古今。(同上)

元祐六年二月寒食节后的一天,苏轼和几位朋友到智果精舍游玩,参寥汲泉钻火,烹茶待客。他告诉大家说,僧舍后山新近有一缕泉水从石缝间溢出,水质甘洌,特别宜于烹茶。此情此景之下,苏轼忽然想起九年前在黄州时,梦见参寥吟诗,有"寒食清明都过了,石泉槐火一时新"之句,当时还不明白泉如何新,没想到,今天竟全都应验。苏轼提及旧梦,众人"皆怅然太息,有知命无求之意"(《参寥泉铭》)。

长期以来,苏轼对于佛教一直怀有严肃认真的态度,佛学修养处在一种不断提升的状态中,他所交往的僧友遍及天下,其中不少人学识渊博,才德兼备,相互之间建立了深厚的友情。但是,他们的友谊不仅仅体现在清坐谈玄,就像面对俗世间的朋友一样,苏轼的幽默与机趣在方外的交谊中一样毕现无遗。在徐州和参寥恶作剧,在金山与佛印斗机锋,如今年过半百,似已老成持重,但顽皮诙谐的本性仍会不时显露。

净慈寺的大通禅师,是一位戒律森严的名僧,普通信徒若要见他,必须事先沐浴焚香,斋戒数日。女色既是出家人的大戒,大通更是避之唯恐不及,当然不许女人随便进入他的禅堂。

应该说,佛徒释子严于自律确实令人敬佩,但过犹不及,走向极端恰恰又成一种固执,并不利于悟道。佛教自东汉永平年间由天竺传入中国,经过无数次大起大落的曲折发展,日益与传统文化精神相结合,形成诸多富有中国特色的佛教流派,其中尤以禅宗影响最为深远,唐宋时代成为佛学主流。禅宗讲究明心见性,认为道在平常日用之中,参禅悟道各有各的方式,没有什么定规,也没有什么禁忌,在自由解放的精神里求取心灵的顿悟。为了破除佛教在长期发展中逐渐形成的一些弊端,如对戒律的片面强调,对偶像的崇拜等,禅宗大德们甚至呵佛骂祖,做出一些惊世骇俗的事情。苏轼受这一思潮的影响,他认为参禅悟道首先便是追求"无念"。"无念"不是"百物不思",与世隔绝,而是在与外境接触时不受外物影响,不起邪念、杂念、妄念。不能做到"无念",原因不在外界,而在自身修养的不够,正如一则著名的禅宗公案所说:"不是风动,不是幡动,是仁者心动。"也就是说:"酒不醉人人自醉,色不迷人人自迷。"有道高僧不应消极避世,而应该积极面世。所以,他对大通的修持方式颇不以为然,决定找机会跟他开开玩笑。

一天,苏轼和一群朋友携歌妓在湖边游玩,路过净慈寺,大家都知道老和尚十分严厉,不敢轻举妄动,只有苏轼坦然无忌,带着歌妓跨进寺庙,长驱直入,来到大通的禅堂,大家提心吊胆地跟随在后。大通正在打坐,见此情形不禁怒形于色,也不和苏轼打招呼,顾自闭目念经。苏轼并不恼怒,随手拿起他桌上的纸笔写下一首小词,叫歌妓当场演唱:

> 师唱谁家曲,宗风嗣阿谁?借君拍板与门槌,我也逢场作戏莫相疑。　溪女方偷眼,山僧莫皱眉。却嫌弥勒下生迟,不见阿婆三五少年时。(《南歌子》)

词的开头两句,正是当时和尚的"上堂"语,高僧上堂说法或解公案,发问者最先问的往往就是这两句。苏轼用这两句"行话",开口便问:"师父念的是哪家的经?传承的是哪一派的门风?"显然是嘲笑大通名为禅师,却没有禅师的自由通脱、不拘形迹的精神。亦庄亦谐,十分贴切。大通听完之后,也不由释然一笑。

年华老去的悲哀中,
苏轼心中充满了对仕宦生涯的深深厌倦

人的一生中,有些感觉或许是永远不可重复的。当年苏轼怀着满腔的失意和郁闷来到杭州。杭州的山水洗刷了他的浮躁、抚慰了他的心灵。尽享良辰美景、赏心乐事……此番重来,虽然仍是高朋满座,冠盖如云,可是"湖山依旧,人事全非"的伤感却也时时浮上他的心头。

这层悲凉之雾第一次在眼前弥漫开来,是元祐四年六月离京赴杭路过湖州之际。那天,几位晚辈设宴,在座的有曹子方、刘景文、苏坚、张秉道、张仲谋,加上苏轼正好六人。觥筹交错之间,苏轼不禁回想起熙宁七年与杨绘、张先、陈舜俞、刘述、李常相聚湖州,欢饮数日,张先为作"六客词"的一段往事。曾几何时,六客之中,五人均已作古,年纪最轻的苏轼如今也变成了座中的"老人星"!世事无常,人生如寄,应张仲谋之请,苏轼提笔写下了"后六客词":

> 月满苕溪照夜堂,五星一老斗光芒。十五年间真梦里,何事长庚配月独凄凉。　绿发苍颜同一醉,还是六人吟笑水云乡。宾主谈锋谁得似,看取曹刘今对两苏张。(《定风波》)

来到杭州,当年同游的旧友都已不在,相与往还的大多是年轻后辈,苏轼心中更不免有年华老去的悲哀。在《杭州题名二首》中,他无限感慨地写道:

> 余十五年前,杖藜芒屦,往来南北山,此间鱼鸟皆相识,况诸道人乎?再至惘然,皆晚生相对,但有怆恨。

再加上近一两年间,讣音迭至,先是李常、孙觉相继去世,接着滕元发也在真定仙逝,朋旧凋零,情何以堪?不由人不耸然惊呼:

> 蚤知身寄一沤中,晚节尤惊落木风。(《次韵林子中、王彦祖唱酬》)

因此,这一时期苏轼描写西湖景物的诗词,和通判杭州时相比,有了更多的人生感慨,对杭州的热爱与对故乡的思念常常错综复杂地纠结在一起,回环往复,真挚感人。如元祐五年写作的《寄蔡子华》:

> 故人送我东来时,手栽荔子待我归。荔子已丹吾发白,犹作江南未归客。

熙宁元年最后一次离别家乡时,父老乡亲在纱縠行老屋的庭院里种下一棵荔枝树苗,祈愿荔枝开花结果之日,便是苏氏兄弟衣锦还乡之时。可是如今荔枝已丹红,华年已逝,却依旧漂泊江南,归期难定。诗歌开篇四句语浅情深,乡思乡愁扑面而来。但是,接下来,诗人却并没有顺着这一情感线索写下去,而是笔锋一转,表现他对江南美景的无限留恋:

> 江南春尽水如天,肠断西湖春水船。

"春水碧于天,画船听雨眠"、"未老莫还乡,还乡须断肠",诗人化用五代词人韦庄《菩萨蛮》词意,尽情称述江南美丽的风景与悠闲的生活。可是这一切又如何能完全消解沉积心底的乡愁?家乡的风景一样美丽,家乡的物产一样丰饶:

> 想见青衣江畔路,白鱼紫笋不论钱。

就这样一唱三叹,曲折缠绵。既向往回归故乡,又希望终老西湖,这种看似矛盾的情感,却统一在对仕宦生涯的厌倦这一思想基础上,字里行间,跳动的是一颗摆脱世务、放情山水的心灵。

　　　　老病思归真暂寓,功名如幻终何得。(《相视新河次张秉道》)

　　这种心情在离别杭州时写给参寥的《八声甘州》一词中表露得尤为明显:

　　　　有情风万里卷潮来,无情送潮归。问钱塘江上,西兴浦口,
　　几度斜晖?不用思量今古,俯仰昔人非。谁似东坡老:白首忘
　　机。　　记取西湖西畔,正春山好处,空翠烟霏。算诗人相得,
　　如我与君稀。约它年东还海道,愿谢公雅志莫相违。西州路,
　　不应回首,为我沾衣。

词篇起笔即以磅礴的气势展现出钱塘江上潮起潮落的壮观图景。
伫立巽亭(位于杭州东南)之上,看江潮滚滚,听涛声阵阵。那多情
的长风卷起万里潮头汹涌而来,又无情地送它归去……日复一日,
年复一年,试问钱塘江上,西兴浦口,在悠长的岁月流程中曾有过多
少次潮去潮回,又曾有过多少次日出日落?"长空澹澹孤鸟没,万古
销沉向此中"(唐·杜牧《登乐游原》),在亘古不变的自然默默地凝视
下,人世的浮沉又何尝不是如此?不必说"浪淘尽,千古风流人物"
(《念奴娇·赤壁怀古》),转眼之间,古人已成陈迹;只要看一看这短
暂的二十年间,在朝政的起伏更迭之中,有多少人起来又有多少人
倒下! 可是,"人生如梦,何曾梦觉,但有旧欢新怨"(《永遇乐·夜宿
燕子楼梦盼盼作此词》)! 谁像我东坡居士,阅尽兴废,白发苍苍,早
已泯灭了追名逐利的智巧与机心,将得失荣辱等量齐观,无意再卷
入党派斗争的风浪,只想站在人生的边缘,做一个梦醒的旁观者。

词的上片,情随景生,引发出无穷的感慨,将对无常世事的悲感融会在博大开阔的钱塘江景与通古今而观之的历史眼光中,气象恢宏,悲凉之中寓含着超逸。下片抒发对友情的眷恋、对隐逸生活的深深向往。如今我难以忘怀的是西湖之畔美丽的孤山,在这温润的春天,山峦青翠空明,缭绕着如烟的雾霭,就在这样明媚怡人的环境中,我们一同度过了多少美好的日子!知音共赏,亲密无间,这样的默契和遇合,确实是千古难求。然而,身不由己,宿愿难偿,在朝命的催迫下,苏轼不得不离别杭州,重回汴京,是祸是福难以预料。在这离别的时候,诗人不禁想起了东晋名相谢安。谢安早年隐居会稽东山,出仕之后,虽为大臣,"然东山之志始末不渝,每形于言色",后来出守新城,"造泛海之装,欲须经略(治理)初定,自江道还东。雅志未就,遂遇疾笃"(唐·房玄龄等《晋书·谢安传》)。临死前回到南京,过西州门,想起隐居夙愿未能实现,感慨不已。谢安死后,他的外甥羊昙醉中路过西州门,想起这段往事,心中十分哀痛,不觉失声恸哭,发誓不再经过此门。因此,在词的最后,诗人说:在这离别的时刻,让我们相约,有一天我一定要辞官归隐,沿着通往大海的长江水道回到杭州,在山麓间与你卜邻而居。但愿这个约定能够实现,但愿不会像谢安一样雅志相违,徒然让你为我哀悼悲伤。

尽管年过半百,饱经风霜,
苏轼对国家与民众的挚爱丝毫也没有变得淡漠

然而,对岁月的感喟与对现实的倦怠毕竟只是苏轼思想的一个方面,这一时期也有不少作品表现了他坚强不屈、独立不倚的精神气质:

> 绿发寻春湖畔回，万松岭上一枝开。而今纵老霜根在，得见刘郎又独来。(《次韵杨公济奉议梅花十首》)

唐顺宗永贞元年(805)，刘禹锡参加王叔文政治革新失败，被贬为朗州司马，唐宪宗元和十年(815)召回京城，作《元和十年自朗州至京戏赠看花诸君子》：

> 紫陌红尘拂面来，无人不道看花回。玄都观里桃千树，尽是刘郎去后栽。

诗歌语含讥讽，引起朝中新贵的不满，因此诗人随即又被贬谪远方。十四年后再次召回，倔强的诗人又写了《重游玄都观绝句》：

> 百亩庭中半是苔，桃花尽净菜花开。种桃道士归何处？前度刘郎今又来。

苏轼这首咏梅诗即沿用了这一典故，以极为凝练的笔墨，浓缩了诗人十五年间的坎坷经历。十五年前梅花傲然独立，十五年后霜根犹在，诗人寻梅赏梅，而梅就是诗人自我人格的化身。

尽管已经年过半百，尽管在政坛之中饱经风霜，但是苏轼对于国家和民众的挚爱始终没有淡漠，他所淡漠的只是个人的荣辱得失，他所厌倦的只是无休无止的恩怨争斗。也正因为如此，他在杭州劳心灾赈，勤于事功，德泽所被，功在千秋，赢得了杭州人民衷心的热爱，以至于"家有画像，饮食必祝，又建生祠以报"(苏辙《亡兄子瞻端明墓志铭》)，人们自发地在苏堤上建起了生祠，家家户户悬挂着他的画像，虔诚地为这位勤政爱民的好知州祈求福寿。

元祐四年八月,苏辙奉命出使契丹,祝贺辽国国主的生日,远在杭州的苏轼寄诗为弟弟送行:

> 云海相望寄此身,那因远适更沾巾。不辞驿骑凌风雪,要使天骄识凤麟。沙漠回看清禁月,湖山应梦武陵春。单于若问君家世,莫道中朝第一人。(《送子由使契丹》)

诗人饱含深情地对弟弟说:仕宦生涯,长相睽隔,我们自然不会因这次的远别而伤心啼泣。你不辞辛劳、顶风冒雪,此行的目的便是要使辽国的君臣知道咱们宋朝文明的昌隆与人才的鼎盛。在遥远的异国,你一定会思念汴京,思念远在杭州的兄长。可是,子由啊,如果辽国的国主问起你的家世,你千万不要自夸为国朝第一人啊。因为宋朝文治之邦,人才济济,以才名世的何止你我?苏氏兄弟在辽国久负盛名,每有使者往来无不问及他们的近况。所以苏轼在诗中特意做了上述的嘱咐。这个嘱咐包含了苏轼对宋朝声威的维护,也表现了强烈的民族自豪感与自信心。

时序如飞,转眼之间,苏轼在杭州任期已满,元祐六年二月二十八日,朝廷诏下,以翰林学士承旨召还。苏轼依命卸任,但他对于朝中的争斗仍心有余悸,实在不愿回京,而且此时,苏辙已经位居尚书右丞,兄弟同居高位,必然遭人忌恨,因此,奉诏当天便写了一道辞免状,请求继续外任。他说:

> 窃观邸报,臣弟辙已除尚书右丞,兄居禁林,弟为执政,在公朝既合回避,于私门实惧盈满,伏望除臣一郡,以息多言。(《辞免翰林承旨第一状》)

但是,他的请求没有得到批准。

三月九日,苏轼启程赴京,因为决心不在京城任职,所以单身独往,将家眷留在杭州。出发之日,百姓遮道哭别,同僚赋诗相送:

> 来时吴会犹残暑,去日武陵春已暮。欲知遗爱感人深,洒泪多于江上雨。(宋·王明清《玉照新志》引)

这年入春以来,阴雨绵绵不断,湖州与苏州灾情尤重。苏轼虽然已卸钤辖之职,但仍关心着民生疾苦,百闻不如一见,于是趁回京之际,绕道灾区实地考察。亲眼目睹灾区民众的悲惨景况,苏轼忧心如焚,沿途与各地方官讨论救灾方案。与此同时,又于四月、五月先后上了《辞免翰林承旨》第二状与第三状。他的请求依然没有得到批准。万般无奈之下,苏轼于五月二十六日抵达京城,寄住在弟弟的家里,六月一日就任翰林承旨兼侍读。

苏轼兄弟的进用,
对具有个人野心的政客构成极大威胁

高太后执意将苏轼调回京城予以重用,一方面固然是出于对他的赏识,而另一方面则是其精明的统治策略的一种表现。宋太祖赵匡胤陈桥兵变建立宋朝,吸取唐末政治混乱的教训,总结了一整套"祖宗家法",其中之一便是对相权的限制。因此,宋王朝常常有意地在朝臣中培植对立派系,使之互相攻讦,便于皇帝控制,避免大权旁落,重复杨国忠、李林甫专权误国的历史。对于这一相沿已久的统治术,高太后领会极深。当时朝中,右相范纯仁已被台谏弹劾去职,吕大防与刘挚分任左右相。吕大防质朴无能,容易受人利用,而作为朔党领袖,刘挚羽翼极盛,程颐离朝之后,洛学弟子朱光庭、贾易等皆已归附其下。苏轼兄弟立朝刚正,不肯随时上下,高太后想利用他们起到权力制衡的作用。

苏氏兄弟的进用,无疑对具有个人野心的政客构成极大威胁。但苏辙为人谨慎,不容易抓到辫子,而苏轼性情率直,心无城府,便很自然地成为他们重点攻击的对象。因此,苏轼一入都门,政敌们便开始不断制造事端,以莫须有的罪名加以弹劾,其中最具杀伤力的是侍御史贾易、御史中丞赵君锡仿效李定、舒亶之流,诬告苏轼在神宗逝世时有欣幸之感,试图制造又一次"乌台诗案",以悖逆大罪置苏轼于死地。他们举为证据的是苏轼在元丰八年所写的《归宜兴,留题竹西寺三首》之一:

> 此生已觉都无事,今岁仍逢大有年。山寺归来闻好语,野花啼鸟亦欣然。

他们说,先帝崩逝,人臣当"泣血号慕",而苏轼竟作诗庆贺,视先帝去世的消息为"好语",连野花啼鸟都高兴,"其义安在?""是可谓痛心疾首而莫之堪忍者也!"(宋·李焘《续资治通鉴长编》引)

事实上,这首诗作于元丰八年五月哲宗册立之初,距神宗去世已经两月。而且此诗已在扬州刻石,写作日期历历可见,因此一辨即明。但是,这种恶意的指控使苏轼深感人心的险恶,再也不愿留在朝中,频频上疏坚请外任,最后终于获准以龙图阁学士出知颍州(治所在今安徽阜阳)。一如两年前出知杭州时,朝廷仍以前执政恩例,诏赐衣一对、金腰带一条、金镀银鞍辔马一匹,诰词中还有"不为朕留"之类深表惋惜的话语。

苏轼去志已定,他希望颍州一任之后,便能溯江回乡,归隐林下，只是弟弟苏辙如今已位列宰辅，恐怕不便轻易求去。兄弟又将远别，回想三十年前怀远驿中的旧约，苏轼无限怅然，竟至夜不能寐，索性起床在庭中漫步：

> 新秋入梧叶，风雨惊洞房。独行残月影，怅焉感秋凉。（《感旧诗》）

他来到弟弟的卧室门前，想和他谈一谈自己归乡的打算，但子由已经熟睡：

> 扣门呼阿同（苏辙又字同叔），安寝已太康。（同上）

于是回到书房写下这首《感旧诗》，诗前小序说：

> 嘉祐中，予与子由同举制策，寓居怀远驿，时年二十六，而子由二十三耳。一日，秋风起，雨作，中夜翛然，始有感慨离合之意。自尔宦游四方，不相见者十常七八。每夏秋之交，风雨作，木落草衰，辄凄然有此感，盖三十年矣。元丰中，谪居黄冈，而子由亦贬筠州，尝作诗以纪其事。元祐六年，予自杭州召还，寓居子由东府，数月复出领汝阴，时予年五十六矣。乃作诗，留别子由而去。

自从来到颍州以后，
苏轼生活恬适，心境平和

元祐六年八月二十五日，苏轼抵达颍州任上，正是金风送爽的仲秋时节。颍州地处平原,清澈的颍水穿城而过,风景秀丽,物产丰饶,城西的颍州西湖更是一方名胜,素与杭州西湖齐名。四十三年前,欧阳修曾担任颍州知州,他酷爱这里的风土人情,熙宁四年告老归田时,便选择颍州作为定居之地。苏轼赴杭州通判任途中,曾和弟弟一道前来看望恩师,师弟同游西湖,留下十分美好的回忆。

苏轼初到颍州,月夜泛舟颍水,忽听水远烟微之处传来悠扬婉转的歌声:

> 西湖南北烟波阔,风里丝簧声韵咽。舞余裙带绿双垂,酒入香腮红一抹。　　杯深不觉琉璃滑,贪看六幺花十八。明朝车马各东西,惆怅画桥风与月。

苏轼侧耳细听,心中不由一动:那不是恩师欧阳公所作的《木兰花令》吗? 近半个世纪过去,恍如闪电,转瞬即逝,如今老成凋谢,年轻人一代代成长,在这清清的颍水河上,熟识欧公音容笑貌的,除了天上的明月,恐怕就只有我这个白发门生了! 他独自嗟叹不已,于是步韵作《木兰花令》一首:

> 霜余已失长淮阔,空听潺潺清颍咽。佳人犹唱醉翁词,四十三年如电抹。　　草头秋露流珠滑,三五盈盈还二八(指十五、十六的月亮)。与余同是识翁人,惟有西湖波底月。

词作以秋夜景物的冷落、清寒烘托内心的凄凉感受,而拟人手法的运用更将怀念之情渲染得感人至深。诗人对于前辈的深情,犹如映在水中的明月,永恒而纯洁。

颍州是个小小的州郡,官闲事少,政务清简,苏轼到任之初,在欢迎的酒筵上,有位僚属便说:"内翰只消游湖中,便可以了郡事。"(宋·阮阅《诗话总龟》)苏轼既为远祸全身而来,这样的清闲之地正合理想。而尤为可喜的是,同僚部属大都是他的知交好友,如通判赵德麟、州学教授陈师道等。赵德麟是宗室子弟,他精明干练,才华出众,与苏轼极为相得。陈师道则是"苏门六君子"之一。此外,元祐四年,师母欧阳太夫人因病去世,欧阳棐、欧阳辨扶柩离京,如今也都在颍州闲居守制。苏轼与欧阳兄弟既为世交,又是亲家,来往自然极为密切。他们几人经常聚在一起,有时泛舟颍水,有时月夜听琴,更多的时候则是诗酒自娱。因为陈师道不好饮酒,两欧阳不爱作诗,每次聚会苏轼和赵德麟都会使出浑身解数,"督两欧阳诗,破陈酒戒",倒也平添不少乐趣。

因此,自从来到颍州之后,苏轼生活恬适,心境平和,有时候甚至觉得这样的日子和退隐归乡一样悠闲自在。他说:

> 公退清闲如致仕,酒余欢适似还乡。(《臂痛谒告[请假],作三绝句示四君子》其一)

几乎整个的金秋,他都在江上漫游:

> 我性喜临水,得颍意甚奇。到官十日来,九日河之湄。吏民笑相语,使君老且痴。使君实不痴,流水有令姿。(《泛颍》)

这条"绕郡十余里"(同上)的美丽长河,带给他无限欢娱,也激发他无穷的灵感。在自然的怀抱中,他忘记了险恶的官场,忘记了衰颓的年华,他仿佛回到了童年时代,像一个无邪的赤子,面对明镜般的水面嬉戏、出神:

画船俯明镜,笑问汝为谁。忽然生鳞甲,乱我须与眉。散
为百东坡,顷刻复在兹。(同上)

聚星堂是欧阳修守颍州时修建的游宴之所。冬季来临,苏轼常
与僚友在这里围炉夜话,诗酒相娱。一天,窗外雪花飘飞,他忽然想
起四十多年前欧阳修"雪中约客赋诗,禁体物语,于艰难中特出奇
丽"(《聚星堂雪诗序》)的一段文坛雅事,便与在座的宾客约定,沿用
当年欧阳修的规定,不用"玉月梨梅"等字,各赋一篇。他在诗中说:

汝南先贤(指欧阳修)有故事,醉翁诗话谁续说? 当年号令君
听取:白战不许持寸铁。(《聚星堂雪》)

用徒手作战不用武器比喻文学的白描手法,认为这点可以作为
欧阳修《六一诗话》的补充。

短短半年之内,苏轼干了好几件大事

颍州虽然政务清简,但也并非无事可做,何况苏轼对民利民视
之事,事事关心,处处留意,因此短短半年之内,也干了好几件大事。

当时,开封一带连年水灾,地方官吏不究本末,采取头痛医头、
脚痛医脚的办法,开沟挖渠,注水于惠民河,结果造成陈州水患严
重。为了解除陈州的灾厄,有人建议开挖八丈沟,将陈州之水引入
颍水,再由颍水进入淮河。这一设想是否切实可行,朝中意见纷纭。
因此,尚书省行文各有关州郡,征询意见。如果得到确认,便将动用
民工十八万,拨出钱粮三十七万贯石,尽快施工。那时苏轼走马上

任还没有几天,他仔细阅读所有文件,发现纷纭的意见归纳起来不外两种:一种认为八丈沟可开,一种认为八丈沟不可开。但是无论哪一派都没有拿出有关水形地貌的事实依据,不过是"臆度利害,口争胜负"(《奏论八丈沟不可开状》)。苏轼历任地方官都以治水为务,曾主持过多项大规模的水利工程,每次都聘请专家仔细勘察,全盘考虑,因此总能收到良好效益。八丈沟的开挖是由朝廷组织的工程,自有专人负责,一般地方官往往只须凭感觉表示一下赞成或反对便可以交差。但是苏轼深知水利建设对于农业生产与人民生活的重要性,这一类影响深远、耗资巨大的工程尤其应该慎重。他亲自走访民众,征询意见,同时选派懂水利的官吏在所属各县的有关地段"子细打量,每二十五步立一竿,每竿用水平量见高下尺寸,凡五千八百一十一竿,然后地面高下,沟身深浅,淮之涨水高低,沟之下口有无壅遏,可得而见也"(同上)。调查勘核的结果表明,开挖八丈沟有百弊而无一利,苏轼上奏朝廷,终于阻止了这一项劳民而不惠民的工程。

这年秋天,颍州久旱不雨,来年冬小麦的收成定会受到影响,苏轼忧心不已。听说本地张龙公神祠极为灵异,连忙斋戒沐浴,作祈雨文,于十月二十五日派苏迨和陈师道前往祈祷,几天之后,果然下了一场小雪。欣喜之余,苏轼想:自助方得天助。根本的工作还是应该搞好农田水利,充分利用颍水与西湖的资源。于是奏请朝廷,将原来计划派去维修黄河的夫役,留下一万人来开发颍州境内的沟渠,然后疏浚西湖,引来焦陂之水,并修清河三闸。但等不到工程结束,他又改知扬州,只好把工程交给赵德麟督办。

等筹划安排好治水事宜,不觉已近年关岁末。和杭州相比,颍州的冬天十分寒冷,北风呼啸,刺人肌骨。似乎是老天想要弥补秋天的干旱,到十二月中下旬,大雪纷纷,连日不断,直到二十五日才稍见晴霁。苏轼拄杖出城，惊讶地发现，茫茫雪原上成群结队的人扶老携幼、背负行囊，蹒跚而行，看样子不像走亲戚，似乎都是些逃荒的难民。苏轼心中疑惑，连忙上前询问。原来这年秋天，与颍州相邻的寿州、庐州、濠州等地都闹饥荒，老百姓只能用榆树皮、马齿苋加糠煮粥。因此不少人举家外逃，希望能够寻一条生路。

得知这一情况，苏轼十分难过。他想："颍州自秋至今，雨雪不足，冬麦能否成熟尚难预料。倘若不熟，必定大有饥民。而且浙西、江东地区也是水旱相继，一旦发生饥荒，灾民势必流徙北来，则颍州首当其冲。如果官府无力赈济这些灾民，那么，横尸布路，盗贼群起的局面将会不可避免。"

一叶知秋，苏轼认为应防患于未然，在灾难尚未蔓延开来之际，早做准备，争取主动。回到家里，他立即上书向朝廷汇报了这一情况，还陈述了未来可能的形势，请求赐予度牒，以便购储粮食，赈济灾民。

这天晚上，苏轼躺在床上，听着窗外凄厉的北风，眼前不断浮现出茫茫雪原上灾民蹒跚行进的图景。如此天寒地冻的日子，那些不幸的人们怎么熬得过去啊！他翻来覆去，怎么也睡不着，心想：明天先拨出一百石面来，做些炊饼救济他们。苏轼长吁短叹，辗转反侧，王夫人也几乎一夜未眠，她说："咱们前些日子路过陈州时，曾听傅钦之说，签判（赵德麟）在陈州赈济有功，何不请他前来商量个办法？"

一句话提醒了苏轼，可是当时夜色深沉，不便相召，好容易盼到五更，天还未亮，苏轼草就一封短束，命人前往通判府请赵德麟前来议事，两人很快商定了一个切实可行的救济方案。

转眼又已是元祐七年（1092）二月。早春时节，气候转暖，这天正当十五月圆之夜，苏轼和夫人在庭院散步。庭前梅花盛开，月色

鲜霁,苏轼不禁轻声吟诵起林逋那首不朽的《山园小梅》:

> 疏影横斜水清浅,暗香浮动月黄昏。

他们仿佛走进了这位"梅妻鹤子"的隐逸高士所构造的清雅境界,感受这春庭月夜的无边诗意。夫人说:"春月色胜过秋月色,秋月色令人凄惨,春月色令人和悦。如此良辰美景,何不邀赵德麟他们一道花下饮酒?"

苏轼听罢,又惊又喜:"我不知道原来夫人还能作诗,刚才这番话真乃诗家之语!"

于是花下置酒,邀赵德麟、陈师道等小酌。席间,苏轼喜不自禁地向朋友们夸赞夫人的"诗家语",并用其语意作《减字木兰花》以助雅兴:

> 春庭月午,影落春醪光欲舞。步转回廊,半落梅花婉娩香。　　轻云薄雾,总是少年行乐处。不似秋光,只与离人照断肠。

苏轼抵达扬州,上疏朝廷请求宽免积欠,
并毅然停办万花会

几天之后,苏轼又接朝廷诏命,以龙图阁学士充淮南东路兵马钤辖知扬州军州事。当初离京之际,他本已打算在颍州干个一年半载便俟机求退,没想到这么快又有了新的任命。"二年阅三州"(元祐六年、元祐七年,杭州、颍州、扬州),对于这种频繁的调动,苏轼心里颇感倦息:

澹月倾云晓角哀，小风吹水碧鳞开。此生定向江湖老，默数淮中十往来。（《淮上早发》）

熹微的晨光，凄清的晓风，哀婉的角声，诗人一生已不知有多少次置身于这样一种羁旅待发的氛围中，更不知这样的漂泊还将延续到何日何年？"团团如磨牛，步步踏陈迹"（《送芝上人游庐山》），他觉得自己仿佛是磨房里推磨的牛马，被一根无形的鞭子催迫前行。

二月下旬末，苏轼离开颍州，三月三日，到达安徽怀远县，与苏迨、苏过游涂山、荆山。途中，现任扬州通判、"苏门四学士"之一晁补之以诗相迎，苏轼读罢精神为之一振。能与自己得意的门生同治一郡，毕竟是件值得高兴的事情。

扬州也是欧阳修的旧治之一，将近半个世纪以前，他曾在这里修建了江南胜景平山堂，引得后人追思无限，任满之后，移知颍州。如今苏轼正好相反，先守颍州，再赴扬州。因此，在《次韵晁无咎学士相迎》一诗中，他无限感慨地写道：

每到平山忆醉翁，悬知他日君思我。路旁小儿笑相逢，齐歌万事转头空。

阳春三月，风暖气清，苏轼乘船途经濠州、寿州、楚州、泗州，但见两岸麻麦如云，一派生机勃勃的景象，心中十分愉快，但是很快又觉得有些不对劲。为何田间陌上显得如此冷清？苏轼满腹狐疑，于是"屏去吏卒，亲入村落，访问父老，皆有忧色"（《论积欠六事并乞检会应诏所论四事一处行下状》）。原来老百姓被"积欠"（历年所欠官税）所困，虽是丰收年景，农民怕官府催还而不敢返乡，因此所到之处,村郭萧条,人烟稀少。父老说:"丰年不如凶年。每逢灾年,咱老百姓虽然日子艰难,节衣缩食,还是勉强可以活下去。一旦碰上丰年,不仅要缴纳当年税额,还要补交灾年积欠。催租官吏天天上门,农户稍有延误就拳脚相加,甚至被关进大牢。真的是求生不能,求死不得啊!"说罢泪如雨下,苏轼也不禁心酸流涕。

其实,早在杭州时,苏轼就曾上疏要求宽免积欠,但是没有得到回应。连年水旱相继,饥疫相迫,偶遇丰年,官吏又催收积欠,则农民永无休养生息之日。因此,三月十六日,苏轼到扬州任上,在照例要写的谢表中,便再一次提出了这一问题。随后又写了一篇长达七千余言的文章,恳切陈词。他说:

> 臣闻之孔子曰:"苛政猛于虎。"昔常不信其言,以今观之,殆有甚者。水旱杀人,百倍于虎,而人畏催欠,乃甚于水旱。

接着,他更进一步指出:

> 臣窃度之,每州催欠吏卒不下五百人,以天下言之,是常有二十余万虎狼,散在民间,百姓何由安生,朝廷仁政何由得成乎?

这些议论极为大胆并富有民主性。奏状寄发之后,朝廷很快批示,暂停催收,百姓欢腾,苏轼怀着愉快的心情在诗中写道:

> 诏书宽积欠,父老颜色好。(《和陶〈饮酒二十首〉》其十一)

唐宋时代,每到春光和悦,赏花最为盛事。百花之中,牡丹、芍药并称名花双绝,好事者尊为花王、花相。洛阳以牡丹闻名,扬州以芍药争胜。宋仁宗时,钱惟演为西京留守,始创洛阳万花会,每年花盛之时,在城区风景佳胜处,用数万朵鲜花筑起花的屏障,沿途梁、栋、柱、拱上也都绑上可以贮水的竹筒,筒里插满各色各样的牡丹,于是放眼望去,一片花的海洋。前几年,蔡京任扬州知州,仿效洛阳办万花会,一次要用绝品芍药十余万枝。此后相沿成习,年年举办。官吏、奸商借此牟取暴利,成为扬州百姓的一害。

苏轼抵达扬州,正是繁花似锦的阳春三月,一年一度的芍药花会正在紧张热烈地筹备之中。主事官员将历年办会惯例禀告苏轼:如何筹措经费,如何组织花源等等。苏轼一听便觉得不妥,为此他走访花农、市民,发现百姓果然怨声载道。虽说苏轼喜欢热闹和游宴,但是决不肯"以一笑乐为穷民之害"(《以乐害民》)。正如当初奉劝蒲宗孟时所说:"一曰俭,一曰慈。"这是他处事为人的一种原则。于是毅然决定停办万花会。令下之日,扬州百姓奔走相告,欢欣鼓舞。而那些打算趁机大发横财的贪官、奸商则不免怀恨在心。

取消了这个盛极一时的游乐活动,苏轼这年春天显然过得有些寂寞:

羡君湖上斋摇碧,笑我花时甑有尘。为报年来杀风景,连江梦雨不知春。(《次韵林子中春日新堤书事见寄》)

但他心里踏实、快乐。在写给王巩的信中,他说:

花会乃扬州大害,已罢之矣。虽杀风景,免造业也。(宋·张邦基《墨庄漫录》引)

苏轼入世愈深,对仕宦生涯愈觉厌倦,
愈加向往世外桃源式的田园生活

苏轼不爱收藏金银珠宝,却对美石情有独钟。在黄州曾用饼饵换得数百枚晶莹剔透的卵石,送给佛印、参寥,名之曰"怪石供";到登州又在蓬莱阁下捡得一些被海水淘洗得圆熟可爱的石子,放在盆中养石菖蒲。这次来到扬州,又意外地得到两块石头:一块绿色,形如冈峦起伏,上面还有一个曲曲折折的小洞直达背面;另一块白色,莹洁细腻,光可鉴人。苏轼爱不释手,用清水养在盆中,置于几案间,赏玩不尽。忽然想起在颍州任上,梦中曾到一座官府,见人物与世间无异,但山川清远,不同凡俗,抬头见堂上有榜叫"仇池"。醒来颇觉奇怪,请教身边门客才得知,原来仇池实有其地,位处陕西成州境内,大概因为偏远,历来典籍都将它描写得十分神异,称为人间福地。杜甫诗中就曾说:

> 万古仇池穴,潜通小洞天。

据说那里有九十九泉,万山环绕,可以避世隐居,就像桃花源一样。苏轼神游千里,眼前玲珑的白石似已幻化成终年积雪的太白山,而那绿石上的曲折小穴,则宛如可以横绝峨眉山的险峻鸟道,他仿佛看到了"秋风""晓日"之中依稀呈现的烟云草木之状:

> 梦时良是觉时非,汲井埋盆故自痴。但见玉峰横太白,便从鸟道绝峨眉。秋风与作烟云意,晓日令涵草木姿。一点空明是何处?老人真欲住仇池。(《双石》)

他把这块绿色的石头命名为"仇池石"(后人还把他的笔记短文辑为《仇池笔记》),以寄托他对世外桃源式处所的深深向往。

苏轼入世愈深,对仕宦生涯便愈觉厌倦,因而也就越来越推崇任真自得、耿介狷洁的陶渊明。自从来到扬州,他开始写作"和陶诗"。"和陶诗"在苏轼一生诗作中所占比例很大,历来论者纷纭,多从似与不似着眼,其实苏轼的用意不在于此,不过是"因彼之意,以见吾意"(金·王若虚《滹南诗话》),将陶渊明引为异代的知己。和陶渊明一样,苏轼也是一个率性而为的"真人",与虚伪的俗世格格不入,但相比之下,他用世的思想始终难以完全泯灭,未能急流勇退,所以又自叹弗如:

> 我不如陶生,世事缠绵之。(《和陶〈饮酒二十首〉》其一)

落入尘网三十余年,无时不处在"入世"与"出世"的矛盾痛苦之中。人在玉堂深处,心怀出世之思,直到此时依然不能与世相谐:

> 我坐华堂上,不改麋鹿姿。(同上,其八)

因而在冷酷的现实中撞得头破血流。人生真如茫茫江海上的一叶扁舟,不知要经历多少暗礁险滩!

> 未来宁早计,既往复何言。(同上,其五)

过去的一切不必再说,未来的日子却还要好好地安排一下:

我缘在东南,往寄白发余。遥知万松岭,下有三亩居。(同上,其十)

归隐余杭万松岭下,便是他此时最大的理想。

元祐八年九月三日,高太后去世,
政局又将有大的翻覆

元祐七年,哲宗皇帝年已十八,即将亲自主持朝政。前一年十月举行初幸太学的大典,今年四月举行大婚仪式,册立皇后,紧接着又开始筹办冬季的郊祀之礼(古代帝王在郊外祭祀天地的仪式),这些都是亲政之前的必要程序。八月下旬,诏下扬州,召苏轼还京,以兵部尚书兼差充南郊卤簿使(掌管帝王驾出时扈从的仪仗队)。扈从年轻的皇帝第一次亲行郊祀大礼非同小可,苏轼不敢拖延,匆匆卸任启程。但是沿途写了好几道辞免状,请求郊礼过后,依然外任知州。

此时,朝廷人事又有变化,刘挚已于元祐六年十一月被劾去职,吕大防、苏颂分任左右二相,苏辙升任门下侍郎(副宰相)。苏轼九月抵京到兵部尚书任,诏兼侍读,并赐对衣、金带、金镀银鞍辔马,郊祀大典之后,进端明殿学士、翰林侍读学士、礼部尚书,这是苏轼一生最高的官位。但他已无心仕途,再三辞免,均未获准,只得勉强承命。

苏轼既已就任新职,便又以他惯有的认真、耿介的态度,全心全意辅助君王,举凡朝政得失,无不直抒己见,略无隐讳,因而不免旧仇未解,新怨又结。元祐八年三月至五月,御史黄庆基、董敦逸连上七道弹章,重提洛蜀党争的老话题,并从六七年前苏轼任中书舍人时所撰写的制诰中,摘取片言只语,断章取义,指责他"讪谤先帝"。

对于这种毫无新意的诬陷坑害,就连不偏不倚的老好人吕大防也觉得十分反感了。五月十二日,宰辅大臣当廷讨论,吕大防便说:

"当年真宗皇帝即位,宽免百姓积欠,仁宗皇帝即位,罢修宫观,都是因时施宜,以弥补前朝的缺失,从来不曾听说当时的士大夫说过这是毁谤先帝。唯有元祐以来,言事官每每以此为借口中伤士人,动摇朝廷,可谓用意极为不善。"

这场风波最终以黄、董二人降职贬黜而告结束,但苏轼实在厌倦了这种无休无止的党派斗争,于是再次请求外放越州(浙江绍兴一带)。在《汶公乞诗复用前韵》一诗中,他写道:

> 梦绕吴山却月廊,白梅卢橘觉犹香。会稽且作须臾看,从此归田策最良。

他连做梦都想回到东南的佳山胜水中去,然而他的请求依然没有得到批准,他不禁哀叹道:

> 归老江湖无岁月,未填沟壑犹朝请。(《召还至都门寄子由》)

苏轼不安于朝,除了对党争的倦怠,还有一个同样重要的原因,便是对哲宗皇帝的失望。作为帝王之师,苏轼对哲宗的教育一直尽心尽力,但是这位成长中的皇帝早已不同于当年,他性情暴躁,好色懒惰,对于祖母在政务上全包全揽、对自己严加管教,心怀不满,因而迁怒于身边近臣,再也不愿听从他们的教诲,反而在心中吹毛求疵,冷冷地等待着亲政那一天的到来。苏轼一边竭诚进谏,尽为臣的忠心,一边不免心灰意冷,深知无力回天。

八月一日,一个沉重的打击突然降临在苏轼的身上,与他同甘共苦二十五年的贤妻王闰之夫人因病去世,享年四十六岁。苏轼悲痛万分,回想过去的岁月,夫人跟随自己在政治的风涛浪谷中起伏升沉,饱受磨难,始终保持着朴实诚挚的品格,穷而不怨,富而不骄,令人感佩。尤为可贵的是,她心地仁厚,对于王弗留下的长子苏迈视同己出,因而合家和睦,夫妻琴瑟相谐。在这衰老迟暮之年,本希望能尽快辞官,与她携手同归故里,谁知她却骤然撒手西去!为什么不肯再等一等,为什么这么快就弃我先去?苏轼回顾苍茫,长歌当哭:

> 我曰归哉,行返丘园。曾不少须,弃我而先。孰迎我门,孰馈我田。已矣奈何,泪尽目干。(《祭亡妻同安郡君[王闰之封号]文》)

他发誓要与夫人生同室,死同穴,唯有如此,才能稍寄哀思。

丧妻的巨痛尚未纾解,朝中又发生了一件惊天动地的大事。九月三日,主持"元祐更化"的高太后病逝,哲宗亲政。俗话说:一朝天子一朝臣,历来皇室传承之际,都是政局大变之机,因此,一时之间,人心惶惶。高太后深深了解这个桀骜不驯、处事轻率的孙子,明白他一旦执掌朝政,必定会自行其是,尽改旧政,临终之前曾凄然嘱咐吕大防、范纯仁等顾命大臣:"老身病势有加,必不久于人世,你们最好及早求退,也好让官家另用新人。"

大臣们听后无不悚然。而那些在元祐年间失势、但仍散布朝野的元丰党人则蠢蠢欲动,窥伺政治风向。于是,一度流传的高太后与司马光等人密谋改立皇帝的谣言又在宫城内外传播开来,将哲宗蓄积已久的不满情绪升级为怒火中烧的仇恨。亲政第二天,他便下旨恢复刘瑗等十名内侍的官职。刘瑗等人是元丰时期神宗宠信的宦官,与吕惠卿、章惇等人关系密切。这个无疑是带有明显暗示性的举措,虽因宰执大臣的激烈反对而暂时搁浅,但哲宗心中极为恼怒,他缄默地等待着适当的时机。

苏轼已于高太后去世之前获准以端明殿学士、翰林侍读学士充河北西路安抚使兼马步军都总管,知定州(治所在今河北定县)军州事,由于变故连连,迟至九月中下旬才离京赴任。作为御前侍读,朝廷要员,出守"重难边郡",理应入朝面辞,君臣共商军政大计,谁知哲宗竟以"本任阙官,迎接人众"为借口,不予召见。苏轼十分气愤,但也无可奈何,只得留下一篇《朝辞赴定州论事状》,表示他"恐急进好利之臣,辄劝陛下轻有改变"的忧虑,要求哲宗坚守"安稳万全之策",对年轻的皇帝尽最后的忠告。深知国是将变,苏轼心情异常沉重。

九月十四日,苏辙在东府为哥哥饯行。东、西二府是熙宁、元丰年间神宗皇帝为宰执大臣所修建的八座官邸的总称,东府掌文事,西府掌武事。时值深秋,冷雨萧瑟,庭前的梧桐树,黄叶飘坠。隔着窗棂,听雨打梧桐的凄凉声响,苏轼不禁黯然神伤。这雨中的梧桐,它见过多少兴亡盛衰,又迎过多少来宾过客?这样想着,心头忽然起了一种不祥的预感:作为东府今天的主人,子由大概也在这里住不久了。在纷纷扰扰的政界朝堂,谁都不过是匆匆过客。只是这一别不知何时才能相见?茫茫前路,归程何在?"夜雨对床"的旧约恐怕终将是一个无法实现的梦想!即使闯过了这场即将袭来的政治风暴,兄弟俩是否依然健朗?思前想后,苏轼心潮起伏,于是提笔写下《东府雨中别子由》一诗:

> 庭下梧桐树,三年三见汝。前年适汝阴,见汝鸣秋雨。去年秋雨时,我自广陵归。今年中山去,白首归无期。客去莫叹息,主人亦是客。对床定悠悠,夜雨空萧瑟。起折梧桐枝,赠汝千里行。归来知健否,莫忘此时情。

苏轼在果断地整顿武备的同时，
心情却是忐忑不安的

元祐八年十月二十三日，苏轼抵达定州任上。定州地处与辽交界的边缘地区，是北宋的军事重镇。九十年前，辽兵从这里长驱直入，攻到澶州（今河南濮阳），在兵临城下的危急情势下，御驾亲征的宋真宗被迫签订"澶渊之盟"，以每年三十万岁币的代价，买得边境暂时的安宁。从那以后，君臣耽于苟安，军备日见松弛，到苏轼出镇定州时，已到了"边政颓坏，不堪开眼"（《与钱济明》）的地步。将骄兵惰，训练不良，纪律松弛，前任知州不敢过问。

苏轼一上任，立即采取有力措施整顿军纪，坚决惩办贪污军饷的将领，严禁赌博酗酒，加强操练，并亲自主持检阅。与此同时，他又差派部属带领工匠逐一检查年久失修的军营，做出合理预算，请求朝廷拨款维修，尽量改善下层兵士的生活条件。他说：

> 臣既目睹媮弊，理合葺治犯法之人，丝毫无贷。即须恤其有无，同其苦乐，岂可身居大厦，而使士卒终年处于媮地破屋之中，上漏下湿，不安其家。（《乞修定州军营状》）

经过一番极为辛苦的努力，终于使定州士兵人心安定，军容整肃。

但是沿边军士"骄惰既久，胆力耗惫"，哪怕只是出一次短差，也要与妻儿依依泣别，毫无英雄气概；身披盔甲，手持兵器行军数十里，便都气喘吁吁，汗流浃背。苏轼有心"严加训练，昼夜勤习"（《乞增修弓箭社条约状》），又怕辽国生疑，徒然引发战争。官军终不堪用，守边重任不得不依靠当地土人。所以苏轼十分注意整顿和扶植民兵。他恢复了原先行之有效的"弓箭社",利用当地人民守土保境的斗争经验和"以战斗为生"的习俗,计划整编一支三万人的民兵武装(官军二万五千人),在物质上给以优待,使其配合官军防务。这样,"进取深入,交锋两阵,犹当杂用禁旅(官军);至于平日保境,备御小寇,即须专用极边土人"(同上),增强了军事力量。

苏轼在果断地整顿武备的同时,心情却是忐忑不安的。虽然他还不知道定州将是他一生实际任职的终点,但已能预感到一场政治风暴已向他无情地袭来。因此,他在诗文中常常抒写急流勇退、归隐故乡的愿望。他在定州又得到一块太行山的佳石,乌亮的颜色夹着白色的纹理:

> 画师争摹雪浪势,天工不见雷斧痕。(《雪浪石》)

纹理犹如雪浪,不经人工斧凿而是天然形成,因命名为"雪浪石",并把自己的书斋取名"雪浪斋"。他借雪浪石发抒思乡之情:

> 离堆(指都江堰)四面绕江水,坐无蜀士谁与论?老翁儿戏作飞雨,把酒坐看珠跳盆。此身自幻孰非梦,故国山水聊心存。(同上)

这雪浪石就像四川的都江堰,可惜周围没有同乡和我一起来品评它,只能独自赏玩。人生原如梦幻,但这故乡的山水却永存心间。

在另一首《鹤叹》中,诗人借鹤寄慨,描写一只傲岸不驯的孤鹤:

> 园中有鹤驯可呼,我欲呼之立坐隅。鹤有难色侧睨予,岂欲臆对如鹏乎?我生如寄良孤畸,三尺长胫阁瘦躯。俯啄少许

便有余,何至以身为子娱。

它对人们的使唤以"侧睨"对之,表示轻蔑,不愿"以身为子娱",成为别人的玩物;它对别人的施舍,也采取不屑一顾的态度:

> 驱之上堂立斯须,投以饼饵视若无。戛然长鸣乃下趋,难进易退我不如。

这里的孤鹤象征着不轻易入世而乐于退隐的高士,作者对之自愧弗如。显然苏轼是以鹤自励。不过,他在新旧党争中所处的政治地位,又使他这种急流勇退的愿望终成泡影。

第十一章　白头萧散谪岭海

元祐九年（1094）四月十二日，哲宗下诏改年号为"绍圣"，意思是继承神宗朝的施政方针。随后不久，吕大防、范纯仁罢职，章惇、安焘等出任宰执大臣。这批重回朝堂的变法派大臣，完全抛弃了王安石新法的革新精神和具体政策，把打击"元祐党人"作为主要目标，尽情发泄他们多年来被排挤在外、投闲置散的怨愤。于是，罢黜、贬谪的诏令一道接着一道，短短一两月间，便将当时在朝任职的高级官员三十多人全部贬到岭南等边远地区。

苏轼千里迢迢奔赴贬所，

一路上，朝廷五改谪命

在这场政治风暴中，苏轼兄弟首当其冲。三月二十六日，苏辙即因反对正在朝中热烈酝酿的"绍述"之说而去职离京，谪守汝州。四月下旬，依附章惇的御史虞策、殿中侍御史来之邵又沿袭"乌台诗案"时李定等人的故技，指责苏轼以前在起草制诰、诏令中"语涉讥讪"、"讥斥先朝"（引自宋·陈均《九朝编年备要》），加以弹劾，证据仍然是黄庆基、贾易等人所摘取、曲解过的片言只语。这种毫无新意的攻击，确实是低能者的杰作，"前后相传，专用此术"（《辩黄庆基弹劾劄子》),恰恰证明了苏轼立朝刚正、风节凛然,令政敌们无懈可击,唯有断章取义,横加诬陷。然而时势已变,低能者的手段竟又一次得逞。闰四月三日,诰命下达:苏轼落两职(取消端明殿学士和翰林侍读学士的称号),追一官(撤销定州知州之任),以左朝奉郎(文职的一种官员,正六品上)、知英州(治所在广东英德)军州事。

接到诰命,苏轼并不十分意外。半年多前便已预感到的这场风暴今天真的来了! 时势如此,唯有坦然面对。他依例撰写《谢上表》,回想一生坎坷,"福眇祸多,是亦古今之罕有",心中不免悲怆,但他随即镇定自我,并不作一句徒然的辩白,"既在代言,敢思逃责",政局翻覆,是非必将颠倒,盛极而衰,原是世情常理。在此身家性命倾危的时刻,他表现出一个节操自守者临难不惊的悲壮与洒脱:

> 累岁宠荣,固已太过。此时窜责,诚所宜然。瘴海炎陬,去若清凉之地;苍颜素发,谁怜衰暮之年。(《英州谢上表》)

然而,前一道诰命刚刚下达,虞策认为"罪罚未当"(引自宋·彭百川《太平治迹统类》),于是又传新命,再降为充左承议郎(正六品下)仍知英州。

这时苏轼已经起程,连日风尘弥漫,不见天日。来到定州西南一百里处的临城,天气忽然清澈,云开雾霁处,雄伟的太行山屹立在眼前。苏轼停步伫立,西望太行,但见草木历历可数,冈峦起伏,绵延向北,崖谷秀丽俊伟。他忽然想起当年韩愈贬谪潮州很快北还,经过衡山时也是同样光景,不禁心情振奋,对儿子们说:"我这次南迁一定能够回来,冈峦北走,云开雾霁,正是吉祥的征兆。"并赋诗一首,以记其事:

> 逐客何人著眼看,太行千里送征鞍。未应愚谷能留柳,可独衡山解识韩。(《临城道中作》)

他默默祈祷上苍的保佑,希望自己不会像柳宗元一样长留贬所,而会像韩愈一样尽快北还。

年近六十,千里迢迢,艰难困苦不难想象,何况当时整个华北地区旱灾严重,赤地千里,黄埃滚滚,旅途之中,一汤一水都不容易到手,能吃上一碗豌豆大麦粥就算是山珍海味了。但苏轼并不哀怨自怜,他所难以忘怀的依旧是民间的疾苦,无时不以"灾伤阙食"为念,就在接到谪命之前不久,他还在竭尽全力为民请命,正月十六日上《乞减价粜常平米赈济状》,二月十三日又上《乞贷赈佃客状》,遗憾的是,他的努力并没有结果,在此纷纷扰扰的局势之下,朝中似乎谁也无心关注这些微不足道的小民。

> 朔野方赤地,河堨但黄尘。秋霖暗豆荚,夏旱瘣麦人。(《过汤阴市,得豌豆大麦粥示三儿子》)

光秃秃的中原大地,皮包骨的种麦农夫,灾情竟是如此严重,苏轼的心情异常沉重,可是,此时的他再也没有能力来帮助这些苦难的民众了!

> 玉食谢故吏,风餐便逐臣。漂零竟何适,浩荡寄此身。争劝加饮食,实无负吏民。何当万里客,归及三年新。(同上)

在汤阴集市上,他双手捧着一碗粗糙的豌豆大麦粥,谆谆告诫儿子们,再险恶的环境也应"努力加餐饭",时时为民自重,不负百姓养育之恩。告别这片苦难的土地,苏轼深情地祈祷:待到万里贬谪归来之日,希望这里的老百姓正享受着五谷丰登的美好年景。

然而现实就是如此,一面是真诚的苏轼在贬谪途中仍然心忧百姓,一面却是政客们落井下石,不久,又一道诰命下达:

> 诏苏轼合叙复日不得与叙复。(引自宋·彭百川《太平治迹统类》)

按照宋朝官制,官员每隔一定年限,如无重大过失,即可调级升官(即叙官),这道诰命即取消了苏轼叙官的资格。至此,已是三改谪命,足见执政者用心的狠毒,报复的激烈。

闰四月十四日,苏轼到达河南滑州,瞻望前路,茫无尽头,而且天气越来越热,他此时年老体弱,两目昏花,奔波劳碌之中,左臂肿痛的老毛病又复发了,如果以此"衰病之余生,犯三伏之毒暑,陆走炎荒四千余里"(《赴英州乞舟行状》),难免客死途中;而且他平时不善积累钱财,"禄赐所得,随手耗尽,道路之费,囊橐已空",遭此变故,资用不继;加上英州来接的人未到,定州送行人已不肯前去,自己又无钱雇人买马,真是"道尽途穷",于是上书朝廷,希望哲宗"念八年经筵之旧臣",准许他乘船赶赴英州贬所。

十八日,苏轼抵达汴京附近的陈留,由此绕道汝州,与苏辙话别,同时求得经济上的援助。苏辙给哥哥七千缗,以帮助苏迈带领大半家人回宜兴居住,可以靠那里的一点田产维持日常生活,解除苏轼的后顾之忧。罪官身份,不便久留,兄弟俩相聚不过三四天,即匆匆而别。

回到陈留,接哲宗准许舟行的批令,于是登舟出发,继续南行。一路上多遇亲朋故旧,虽然今非昔比,仍有不少人前来相见,依依惜别,"风义之厚,益增感慨"(《与张元明》)。先过雍丘,县令米芾带病出城相见,追随苏轼三十四年的老友马正卿也在此黯然分手。马正卿本为杞人(雍丘古称杞),又有米芾代为看顾,苏轼总算可以放心离去。五月底,途经扬州,润州知州、"苏门四学士"之一张耒特意选派两名亲兵前往照料老师,并嘱咐他们专程护送,直到贬所。

六月七日,苏轼泊船金陵。因妻子王闰之有遗言,要舍施所有曾经佩戴的首饰珠宝,令儿子苏迈等三人画阿弥陀佛像。六月九日,佛像画成,全家护送到金陵清凉寺举行安奉仪式,追荐这位信仰虔诚的贤妻慈母。随后,苏迈带领妻小及老弱的仆佣,辞别父亲回宜兴居住。

一家分作两路,各自前行。当此酷暑季节,行舟水上,闷热不堪。半个月后,苏轼到了安徽当涂,等待他的是朝廷发布的第四次降官处置的诰命:落左承议郎,责授建昌军(治所在今江西南城)司马(属官),惠州(治所在今广东惠阳东)安置,不得签书公事。其实早在经过南都的时候,苏轼就听到章惇拜相,与蔡卞、张商英等人大力排挤元祐诸臣的传闻,预计会有"后命":

> 如闻言者尚纷纷,英州之命,未保无改也。(《与孙子发书》)

现在果然不出所料,一夜之间,他由外放的州官变成了"不得签书公事"、听候地方安置的罪人。到此地步,苏轼觉得"不可复以家行"(《书六赋后》),打算独自承受政敌的残酷迫害,只身奔赴贬所。儿子、儿媳都哭着要求与父亲同行,最后苏轼决定只带小儿子苏过、侍妾朝云和两位女佣前行,其他家眷包括苏过一家全由苏迨带回宜兴跟长子苏迈一起居住。六月二十五日,苏轼亲书往年所作的六篇赋,赠别苏迨,苏迨洒泪叩拜而去。

　　骨肉一再分离,苏轼现在已是"轻装"进发,久经政治风云,似乎一切都吓不倒他。七月至湖口,达九江,过庐山,经南康,赴都昌,沿路的风光照样赏玩,沿途的友人照样会见。身处苦难之中,纪行写景的诗作却依然不减其英迈自许的豪俊气概:

　　　　此生归路转茫然,无数青山水拍天。犹有小舟来卖饼,喜闻墟落在山前。(《慈湖夹阻风五首》其二)
　　　　暴雨过云聊一快,未妨明月却当空。(同上,其四)

　　他深信历史自有公论,政治的风暴固然可以摧残他于一时,但他皎然的志节将如明月当空,长存世间! 他深信"天无绝人之路",山穷水尽之处,仍会有柳暗花明的景色出现在眼前! 因此,任凭舱外风涛啸空,他自有"篙师醉寝浪花中"(同上,其一)的从容与镇定:

　　　　卧看落月横千丈,起唤清风得半帆。且并水村敧侧过,人间何处不巉岩。(同上,其五)

　　八月初,苏轼到了彭蠡湖。一天晚上,船刚靠岸,城中正敲三鼓,忽听岸边人声鼎沸,苏轼从船窗往外一看,只见码头上、堤岸上、周围船只上,黑压压的一片,大约有四五百军士明火执仗,正包围着自己的乘船。原来是本路发运司已得知朝廷新颁发的后命,对于这位已遭"严谴"的罪官小题大做,派遣五百兵丁前来拦截,要收回官方供给的坐船。苏轼深知世态炎凉,本是如此,便与为首的官员交涉,请求再借官船连夜奔赴星江,到市集热闹的地方即可自费雇船,最迟在明天中午将官船缴还。官员同意了这个请求。可是;此地距离星江尚有不短的路程,是否能够在许可的时间里赶到,谁也没有把握。

苏轼当即向顺济王（龙神）默默祈祷，请求帮助："轼往来江湖之上三十余年，王与轼堪称故人，故人流离失所，王一定哀而怜之。如果明天清晨我能赶到星江，顺风直到豫章（今江西南昌），则一切无虞。否则，使者再来，便将被赶下官船，露宿河边……"

默念的话还未说完，耳边的风声就呼呼作响，船夫立即升帆，风吹帆饱，一顿饭的工夫不到，船便驶过了杨澜，到达豫章的时候正是中午。由于龙王分风护送，苏轼一路顺利。因为这一传说，后人便将这个地方叫作"分风浦"。

就这样，苏轼总算又闯过一劫。船泊南康军（今江西星子县）时，苏轼眺望长湖，无限苍凉，题诗于望湖亭上：

> 八月渡长湖，萧条万象疏。秋风片帆急，暮霭一山孤。许国心犹在，康时（即匡时）术已虚。岷峨家万里，投老得归无。（《南康望湖亭》）

萧疏的秋景表现了内心深处的孤凄，思乡的情绪透露出许身朝廷而朝廷不取的失意，但是志士的热血并没有冷却，灰烬中依然埋藏着不灭的火种！

几天后，苏轼到了庐陵（今江西吉安），朝廷这时已是五改诏令：落建昌军司马，贬宁远军（治所在今湖南宁远）节度副使（地位比司马低的属官），仍惠州安置。前路日益险峻，进入赣州，等待他的是长达三百余里的"赣石之险"。据《明一统志》记载：赣水向北流至万安县，其间有滩十八，怪石多险。其中黄公滩（又名惶恐滩）尤为凶险。

七千里外二毛(花白头发)人,十八滩头一叶身。山忆喜欢劳
远梦,地名惶恐泣孤臣。(自注:蜀道有错喜欢铺,在大散关上。)长风
送客添帆腹,积雨浮舟减石鳞。便合与官充水手,此生何止略
知津(渡口)。(《八月七日,初入赣,过惶恐滩》)

激浪险滩之上,随时都有倾覆的危险,在此生死攸关之际,诗人
想起了故乡,想起了这一生中所闯过的无数自然的与政治的险滩暗
礁:对国家忠心耿耿,却遭受如此残酷的迫害;总希望回归故乡,却
流落海角天涯。长年漂泊江湖之上,简直可以说是一名熟悉各处渡
口的老水手了。整首诗寓含着无限辛酸与感慨。

"悲欣交集"的心灵感受,
使苏轼入世、出世兼而得之的初衷发生了改变

经过"赣石之险",苏轼进入虔州境内,时值中秋,仰望长空,明
月皎皎,对远方亲人的思念涌上心头……此时,子由大概正奔波在
前往筠州贬所的道途之上吧?迈儿、迨儿想来早已回到宜兴,他们
是否也在月下把我思念?人世的悲欢离合真是难以捉摸!他想起
了当年在徐州时所作的那首《阳关词》,不禁引吭高歌:

暮云收尽溢清寒,银汉无声转玉盘。此生此夜不长好,明
月明年何处看。

歌罢,意犹未尽,又提笔写道:

余十八年前中秋夜,与子由观月彭城,作此诗,以《阳关》歌

之。今复此夜宿赣上,方迁岭表,独歌此曲,聊复书之,以识一时之事,殊未觉有今夕之悲,恶知有他日之喜。(《书彭城观月诗》)

死生祸福,非人力所为,人若执着不舍,必将导致无穷的痛苦,几十年来,苏轼出入佛、老,修养心性,便是要努力破除这种人所难免的执着与迷悟。深厚的学养,佛道修炼的实证经验,开阔了他的胸襟,拓宽了他的视野,使他不至于局限于一隅而患得患失,坎坷的仕宦生涯也越来越让他厌倦了翻云覆雨的喧嚣官场,和祸福无常的名缰利锁。一面悲世之无常,一面欣超世之乐,所谓"悲欣交集"的心灵感受,使苏轼入世、出世兼而得之的初衷终于发生了改变,在《书事不能两立》一文中他明确地表达了这一观点:

> 白乐天作庐山草堂,盖亦烧丹也。欲成而炉鼎败。明日,忠州刺史除书到。乃知世间、出世间事不两立也。仆有此志久矣,而终无成者,亦以世间事未败故也。今日真败矣。书曰:"民之所欲,天必从之。"信而有征。

也许,追求超世独立的心灵自由,就必须舍弃世间的一切荣华富贵,因为入世与出世的关系正是阴阳互变、此消彼长的关系,也只有入世这一头已彻底放弃了,不管主动还是被动,超世的追求才会如愿,不然必定功败垂成。苏轼认为,自己对于超凡脱俗早有愿望,之所以一直未能成功,关键在于入世的追求尚未彻底放下,前途还未彻底断绝,缘分还未彻底解尽。而现在却彻底放下了,断绝了,解尽了。一朝豁然醒悟,苏轼很快便从悲惨的现实世界中超脱出来,面对常人难以承受的盛衰巨变,毫不沉溺于"今夕之悲",反而设想起"他日之喜":将远窜蛮荒的放逐,看成是修炼自我、体悟大道的绝好机会。

　　　　一念失垢污，身心洞清净。浩然天地间，惟我独也正。今日岭上行，身世两相忘。仙人拊我顶，结发受长生。(《过大庾岭》)

　　因此，登上大庾岭，他没有悲伤，没有哀怨，似乎垢与净、迷与悟已在此分水岭上截然分开，他以殉道者的勇气，将过去的身世宠辱一齐抛下，将所有红尘俗世的染污一齐清除，他感觉到仙人在为他拊顶，授记他学道成功。

　　此时苏轼仍然佛、道同修，因为他认为"仙山佛国本同归，世路玄关两背驰"(《东亭》)，从此逢庙必拜，见道则访。

　　大庾岭上，林深树茂，人迹罕至。这天，苏轼一行人在林麓间穿行，偶然遇到两名道人，他们一见苏轼，立即转身，匆匆隐入林中。苏轼心中十分诧异，便对押送的使臣说："这里有异人，让我们一起去拜访他们吧。"

　　穿过一片树林，数间茅屋出现在眼前，两名道人都在，举止潇洒，气宇不凡，问使臣说："这是什么人？"

　　"苏学士。"使臣回答。

　　道人又问："莫非是苏子瞻？"

　　使臣说："学士始以文章得，终以文章失。"

　　两名道人相视而笑，说："文章岂解触荣辱，富贵从来有盛衰。"

　　对此，苏轼可说是会心有得，走出茅屋好远好远，他一直默默回味这两句颇富哲理的话语，感叹道："何处山林，没有有道之士呢？"

　　翻过大庾岭，便到了韶州，过月华寺而至曹溪。曹溪南华寺，原名宝林寺。据记载：

　　　　梁天监元年，有天竺国僧智药自西土来，泛舶至汉土，寻流

上至韶州曹溪水口，闻其香，掬尝其味，曰：此水上流有胜地，寻之，遂开山立石为宝林。(宋·祝穆《古今事文类聚》)

一百七十多年后，唐代著名高僧六祖慧能禅师在这里住持讲法，弘扬佛法，是为禅宗南派，一时之间，"为岭外禅林之冠"。宋太平兴国三年重建，改名南华寺，寺中大鉴塔尚藏有六祖慧能的肉身。苏轼伫立塔前，不觉泪如雨下。念人生之虚幻，悲身世之坎坷，在一种神秘的感召下，他似乎幡然醒悟，发现自己本是三世精炼的修行人，只因一念之差，才流落红尘，遭受这一辈子的无穷反复。他痛责自己因贪念带来痛苦，犯绮语（佛教五戒妄语戒之一）造成磨难。决心精进修禅，得见本来面目：

云何见祖师，要识本来面。亭亭塔中人，问我何所见。可怜明上座，万法了一电。饮水既自知，指月无复眩。我本修行人，三世积精练。中间一念失，受此百年谴。抠衣礼真相，感动泪雨霰。借师锡端泉，洗我绮语砚。(《南华寺》)

整首诗吟咏六祖指示开悟，顿见本心的事迹。这一故事见于《六祖坛经》：当年慧明禅师（明上座）听说五祖将衣钵传给了慧能，于是追踪千里，来到大庾岭上，请求慧能开示。慧能说："汝既为法而来，可屏息诸缘，勿生一念，吾为汝说。"慧明依言禅坐良久。慧能说："不思善，不思恶，当下哪个是明上座本来面目？"慧明闻言，当下顿悟，世事变灭无常，恰似一闪即过的雷电。他说："今蒙指示，如人饮水，冷暖自知。"苏轼在这里即以六祖弟子明上座自况，表现他拜见祖师，潜心向佛的心情。

离开南华寺，苏轼乘舟经英州到广州，途中游英州圣寿寺、碧落洞、清远峡山寺、广州白云山蒲涧寺，登罗浮山访求仙人安子期旧迹，至冲虚观见葛洪丹炉。这天，正乘舟过浈阳峡，忽然遇见已经出家修道的老友吴复古。见到苏轼后，吴复古一字不提有关人生际遇的得失祸福，直截了当地劝说道：

"当年卢生（唐传奇《枕中记》主人公）邯郸一梦，便已勘破人世的虚妄而归于真道，现在你是亲眼目睹、亲身经历了这一切，也该稍有所悟了吧？"

经这番提醒，苏轼"过广州买得檀香数斤"，打算"定居之后，杜门烧香，闭目清坐，深念五十九年之非"（《与吴秀才书》）。

苏轼一向内求诸己，常行忏悔，在《与王庠书》中说自己"少时本欲逃窜山林，父兄不许，迫以婚宦，故汩没至今"。如果说，早年苏轼虽然谈禅论道，但仍以儒家伦理观念作为主要的处世原则，那么此时此刻，他站在超世的立场上来评判自己的过去，沿途不停地检讨自己，发誓不再在尘世间汩没浸润，从而奠定了他岭海时期的思想基调。

自从九月登上大庾岭，苏轼便进入了一个完全陌生的世界，交游遍天下的他，竟也极难见到一张熟悉的面孔了。好在南国的风光令他耳目一新，林间溪畔也常有奇遇，隐士、道人与高僧竞相与他交游，因此，足迹所至，皆有题咏。而且，随侍身旁的幼子苏过也常与父亲同题赋诗，才华初露，出语不凡。苏轼回想三十四年前，与父亲苏洵、弟弟苏辙自蜀还京，父子三人江行酬唱，情形差可比拟。尤为可喜的是，苏过年纪轻轻，便已爱好道家养生之术，每天半夜起来打坐，俨然有世外超尘之志，因此，在《游罗浮山一首示儿子过》一诗中，他十分骄傲地称许道：

小儿少年有奇志，中宵起坐存黄庭。近者戏作凌云赋，笔势仿佛离骚经。负书从我盍归去,群仙正草新宫铭。

苏轼于绍圣元年十月二日抵达惠州贬所

经过号称"万里"的长途跋涉,十月二日苏轼终于抵达贬所惠州。岭南,当时属于蛮貊之邦,瘴疠之地,气候与北方迥然相异,生活条件又极为艰苦,一向被视为险恶军州,只有"罪大恶极"的官员才会被放逐到这里。北人南迁于此,往往不易生还,所以人们一提岭南,便有谈虎色变的恐惧。苏轼虽已久经磨难,并且胸怀超逸,善于随缘委命,一路上也免不了对未来生活的悬想与担忧。他时时慨叹自己坎坷的命运,也时时联想起有着同样命运的前辈先贤:流放夜郎的李白,沦落江州的白居易,远谪潮州的韩愈,死守愚溪的柳宗元等等。他们的生命体验,他都一一揣摩过,也细细品味过,现在惠州就在眼前,迎接他的到底是什么呢? 在清远县曾有一位顾秀才与他盛说惠州风物之美:

> 江云漠漠桂花湿,海雨翛翛荔枝然(同"燃")。闻道黄柑常抵鹊,不容朱橘更论钱。(《舟行至清远县,见顾秀才,极谈惠州风物之美》)

温润的空气中常常荡漾着桂花的清香,新雨过后,满树的荔枝鲜艳夺目,恍如燃烧的火焰,黄柑朱橘更是惠州的特产,漫山遍野,根本不值钱,听说当地的人常常顺手摘来掷打鸟雀,就像扔小石子一样随便……真实的情形到底怎么样呢? 苏轼在《十月二日初到惠州》一诗中这样写道:

仿佛曾游岂梦中,欣然鸡犬识新丰。吏民惊怪坐(因为)何事,父老相携迎此翁。

虽然是初来乍到,却觉得"仿佛曾游"。在苏轼一生中这种"仿佛曾游"的经历有过很多次,都带有极为神秘的色彩,如《答陈师仲主簿书》记载"在杭州尝进寿星院,入门便悟曾到,能言其院后堂殿山石处"。新丰,是陕西临潼东北的一座小镇,建于西汉初年。当年汉高祖刘邦建都长安,将父亲接到京城,尊为太上皇,但是老人眷恋故乡丰邑(江苏丰县),竟至思归成疾。为了慰藉父亲,刘邦命人在长安附近建造新丰,街城巷里——仿照丰邑的格局,并将丰邑的百姓全部迁到这座新建的小镇居住,"士女老幼相携路首,各知其室,放犬羊鸡鸭于通途,亦竟识其家"(托名汉·刘歆《西京杂记》)。无独有偶,惠州之北也有一县名新丰,诗中借这一典故抒写他初到惠州时这种"仿佛曾游"的亲切之感,颇为贴切。惠州与汴京虽然远隔千山万水,但是,对于当地的官吏和百姓来说,苏轼的名字却并不陌生,他的到来,既令人欣喜,又令人惊讶,人们扶老携幼、成群结队前来迎接,嘘寒问暖,不明白朝廷为什么要放逐他们所敬爱的苏学士。父老的盛情令苏轼十分感动,环顾周围那一张张洋溢着温情的笑脸,环顾周围那葱茏繁茂的草木,他想:顾秀才之说果然不虚。

苏武岂知还漠北,管宁自欲老辽东。岭南万户皆春色,会有幽人客寓公。

"岭南万户"本为酒名,古时常以"春"名酒。这里"岭南万户皆春色"一句则包含着多重意思,既借指惠州家家户户都有美酒,也比喻这里的民众热情好客,使人有如沐春风之感,同时也是写实,正如

诗人此后在《食荔枝二首》其一中所写到的:

> 罗浮山下四时春,卢橘黄梅次第新。日啖荔枝三百颗,不辞长作岭南人。

的确,在这样民风淳朴、风光秀丽、四季如春的地方,还有什么可忧虑的?汉武帝时代,苏武出使匈奴被扣留在异域,十九年才得返汉,三国时代,管宁避乱辽东,原拟终老,三十七年后仍归故地,那么,我今天在惠州长住又有何妨?管他有没有北归的一天。

名满天下的苏轼虽是贬谪而来,地方上仍待以殊礼,他被特许在三司行衙(北宋最高财政机构的官员按临本地时所住的宾馆)的合江楼暂住。合江楼位于东、西二江汇合处,这里风景优美,宁静清新,登楼远眺,但见云水浩渺之处,青山隐隐:

> 海山葱昽气佳哉,二江合处朱楼开。蓬莱方丈应不远,肯为苏子浮江来。江风初凉睡正美,楼上啼鸦呼我起。(《寓居合江楼》)

在这样怡人的环境中美美地睡上一觉,真令人有走进仙山,可与神人相往还的超尘出世之感,旅途劳顿,一洗而空。这地方对苏轼来说,实在是再合适不过了。但行衙毕竟不可久留。十几天后,苏轼又像初贬黄州时一样,搬迁到一座佛寺——嘉祐寺,伴着晨钟暮鼓,在一种极为熟悉而亲切的氛围中住了下来。在寺旁漫步,在林下悠游,又一次成为他的日常功课。一天,他来到离住处不远的松风亭下,只见一树梅花星星点点,兀自开放,他的眼前又出现当年"乌台诗案"后贬谪黄州途经湖北麻城春风岭上的情景,心中不禁涌起一种难言的感受：

> 春风岭上淮南村,昔年梅花曾断魂。岂知流落复相见,蛮风蜑雨愁黄昏。(《十一月二十六日,松风亭下梅花盛开》)

曾经抚慰过愁心的梅花,又在患难之中相遇,如同人间知己,更似海上仙人：

> 罗浮山下梅花村,玉雪为骨冰为魂。纷纷初疑月挂树,耿耿独与参黄昏。先生索居江海上,悄如病鹤栖荒园。天香国色肯相顾,知我酒熟诗清温。蓬莱宫中花鸟使,绿衣倒挂扶桑暾。(自注:岭南珍禽,有倒挂子,绿毛,红喙,如鹦鹉而小,自东海来,非尘埃中物也。)(《再用前韵》)

当年春风岭上,细雨梅花油然引发诗人失意的愁苦,如今面对相似的情景,苏轼的心境却显得非常平静：

> 酒醒梦觉起绕树,妙意有在终无言。先生独饮勿叹息,幸有落月窥佳樽。(《十一月二十六日,松风亭下梅花盛开》)

清凉的境界,没有燥热的安宁,有一种无须言表的妙意在落月窥人的时候隐隐约约地存在着,在空气中弥漫着。这种体验也许只有苦行而不觉其苦的高僧才能得到,这是一种平淡而神秘的心灵境界。

> 先生来年六十化,道眼已入不二门。多情好事余习气,惜花未忍都无言。留连一物吾过矣,笑领百罚空罍樽。(《花落复

次前韵》)

　　他依然爱花惜花,但不再因花的幽独飘零而自伤身世,而是以一种清澈澄明的了悟来看待世间的无常。在花落花飞的季节,"披衣连夜唤客饮"(同上),不过是过去生活习惯使然,所以他幽默地自嘲、"自罚",畅饮百杯而不辞。

随时随地的自譬自解,
使苏轼的精神不再焦虑、心灵自有安顿

　　垂老投荒,来日无多,今昔的强烈对比,荣衰的巨大反差,确实需要超凡的承受能力。人非圣贤,情绪的起落与变化在所难免,苏轼亦不例外。但他既已看透人生的底蕴,又有深厚的佛道修养作为思想的根基,因此和初贬黄州时相比,对于心态的调整和情绪的控制,已显得更为驾轻就熟,入则焚香默坐,出则从日常生活中参悟人生哲理。

　　松风亭如今又是他经常盘桓的所在,每一次他都挂杖而行,一口气爬上山顶,然后在亭中稍憩片刻,游目四方。可是有一天,刚刚走到半山腰,便觉得双腿酸软,十分疲惫,很想倚着路旁的树木休息一会。抬头远眺,松风亭仿佛浮在层层叠叠的树梢之上,遥不可及,心中不禁发愁,何时才能爬到山顶? 可是转念一想,何必一定要爬到山顶呢? 能上则上,不能上则就地休息,甚至转身回去,也没什么不可以的。想到这里,顿时觉得轻松自在。人生又何尝不是如此,人们总是不知不觉画地成牢,在自设的陷阱中难以自拔,其实只要换一种思路,换一个角度,便能从这种盲目荒谬的自我限制中摆脱出来,获得心灵的完全自由。后来,苏轼便将这次游山所悟写成一篇清新隽永的小品：

> 余尝寓居惠州嘉祐寺，纵步松风亭下。足力疲乏，思欲就林止息。望亭宇尚在木末，意谓是如何得到？良久，忽曰："此间有什么歇不得处？"由是如挂钩之鱼忽得解脱。若人悟此，虽兵阵相接，鼓声如雷霆，进则死敌，退则死法，当甚么时也不妨熟歇。（《记游松风亭》）

游山玩水引发他超远的思索，就连搬家这样一件生活小事也一样能给予他哲理的启示：

> 绍圣元年十月二日，轼始至惠州，寓居嘉祐寺松风亭。杖屦所及，鸡犬相识。明年三月，迁于合江之行馆。得江楼廓彻（空廓远大）之观，而失幽深窈窕之趣，未见所欣戚也。峤南岭北，亦何异此？虔州鹤田处士王原子直，不远千里，访予于此，留七十日而去。东坡居士书。（《题嘉祐寺壁》）

嘉祐寺的"幽深窈窕之趣"，合江楼的"廓彻之观"，两者各得其美，又各有所失。同样，贬居岭南与任职中原也是各有得失，不必有忧喜之分。他还在诗中说：

> 吾生本无待，俯仰了此世。念念自成劫，尘尘各有际。下观生物息，相吹等蚊蚋。（《迁居》）

佛教以天地的形成到毁灭为一"劫"，"念念成劫"，形容人世变化神速；道教视世界为微尘，"尘尘有际"，是说处处有世界。"下观"

两句则用《庄子·逍遥游》的典故,喻指万物的生存,与蚊蚋小虫的呼吸无异。站在如此高远阔大的境界来俯视人生,还有什么放不下、看不开的? 而在写给亲朋至友的书信中,他更将佛家的随缘委命、无分别心的思想与道家的齐得失、等忧喜的相对论观点水乳交融,发挥到极致:

> 譬如原是惠州秀才,累举不第,有何不可!(《与程正辅提刑》)
>
> 大略只似灵隐天竺和尚退院后,却住一个小村院子,折足铛(断了腿的破锅)中,蔪糙米饭便吃,便过一生也得。(《与参寥书子二十一首》其十七)

把贬地或者当作是出生的故乡,或者当作是名城显邦的风景胜地,从而使自己从凄惨的境地中获得解脱。

在这种随时随地的、有效的自譬自解之下,苏轼的精神不再焦虑,心灵自有安顿,至于物质的匮乏则更不在话下,皆能淡然处之。惠州的生活条件比起过去实在是差多了,这里市井寥落,每天虽然也杀一只羊,但苏轼买不起羊肉,只好与屠夫商量,用很少的钱买下没有人要的羊脊骨,回家放在锅里用水煮熟,再趁热漉出,浸点米酒,撒点薄盐,微微烤焦。于是啃它半天,抉剔出一星半点的肉来。他曾在信中津津乐道,向弟弟大谈这种辛苦吃法的感受:

> 意甚喜之,如食蟹螯。率数日辄一食,甚觉有补。(《与子由书》)

并且大力推荐此法,他开玩笑说:"此说行,则众狗不悦矣!"(同上)

生活这样清苦,苏轼的日子却过得比较安闲自在。就像在黄州时一样,他的身边很快又聚集起一群地位悬殊、层次不等、性情各异的朋友,其中有官有民,有僧有道,还有高蹈林泉的隐逸之士。尽管当时"法令峻急,州县望风指,不敢与迁客游"(苏过《书漳南李安正防御碑阴》),但是政治的威压吓不倒这些衷心仰慕和爱戴着苏轼的新朋旧友。他们时常陪苏轼游山玩水,吟诗作赋,也时常携酒送米前来拜会,给患难中的老人以力所能及的资助:

> 酒材已遣门生致,菜把尚叨地主恩。(《新酿桂酒》)
>
> 未敢扣门求夜话,时叨送米续晨炊。(《答周循州》)
>
> 三月四日游白水山佛迹岩,沐浴于汤泉,晞发于悬瀑之下,浩歌而归。肩舆却行,以与客言,不觉至水北荔枝浦上。晚日葱昽,竹阴萧然,荔枝累累如黄实矣。有父老年八十五,指以告余曰:"及是可食,公能携酒来游乎?"意欣然许之。(《和陶归园田居》序)

总之,惠州"风土食物不恶,吏民相待甚厚"(《答陈季常》),对于修心养性的苏轼来说,贬地似乎又变成了乐土。

苏轼虽已看破名利权势,也无权签署公事,
但没有放弃儒家的济世精神

旧年过去,已是绍圣二年(1095)正月,一天苏轼禅修下座,正在家中翻阅唐人诗卷,忽然门外一阵喧哗,原来是程乡县令侯晋叔来访,一来恭贺新岁,二为新任广州提刑程正辅传话通问。

程正辅是苏轼的表兄兼姐夫,本是"亲上加亲"的至戚,不料姐姐八娘嫁到程家不到一年,便因侍奉公婆不合意,竟至抑郁而亡。苏洵痛失爱女,愤而与正辅父子绝交,并作《苏氏族谱亭记》,告诫子

孙不认这门亲戚。因此,自苏轼十八岁以后,两家几十年没有来往。现在章惇、蔡卞心怀叵测,想利用这一段先世的宿怨进一步加害苏轼,特遣程正辅巡按广州,让他们挟仇以对。但是事态并没有像他们所预料的那样发展,今天程正辅派侯晋叔先来通问,正是重修旧好的试探信号。苏轼得此消息,心中感慨,那无数童年的趣事、少年的梦想和彼此熟悉的亲朋戚友的音容笑貌,都在这一刻纷至沓来。眼见过多少人事的沧桑与变幻、身历过多少世路的坎坷与忧患,苏轼将一切都已看淡,唯有这一份乡情与亲情依旧是如此珍贵,重如千钧! 他马上复书正辅,言辞恳切,令人泣下:

> 昔人以三十年为一世,今吾老兄弟不相从四十二年矣。念此令人凄断,不知兄果能为弟一来否。(《与程正辅书》)

三月初,岭南已是春夏之交,程正辅将按行惠州,苏轼又复信正辅,告知自己因以皇帝近臣得罪被贬,必须"杜门自屏",反省罪咎,虽然"深欲出迎郊外",但不敢亲自远接,只好派小儿子苏过到江边迎候。

三月七日,正辅终于来了,在嘉祐寺简陋的斋房里,表兄弟俩相对而坐,舒怀畅谈,前嫌尽释:

> 世间谁似老兄弟,笃爱不复相疵瑕。(《次韵正辅同游白水山》)

两人饮酒赋诗,互相追忆起蜀中的往事,还有先祖的盛德,又像回到了童年的时光。应正辅之请,苏轼撰写了《外曾祖程公逸事》。这次正辅给苏轼带来了丰厚的礼品,同时指令有关官员请苏轼回合江楼居住。

欢会的时间过得很快，十六日，正辅又要返回驻地韶州。一反迎接时的矜持，苏轼一直将表兄送到博罗县香积寺：

> 舣舟蜑户龙冈窟，置酒椰叶桃榔间。高谈已笑衰语陋，杰句犹觉清诗屏。博罗小县僧舍古，我不忍去君忘还。(《追饯正辅表兄至博罗，赋诗为别》)

真是相见时难别亦难！四十二年隔绝，相会在蛮貊之邦，无论迁谪还是远任都很艰难，此时临别只有道不尽的珍重和至诚的祈愿：

> 酒醒梦断何所有，落花流水空青山。忽惊铙鼓发半夜，明月不许幽人攀。赠行无物惟一语，莫遣瘴雾侵云鬟。罗浮道人一倾盖，欲系白日留君颜。(《再用前韵》)

"罗浮道人"指惠州道士邓守安。正当兄弟俩难舍难分之际，邓守安赶来拜谒，与苏轼商议东江建桥的事宜，恰与正辅相会，劝他修炼道术，养颜驻年，抵抗瘴雾对健康的侵害。这难得的聚会延续到半夜，直到起程的铙鼓敲得山响。

送走表兄，苏轼病酒，被博罗县令林抃留住一天。前两天，陪同表兄游玩香积寺时，苏轼便注意到寺庙下方有一道溪水，水势很大，可以利用。于是，趁此机会建议林抃，在水上建一座碓磨坊。后来，林抃采纳苏轼的建议，在溪上筑塘百步，立闸蓄水，引水下跌，转动两座水车，举起四根大杵，这样，水力供臼磨，堤防护良田，大大便利了附近的百姓。

另外，苏轼贬居黄州期间，曾见对岸武昌(今湖北鄂城)农民使用一种先进的插秧工具——秧马，这次南迁路过庐陵时，读到退休官员曾安止所作的《禾谱》一书,认为"文既温雅,事亦详实,惜其有所缺,不谱农器也"(《秧马歌序》),于是亲自写作《秧马歌》,详细地介绍秧马的形制、操作和效用,附录在书后,希望得以推广。现在,他又把这种新式农具的制作方法告诉林抃。这位"勤民恤农"(《题秧马歌后》)的县令十分高兴,亲自率人制作试用,并加以改进,很快在惠州各地普及开来。劳动强度大大减轻,百姓称赞不已。

此时的苏轼,虽然已看破名利权势,也无权签署公事,但并没有放弃儒家的济世精神,相反地,他进一步结合了佛道乐善好施、普度众生的愿心,竭尽全力关怀着惠州人民。岭南气候湿热,疫病流行,可是由于地处偏远,缺医少药,民众病苦难除。苏轼来到惠州不久,便不断向亲友写信,从内地求购药材,合药施舍给当地的百姓:

> 治瘴止用姜、葱、豉三物,浓煮呷,无不效者。而土人不作豉;又此州无黑豆,闻五羊(广州)颇有,乞为致三石,得作豉散饮疾者。不罪,不罪。(《与王敏仲书》)

一次就要买三石黑豆,可见他施舍的范围真是不小。

也许在某些人看来,这位来自异乡的老人实在太奇怪了,他"无病而多蓄药,不饮而多酿酒"(《书东皋子传后》),专干这种"劳己以为人"(同上)的事情。但苏轼认为:

> 病者得药,吾为之体轻,饮者困于酒,吾为之酣适,盖专以自为也。(同上)

民胞物与,爱民如己,因此他"既酿以饮客,为药以施病"(同上),历久而不倦。后来,他还自辟园圃,种植药草。

一天,苏轼在江边散步,偶然发现路旁有些无人掩埋的骸骨,任凭雨打风吹,惨不忍睹,不禁为之恻然。于是找机会与惠州知州詹范商议,筹款雇人加以收埋。并亲自为文祭奠:

> 尔等暴骨于野,莫知何年,非兵则民,皆吾赤子。(《惠州祭枯骨文》)

由于他的促动,后来官方正式设立专门机构处理此事,其善举波及距惠州二三百里的海陆丰地区,影响之巨可见一斑。

苏轼不在其位而谋其政,
把方外的慈悲与入世的事业结合在一起

的确,自从与表兄程正辅重修旧好,苏轼逐渐取得了惠州一带州县官员们的信任,他的治政设想和诸多善举都得到官吏们的热烈响应和广泛支持。

惠州驻军营房废缺,大半军士无房住宿,只得散在市井之间,租赁民房居住,军士贫困不堪,酗酒赌博成风,甚至落草为寇,搅扰地方,而军人妻子也因此多人犯奸淫乱,弄得民不安居。苏轼察知此事,建议添建营房三百余间,整肃军政。

为了减轻漕运压力,当时官府收税要钱不要米,造成岭南钱荒,米贱伤农,苏轼提出百姓纳税,交钱交米并从其便,使"疲民尽沾实惠"(《与程正辅书》)。

绍圣二年秋,广、惠之间台风肆虐,拔树倒屋,灾情严重,苏轼督促正辅过境察灾抚民。

第二年正月初一,博罗县发生大火,全城化为灰烬,苏轼力主县令林抃事发时正在休假,不当坐罪,建议正辅责令林抃修复公宇仓库,存抚被灾居民,通令各级官员,维持市场货源,不准趁机强征民力民物,加强治安,弹压一切趁火打劫的奸邪行为。

诸如此类的重大军政事务,都是苏轼主动出谋划策,协助正辅与各位州县长官励精图治所成。特别值得一提的是广、惠间两项重大工程的建设:惠州的东西二桥与广州的自来水工程,可说是苏轼辅政的杰作。

惠州东江源自江西赣州,经龙川县,绕白鹤峰之北,到惠州城东与西江合流,往西南方向流入大海。水西是惠州州府所在地惠阳,水东是归善县,江上行人往来频繁,历来用简陋的竹浮桥通行,但江流峻急,竹桥常被江水冲坏,百姓只能靠小舟渡河,十分凶险。"嗟此病涉久,公私困留稽。不知百年来,几人陨沙泥。"(《两桥诗·东新桥》)

苏轼来到惠州不久,便开始为筹建东江大桥而奔走。一方面动员程正辅、詹范等出面筹措资金,一方面集思广益,拟定切实可行的建桥方案。最后,采纳罗浮道士邓守安的建议,并由邓道士主事,以四十艘小船连成二十舫,用铁锁石碇,随水涨落,建成浮桥一座,名叫东新桥。从此两岸往来,安全便利:

> 岂知涛澜上,安若堂与闺。往来无晨夜,醉病休扶携。(《两桥诗·东新桥》)

新桥于绍圣三年六月建成。竣工之日,惠州百姓欢欣雀跃,扶老携幼前来庆贺:

> 一桥何足云,欢传广东西。父老有不识,喜笑争攀跻。(同上)

修建东新桥的同时,苏轼又将他的目光投向惠州西面的丰湖。丰湖又名西湖,湖上原有长桥,但总是屡建屡坏。这一次,在苏轼的大力襄助与鼓励下,栖禅院和尚化缘筹集资金,用"坚若铁石"、"白蚁不敢蹄"的石盐木建西新桥。飞檐楼阁,凌跨两岸,恰与湖光山色相映衬。桥成之日游人如织,情景壮观:

> 父老相云集,箪壶无空携。三日饮不散,杀尽西村鸡。(《两桥诗·西新桥》)

苏轼一生到过三个西湖,在杭州曾疏浚西湖,建成苏堤;在颍州又与赵德麟同治西湖,未成而改任扬州;这次远贬惠州,不再是大权在握的官长,而是"不得签书公事"的罪人,但他仍为西湖操心。为了修建两桥,不仅劳心费力,而且慷慨解囊,他手头拮据,无钱可捐,便将朝服上的犀带也捐赠出来,还写信给远在筠州的弟弟,动员弟媳史夫人把以前进宫朝见时所得的赏金数千拿出来"助施",终于促成了这项有益众生的壮举。南宋诗人杨万里后来写诗称扬道:

> 三处西湖一色秋,钱塘颍水更罗浮。东坡原是西湖长,不到罗浮便得休?(《游丰湖》)

苏轼就是这样为民造福,忘记了个人得失荣辱。绍圣二年九月,朝廷大赦天下,但是诏令元祐诸臣不在赦免之列,并且终身不准北徙;绍圣三年二月,程正辅召还,接着与苏轼友善的地方长官詹范、章质夫等也相继离任;更惨痛的是同年七月,爱妾朝云病逝。在这样残酷的现实面前,苏轼却仍在一如既往地策划一个新的善举——广州自来水工程的建设。

由于地处沿海，受海浸影响，地下水咸涩，广州一城人饮水困难，只有官员和有钱有势的人家才能饮用到牛王山的泉水。"贫下何由得？"（《与王敏仲书》）只得饮用盐苦水，因此，春夏之交往往引发疾疫流行，死人很多。罗浮道士邓守安提议将离城约十里的蒲涧山滴水岩的泉水引入广州，使全城贫富同饮甘凉。对于这一设想，苏轼极为赞成。当时，好友章质夫虽已离任，但新任广州知州王古是至交王巩的堂兄弟。于是写信建议王古实施这一造福于民的引水工程。王古也是一位乐于为民做事的官员，接信后十分重视，立即派人实地考察，又几次与苏轼商议，拟订方案，筹集经费，于绍圣三年十二月开始动工。他们在岩下凿一大石槽，把五管大竹绑在一起续水；用麻缠漆涂的办法，随地势高下安装管道，把泉水引入城中，用大石槽容纳，再用五管分引，散流城中，注入小石槽，以便汲引。管道建成后，派军士、工匠数人专门修护，抽换竹管。考虑到路远日久，必定出现堵塞，为了便于巡查，苏轼又想出巧妙的办法，教王古在每根竹管上钻绿豆大的一个小孔，用小竹针插塞，抽出竹针即可查验每竿竹管的通塞情况。大胆的设想，科学的方法，严密的管理，他们终于完成了这一巨大的工程，在当时的确是一项不凡的创举。

经过这次成功而愉快的合作，苏轼与王古相知日深，两人都以造福一方为"仕宦快意事"（《与王敏仲书》）。此后，王古经常请问便民之策。广州是个商旅集聚之地，一旦疫病发生，极易蔓延开来，苏轼认为"津遣孤孀，救药疾疠"（同上）是广州的当务之急，于是又与王古商议，创建了广州医药院，就像他在杭州任上所建的病坊。

苏轼不在其位而谋其政，他既出入于僧道，又交游于官场，把方外的慈悲与入世的事业结合在一起，使社会生活中的良性机制得以最佳地显现出来，这不仅仅是才华的光彩映射，更是一种人格魅力的感召——他没有因贬谪而捆住手脚，却以闲散来发挥优势，这是平凡中的伟大,人生真正的成功。

新居还未建成,家中又遭变故

程正辅召还的时候,苏轼就估计合江楼不可能继续住下去了,元祐党人永不赦还的消息更进一步促使他决定在惠州买地,建屋定居,将宜兴的长子苏迈全家和幼子苏过的家眷搬过来同住。次子苏迨文才颇佳,苏轼让他留在宜兴应试科举。

绍圣三年三月,苏轼买下白鹤峰上的几亩隙地。这里原是白鹤观的旧址,位于归善县城后面,环境幽雅,出入方便。于是依地就势,规整土地,斫木陶瓦,建屋二十间,凿井四十来尺,空余的土地都种上花草果木。为了便于监工,苏轼又从合江楼迁到与工地邻近的嘉祐寺。

苏轼在白鹤峰买地建屋的消息一经传出,惠州的老百姓纷纷前来出力帮忙,"道俗来观,里闾助作"(《白鹤新居上梁文》),这一座简陋的民居很快便初具规模。在架设房梁的那天,苏轼依照当地的风俗习惯,亲自撰写《白鹤新居上梁文》,按东、南、西、北、上、下六个方位,各致祝词,以求吉利。祝词最后说:

> 伏愿上梁之后,山有宿麦,海无飓风。气爽人安,陈公之药不散;年丰米贱,村婆之酒可赊。凡我往还,同增福寿。

这篇上梁文表明了苏轼在流离中稍求安稳,与惠州父老"永结无穷之欢"(同上)的愿望。

然而新居还未建成,家中又遭变故。绍圣三年七月,苏轼的爱妾朝云病逝,年仅三十四岁。失去患难中的知己,苏轼心中的悲痛无以言喻。当时儿子苏过去河源采购木材未归,两位女仆又病倒一个,老人孤立无助,境况极为凄楚。遵照朝云遗言,八月三日,苏轼将她安葬在丰湖岸边栖禅院东南山坡上的松树林中,并刻碑以铭:

> 东坡先生侍妾曰朝云,字子霞,姓王氏,钱塘人。敏而好义,事先生二十有三年,忠敬若一。绍圣三年七月壬辰,卒于惠州,年三十四。八月庚申,葬之丰湖之上,栖禅山寺之东南。生子遯,未期而夭。盖尝从比丘尼义冲学佛法,亦粗识大意。且死,诵《金刚经》四句偈以绝。铭曰:
>
> 浮屠是瞻,伽蓝是依。如汝宿心,惟佛之归。

《金刚经》是中国民间流行最广、最受重视的一部佛教经典,其中著名的四句偈是:

> 一切有为法,如梦幻泡影,如露亦如电,应作如是观。

因有如梦如幻如泡如影如露如电之语,又称六如偈。伽蓝即佛教寺院,这里指栖禅山寺;浮屠是佛塔,指栖禅寺附近山坡上的泗州大圣塔,朝云墓即在寺与塔之间。铭文虽短,却十分全面地概括了朝云的一生,也表达了苏轼对朝云遗愿的尊重,字里行间没有一丝儿女私情,只有挚友般中肯的高度评价。

朝云自熙宁七年苏轼通判杭州时进入苏家,年仅十二岁。二十三年间一直跟随苏轼辗转南北,无论升陟贬黜,始终忠诚不贰。姬妾原是荣华富贵的点缀,没有义务与主人患难与共,所以苏轼元祐在朝时也曾蓄养过数名歌儿舞女,招待客人宴饮时出以侑酒,戏称为"搽粉虞候(为长官办事的吏卒)"(宋·吕居仁《轩渠录》),近几年来都相继辞去,只有朝云随他南迁,成为他悲惨的流放生涯中忠实的伴侣。

自从来到惠州之后,坚强的朝云毅然承担起主妇的责任,细心周到地照顾苏轼的饮食起居,精打细算地安排着一家人的生活,闲暇的时候便读书念经,习字临帖,与苏轼谈禅论道。拮据的经济状况,恶劣的生活环境,她无怨无悔,泰然自若。

一天,苏轼读《白乐天集》,忽然想起白居易"放伎卖马"的一段故事。白居易年近七旬时,决定遣散家伎,卖掉宝马,不料爱妾樊素临别依依,不忍离去,宝马良驹也回顾哀嘶,似有无限留恋,令白居易难以割舍,作《不能忘情吟》,将樊素与宝马一齐留下。但是,第二年三月,白居易作诗哀叹:

> 病与乐天相伴住,春随樊子一时归。

好友刘禹锡也有诗道:

> 春尽絮飞留不住,随风好去落谁家?

说明樊素最终还是离开了老病的白居易,远走高飞了。相比之下,朝云的忠贞不渝确实是难能可贵!苏轼感慨万千,作《朝云诗》一首相赠:

> 不似杨枝别乐天,恰如通德伴伶玄。阿奴络秀不同老,天女维摩总解禅。经卷药炉新活计,舞衫歌扇旧姻缘。丹成随我三山去,不作巫山云雨仙。

她能歌善舞，就像那位善唱《杨柳枝》词的樊素；她深情不变，恰似东汉时伶玄的侍妾通德；她勇敢坚强，可与晋朝的李络秀相提并论（只可惜遁儿在量移汝州途中不幸夭折，使命苦的朝云没有络秀母子长安的福分）。但是，和这些历史上有名的女子相比，朝云还不仅仅如此，她深深地了解苏轼，了解他那"一肚皮不合时宜"（宋·费衮《梁溪漫志》），了解他济世爱民的火热心肠，了解他在艰难困苦中的自譬自解，也了解他超尘绝俗的出世之志，在精神上与苏轼达到了同一境界。自从来到岭南，她和苏轼一道参禅学道，正像散花天女帮助维摩诘居士（印度佛教人物）谈不二法门。手不释经卷，常守着炼丹的药炉，舞衫和歌扇早已成了过去的梦影。祈愿炼丹成功，祈愿同登仙山，共赴净土，不再在尘世间生起巫山神女的痴情。因此，在苏轼的心中，朝云不是一般意义上的红粉佳人，而是甘苦同当的知己，晚年修心养性的诚挚道友。现在这位挚友逝去了，他怀着沉痛的心情步韵作诗，表达内心深切的哀悼：

> 苗而不秀岂其天，不使童乌与我玄。驻景恨无千岁药，赠行惟有小乘禅。伤心一念偿前债，弹指三生断后缘。归卧竹根无远近，夜灯勤礼塔中仙。（《悼朝云》）

朝云走了，不留一丝痕迹地离开了这个苦难的世界。苏轼尽管心中悲怆，依恋不舍，但他没有重复凡俗的情侣们"生生世世为夫妻"的誓愿，送别知己和道友，他衷心地祈愿她能超脱生死轮回，进入仙佛的境界，而他自己也将在余生晚境勤修佛道，希望有一天能与她相会在佛国净土之上。

苏轼另有一首《蝶恋花》词虽然不是写给朝云的，但传说也和朝云有关：

　　花褪残红青杏小，燕子飞时，绿水人家绕。枝上柳绵吹又少，天涯何处无芳草。　　墙里秋千墙外道，墙外行人，墙里佳人笑。笑渐不闻声渐悄，多情却被无情恼。

　　词的表层意义相当明了，意境优美如画，真实地再现了孤旅之中愁绪与情思油然生起的全过程。但其深层内涵则需翻转过来细细品味方可领悟：墙外与墙内毫不相关，行人与佳人本来无涉，烦恼只因多情，万端愁绪皆由心造。落花青杏，雏燕初飞，绿水人家，柳絮芳草，甚至秋千佳人，都不过是旅途之景而已，一切原本自然，何须如此执着，自生烦闷？反读此词，得其深意，第一人称也许正是朝云。据说，有一天，贬居惠州的苏轼与朝云闲坐，正是秋凉时节，苏轼放下手中书卷，凝视窗外，见落木萧萧，凄然有悲秋之感，于是请朝云演唱这首《蝶恋花》词。朝云歌喉将转，泪满衣襟，苏轼十分惊讶，忙问她因何如此。朝云说："奴所不能歌者，惟'枝上柳绵吹又少，天涯何处无芳草'二句。"从此以后，朝云常常若有所思，"日诵'枝上柳绵'二句，为之流泪。病极，尤不释口"（宋·惠洪《冷斋夜话》）。"枝上"一句，乃无常之象，"天涯"一句，写普遍之意，两句词形象地表明人生无常是不可违抗的自然原则。苏轼一生升降沉浮，忽南忽北，朝云为此而哭；人生在世，苦多乐少，欢娱稍纵即逝，朝云为此而哭；人命如纸，一呼一吸之间便有生离死别之虞，朝云为此而哭。果然，"朝云不久抱疾而亡，子瞻终身不复听此词"（同上）。

　　朝云的确是一位不凡的女子，所以苏轼把她当作天女来赞誉：

　　白发苍颜，正是维摩境界。空方丈、散花何碍。朱唇箸点，更髻鬟生彩。这些个，千生万生只在。　　好事心肠，著人情

态。闲窗下、敛云凝黛。明朝端午,待学纫兰为佩。寻一首好诗,要书裙带。(《殢人娇·赠朝云》)

据《维摩经》:"维摩室有一天女,见诸大人,闻所说法,便现其身,以天花散诸菩萨大弟子上,而为供养。"道行圆满的人,天花洒在身上,便会纷纷滑落;如果天花黏附在衣服上,就说明此人思想和言行还不合法性。词的上片,苏轼以维摩诘自喻,以散花天女喻朝云,既描写朝云美丽柔媚的外貌风采,又表现他们之间以道互励的知己般的关系,以及宁静美好、高雅脱俗的家庭生活。下片则用屈原《离骚》中"纷吾既有此内美兮,又重之以修能。扈江蓠与辟芷兮,纫秋兰以为佩"的诗意,歌颂朝云高洁的志行与品格。

她在生时与众不同,素有超尘之姿,到惠州后与苏轼携手共建放生池,行善布施。临终之时,意志清朗,心力坚强,能够安详地吟诵"六如偈"而亡,栖禅寺和尚们无不叹为稀有,专为她建亭于墓上,称为"六如亭"。

时序流转,不觉又是九九重阳。岭南气候不比中原,残暑方退,菊花尚未开放。苏轼登高远望,但见大片大片的黄茅在风中起伏摇曳,想起了朝云,心头油然涌起形单影只的孤凄:

今年吁恶岁,僵仆如乱麻。此会我虽健,狂风卷朝霞。使我如霜月,孤光挂天涯。西湖不欲往,暮树号寒鸦。(《丙子重九二首》其一)

惠州的西湖原是苏轼最爱去的地方,以前他常常与朋友到湖边游玩,"入栖禅寺,叩罗浮道院,登逍遥堂,逮晓乃归"(《江月五首》诗序)。可是如今,朝云安葬在那里,夕阳斜射的树林间寒鸦盘旋,寺院的晚钟与佛塔的铃语、瑟瑟的松吟相应和,意境凄迷,格外惹人愁绪。也许对苏轼而言,悲伤容易平定,但怀念却无法暂停。这里的一山一水,一草一木,无不令他想起朝云:

> 玉骨那愁瘴雾,冰肌自有仙风。海仙时遣探芳丛,倒挂绿毛幺凤。　素面常嫌粉涴,洗妆不褪唇红。高情已逐晓云空,不与梨花同梦。(《西江月》)

这首咏梅词,托物喻人,以梅花象征和赞美朝云。她天生丽质,素洁可爱,不畏瘴雾,不同凡俗,飘飘然有神仙之姿;她情怀高洁,不与众花争艳,只有海上仙人派遣的小凤鸟"倒挂子",披一身翠绿的华服时时前来探访⋯⋯

朝云的事迹引起不少后世才智之士的倾倒。比如,曹雪芹在《红楼梦》中,曾借贾雨村之口,把朝云等古人看作与贾宝玉同类的"情痴情种"。她与苏轼确已超越了旧时一般的侍妾关系,而达到精神的交流与升华。苏轼曲折的一生中,有幸遇到几位于他有特殊意义的至亲女性:母亲程氏,夫人王弗、王闰之,以及侍妾王朝云。朝云身份虽低,却是更为重要的一位。

绍圣四年又一个不祥的四月,
苏轼责授琼州别驾,昌化军安置

朝云病亡半年之后,白鹤新居落成,苏轼终于有了安居之所。而长子苏迈全家和苏过的家眷,经过一年艰难的远途跋涉,也来到了惠州。

子孙远至，笑语纷如。颣发垂髫，复此瓠壶。三年一梦，乃复见余。(《和陶诗时运四首》其四)

虽然人口陡然增加，"老稚纷纷，口众食贫"(《与林天和书》)，但别后三年，复得相聚，共享天伦之乐，的确是贬谪生活中的一大喜事，苏轼很久没有这样开心过了。

然而，好梦的结束总是来得太快，正当苏轼为长房次孙苏符求议婚事的时候，坏消息一个一个接踵而至。苏迈原已授韶州仁化县令，现在又碍于朝廷新制(谪官的亲属不得在谪地相邻地区做官)不得赴任，而苏轼自己的折支(即宁远军节度副使作为俸禄的实物)一直屡请不得，原有的一点积蓄，这两年来"收葬暴骨，助修两桥，施药造屋"(《与南华辩老》)，早已消耗殆尽，经济上陷入困境；绍圣四年三月间，又有传闻，元祐诸臣将再次遭到重惩，就连已经去世的司马光、吕公著也不能幸免。

久经忧患之后，对政治气候的变化，早有一叶知秋的预见力，但这次风暴的来临对已作终老计的苏轼而言，实在太突然了，原来设想："新居成，庶几其稍安乎？"(《迁居》诗序)谁知住了不到两个月，又将仓皇离去。因此，传闻初至，苏轼便写信给王古，请他代为打探消息，详细告知，以便早做准备：

数日，又见自五羊来者，录得近报，舍弟复贬西容州，诸公皆有命，本州亦报近贬黜者，料皆是实也。闻之，忧恐不已，必得其详，敢乞尽以示下。不知某犹得久安此乎否？若知之，可密录示，得作打叠擘划也。忧患之来，想皆前定，犹欲早知，少免狼狈。(《与王敏仲书》)

如果我们不把苏轼看作一位道行已高的出世行者，而以凡人的眼光来观察，这封信虽然平淡冷静、务实之致，其表层之下的确是字字血泪。但是，在苏轼的身上，理智与情感的力量一向都是同样强大，在长期浸濡佛道思想的过程中，理智的力量已经有压倒一切的优势，他用理性调控情绪的本领到岭海时期几至化境，没有一番心性修养的功夫是不可想象的。

绍圣四年，又一个不祥的四月，惠州知州方子容怀着沉重的心情专程前来，并正式传达了朝廷的告命，责授琼州（治所在今海南琼山县）别驾（知州的佐官），昌化军（治所在今海南儋县）安置，不得签书公事。然后他讲了一件奇事来安慰苏轼，他说："我的妻子沈氏一向在家供奉泗州大圣僧伽菩萨，非常虔诚，一天晚上，她忽然梦见菩萨前来告别，便问原由，菩萨说：'我将与苏子瞻同行，七十二天之后，就有告命下来。'今天恰好是第七十二天了，看来此事早已前定，烦恼怨恨都无济于事，还是随遇而安的好。"

苏轼听后，坦然回答道："没有什么事情不是早有定数，不一定非要梦兆才能知道。只是觉得，我算个什么人物，还要麻烦高僧大德陪同，想来一定是前世有缘了。"

送走知州，苏轼马上给王古写信，请他尽快代为请折支券，由于白鹤新居耗尽了所有积蓄，只等着折支变卖，得二百余千钱，以救燃眉之急。接着苏轼安顿全家留住白鹤新居，只带苏过一人前行。这时苏轼已是六十二岁的老人，他认为自己"垂老投荒，无复生还之望"，决定到海南之后"首当作棺，次便作墓"，死后葬在海南，并为此立下遗嘱，对长子苏迈吩咐了后事。在这生离死别之际，苏轼异常冷静，他用佛家布施的思想劝告子孙们，说古时候做父亲的能把儿子施舍出去，做儿子的为什么不能施舍父亲呢？并宣布"生不挈家，死不扶柩，此乃东坡之家风也"（《与王仲敏书》）。

四月十九日,苏轼离开惠州,至博罗,县令林抃置酒相送。席间,听说王古因"妄赈饥民"的罪名被解职,改知袁州,苏轼于是赶到广州与好友话别。一切都匆匆忙忙,一切又似乎早已停当,终于,骨肉分离的时刻到了,苏迈带着一家大小送到江边,大家肝肠寸断,痛哭不已,和老迈的父亲做最后的诀别。

绍圣四年五月,苏轼溯西江上抵梧州,听说弟弟苏辙再贬雷州,现已到达藤州,相距不过二百五十里地。原来兄弟俩都是接到告命来不及通信就马上出发,所以互相不知道。现在听到消息苏轼非常惊喜,决定加快步伐赶到藤州,于是以诗代柬,派快马送去:

> 九疑联绵属衡湘,苍梧独在天一方。孤城吹角烟树里,落日未落江苍茫。幽人拊枕坐叹息,我行忽至舜所藏。江边父老能说子,白须红颊如君长。莫嫌琼雷隔云海,圣恩尚许遥相望。平生学道真实意,岂与穷达俱存亡。天其以我为箕子,要使此意留要荒。他年谁作舆地志,海南万里真吾乡。(《吾谪海南,子由雷州,被命即行,了不相知,至梧乃闻其尚在藤也,旦夕当追及,作此诗示之》)

据说当时章惇通过玩文字游戏的方式来决定被贬元祐臣僚的贬所:苏轼字子瞻,贬儋州,因为儋与瞻偏旁相同,苏辙字子由,贬雷州,因为雷字下有田字,其他人都以此类推。当然苏轼此时并不知晓这种把戏,但"圣恩尚许遥相望"便可看出当政者故意折磨苏轼兄弟。诗中以幽默的口吻对此进行了辛辣的嘲讽。另外,他在惠州曾作过一首《纵笔》诗:

> 白头萧散满霜风,小阁藤床寄病容。报道先生春睡美,道

人轻打五更钟。

　　据说这首诗传到京师,章惇笑道:"苏子瞻竟然如此快活!"于是把苏轼贬得比所有人都远。苏轼再贬海南当然绝不仅仅是章惇故意要他睡不好,而主要是当时政治斗争的必然结果,但这个传说也的确形象地反映了苏轼因才遭嫉,因诗得罪,因名惹祸的实际情形。"平生学道"的苏轼早已不再因境遇的穷达而心神不宁,也早已不再把自己与执政者放在对立的层面上傲然兀立,而是跳出是非恩怨的狭窄圈子,以一个了悟人生的智者的眼光与胸怀,俯视这一切。他坚信因为自己到过海南的缘故,海南将作为他的第二故乡载入地理志中万古流传。

　　五月十一日,苏轼赶上了弟弟,这对难兄难弟相会在藤州。此时苏辙身边也只有史夫人与幼子苏远一房随行,长子苏迟与次子苏适两房都留在颍川,守着原来买下的一点田产过活。

　　兄弟两在路旁找到一家卖饮食的店铺坐了下来,互相看了看对方因奔波劳顿而略显疲惫的面容,很快又像往常一样说笑起来。难得的聚会,兄弟的情谊,似乎使他们忘记了自己正在贬谪的途中。他们要的食物端上来了,两家人围坐一桌。在这偏远的山区,除了粗粝的炊饼和味道古怪的菜汤,实在没有什么更好的东西可吃了。苏辙勉强吃了几口,长叹一声放下了筷子,苏轼却将那一大碗粗食不辨滋味地囫囵吞下,抬头对弟弟说:"你还想慢慢地咀嚼吗?"

　　说完大笑着站起身来。生活的清苦对苏轼来说,早就不算一回事了。对于饮食他有时会有一些宗教家似的严格教条,但这些教条,在他身上却往往表现得雅趣盎然。元丰年间贬居黄州,虽然"樽中酒不空",但味道淡薄、恶劣,苏轼一样陶然自醉,在《岐亭五首》中他曾说:

酸酒如齑汤,甜酒如蜜汁。三年黄州城,饮酒但饮湿。我如更拣择,一醉岂易得。

后来秦观听人传说这个吃汤饼的故事,曾评说道:"这是先生'饮酒但饮湿'的法子。"而这正是苦行僧的饮食观,释迦牟尼曾训诫弟子饮食只为疗饥病,作药想即可,不应执着于五味。苏轼翻为实用的教条,便有"饮酒但饮湿"的说法。自南迁以来,苏轼处处以修行人自居。他认为处境越艰难,也就越是学道者身体力行的时候,"平生学道真实意,岂与穷达俱存亡"(《吾谪海南,子由雷州……》)。穷如此,达亦如此,随缘自适,如如不动,这便是学道的目的。

兄弟俩能在赴贬途中聚在一起,真是天赐良机。他们又跟少年求学时期一样,同睡同起,形影不离,并在途中放慢前行的速度,尽情享受这长久分离的快乐间隙:

萧然两别驾,各携一稚子。子室有孟光,我室惟法喜。相逢山谷间,一月同卧起。(《和陶诗和止酒》)

六月五日,兄弟两家一行人抵达雷州,知州张逢,海康县令陈谔出城迎接,并安排他们住入行馆。三天后苏轼离开雷州,苏辙送哥哥过徐闻至海边,当晚苏轼痔病发作,呻吟不止,苏辙一夜不睡,陪守在侧,并诵读陶渊明《止酒》诗劝哥哥戒酒,苏轼于是和陶渊明《止酒》诗一首,作为与弟弟的临别留言。

十一日清晨,兄弟俩在海边诀别。苏轼登舟渡海,回望岸上弟弟颀长的身影,心中涌起一种异样的滋味,没想到这便成了兄弟俩最后的一别。

经过一番自譬自解，
身处绝域的愁怀终于消散

踏上海南岛，对长居大陆的苏轼而言，已没有过去那种"仿佛曾游"的神秘感觉。岛上琼、崖、儋、万四州连环，遍地山洞，登高北望，视野所极，只是一片浩淼的海水，四顾茫然，陌生无助，仿佛天地都换了模样，一种异国他乡、永无归路的凄凉悄然袭上心头：

> 四州环一岛，百洞蟠其中。我行西北隅，如度月半弓。登高望中原，但见积水空。此生当安归，四顾真途穷。(《行琼、儋间，肩舆坐睡。梦中得句云：千山动鳞甲，万谷酣笙钟。觉而遇清风急雨，戏作此数句》)

但是，稍一凝神，这种境界他又觉得十分熟悉，他想起了古代哲学家邹衍的学说：中国之外，尚有九州，九州之外，有大瀛海。此外，他最喜欢玩味的《庄子》，其中的《秋水篇》不是也曾说过：

> 计中国之在海内，不似稊米之在太仓乎？

在浩瀚的宇宙里，中国就像是太仓中一粒粟米，渺小的个人又何必为归与不归而烦恼？于是他顽皮地设想自己是一只蚂蚁，突然遇到一盆水倒在路上，慌忙爬上漂浮在水面的一片小草叶，茫茫然不知道自己将漂向何方。不久，水干了，蚂蚁径直回家，见到自己的同类，不禁哭着说："只差一点就见不到你了！"想到这里，苏轼忍

不住笑了。后来,他将这思索的片段写成一篇充满智慧与机趣的短
文:

> 吾始至南海,环视天水无际,凄然伤之,曰:"何时得出此岛
> 耶?"已而思之,天地在积水中,九州在大瀛海中,中国在四海
> 中,有生孰不在岛者?覆盆水于地,芥浮于水,蚁附于芥,茫然
> 不知所济。少焉水涸,蚁径去,见其类,出涕曰:"几不复与子相
> 见,岂知俯仰之间,有方轨八达之路乎!"念此可以一笑。戊寅
> (1098)九月十二日,与客饮薄酒小醉,信笔书此纸。(《试笔自
> 书》)

诗人首先由大视小,从万类皆在"岛"中的宏观视野来安慰自
己,接着由小视大,以蚂蚁的卑微可笑来唤醒自己,从而得以超越悲
哀,保持乐观的精神。

> 渺观大瀛海,坐咏谈天翁(指邹衍)。茫茫太仓中,一米谁雌
> 雄。(《行琼、儋间,肩舆坐睡。梦中得句云:千山动鳞甲,万谷酣
> 笙钟。觉而遇清风急雨,戏作此数句》)

身处绝域的愁怀终于消散,苏轼怡然自得地坐在软轿上,用他
那双饱览天下名胜的慧眼,欣赏着沿途的热带风光。软轿一闪一
闪,重复单调的节奏给人以舒服而疲倦的感觉,令人恹恹欲睡,不知
不觉中,苏轼酣然进入了梦乡。梦中吟诗,忽然得到一个佳句,正沉
吟间,一阵清风急雨扑面而来,将他惊醒。但所梦诗句清清朗朗,与
眼前情境相合:

> 幽怀忽破散,永啸来天风。千山动鳞甲,万谷酣笙钟。(同上)

眼前,海风似乎正从天上吹来,海浪奔腾呼啸,千山万谷发出笙钟般的回响,草木葱茏,熠熠发光,使人心旷神怡,超然物外:

> 安知非群仙,钧天乐未终。喜我归有期,举酒属青童。急雨岂无意,催诗走群龙。梦云忽变色,笑电亦改容。应怪东坡老,颜衰语徒工。久矣此妙声,不闻蓬莱宫。(同上)

他觉得很久没有听见过如此美妙的音乐了,不禁神思飞扬,突发奇想:也许群仙正在天上宴乐,急雨雷鸣是钧天的乐声,变幻的云霓与耀眼的闪电是群仙的笑脸,他们是在为我北归有期而欢欣,还是在嘲笑我老境已深仍修证未圆,徒有文章虚名呢?整首诗气魄雄伟,奇趣横生,历来被推为上乘之作。

随着轿夫的步伐渐渐深入岛的中心,风中的海腥味也渐渐淡了下来,儋州很快就要到了。忽然,前面闪出一座奇特的山岭,只见孤峰高耸灵秀,土石五色斑斓,古松杂树其间,迎面给人一种天荒地老的苍茫感、一种走到天尽头的异样的孤独情怀。苏轼猛然悟到:这不正是传说中女娲补天的五色石吗?

> 突兀隘空虚,他山总不如。君看道旁石,尽是补天余。(《儋耳山》)

他不由想起自己坎坷的一生,与世格格不入,就像这补天余下的石头。本应登天却沦落下界,但超凡之质正是"隘虚空"的本源,凡庸的世间又如何能够相容? 如今回到这天的尽头,恢复自然本性,任运而行,也就无怨无恨了。

苏轼无论走到哪里,
都有非凡的自信和本领,把"地狱"变成"天堂"

这新鲜刺激富有诗意的浪漫之旅终于结束了,七月二日,苏轼到达昌化军贬所。海岛的生活相比黄州、惠州,可说才是真正的艰难。这里气候恶劣,"盖地极炎热,而海风甚寒,山中多雨多雾,林木阴翳,燥湿之气不能远,蒸而为云,停而为水,莫不有毒"(《儋县志》),被中原人士视为十去九不还的鬼门关,在当时完全是一个没有开发的荒蛮之地,因此"食物人烟,萧条之甚"(《与张逢书》)。初来乍到,苏轼感到极不适应,真有度日如年之感。这里几乎"举无所有":食无肉,病无药,居无室,出无友,冬无炭,夏无寒泉,洗澡无浴室,更无书籍和笔墨纸张,再加上语言不通,习俗迥异,似乎什么活动都无法开展,在《夜梦诗序》中他曾感叹道:

到儋州十余日矣,淡然无一事。学道未至,静极生愁。

由于旅途疲劳和经常发作的痔疾,苏轼没有尽兴地四处游玩,只在城内转了转,在城东古学舍参观了一回,慨叹此地邦风已颓,斯文不振。平时就暂在几间破旧的官屋里栖身,"杜门默坐"(《与张逢书》),自斟自饮,有时想想在海那边的儿子和孙子,晚上也常梦见回到白鹤山居与他们相聚,早晨醒来就把梦记下;白天则和陶诗,写信,看儿子苏过用椰子壳做帽子,方便的时候托雷州来的使者把信带给知州张逢,把诗和椰子冠带给弟弟子由,让他们放心;而更多的时候则斋心炼神,坐禅养性,这是唯一不会因外部条件限制而废弃的最相宜的工作,苏轼早已驾轻就熟了。

到八月间庭前黎檬子成熟的时候,情况有所变化,原任昌化军军使任满离职,新任军使张中到儋州任。张中是开封人,熙宁初年进士,曾做过明州(浙江宁波)象山县尉之类的地方官。张中一到儋州,便亲往苏轼租借的官屋扣门请见,对苏轼极为敬重,与苏过更是一见如故,从此便成了苏家的常客。张中酷爱下棋,苏过也颇识棋道,每当两人对弈,苏轼便坐在一旁观战,从早到晚不觉厌倦。棋盘落子的清脆声响,常使他回想起元丰八年独游庐山白鹤观时的情景:

> 五老峰前,白鹤遗址。长松荫庭,风日清美。我时独游,不逢一士。谁欤棋者,户外屦二。不闻人声,但闻落子。(《观棋》)

诗人虽然自称"素不解棋",却深味个中乐趣,隅坐一旁,恍然悟出了棋道哲理:

> 纹枰相对,谁究此味。空钩意钓,岂在鲂鲤。小儿近道,剥啄信指。胜固欣然,败亦可喜。悠哉游哉,聊复尔耳。(同上)

很快便是立冬了,海岛上气候并不寒冷,但风雨连绵,几无虚日,官屋破漏不堪,如住水牢:

> 如今破茅屋,一夕或三迁。风雨睡不知,黄叶满枕前。(《和陶怨诗示庞邓》)

张中见官舍实在无法居住,忙派兵修整,使苏轼得以安居。

渐渐地,他们开始有了一些土著朋友。城东南的黎氏两兄弟,以务农为业,张中、苏轼和他们经常往来,饮酒游乐:

> 城东两黎子,室迩人自远。呼我钓其池,人鱼两忘返。使君亦命驾,恨子林塘浅。(《和陶田舍始春怀古二首》其一)

黎家"居临大池,水木幽茂",使客人们恬然自适,流连忘返,只可惜家中贫穷,房屋破败不堪。为了聚会方便,有人出主意大家凑钱作屋:

> 茅茨破不补,嗟子乃尔贫。菜肥人愈瘦,灶闲井常勤。我欲致薄少,解衣劝坐人。(《和陶田舍始春怀古二首》其二)

苏轼欣然赞同,并取《汉书·扬雄传》中"载酒问字"的典故将这新建的陋室取名为"载酒堂":

> 临池作虚堂,雨急瓦声新。客来有美载,果熟多幽欣。丹荔破玉肤,黄柑溢芳津。借我三亩地,结茅为子邻。鸠舌倘可学,化为黎母民。(同上,其二)

他是如此地迷恋这个地方,喜欢黎氏兄弟,甚至愿意与他们为邻,和他们一起学用"鸠舌"的儋州方言,使自己成为黎族人民中的一员,与他们同呼吸,共甘苦,分忧乐。有一次,黎子明的儿子与继母发生冲突,被赶出家门几个月,家里只剩老幼,农忙力弱,夫妇父子之间都有悔意,但碍于面子,一方不肯自动回去,一方又不好去接,苏轼便自己掏钱,买好羊、酒作为礼物送给黎家儿子,使一家团聚,和好如初。

从此，苏轼逐渐适应了黎民的风俗，与他们相处融洽：

> 久居儋自陋，日与雕题（在额上脸上刺青的黎民）亲。（《和陶与
> 殷晋安别》）

苏轼又发挥出了"上可陪玉皇大帝，下可以陪卑田院乞儿"的随
和宽容的人格魅力，赢得了汉、黎各族人民的爱戴和关怀：

> 北船不到米如珠，醉饱萧条半月无。明日东南当祭灶，只
> 鸡斗酒定膰吾。（《纵笔》其三）

海岛黎民多靠卖香为生，不事耕种，因此岛上物质匮乏，不但
无肉无药，就连粮食米面也要靠海船贩运，一遇天气变化，海运中
断，苏轼便难免有断炊之忧。每当无米下锅的时候，邻里左右总会
馈送酒食，"只鸡斗酒"已是不菲的厚赠，有时苏轼上街籴米还有些
奇遇：

> 黎山有幽子，形槁神独完。负薪入城市，笑我儒衣冠。

这是一位进城来的山民，虽然卖柴为生，样子看起来有点干瘦，
但两眼神光饱满，虽不闻诗书礼乐，那超然飘逸的神情却让苏轼赞
叹不已：

> 生不闻诗书，岂知有孔颜。翛然独往来，荣辱未易关。日
> 暮鸟兽散，家在孤云端。问答了不通，叹息指屡弹。似言君贵

人，草莽栖龙鸾。遗我古贝布，海风今岁寒。(《和陶拟古九首》
其九)

尽管语言不通，对方还是看出了苏轼高贵的气质，为他的流落而弹
指叹息。最后这奇特的樵夫竟将自己卖柴所得的木棉布送给了素
不相识的苏轼，叮嘱他今年海风较大，注意防寒。这兄弟般的关爱
深深感动了苏轼，使他仿佛觉得自己真的来到了"仇池"仙境。

"仇池"是苏轼自创的理想境界，自从在颍州任上"梦至一官府，
人物与俗间无异，而山川清远，有足乐者。顾视堂上，榜曰'仇池'"
(《和陶桃花源》诗序)，他便不止一次地在诗中反复吟咏。但苏轼的
"仇池"理想不是避世的国度，而是一种超远的心灵境界：

　　凡圣无异居，清浊共此世。心闲偶自见，念起忽已逝。(《和
陶桃花源》)

在这里凡圣无异，清浊相同，一切都只在自己的心灵意念之间。苏
轼出入佛老，用道教的方术健身，但不信长生不死的神话；深通六祖
惠能的禅学，而不以追求往生的净土宗为尚，所以他的天堂、净土不
是远离凡尘的另一处所，而是不离世间的大彻大悟的心灵境界。陶
渊明笔下的桃花源固然令人神往，但它远离人间俗世，可遇而不可
求：

　　不如我仇池，高举复几岁。从来一生死，近又等痴慧。(同上)

在"仇池"的理想境界中，消除了凡圣与清浊的区别，泯灭了生死与
痴慧的差异，以一种超越世俗的胸怀与眼光看待世间一切，则无往

而不是桃源胜境，又何必刻意地追寻，刻意地逃避？

> 桃花满庭下，流水在户外。却笑逃秦人，有畏非真契。（同上）

这里表现了以出世之心入世的大乘思想，几乎是《坛经》教义的翻版。有如此坚定的信念做精神支柱，苏轼无论走到哪里，都有非凡的自信和本领，把"地狱"变成"天堂"。现在，凭着自己信仰的真诚，凭着自己超世的才华，凭着自己高深的修养，苏轼的朋友越来越多，生活也越来越悠闲自在。他如鱼得水地生活在黎汉人民之中：

> 华夷两樽合，醉笑一欢同。（《用过韵冬至与诸生饮》）

现在他又开始城乡各处随意地漫游，有时去寺院清坐终日：

> 闲看树转午，坐到钟鸣昏。敛收平生心，耿耿聊自温。（《入寺》）

有时则被酒独行，到当地的朋友们家中去串门：

> 半醒半醉问诸黎，竹刺藤梢步步迷。但寻牛矢觅归路，家在牛栏西复西。（《被酒独行，遍至子云、威、徽、先觉四黎之舍，三首》其一）

海岛民居散乱，家家户户都在竹梢刺藤之间，看上去并无二致，苏轼不免常常迷路，只好以牛矢、牛栏作为认路的标志。那些扎着两个小抓髻的黎家顽童，如今都已和他熟识，也乐意与他亲近，他们口吹葱叶，发出杂乱的乐声，跟出跟进：

总角黎家三四童，口吹葱叶送迎翁。莫作天涯万里意，溪
边自有舞雩风。(同上，其二)

他去城南看望老秀才符林，两人一起在木棉花树下倾壶痛饮：

符老风情奈老何，朱颜减尽鬓丝多。投梭每困东邻女，换
扇惟逢春梦婆。(同上，其三)

"投梭"一句用晋朝名士谢鲲的典故，打趣符林年纪虽已老大，而多
情风流的心性依旧。据《晋书·谢鲲传》记载：

邻家高氏女有美色，鲲尝挑之。女投梭折其两齿。时人为
之语曰："任达不已，幼舆(谢鲲字幼舆)折齿。"鲲闻之傲然长啸
曰："犹不废我啸歌。"

诗中的"春梦婆"则是指一位七十多岁的当地老妇。有一次，她
在田间劳作，对路过的苏轼开玩笑说："内翰昔日富贵，一场春梦！"
苏轼笑着应允。后来诗句流传，大家都叫这老妇人为"春梦
婆"。

他常常去溪边散步，和那些披沙捡石、掘地为戏的小孩子逗乐，
或者站在三岔路口，看过往的行人。他那与众不同的气质，吸引着
孩子乃至大人的目光，有些调皮的孩子还会在他身后起哄，他也不
以为忤：

寂寂东坡一病翁，白须萧散满霜风。小儿误喜朱颜在，一

笑那知是酒红。(《纵笔》其一)

父老争看乌角巾,应缘曾现宰官身。溪边古路三岔口,独立斜阳数过人。(《纵笔》其二)

尤其有趣的是,一天,他拜访黎子云兄弟归来,途中遇雨,便向农妇借来斗笠和木屐穿戴在身上,这种装束在本地人固然平常,但是像苏轼这样一个曾做过宰辅高官的人穿上,百姓们都觉得十分亲切,别有兴味,好奇的孩子们更是拍手大笑,追着看稀奇。有人据此作画,名为《东坡笠屐图》,一直传为佳话。

在精神的领域苏轼永远是富翁,
他仍然"超然自得,不改其度"

现在,执政者眼中的"地狱",对苏轼而言,竟然又一次成了天堂。但他们仍然不肯放过他。绍圣五年(1098)三月,以残酷迫害元祐诸臣而著称的湖南提举常平官董必受命按察岭南。雷州知州张逢因款留苏轼、为苏辙租房而遭弹劾,儋州军使张中因修缮伦江驿使苏轼得以安居也遭检举。此外海康县令陈谔、本路提刑梁子美等都因与苏氏兄弟往来而受到轻重不等的处罚。苏辙再贬循州(今广东龙川县)。当时随同察访的彭子民不愿对苏轼相逼太急,竟流着眼泪劝告董必说:"人人家各有子孙。"

董必似乎有所醒悟,于是只派了一名使者过海,把苏轼从官屋里驱赶出来。

苏轼无处可居,只得在城南桄榔树下买地筑屋,十几个跟随苏轼问学的士人全力以赴,其中来自潮州的王介石,更是担当起主要的责任,"不躬其劳辱,甚于家隶,然无丝毫之求"(《与郑嘉会书》)。

当地的百姓也运甓畚土，前来帮忙。建房所需一切物资，稍有缺乏，邻居们都主动送来，就连军使张中也亲自前来帮着挖地挑土，工地上汉、黎往来，官民杂沓，一片热火朝天的景象：

> 我本早衰人，不谓老更勏。邦君助畚锸，邻里通有无。(《和陶和刘柴桑》)

经过大家的帮助，茅屋修成了，苏轼欣然赋诗：

> 朝阳入北林，竹树散疏影。短篱寻丈间，寄我无穷境。旧居无一席，逐客犹遭屏。结茅得兹地，翳翳村巷永。数朝风雨凉，畦菊发新颖。俯仰可卒岁，何必谋二顷。(《新居》)

茅屋共有五间，四周尽是桄榔树，苏轼摘叶书铭，把新居叫作"桄榔庵"，决定长居此地，修心养性，将此身"付与造物，听其运转，流行坎止，无不可者"(《与程秀才书》)。

这座建于城南的新居，"极湫隘，粗有竹树，烟雨蒙晦，真蜒坞獠洞也"(同上)。茅屋建成后，有了遮风避雨的场所，但囊空一洗，积蓄全无。由于"饮食百物艰难"，而营养不足，苏轼消瘦了很多。"老人与过子相对，如两苦行僧耳。"(《与侄孙元老书》)后来听说弟弟子由体重骤减，他写诗开玩笑说：

> 海康别驾复何为，帽宽带落惊童仆。相看会作两臞仙，还乡定可骑黄鹤。(《闻子由瘦》)

照这么瘦下去，兄弟俩一定会变成两个清瘦的仙人，将来可以骑着黄鹤,高飞远举,回到故乡。在精神的领域苏轼永远是富翁,他仍然"超然自得,不改其度"(《与侄孙元老书》)。他觉得瘦则瘦矣,只要安居而闲适,便是千金难买的福气。因此,在常人所无法想象的艰难苦境中,他仍然能够随时随地地发现乐趣。

在苏轼的日常生活中,梳头和沐浴原是他的两大爱好,也是简单而易行的保健方法。但是海南既无浴室,也无澡盆之类,洗澡很不方便,于是只好采用道家的办法,每晚睡觉前双手揩摩全身,称为"干浴"。在《次韵子由浴罢》一诗中,他还幽默地以老鸡倦马自比,抒写干浴的乐趣:

> 老鸡卧粪土,振羽双瞑目。倦马骧风沙,奋鬣一喷玉。垢净各殊性,快惬聊自沃。

至于晨起梳头百遍的老习惯,则依然保持着。在《旦起理发》一诗中他写道:

> 安眠海自运,浩浩朝黄宫。日出露未晞,郁郁蒙霜松。老栉从我久,齿疏含清风。一洗耳目明,习习万窍通。

每天清晨,远处的海潮发出雷鸣般的轰响,却影响不了这海岛腹地的安眠;当太阳升起,露水还未全干,他无忧无虑地起床,在晨风清凉里洗脸梳头,有着说不尽的清爽与舒畅。

> 少年苦嗜睡,朝谒常匆匆。爬蚤未云足,已困冠巾重。何异服辕马,沙尘满风鬃。雕鞍响珂月,实与杻械同。

回想年轻的时候,贪睡不愿早起;因为朝谒,每天都要强迫自己打断睡梦,匆匆起床;头还没有梳好,痒还没有搔足,就要套上衣冠,出门上朝,那感觉与服辕的牛马没有差别。一路上虽是环佩叮咚,但听起来就像枷锁发出的声响。

解放不可期,枯柳岂易逢。谁能书此乐,献与腰金公。

今昔对比,真像得到了完全彻底的解放。这样的乐趣恐怕是在滚滚红尘中碌碌奔忙的人所难以体会得到的。

除了早起梳头,漫长的午后在窗下悠闲地打盹儿,也是海岛贬居生活中的一大乐趣:

蒲团蟠两膝,竹几阁双肘。此间道路熟,径到无何有。身心两不见,息息安且久。(《午窗坐睡》)

把两腿盘起来坐在蒲团上,两肘随意地靠着竹几,什么也不管,什么也不想,很快便进入到恍兮惚兮的"无何有之乡"(《庄子》),进入一种"非梦亦非觉"的空灵状态:

谓我此为觉,物至了不受。谓我今方梦,此心初不垢。(同上)

这种似禅非禅、似醉非醉的境界,虽然不敢称为真禅,但的确可以达到"神凝"、"体适"的效果。

海岛之上,洗澡虽然不太方便,却可以经常洗脚,苏轼每晚睡觉之前都要备上足够的冷水和热水,尽情地浸泡洗濯一番。志得意满之余,作《夜卧濯足》一诗:

长安大雪年，束薪抱衾裯。云安市无井，斗水宽百忧。今我逃空谷，孤城啸鸱鸺。得米如得珠，食菜不敢留。

《西京杂记》曾记载：汉元封二年长安大雪，柴草奇缺，小小一束柴便能换上一匹绸缎；而同在北方的云安，则水贵如油，杜甫曾有诗道："云安沽水仆奴悲"、"斗水何值百忧宽"。如果处在这两个地方，当然不可能烧水洗脚。儋州虽然远在岭南海外，气候湿热，米贵如珠，"夏秋之交，物无不腐坏者"（《书海南风土》），但柴水不缺，用热水或冷水泡脚，自可尽情如意，畅快淋漓：

况有松风声，釜鬲鸣飕飕。瓦盎深及膝，时复冷暖投。明灯一爪剪，快若鹰脱韝。

一边听着炉火上沸水发出的飕飕声响，一边不时地在瓦盎里加入冷水和热水，洗上半个时辰，然后在灯下剪一剪脚指甲，身心快意，就像雄鹰摆脱了羁绊。

天低瘴云重，地薄海气浮。土无重腿药，独以薪水瘳。谁能更包裹，冠履装沐猴。

生活在"天气卑湿，地气蒸溽"（《书海南风土》）的海岛上，老年人很容易得脚肿病，虽然缺医少药，但洗脚时交替使用冷水热水，倒也不失为一种健身祛病的良方，这也是道教的一种养生之术。在这天然无为的国度里，赤脚行天下，归来冷暖投，谁还会再把脚裹起来，像沐猴一样矫情打扮，虚有其表呢？

后来,苏轼便将《旦起理发》、《午窗坐睡》和《夜卧濯足》三首诗集为组诗《谪居三适》,寄给远在杭州的僧友参寥,与他同享。《谪居三适》,似乎不谪居就无法体验到这"三适",诗中充满了自信和自得,大有捷足先登、先享为快的潇洒气度。随遇而安的思想浸透了他的日常生活,经过他诗笔的美化而成为一种动人的生活情趣。又如汲水烧茶这样的生活细事,在他的生花妙笔之下,也显得魅力无穷:

> 活水还需活火烹,自临钓石取深清:(自注:唐人云:茶须缓火炙,活火煎。)大瓢贮月归春瓮,小杓分江入夜瓶。雪乳已翻煎处脚,松风忽作泻时声。枯肠未易禁三碗,坐听荒城长短更。(《汲江煎茶》)

在温润的春江月夜,诗人"自临钓石",汲取江心深处流动的清水;月光之下,他心境悠闲,恬适自得,用大瓢舀水装满敞口的瓦瓮,仿佛把映在水中的月亮也贮进了瓮中;用小勺舀水注入小口的瓷瓶,似乎把泛着银波的春江也分出一部分盛在瓶里。然后他回到简陋的桄榔庵中,将炉火生起,用旺火烹茶。茶水沸腾,白沫翻滚,呼呼的水声,犹如松风。诗人喝了三碗不到,便觉诗潮滚滚,心绪悠悠,这荒寂的孤城早已沉静,只有断断续续的打更声在夜空中回荡……

在荒蛮的海岛,
苏轼自然而然地扮演了一个文化使者的角色

汲汲于世俗名利的人自然不可能理解苏轼的"超然自得",也不敢相信人世间竟还有如此高蹈的境界,然而苏轼的确过得逍遥自在,因为实践了他终身景仰的前辈范仲淹提倡的忧乐观:"先天下之忧而忧",故能忘却一己的私愁;"后天下之乐而乐",故能时时体验人生的大乐。苏轼有个普通人所不及的本领,就是善于融入周围的环境,与当地民众打成一片。四海为家,进退如一,为民分忧,与民同乐,是他一贯的作风。在黄州的时候,他曾为杜绝溺婴恶习而日夜操劳,到海南后,又为黎民不良的风俗而忧虑。

海南畜牧业本来就很落后,但是当地的习俗却是"病则椎牛祭鬼,丧葬必解牛款客"(《儋县志》),所杀的牛都是用沉香等珍奇特产从大陆汉商手里购来的,贸香杀牛一项往往耗尽黎民终年所得。

由于黎民"俗以贸香为业",作物粗放,不习内地的农耕牧业,所以荒田很多,"所产秔稌不足于食"(《和陶劝农六首》序),稻米奇缺,依靠大陆的供应,有"北船不到米如珠"(《纵笔》)之叹,广大黎民维持着"以薯芋杂米作粥糜以取饱"(《和陶劝农六首》序)的极其低劣的生活水平。

此外,海南还有一个奇特的风俗,繁重的生产劳动都由妇女承担,身强力壮的男子却在家里闲着。

这一切都引起苏轼极大的关注,他为之痛心,为之忧虑,为之哀怜。他亲自书写了柳宗元《牛赋》,请琼州和尚广为宣传,劝告黎民爱惜耕牛,明白牛耕的益处,同时就像在惠州时一样,不断写信给亲友,从内地求购药材,施舍给黎民;他作《和陶劝农诗六首》谴责贪官污吏、奸商对黎民的盘剥搜刮,劝告人们和睦共处,垦荒种植,发展农业;他还经常诵读杜甫的《负薪行》一诗,劝告当地百姓,改善妇女的生存状况。

作为一名贬谪的官员,流落的文人,苏轼只能利用自己的影响来促进黎民生产、生活、文化等方面的改良。他与当地的文人广泛交游,将众多学子吸引到自己身边,讲学、作诗、送字、赠画,还亲自

编写教材,进行教授,自然而然地扮演了一个文化使者的角色。每当听到邻家孩子琅琅的读书声,他总是感到由衷的喜悦:

> 幽居乱蛙黾,生理半人禽。跫然已可喜,况闻弦诵音。儿声自圆美,谁家两青衿(青领,古代学子的服装)。(《迁居之夕,闻邻舍儿诵书,欣然而作》)

他深知移风易俗首先必须改变文化落后的局面,从这流畅圆润的读书声中,他听到了希望,听到了走向美好未来的坚实的足音。他情不自禁地举杯畅饮,并与这孩子一同朗读:

> 引书与相和,置酒仍独斟。可以侑我醉,琅然如玉琴。(同上)

《琼台记事录》说:

> 宋苏文忠公之谪儋耳,讲学明道,教化日兴。琼州人文之盛,实自公启之。

苏轼的到来给这个斯文不振的荒蛮之邦带来了文明的火种,在愚昧的郊野上燃起了一堆明亮的篝火。

文明与进步原是人类的根本追求,不仅儋州本地的百姓对于这位文化伟人仰之如北斗,海岛上其他三州的士人也纷纷到来;甚至远在广州的学子也冒着惊涛骇浪之险、山贼海盗之危,远道前来问学:

> 风涛战扶胥,海贼横泥子(扶胥、泥子均地名)。胡为犯二怖,博此一笑喜。(《赠郑清叟秀才》)

对于这些后辈学人,苏轼无不热情接待,不管他们的基础如何,资质如何,只要有心向学,都循循善诱地予以开导、指教。他曾以十分生动形象的比喻教葛延之作文:

> 儋州虽数百家之聚,而州人之所须,取之市而足,然不可徒得也,必有一物以摄之,然后为己用。所谓一物者,钱是也。作文亦然。天下之事,散在经、子、史中,不可徒使,必得一物以摄之,然后为己用。所谓一物者,意是也。不得钱,不可以取物;不得意,不可以用事。此作文之要也。(宋·葛立方《韵语阳秋》)

他曾为海南培养了有史以来第一名进士姜唐佐。姜唐佐是琼州人,元符二年(1099)九月,跋山涉水慕名来到儋州向苏轼求学,一住半年,他好学而聪颖,深得苏轼的赏识。临别之前,姜唐佐请求赠诗一首,苏轼便在他的扇子上题道:"沧海何尝断地脉,珠崖从此破天荒。"并对他说:"等你将来中了进士,我再为你续足成篇。"

姜唐佐没有辜负苏轼的期望,后来他北上赴试,于大观三年高中进士,可惜当时苏轼已经去世,续诗的任务由弟弟苏辙完成:"锦衣不日人争看,始信东坡眼力长。"

在艰苦的环境中,苏轼勤奋创作,老而弥笃

晚年的苏轼依然喜好交游,热衷聚会,但也并非耐不住寂寞,一刻都离不开朋友,相反地,如今他最善于独处。杜门静养、修道参禅是他的常课;研究学术、考古证今是他不倦的追求。海南物质条件和生活情况十分恶劣,书籍笔墨纸张奇缺,但苏轼仍设法借书,修改订正了贬居黄州时写成的九卷《易传》和五卷《论语说》,还新撰了

《书传》十三卷，《志林》五卷。他的勤奋在《夜梦》一诗中得到了充分的体现：

> 夜梦嬉游童子如，父师检责惊走书。计功当毕春秋余，今乃粗及桓庄初。怛然悸寤心不舒，起坐有如挂钩鱼。我生纷纷婴百缘，气固多习独此偏。弃书事君四十年，仕不顾留书绕缠。自视汝与丘孰贤，《易》韦三绝丘犹然，如我当以犀革编。

梦中的他像儿童一样嬉游无度，听到父亲的责怪，又连忙拿起书来，不知不觉从梦中惊醒，心里好生惭愧。据说孔子读《易》曾"韦编三绝"，把串连竹简的熟牛皮都磨断了三次，苏轼下定决心，要比孔子更加勤奋努力。

苏轼非常重视他对《易》、《书》、《论语》的著述，认为这三本书超过了他的一切成就：

> 抚视《易》、《书》、《论语》三书，即觉此生不虚过……其他何足道。（《答苏伯固》）

政治的挫折和生活的窘迫也并没有减弱他旺盛的创作力。今存岭海时期的诗歌近九卷，约四百首，还有一些词作和散文。黄庭坚曾说：

> 东坡岭外文字，读之使人耳目聪明，如清风自外来也。（宋·黄庭坚《与欧阳元老书》）

苏辙《子瞻和陶渊明诗集引》中也说苏轼在海南时"日啖薯芋，

而华屋玉食之念不存于胸中"，但他"独喜为诗，精深华妙，不见老人衰惫之气"。

抒写贬谪时期复杂矛盾的人生感慨，又成了他创作的主要内容。但和黄州时期相比，积极入世和消极出世的矛盾由勃郁不平转为委婉平和，感情的激波巨浪趋于涟漪微澜。只是平和中仍寓不平，涟漪下犹有激流，思想上的种种矛盾仍交织在一起。

这一时期诗歌的另一重要内容是对岭南、海南生活和风光的赞美和描绘。这是苏轼随遇而安思想的自然流露。他或是随缘自适：

> 我生涉世本为口，一官久已轻莼鲈。人间何者非梦幻，南来万里真良图。(《四月十一日初食荔枝》)

晋朝的张翰在洛阳做官，见秋风起，想到故乡的莼菜和鲈鱼脍。后人就用"莼鲈之思"表示怀乡思归。苏轼自我安慰道：人生一世不过是为衣食奔忙，我久在外地做官，早已不太思念家乡了。人生如梦，故乡又何尝不是幻影？能在岭南尽情地品尝新鲜的荔枝，也不失为一种快乐的生活；他或把贬谪异地当作叶落归根返回故乡：

> 丰湖有藤菜，似可敌莼羹。(《新年》)

惠州丰湖的藤菜抵得上张翰故乡的莼菜，用两种菜来说明惠州和故乡并无二致；他或者进一层把四川反而看作寄寓之地：

> 我本海南民，寄生西蜀州。(《别海南黎民表》)

正是怀着这种第二故乡的感情来看当地的一切，苏轼写下了一幅幅奇异旖旎的南国风俗画,为我国诗歌史提供了新内容。

> 春江围草市,夜浪浮竹屋。已连涨海白,尚带霍山绿。(《江涨用过韵》)
>
> 床床避雨幽人屋,浦浦移家蜑子船。龙卷鱼虾并雨落,人随鸡犬上墙眠。(《连雨江涨》)

这是惠州的雨景。

> 垂天雌霓云端下,快意雄风海上来。(《儋耳》)

这是海南岛雨后虹挂高空,风来海上的景色。惠州的风物之美,海岛的奇特风俗,都在他的诗中得到了生动的反映,而槟榔、椰子、龙眼,木棉花、刺桐等也阑入诗材,增添了可喜的异乡情调。

苏轼喜好陶渊明的诗歌,
更喜好陶渊明的为人

苏轼岭海以前的诗风,以超迈豪雄为主要特色。这一时期,随着生活和思想的变化,转而追求淡雅高远的风格,在艺术上日臻圆熟。对陶渊明、柳宗元的推崇和学习,就是突出的表现。他"随行有《陶渊明集》,陶写伊郁,正赖此耳"(《答程全父推官》)。后来又在黎子云家借得《柳宗元文集》。他把这两部书看作南迁"二友"(《与程全父书》)。尤其是《陶渊明集》,"每体中不佳,辄取读不过一篇,唯恐读尽后无以自遣"(《书渊明羲农去我久诗》)。他评述陶、柳等人的诗风说:柳宗元诗,"在陶渊明下,韦苏州(韦应物)上",又说"外枯

而中膏,似淡而实美,渊明、子厚(柳宗元)之流是也"(《评韩柳诗》)。在《书黄子思诗集后》中说柳宗元、韦应物的诗,"发纤秾于简古,寄至味于淡泊",同样可以看作陶渊明的诗格。周紫芝《竹坡诗话》说:

> 东坡尝有书与其侄云:"大凡为文,当使气象峥嵘,五色绚烂,渐老渐熟,乃造平淡。"

从"绚烂"中出"平淡",而不是一味"枯淡",这是苏轼晚年艺术旨趣所在。

追求这种艺术旨趣的一个显著例证就是他一百多首"和陶诗"。他在扬州时,曾经写过《和陶渊明饮酒二十首》,在惠州、儋州二地,则几乎和遍了所有陶诗。在写给弟弟子由的信中,他说:

> 吾于诗人无所甚好,独好渊明之诗。渊明作诗不多,然其诗质而实绮,癯而实腴;自曹(植)、刘(桢)、鲍(照)、谢(灵运)诸人,皆莫及也。(摘自苏辙《子瞻和陶渊明诗集引》)

然而苏轼并非只是喜好陶渊明的诗歌,更主要是喜好他的为人,"如其为人实有感焉"。陶渊明能够认识到自己"性刚才拙,与物多忤,自量为己,必贻俗患","不肯为五斗米一束带见乡里小儿",勇敢地与黑暗现实决裂;虽然贫困饥寒,但躬耕垄亩,自食其力,安享自然。而苏轼自省早有回归自然的志向,并且长年参禅学道,却一直未能像陶渊明那样勇敢地迈出关键性的一步,出离红尘。结果"出仕三十余年,为狱吏所折困,终不能悛,以陷大难",以致"仕不知止,临老窜逐,罪垢增积,玷污亲友"。对照陶渊明,苏轼深感"吾真有此病而不早自知",并且承认自己诗"不甚愧渊明",而人生境界方面则"深愧渊明",表示"欲以晚节师范其万一也"(同上)。

不过苏轼眼中的陶渊明并不是现实中的陶渊明,而是他用禅学理想化了的陶渊明。这一点在《和陶神释》一诗中得到了集中体现:

> 二子(指影与形)本无我,其初因物著。岂惟老变衰,念念不如故。知君非金石,安得长托附。

诗歌一开始便用佛教"诸行无常,诸法无我,涅槃寂静"的根本教义,来说明不仅肉体并非金石,不可依靠,而且人的每个念头都是念念迁灭,不可执持的。

> 莫从老君言,亦莫用佛语。仙山与佛国,终恐无是处。甚欲随陶翁,移家酒中住。醉醒要有尽,未易逃诸数。

世间一切迁流代谢,都是因缘而生,因缘而灭,没有一个真实的主宰,因此,道教长生不老是虚诳,仙山琼阁、佛国净土都由人的意识境界所生,依照万法皆空的观念,也是不真实的幻象。只有像陶渊明一样,在酒中修炼,做到醉醒如一,才能达到不生不灭的涅槃境界。如果醉时醉,醒时醒,仍然落在生灭境中,逃不出阴阳五行、六道三界的圈子。

> 平生逐儿戏,处处余作具。所至人聚观,指目生毁誉。

平生的尘世追求都不过是儿戏一场,到处抱残守缺,执着不放,在人群中被无聊地观赏赞叹或指背谤毁。

> 如今一弄火,好恶都焚去。既无负载劳,又无寇攘惧。仲尼晚乃觉,天下何思虑。

可喜的是,如今拥有智慧之火,好恶爱憎全部烧去,既没有背包袱的烦劳,又没有遭抢夺的恐惧。孔子也是这样到晚年才彻底觉悟,把天下凡间的一切都放下,得到解脱。

有趣的是,历史上的陶渊明并不学佛修道,苏轼之所以把他塑造成近于成佛的人物,大概有以下几个原因:一是苏轼晚年贬谪生活几近平民,生存方式和生活情趣与陶渊明归隐极为相似,而陶渊明是主动的,苏轼则为被动,主动者如脱钩之鱼,被动者如服辕之马。苏轼平生学佛修道,常有出离尘世之想,但一直未能摆脱仕宦生涯,而陶渊明没有学佛修道,反而勇于抉择,所以苏轼认为他虽不习佛,却有佛性,因此自叹不如。二是禅宗发展到宋代,高标"见性成佛",流俗认为开悟破执的高僧大德往往能随缘自适,有"佛之一字我不喜闻"的圣凡一如的平等境界。对照某些出家人的鄙俗嘴脸,苏轼更喜欢洒脱自然、无拘无束的率真性格。他认为学佛与否只是外在形式,内在气质中表现出来的无欲无执才是衡量修为高低的标准。用这一标准来看陶渊明,自然引起他的共鸣。三是苏轼以自己所体认的境界来揣测陶渊明,也有他诗人审美活动认同效应的一面。他努力把陶渊明境界提高到禅学的高度,同时把禅学的境界降低以适合陶渊明的具体特点。这样一个被重新塑造过的理想人物形象,便在禅学与老庄自然无为学说的中间位置上放出了耀眼的"佛"光。

苏轼谪居岭海，
至友知交纷纷来信来人，探问音信

苏轼一生以书为友，晚年崇尚陶渊明的诗歌及为人，与他广事交游而不严于择友的性格并不矛盾。因为经过长期坎坷与患难的考验，"日久见人心"，能与苏轼始终亲密无间的朋友都是一些被他称为有古君子风范的人。

老友陈慥与苏轼友爱相知仅次于苏辙，他们是青年时代使酒弄剑、指点江山的至友，中年时代患难与共、以道互律的知音，到如今桑榆暮景，苏轼忽然又迁谪岭海，消息传来，陈慥忧心如焚，立即远寄书信，决心步行去惠州探望，苏轼连忙回信加以劝阻：

> 到惠将半年，风土食物不恶，吏民相待甚厚。……自失官后，便觉三山跬步，云汉咫尺，此未易遽言也。所以云云者，欲季常安心家居，勿轻出入，老劣不烦过虑，决须幅巾草屦相从林下也。亦莫遣人来，彼此须髯如戟，莫作儿女态也。(《与陈季常》)

方外挚友参寥先已派人到惠州专程问候，苏轼再贬儋州之后，他放心不下，想带着徒弟颖沙弥自杭州浮海赴儋州，苏轼回信说："转海相访，一段奇事"，但实在太危险，"非愚无知与至人皆不可处"，劝他"千万勿萌此意"。而就在这封信寄出之前，变故发生，因受苏轼的牵连，参寥被迫还俗，编管兖州。

不仅如此，甚至还有人卖掉了所有家产，准备带着妻子儿女前来荒蛮的海岛，与苏轼共同生活，这个人就是苏轼的旧友、临淮人杜舆。只因出发前苏轼已在北归途中，这个壮举才未成行。

最为感人的是苏轼同乡老友巢谷。这位奇侠般的人物,年轻时中过进士,但他一不要功名,二不要田产,专好行侠仗义,特别关怀苏氏兄弟。十八年前,曾在黄州帮助苏轼耕地建屋,悠游林下。元祐年间,苏轼、苏辙如日中天,位居高位,巢谷却回到故乡眉山,"浮沉里中,未尝一见"(苏辙《栾城集·巢谷传》)。而一旦得知苏轼兄弟又遭不幸,远谪岭海,他竟以七十三岁的高龄,瘦瘠多病的身体,毅然从四川徒步赴岭外。见到苏辙后,继续往海南进发。舟行到新会,当地的土贼偷走了他的行装。后来听说这土贼在新州被抓获,巢谷忙赶到新州,想追回仅有的一点盘缠。旅途劳顿,终于一病不起,客死他乡。苏轼北归途中听到这一消息,悲伤不已,写信告知眉山老家的杨济甫,资助巢谷的儿子巢蒙远来迎丧,并委托地方长官代为安排护送灵柩。

类似的例子还有王箴(字元直),他是苏轼的内亲,王闰之夫人的弟弟,他说,苏轼得意时,世人如众星捧月,纷至沓来,如今落难,别人可以不闻不问,自己则不可不前去探望。于是只身泛长江而下,经洞庭,过桂岭,最后途中染病,不幸身亡。

此外,还有不少人寄信派人,存问音讯。杨济甫派来了儿子,王商彦派来了专人,"苏门四学士"等至亲友生,在这场政治大迫害中虽然也都投荒万里,无一幸免,但依然设法书信频寄,诸如此类,不胜枚举。在这些受人之托前来看望苏轼的人中,苏州定慧院和尚卓契顺特别令人难忘。

那是绍圣元年苏轼初贬岭南时,苏迈、苏迨在宜兴,苦念年迈遭难的父亲,山重水复,音信难通,一家人忧愁不堪。卓契顺听说之后对苏迈说:"你何必那么忧愁?惠州不在天上,只要走就一定能走到,让我替你带家书前去探望。"

于是,他立即整装出发,"涉江度岭,徒行露宿,僵仆瘴雾,鳌面茧足"(《书归去来词赠契顺》),绍圣二年三月二日终于抵达惠州。他在惠州略事休整,看到苏轼生活平安,取了回信,这才放心地回苏州去了。临行之前,苏轼问他需要什么报酬。他回答道:"契顺正因为无所求,所以来惠州,如果有所求,便应为当朝贵宦奔走京都。"

苏轼心中过意不去,仍然希望有所表示。契顺说:"当年蔡明远,不过是鄱阳一个小小的军校而已,颜鲁公绝粮江淮之间,他运了一船米前去接济,鲁公感激他的热心,写了一幅字送他,因此,天下至今乃知有蔡明远。今契顺虽然无米送您,但区区万里之勤,是否可以援明远的先例,得您一幅字呢?"

苏轼欣然同意,书陶渊明《归去来词》一篇赠与契顺,并作《书归去来词赠契顺》一文,记下这件事情。

契顺这次不仅带来了家书,而且带来了老友佛印、钱济明等问候的书信。佛印不愧是有道高僧,他在信中以禅学临济宗的理论开示苏轼:

> 尝读退之《送李愿归盘谷序》,愿不遇主知,犹能坐茂林以终日。子瞻中大科,登金门,上玉堂,远放寂寞之滨,权臣忌子瞻为宰相耳。人生一世间,如白驹之过隙,三二十年功名富贵,何不一笔勾断,寻求自家本来面目……子瞻胸中有万卷书,笔下无一点尘,到这地位,不知性命所在,一生聪明要做什么?三世诸佛,则是一个有血性汉子,子瞻若能脚上承当,把一二十年富贵功名,贱如泥土,努力向前,珍重珍重。

元符三年正月,朝廷政局又发生了大的变化

倏忽之间已是元符二年(1099)正月。海南春早,东风骀荡,柳

绿桃红,春耕季节快要到了,官府照例在稠人广众的路口树起了青幡和泥塑的春牛与耕人,以示劝农;家家户户的窗棂上都贴着颜色鲜艳的剪纸图案(春胜);苏轼漫步田间陌上,感受着浓浓的春意,十分愉悦:

> 春牛春杖,无限春风来海上。便丐春工,染得桃红似肉红。　　春幡春胜,一阵春风吹酒醒。不似天涯,卷起杨花似雪花。(《减字木兰花·己卯儋耳春词》)

全词连用七个"春"字,笔调欢快跳跃,描写了海南绚丽的春色和充满生机的大自然。

又是一个上元佳节,苏轼的心情恬淡和悦,没有京都陪侍玉辇的眩目荣华,没有杭州宝马香车的浪漫风情,没有密州的落寞,也没有初到海岛时的凄冷。夜幕初下,明月将升,符林、黎子云兄弟等就陆续登门拜访,邀请苏轼外出散步:

> 己卯上元,余在儋州,有老书生数人来过(拜访),曰:"良月嘉夜,先生能一出乎?"予欣然从之。步城西,入僧舍,历小巷,民夷(汉族与少数民族)杂揉,屠沽(卖肉的与卖酒的)纷然。归舍已三鼓矣。舍中掩关熟睡,已再鼾矣。放杖而笑,孰为得失?过(苏过)问先生何笑,盖自笑也。然亦笑韩退之钓鱼无得,更欲远去,不知走海者未必得大鱼也。(《书上元夜游》)

韩愈《赠侯喜》一诗中曾写到侯喜约他去钓鱼,结果从下午到傍晚,手酸目劳,只钓得一寸左右的小鱼。韩愈以此比喻人生,认为"我今行事尽如此,此事正好为吾规(规劝)",希望去远处深水中钓大鱼。苏轼则从上元夜游尽兴、晚归少睡，得失相当，推及人生的得失也同样没有一定的标准，对韩愈"钓鱼无得，更欲远去"的想法报之一笑，表现了随遇而安，大道自然的思想。

二月，朝廷下达了董必弹劾昌化军使张中修缮伦江驿为苏轼居住一案的处分决定，张中被免职，另候任用。患难之中相识相知的朋友又将远别，苏轼心中十分难过，他写道：

孤生知永弃，末路嗟长勤。久安儋耳陋，日与雕题亲。海国此奇士，官居我东邻。卯酒无虚日，夜棋有达晨。小瓮多自酿，一瓢时见分。仍将对床梦，伴我五更春。暂聚水上萍，忽散风中云。恐无再见日，笑谈来生因。空吟清诗送，不救归装贫。（《和陶与殷晋安别·送昌化军使张中》）

过去的日子里，张中没有一天不到苏家拜访，陪苏轼饮酒，与苏过下棋，经常一坐就是半夜。当时"元祐党祸，烈于炽火，小人交扇其焰，傍观君子，深畏其酷，惟恐党人之尘点污之也"（宋·费衮《梁溪漫志》）。张中原与苏轼素不相识，却"事之甚至"，及至牵连被祸依旧无怨无悔，这份情义确实难能可贵。可是，这样的相聚，就像水上的浮萍、天上的白云，转眼之间又被狂风吹散。苏轼自忖再见无期，只能以虚幻的来生相安慰。

因为不舍苏轼父子，已被免职的张中迟迟其行，从三月一直拖到十二月，实在不能再拖延下去了，这才告辞将行。临别前夜，他在苏家坐了一个通宵，彼此再三互道珍重，苏轼赋诗相送：

胸中有佳处，海瘴不能腓。三年无所愧，十口今同归。汝去不相怜，我生本无依。相从大块中，几合几分违。莫作往来相,而生爱见悲。悠悠含山日,炯炯留清辉。悬知冬夜长,不恨晨光迟。梦中与汝别,作诗记忘遗。(《和陶王抚军座送客·再送张中》)

第二天清晨,张中起程离儋,苏轼又作《和陶答庞参军·三送张中》,殷切寄语。张中本是学武出身,他"少诵《十三篇》(《孙子兵法》有十三篇,此代指兵法),颇能口击贼,戈戟亦森然",也是个能文能武的才智之士,可惜"功名叹无缘",一直浮沉小吏,有时和苏轼谈起,不免满怀愤懑。临别之际,苏轼鼓励他趁着年富力强,去边疆治兵,建功立业:

　　一见胜百闻,往鏖皋兰山。白衣挟三矢,趁此征辽年。

张中走了,苏轼顿时觉得冷清了许多:

　　倦枕厌长夜,小窗终未明。孤村一犬吠,残月几人行。衰鬓久已白,旅怀空自清。荒园有络纬(虫名,俗称纺织娘),虚织竟何成。(《倦夜》)

元符二年,岁又将残。这天夜里,苏轼忽然梦见自己回到了惠州,夜登合江楼,但见月色如水,魏公韩琦跨鹤凌空而来,对苏轼说:"我现在天上负责一个重要部门的工作,今天特来相报,北归中原,当不久也。"

梦醒之后,苏轼既喜且悲,将信又不敢信,他对苏过说:"我曾经跟你们说过,这次迁谪,必能北归。近日颇觉有还中原气象。"

于是郑重地铺纸研墨,焚香祈祷,说:"我将默写自己平生所作的八篇赋,果然如我所言,当不脱误一字。"

八篇赋共有洋洋数千言,而且其中不少都是多年以前的旧作,岂能保证没有一字脱误?苏过深恐老父因此反受挫伤,想要阻拦,但苏轼已凝神屏息,振笔直书。苏过只得悬着一颗心侍立一旁观看。

两三个时辰过去,苏轼终于写完,他先自读一遍,又叫苏过核对一遍,果然一字不差!不禁大喜,说:"我将北归无疑矣!"

过了新年,正月的一天,苏轼在黎子云家喝酒,忽然,一群美丽的五色鸟飞到庭前。这种五色鸟为海南所特有,由一只身上有两片绛色长羽的鸟带领,成群起飞或停落,当地人称为凤凰。这种五色鸟不常出现,传说久旱时见到它们就会下雨,久雨而见就要放晴了。民间还有一种说法,则是"有贵人入山乃出"。苏轼初建桄榔庵时,五色鸟曾飞集庭下,今天再见,连日思归的苏轼不禁觉得有些异样。当这群鸟儿飞走之后,他举杯默祷:"若为吾来者,当再集也。"过了一会儿,这群五色鸟果然又飞集庭下,苏轼十分高兴,作《五色雀》诗。

说来也怪,此时朝廷政局果然又发生大的变化了。元符三年正月初九,哲宗崩逝,因为没有儿子,由弟弟赵佶继位,是为徽宗。神宗妻向氏以皇太后身份垂帘听政,形势向着有利于元祐臣僚的方向发展。二月大赦天下,元祐诸臣纷纷内移。

海南地处偏远,苏轼直到二月底、三月初才得知这一消息。五月,朝廷诏下儋州,苏轼以琼州别驾,廉州(广西合浦)安置,不得签书公事。消息传开,桄榔庵一时门庭若市,邻里群集,人们真诚地向他道贺,同时又不免依依难舍。

六月,一切准备就绪,苏轼离别谪居三年的儋州,当地的土著朋友纷纷携酒带菜前来钱行,执手涕泣,说:"此回与内翰相别后,不知何时再得相见。"

苏轼情动于中,不能自抑,提笔写道:

> 我本海南民,寄生西蜀州。忽然跨海去,譬如事远游。平生生死梦,三者无劣优。知君不再见,欲去且少留。(《别海南黎民表》)

几天之后,苏轼到达海岛北面的澄迈,登上通潮阁,北望碧海,心潮激荡,大海的那一面就是他日思夜想的中原大地啊!

> 余生欲老海南村,帝遣巫阳招我魂。杳杳天低鹘没处,青山一发是中原。(《澄迈驿通潮阁》)

苏轼于六月二十日发舟渡海,一夜无眠,倚着船舱欣赏夜景。天上一轮明月,光照万里,没有一丝云彩,深碧的海面也显得格外澄清明净。天容海色,使他联想起自己的一生,谤毁交加,而高风亮节终将长留天地;夜半涛声,令他回忆起《庄子·天运》中所写到的一段:黄帝在洞庭湖边演奏《咸池》乐曲,并借音乐阐述玄理。思绪如潮,他不禁脱口吟道:

> 参横斗转欲三更,苦雨终风也解晴。云散月明谁点缀,天容海色本澄清。空余鲁叟乘桴意,粗识轩辕奏乐声。九死南荒吾不恨,兹游奇绝冠平生。(《六月二十日夜渡海》)

三更过后迎来黎明,风雨久作亦有晴时,云散月明,天海澄清,七年的沉冤终已昭雪。回首过去他没有怨恨,虽然在荒僻的岭海历尽磨难、九死一生,但饱览奇景异俗不也是平生难逢的快事吗?展望未来他心境恬淡,虽然命运又一次出现了转机,但他已粗识老庄齐得失、等荣辱的哲理,看透翻云覆雨的政坛,就像孔子所感叹的:"道(王道)不行,乘桴浮于海。"他希望余生能扁舟散发,归隐江湖。

第十二章　皇天后土同悲悼

离开荒蛮的海岛，重新踏上中原大地，苏轼的兴奋之情是可想而知的。然而，从此时直到最后逝世的一年时间里，命运和遭际还是给他以各种磨炼和考验，使他继续咀嚼、品尝生活的全部苦涩和奥秘。只是现在的苏轼，已是历经过大起大落、几起几落的成熟睿智的坡翁，未来的种种生活曲折促使他更成熟，使他更沉稳雄健地走向生命之旅的终点。

苏轼与秦观雷州相会，竟成永诀

元符三年（1100）二月，苏轼因徽宗即位大赦天下而量移廉州的同时，"苏门四学士"也都纷纷获诏，或内迁，或重被起用。张耒通判黄州，晁补之签书武宁军判官，黄庭坚监鄂州在城盐税。他们三人贬所均在岭北，此时相继奔波道途，赶赴新命。唯有秦观编管雷州，与苏轼仅一海之隔，蒙恩量移英州，尚未出发。五月中旬，苏轼离开海南之前，即致书秦观，告知启程日期，相约于徐闻一见。

六月二十一日，苏轼渡过琼州海峡，登递角场，直奔徐闻，秦观早已如约而至。两位志趣相投、情感深挚的师友，契阔流离整整七年，一朝相见，真是悲喜交集，感慨万千：

南来飞燕北归鸿,偶相逢,惨愁容。绿鬓朱颜,重见两衰翁。别后悠悠君莫问,无限事,不言中。(秦观《江城子》)

然而,欢会的时间是如此短暂。此时,秦观又奉诏量移衡州,苏轼也须赶赴廉州。两人同行到雷州,便不得不就此握别,各奔东西。生性敏感的秦观,对于政局的起伏跌宕依然心有余悸,对捉摸不透的未来充满了疑虑和忧思。临别之际,竟自作挽词一篇相赠,言辞极为凄婉。这是多么不祥的兆头啊! 但苏轼既已参透祸福,了然生死,对于此举却也丝毫不以为怪。他轻抚秦观的后背说:

"我常常担心少游不能齐生死,了物我,今天看来,不必我再多加劝勉了。我也曾自作了一篇志墓文,打算抄录给你,只是不想让儿子知道。"

就这样啸咏而别,全然没有想到,秦观北行至藤州(今广西藤县),"伤暑困卧",于八月十二日不幸逝世,此一别竟成永诀!

苏轼六月二十五日离开雷州,"遭连日大雨,桥梁尽坏,水无津涯"(《书合浦舟行》)。行到距雷州府城四十五里处的净行院,即改乘小舟,经官寨,绕白石镇,经过无数风波险阻,于七月四日抵达廉州贬所。尚未完全安顿,八月又得诰命:授舒州团练副使,永州(今湖南永州)安置。于是匆匆收拾行装,八月二十九日再一次踏上旅途。谁知几天之后,便在途中惊悉秦观病逝的噩耗。苏轼悲痛不已,"两日为之食不下"(《与欧阳晦夫》),连声悲叹:

哀哉痛哉,何复可言! 当今文人第一流,岂可复得!(《与欧阳元老》)

他深知像秦观这样的"异代之宝"(《与范元长》),即使不能"大用于世",也"必有所论著以晓后人"(《与欧阳元老》)。尽管,在此之前,秦观已有不少著述,足以流传千古,永垂不朽,"然未尽也"。五十二岁的年纪,正是其思想、学术、文学各方面臻于成熟的黄金岁月,本该有更多的奇丽瑰宝奉献给人类精神文化宝库,却猝然离世,撒手于久困而初露光亮之际,怎不令人怆恨万端!"少游已矣,虽万人何赎!"(宋·释惠洪《冷斋夜话》引苏轼语)是残酷的政治迫害和恶劣的自然环境夺去了他宝贵的生命。他的逝世,是北宋文化界无可挽回的巨大损失!

听说秦观的女婿范温与其兄范冲尚在藤州料理后事,苏轼决定绕道前往,希望能来得及在友人灵前放声一恸,以寄托内心深切的哀思。可是,等他不分昼夜地赶到藤州时,范氏兄弟已于半个月前载着秦观的灵柩走了。苏轼伫立通衢,临风洒泪,无限伤感。

此时长子苏迈一房及幼子苏过的家眷仍在惠州居住,次子苏迨也从常州千里迢迢前来相聚,最近才到惠州。因此,离开廉州之前,苏轼即已写信通知苏迈,率领全家到梧州相会,然后溯贺江同往永州。

九月中旬,苏轼离藤州,到梧州(今广西梧州),苏迈、苏迨尚未到达,加上适逢秋旱,贺江水干无舟,只好改道经广州北归。父子二人离梧州,至德庆,二十四日游玩了德庆名胜三洞岩。将至广州,想到即将与久别的亲人团聚,苏过抑制不住内心的激动,写诗寄大哥、二哥:

> 忆昔与伯别,秦淮汇秋潦。相望一叶舟,目断飞鸿杳。仲兄阳羡来,万里逾烟峤。未温白鹤席,已馇罗浮晓。江边空忍泪,我亦肝肠绕。崎岖七年中,云海同浩渺。(苏过《将至五羊

[广州]先寄伯达、仲豫二兄》)

是啊,过去的日子,大家都过得很不容易。且不说世态炎凉、经济拮据,骨肉分离、云海相望,已叫人不胜悲凄之情。读罢苏过的诗作,苏轼感慨不已,他写道:

纷纷何时定,所至皆可老。莫为柳仪曹,诗书教诓獠。亦莫事登陟,溪山有何好。安居与我游,闭户净洒扫。(《将至广州,用过韵,寄迈迨二子》)

他祈望从此一家团聚,永不分离,安闲自在地过着平常的日子;他祈望不要像柳宗元一样老死蛮荒,教土人读诗书,靠幽峭的山水消遣晚境余生。

这一番真诚的祈愿仿佛上干云霄。正当苏轼带着一家三十余口乘舟北赴永州,十一月中旬,他又一次接到朝廷诰命:复朝奉郎,提举成都府玉局观①,外军州任便居住。"得免湖外之行"(《与孙叔静》),苏轼感到由衷的高兴,他一身疲惫,急切地希望能够尽快安定下来。

重登大庾岭,苏轼思绪飞转,诗潮泉涌

建中靖国元年(1101)正旦刚过,苏轼北返到达大庾岭。在宋代一般官员们的心目中,这座山岭具有特殊的含义。他们若一旦贬官

---

① 祠禄官,宋大臣罢职之后给予的称号,以道教宫观为名,无职事,仅借名食俸,以示优礼。

岭表，就意味着政治生命的消歇，少有北还的希望。当时有所谓"春（广东阳春）、循（广东龙川）、梅（广东梅县）、新（广东新兴），与死为邻；高（广东高州）、窦（广东信宜）、雷（广东雷州）、化（广东化州），说着也怕"的民谣。环境的凶险恶劣，对任何人的心灵都是一种威胁与震慑。苏轼在绍圣元年（1094）九月经此岭赴惠州，度过了长达七年的岭海贬谪生活。如今居然登岭北归，不禁感慨万千。

他伫立岭上，任早春微寒的清风，拂过全身，撩起飘曳的长衫和已经花白稀疏的须发，前瞻后顾之间，思绪飞转，诗潮泉涌：

> 暂着南冠不到头，却随北雁与归休。平生不作兔三窟，今古何殊貉一丘。（《过岭二首》其一）

当年柳宗元曾经感叹："一生判却归休，为着南冠到头。"可庆幸的是，如今自己终于可以在有生之年摆脱罪官的身份，度岭北归。"狡兔有三窟，仅得免其死"（《战国策》），诗人深知，人生在世倘若不善于为个人利益作打算，便免不了坎坷不遇，穷愁潦倒，这几乎是古今一律的道理。但是，回首过去，他无怨无悔：

> 当日无人送临贺，至今有庙祀潮州。剑关西望七千里，乘兴真为玉局游。（同上）

唐代杨凭贬为临贺尉，亲友尽皆畏避，无人为他送行。只有徐晦到蓝田与他饯别。张籍曾作诗道："身着青衫骑恶马，东门之外无送者"，极见世态人情之炎凉。韩愈贬谪潮州，深得当地百姓的爱戴，离去后，潮人立庙祭祀，表达怀念追慕之情，几百年过去，香火依然不断。诗人以杨凭、韩愈自比，总结岭海七年的流放生涯，坦然而自信。最后,他兴致勃勃地设想:现在有了这个成都玉局观提举的虚衔,说不定哪天真会有机会乘兴远游,入剑关,回到数千里之外的故乡去!

他默默踱步,心中无比惬意,觉得过去的七年真像一场醉梦:忽而岭北,忽而岭南,忽在海外,忽过曹溪,铿然的鸣泉,滴翠的云岚,忽然惊起的山鸡,还有簌簌飘落的野花,正构成了这场梦境中的绮丽背景:

> 七年来往我何堪,又试曹溪一勺甘。梦里似曾迁海外,醉中不觉到江南。波生濯足鸣空涧,雾绕征衣滴翠岚。谁遣山鸡忽惊起,半岩花雨落毵毵(sān)。(《过岭二首》其二)

当时,岭上村店前正坐着一位白发老者,他见苏轼徘徊山岭,吟哦不绝,不禁好奇地问随行的仆从:"这位官人是谁?"

"是苏尚书。"

"可是鼎鼎大名的苏子瞻先生?"老人激动地问道。

仆从点头称是。

老人连忙起身来到苏轼面前,拱手行礼,由衷地说:"我听说有人千方百计地陷害您,今日北归,真是天佑善人啊!"

苏轼十分感慨,赋诗题壁:

> 鹤骨霜髯心已灰,青松合抱手亲栽。问翁大庾岭头住,曾见南迁几个回?(《赠岭上老人》)

联系起绍圣年间与苏轼一同贬谪岭南的大批元祐大臣如今已死去大半的实际情况,这个不用回答的问句显示出苏轼屡贬不屈的傲岸,也透露出否极泰来的欣喜之情。

翻过大庾岭,苏轼一家到了虔州。赣水枯涸,不能通航,只得暂且寓居水南,等待江涨。

滞留虔州的日子里,苏轼常常身携药囊,出入于郡城内外及山寮野市,"遇有疾者,必为发药,并疏方示之"(宋·何薳《春渚纪闻》),教他如何调治。每从寺庙走过,也必定进去游玩,森然古刹,悠悠钟声,令他感到格外亲切:

> 到虔州日,往诸刹游览,如见中原气象,泰然不肉而肥矣。(《与苏伯固》)

所到之处,许多人慕名追随而至,那些想要求取墨宝的人更是预先探听清楚他的行游之所,早早摆好书案,准备佳纸笔墨,拱手侍立以待。苏轼见了,往往随和地一笑,并不问一句话,便"纵笔挥染,随纸付人"(宋·何薳《春渚纪闻》)。有时候,直写到暮色苍茫,案上的纸张还是只增不减。

当年同被流窜南荒的元祐大臣中,处分最重的,除了苏轼,便是刘安世。据《宋史》本传记载:"安世仪状魁硕,音吐如钟。"元祐时曾任谏官,号为"殿上虎"。绍圣年间,他一再遭贬,"奉老母以行,途人皆怜之"(宋·邵伯温《邵氏闻见录》)。当时人所说的"春循梅新,与死为邻;高窦雷化,说着也怕"的八大险恶军州,刘安世历遍七州。此时遇赦北归,与苏轼在虔州相遇。

苏、刘二人,政治上不是同道,私人关系也算不得朋友。刘安世"家居未尝有惰容,久坐身不倾倚,作字不草书,不好声色货利"(元·脱脱《宋史·刘安世传》),是一个性格严谨、不苟言笑的人,与苏轼的自由不羁、随和任诞恰恰相反。因此,当年在中书省共事时,便因处世态度和处世方式不同而常常发生摩擦。如今时过境迁,经历了七年的流离坎坷,再度相逢,彼此的观感都大不相同了。刘安世评价苏轼:"浮华豪习尽去,非昔日子瞻也。"苏轼称许刘安世:"器之(安世字)铁石人也。"(宋·邵博《闻见后录》)迟到的友谊就这样开始了。旅居虔州,闲来无事,二人经常结伴出游。

刘安世甚好谈禅,但不喜欢游山。当时寒食刚过,山中新笋出土,苏轼很想邀安世上山游玩,怕他不肯,于是眉头一皱想出一个主意。这天,他带了两名童仆,来到刘安世的寓所,一进门便兴致勃勃地说:"器之,天清气爽,风和日丽,不想出去逛逛吗?"

"去哪里?"

"山中不远有玉版长老,不知你可有兴趣前往参禅?"

刘安世闻言,欣然从行。到了廉泉,遍地都是鲜嫩的竹笋,苏轼建议烧笋野餐。大家一齐采笋生火,不一会儿,空气中便弥漫起扑鼻的笋香。刘安世吃得津津有味,问道:"此笋何名?"

苏轼笑嘻嘻地回答:"名玉版。此老僧善说法要,令人得禅悦之味。"

刘安世这才恍然大悟,原来是被苏轼骗了,两人相互对视一眼,随即爆发出一阵爽朗的笑声。苏轼脱口吟道:

> 丛林真百丈,法嗣有横枝。不怕石头路,来参玉版师。聊凭柏树子,与问籜龙儿。瓦砾犹能说,此君那不知。(《器之好谈禅,不喜游山,山中笋出,戏语器之可参玉版长老,作此诗》)

苏轼为选择归老之地而犹豫不决

三月下旬,赣江水涨,租借的船只也到了,苏、刘二家同发虔州,继续北上。苏轼四月到南昌,五月到金陵,归程何处,必须尽快定夺。

事实上，自从接到"任便居住"的诏命之后，七八个月来，苏轼一直为选择归老之地而犹豫不决。一方面常州早已是他心目中魂牵梦萦的第二故乡。熙宁七年与元丰七年，他曾两度在那里买田，贬谪岭海的这些年中，大部分家眷又都住在那里，一旦获准自由居住，他首先想到的便是要回到那"土如濡"、"米胜珠"的江南胜地；可是，另一方面，老境迫促，他又是多么希望能与弟弟朝夕相处，践偿"夜雨对床"的宿愿啊！苏辙先时贬居循州（今广东龙川），已在元符三年二月先于苏轼被命量移永州，接着又移岳州（今湖南岳阳），后又复太中大夫、提举凤翔府上清太平宫、外军州任便居住。他便选择了颍昌（今河南许昌）作为居住地。得知苏轼蒙恩放还，他不断写信、托人前来劝说，希望兄弟同居颍昌，安度晚年。此外，苏轼路过韶州时，偶遇旧友李公麟的弟弟、韶州通判李公寅。公寅极力称说故乡龙舒的风土人情，力劝苏轼卜居舒州，直说得他为之心动。因此，沿途之中，他时而说：

> 度岭过赣，归阳羡，或归颍昌，老兄弟相守过此生矣。（《与孙叔静》）

时而说：

> 偶得生还，平生爱龙舒风土，欲卜居为终老之计。（《与李惟熙》）
> 住计龙舒为多……龙舒闻有一官庄可买，已托人问之。（《与苏伯固》）

时而又说：

　　此行决往常州居住,不知郡中有屋可僦可典买者否?(《与钱济明》)

就这样矛盾彷徨,难以决断。

　　到达金陵后,苏轼已完全放弃了卜居舒州的打算,只在常州与颍昌之间徘徊。一则由于全家旅途劳顿,需要尽快安定,二则考虑到苏辙经济也不宽裕,自已一大家子人不便再去增加他的负担,所以苏轼越来越倾向于定居常州。在写给苏辙的亲家黄寔的信中,他说:

　　行计屡改,近者幼累舟中皆伏暑,自悯一年在道路矣,不堪复入汴出陆。又闻子由亦窘用,不忍更以三百指诿之。已决意旦夕渡江,过毗陵矣。

　　可是,就在这时,苏辙又一次来信劝归颍昌。信中说,桑榆暮景,岂忍再长相别离?言语酸楚,令人泪下。王原、孔平仲、李之仪等受苏辙的委托,也来人来信纷纷劝说,苏轼终于不忍违拂弟弟这番深情厚意,下定决心定居颍昌。预定六月上旬自淮泗上溯汴河,至陈留登岸,陆行到颍昌。次子苏迨的妻儿还在宜兴,所以先命苏迈、苏迨二人去那里把他们接到仪真会合,顺便变卖田产。可是,在《与钱济明书》中,他又说:

　　居常之计,本已定矣,为子由书来,苦劝归许,以此胸中殊未定,当俟面议决之。

他已与好友钱济明及表弟程德孺相约在金山会面,想听听他们的意见再作最后决定。

其实,苏轼不愿定居颍昌,还有一个至关重要的原因。颍昌地近汴京,对于政治气候的感应最为敏捷,忧患余生,他不想再主动地投身到这是非扰攘的地方去。

建中靖国元年,士大夫舆论已在政治上普遍看好苏轼

"建中靖国"这个年号,表示当时朝廷施政大计在于调停新旧两党,韩忠彦、曾布相继为相,章惇、蔡京罢免,元祐大臣纷纷起复,唯有苏轼兄弟仍领宫祠的闲禄。就才识、资历和声望而言,在幸存的元祐大臣中,苏氏兄弟实为首屈一指的人物。士大夫们都认为,二苏不会长此闲废,再度出山只是时间问题而已。苏轼途经英州时,熙宁初年即以上"流民图"反对变法而著称于世的郑侠赠诗道:

> 夷夏生灵真久困,圣贤膏泽有前闻。帡幪(píng méng,古代覆盖用的帐幕)天地期功业,妙画奇书请暂焚。

并以上古贤相傅说比苏轼,期望他"衣被华夷"、"霖雨苍生"。远贬黔州的黄庭坚初蒙赦令即赋诗道:

> 阳城论事盖当世,陆贽草诏倾诸公。翰林若要真学士,唤取儋州秃鬓翁。

认为朝廷发布新政,苏轼理当得到重用。这几乎是当时的士林公论。因此,度岭以来,苏轼成为人们关注的焦点。"初复中原日,人争

拜马蹄"(参寥《东坡先生挽词》),所到之处无不是人接人送,前呼后拥,受到沿途各州县官员的热情款待。老百姓的反应尤为热烈。六月中旬,舟行赴常州时,正是南方最炎热的日子,苏轼头戴家常便帽,身披短袖坎肩,坐在船舱中,运河两岸,成千上万的百姓追随前行,争睹这位当代伟人的风采。苏轼对身边的朋友说:"不会看杀我苏轼吧?"其情景,其气派,宛如元祐初司马光之进京为相。《邵氏闻见后录》的作者邵博在记述了这一动人场景之后,情不自禁地议论道:"其为人爱慕如此。"

那时,苏轼即将入相的传闻已在广为传播。真州知州傅质还曾专门写信给苏轼,想证实这一消息。章惇之子章援也曾致函苏轼说:

> 迩来闻诸道路之言,士大夫日夜望尚书(苏轼)进陪国论。……尚书固圣时之蓍龟,窃将就执事者,穆卜而听命焉。

反映出当时士大夫舆论已在政治上普遍看好苏轼。章援甚至说:

> 旬数之间,尚书奉尺一,还朝廷,登廊庙,地亲责重。

可见,苏轼将登廊庙的传闻,绝非无根浮言,而是言之凿凿的政治信息。苏轼之被重用,"进陪国论",是指日可待的事情。

章惇已于一年前被贬到雷州,章援此番来信,便是专替父亲求情。他知道父亲曾不遗余力地迫害过苏轼,担心苏轼回到朝廷后,以其人之道还治其人之身。其实这种担心完全是多余的。此时的苏轼早已跳出了是非恩怨的狭窄圈子,而以一个了悟人生的智者的眼光与悲天悯人的仁者的胸怀俯视这一切。

早在三月中旬滞留虔州时，苏轼就已听说章惇贬居雷州的消息，当时便写信给黄寔，表达了他真挚的关怀与同情：

> 子厚(章惇字)得雷，闻之惊叹弥日。海康地虽远，无瘴疠，舍弟居之一年，甚安稳，望以此开譬太夫人也。

章惇是黄寔的舅父，信中所说的太夫人即指黄寔的母亲、章惇的姐姐。

收到章援来信时，苏轼已身染重病，仍强支病体回书作答。他十分诚恳地说：

> 某与丞相(指章惇)定交四十余年，虽中间出处稍异，交情固无增损也。闻其高年寄迹海隅，此怀可知；但以往更说何益，惟论其未然者而已。

就这样一笔勾断了往日的恩怨，其胸怀是何等的开阔，境界是何等的不凡！接着又安慰道：

> 海康风土甚不恶，寒热皆适中，舶到时四方物多有。

并建议他们兄弟前去探亲时，多从内地带上些常用药：

> 若昆仲先于闽客川广舟中准备家常要用药百千去，自治之余，亦可及邻里乡党。

章惇平日也爱好道家养生之术，常常炼养内外丹。苏轼又以过来人的经验劝告说：

> 可自内养丹，切不可服物(指外丹)也。

还将自作的《续养生论》一篇及行之有效的养生药方随信寄赠，供章惇参考，希望他能借此颐养天年，熬过这一大人生劫难。

章家一直珍藏着这封感人的回信，几十年以后，还有人从章惇的孙子章洽那里看到。

对于未来的出处进退，
苏轼表现出一种随缘任运的心态

尽管外界将苏轼即将重返朝廷、执掌大政的传闻炒得沸沸扬扬，可是苏轼本人却心境恬淡。面对郑侠"衣被华夷"、"霖雨苍生"的热切期许，他回答道：

> 孤云倦鸟空来往，自要闲飞不作霖。(《次韵郑介夫》)

随着年事日高，对佛、老的习染日深，他已逐步勘破人生的虚妄，去除常人的"我执"，而达于物我两忘、因任自然的精神境界。他说：

> 回视人间世，了无一事真。(《用前韵再和孙志举》)

虽然依旧保持着对政事与民生的关注，但对君主、对仕途的认识已经有所变化。元丰七年量移汝州时，他在《别黄州》一诗中写道：

　　　　病疮老马不任鞅，犹向君王得敝帏。

　　诗中典故出自《礼记·檀弓下》："敝帏不弃，为埋马也；敝盖不弃，为埋狗也。"对朝廷改迁汝州感到莫大的恩德，态度谦卑。而到岭海时期所作的《和陶咏三良》则说：

　　　　我岂犬马哉，从君求盖帏。……仕宦岂不荣，有时缠忧悲。所以靖节翁，服此黔娄衣！

宁可像黔娄那样临死仅得一床"覆头则足见，覆足则头见"的布被，也不向君王乞求。同一典故，正反两用，反映出他前后对君主、仕途的不同态度。这首《和陶咏三良》还一反陶诗原作之意，严厉批判三良（指奄息、仲行、铖虎三人）为秦穆公殉葬是愚忠行为，违背了"事君不以私"的原则。他鲜明地提出：

　　　　君为社稷死，我则同其归。顾命有治乱，臣子得从违。

认为君命可能有"乱"，臣子可以有违。而早年在凤翔所作的《秦穆公》中，却一面为君主开脱：

　　　　昔公生不诛孟明，岂有死之日忍用其良。

一面赞美"三良"：

　　　　乃知三子徇公意，亦如齐之二子从田横。

同一事件,两种议论,说明他晚年思想具有新因素,新发展。因此,对于未来的出处进退,他表现出一种随缘任运的心态,既不孜孜于"进",也不执着于"退":

> 用舍俱无碍,飘然不系舟。(《次韵阳行先》)

五月中旬,趁着苏迈、苏迨回常州搬家这段时间,苏轼前往金山,程德孺、钱济明都已如约而至。三人一起游金山寺、登妙高台,开怀畅谈。

金山寺里,藏有李公麟所画苏轼像一幅,这次金山之行,苏轼自题一首六言绝句:

> 心似已灰之木,身如不系之舟。问汝平生功业,黄州惠州儋州。(《自题金山画像》)

"心似"一句,典出《庄子·齐物论》:"形固可使为槁木,而心固可使如死灰乎?"形容离形去智、身心俱遣而达物我两忘、妙悟"自然""天真"的人生境界。庄子的这一思想素为后世士人所服膺,他们常从各自的境遇出发做出不同角度的抉择与吸取。如白居易《隐几》诗:

> 百体如槁木,兀然无所知;方寸如死灰,寂然无所思。

强调的是"身适忘四支,心适忘是非"的泯灭一切、忘却自我的闲适观。这又为另一些笃信儒家进取入世哲学的士人所不满,如司马光《无为赞贻邢和叔》:

学黄老者,以心如死灰、形如槁木为"无为",迂叟(司马光)以
为不然,作《无为赞》。

他提出:

治心以正,保躬以静。进退有义,得失有命。守道在己,成
功则天。

以儒家的理想人格精神否定"心灰形木"的无为观,但他的"无
为观",同样具有反选择的被动无能的倾向。苏轼却与白居易、司马
光的取径视角均不相同。他在《高邮陈直躬处士画雁二首》中说:

君从何处看,得此无人态? 无乃槁木形,人禽两自在。

他的着眼点在于从身似槁木心如死灰之中,获得大自在、大快乐,去
妄明心才能体悟自身的本真,获得无限广阔的思想空间,并非把绝
对化的"无知"、"无思"或"无为"当作人生的追求目标。

"身如"一句也出自《庄子·列御寇》:"巧者劳而知者忧,无能者无
所求,饱食而遨游,泛若不系之舟,虚而遨游者也。"意思是弃智摈巧
而获得自由自适的身心境界,犹如虚舟漂行,一任自然,永不停泊。
禅宗中也常以"不系之舟"为喻。苏轼一生漂泊无常,对"不系舟"之
喻当别有一番体会。他刚高唱过"九死南荒吾不恨,兹游奇绝冠平
生"(《六月二十日夜渡海》),他的"不恨"实由于他对"兹游"的"奇
绝"之处,已从人生的终极意义的层面上,获得了深刻的领悟。

因此,对"问汝平生功业"两句可作转进一层的理解:对于兴邦
治国的"功业"来说,这是一句自嘲的反话;而对于建树多方面的文

学业绩而言，这又是自豪的总结。或许还可以补充说，黄州、惠州、儋州，十多年贬居生活，不仅是他文学事业的辉煌时期，也是他人生思想发展、成熟乃至最后完成的最关键时期；没有这一段生存挫折的磨炼与玉成，也就不成为苏东坡了。

表弟程德孺时任浙江转运使，这次金山之行，苏轼从他那里听到不少官方消息。原来，此时汴京城里，曾布、赵挺之等人正紧锣密鼓地酝酿"绍述之议"，排挤韩忠彦，召还蔡京，政局又有再度翻覆的征象。种种不利于元祐诸臣的消息络绎而至。苏轼立即打消了定居颍昌的念头，写信告知弟弟：

> 兄近已决计从弟之言，同居颍昌，行有日矣。适值程德孺过金山，往会之，并一二亲故皆在坐。颇闻北方事，有决不可往颍昌近地居者（自注：事皆可信，人所报，大抵相忌安排攻击者众，北行渐近，决不静耳）。今已决计居常州，借得一孙家宅，极佳。

所说的"北方事"，即指朝廷政局的变化。一想到从此兄弟异处，再难相聚，他心头又不由涌起二十五年前写下的"人有悲欢离合，月有阴晴圆缺，此事古难全"的句子，内心的怆恨，真可谓无法言说！可是天意如此，徒呼奈何：

> 恨不得老境兄弟相聚，此天也，吾其如天何！然亦不知天果于兄弟终不相聚乎？

这封信的最后说：

> 兄万一有稍起之命，便具所苦疾状力辞之，与迨、过闭户治

田养性而已。

仕进之志已绝，苏轼终于下定了退归的决心。

经过万里跋涉，即将归老常州之际，
苏轼却突然病倒了

苏轼说的"所苦疾状"，确是实情。五月下旬自金山返回真州时，身体已经微感不适，"病发掩关，负暄独坐，醺然自得"（《与毅父宣德》），自觉无关紧要，所以泰然处之。他曾在真州置有几间市屋，备以收租糊口，如今手头紧缺，打算将这点产业变卖出去，于是泊船江边，继续在此地逗留。

这时，天气已经非常炎热，白天骄阳似火，竹制的船篷根本挡不住滚滚的热浪，夜晚暑气蒸发，郁闷湿热，更觉难受。因此，苏轼闲时常去真州白沙镇上的东园避暑乘凉。那里广约百里，水木环绕，台馆四匝，是一个风景优美的游览胜地。

这天，苏轼头戴白氎小冠正在竹荫间散步，忽然眼前一亮，前面站着的正是多年不见的老友米芾！原来米芾现在真州办了个西山画院，得知苏轼北归路过此地，特意赶来求见。意外的相逢令苏轼又惊又喜，他写道：

> 岭海八年，亲友旷绝，亦未尝关念。独念吾元章迈往凌云之气，清雄绝俗之文，超妙入神之字，以洗我积年瘴毒邪！今真见之，余无足言者。（《与米元章》）

两人席地而坐，畅谈竟日。第二天，苏轼又随米芾同去西山，到他的西山画院游览了一番。此后你来我往,殆无虚日。

进入六月,天气愈加酷热难当。苏轼在舟中无法安身,几乎每夜都在露天里熬过。他说:

> 海外久无此热,殆不堪怀。柳子厚所谓意象非中国人也。
> (《与米元章》)

六十六岁的年龄,在当时已算高寿;又从瘴疠之地的岭海返回,已身染瘴毒;一年来行走道途,以舟楫为家,生活极不安定,早已精力衰颓、体质虚弱;再加上连日夜不得眠,形神交瘁,河道熏污,秽气侵人,他终于病倒了。

六月初三,因为饮冷过度,中夜暴下(痢疾),折腾了整整一宿。第二天他又衰弱又疲惫,只能卧床静养,便叫人买来黄蓍熬粥。黄蓍又名黄芪,是一种多年生草本植物,有补气固表的功效。吃过黄蓍粥,他觉得好多了,便躺在床上欣赏米芾送来的四方古印。

但是几天之后,忽然瘴毒大作,腹泻不止。从此消化系统完全紊乱,胃部闷胀,不思饮食,也不能平卧。在与米芾的信中他叙述道:

> 某食则胀,不食则羸甚,昨夜通旦不交睫,端坐饱蚊子耳。不知今夕如何度。(《与米元章》)

这样折腾了几天,病情愈见沉重。此时"河水污浊不流,熏蒸成病",十分难受。苏轼便叫船家将船撑过通济亭,泊于闸门之外,希望能"就活水快风,一洗病滞"(同上)。这样又过了两天,病情一点也没有减轻:

两日来,疾有增无减。虽迁闸外,风气稍清,但虚乏不能食,口殆不能言也。(《与米元章》)

他预感到自己将不久于人世,于是强支病体,给苏辙写信,嘱托后事:

即死,葬我嵩山下,子为我铭。(苏辙《亡兄子瞻端明墓志铭》引)

以后病况时增时减。六月十二日离开真州,渡江过润州(今江苏镇江),往常州。十五日,船到奔牛埭,钱济明早已等候在那里。苏轼独自睡在舱中,见钱济明进来问候,慢慢坐起身来,对他说:"不料万里生还,却将后事相托。只是我和子由,自从贬往海南之后,不得再见一面,倘若从此永诀,此痛难堪,其余皆无足言矣。"

过了好一会,又说:"我在海外,完成《论语说》、《书传》及《易传》,现在全都托付给你,请暂时不要给别人看,相信三十年后,会有知者。"

说着便要起身开箱,却找不到钥匙。钱济明忙安慰他说:"您一定会康复的。来日方长,不必忙着交代这些。"

到达常州后,苏轼便直接住进了钱济明为他租借的孙氏馆(即今常州市内延陵西路的"藤花旧馆遗址")。

此后钱济明每天都来,来则陪坐在病榻边聊天,听苏轼慨然追论往事,或者检出岭海几年间所写的诗文一同欣赏。苏轼说得高兴,时发一笑,每当此时,钱济明便觉得他"眉宇间秀爽之气,照映坐人"(宋·何薳《春渚纪闻》)。

四方震悼,山河同悲

转眼到了七月,苏轼缠绵病榻已经一月有余。十二日忽觉病势减轻,精神颇佳,他说:"今日意喜近笔砚,试为济明戏书数纸。"

于是起床手书《惠州江月五首》,第二天又作《跋桂酒颂》,一并送给钱济明。

大家都为他感到高兴。谁知此时病势骤减实非吉相,而是回光返照。到十四日晚上,病情极度恶化,一夜高烧,伴以牙床出血,全身无力。第二天,他在《与钱济明书》中详述道:

> 某一夜发热不可言,齿间出血如蚯蚓者无数,迫晓乃止,困惫之甚。

从病相来看,兼有瘴毒、肠胃、心肺、血液之类的多种疾病。苏轼具有医药知识,存世的《苏沈良方》相传便是他与沈括收集的验方。此时他分析自己的症状,自我诊断:

> 细察疾状,专是热毒,根源不浅,当专用清凉药。已令用人参、茯苓、麦门冬三味煮浓汁,渴即少啜之,余药皆罢也。(同上)

可是自病自诊,却有失误。"专用清凉药",虽是对症下药之举,但除"麦门冬"系清凉药外,"人参"、"茯苓"却是温药,可能为了补气而一并服用。其实应先治"热毒"再作补气。

药物无效,气浸上逆,无法平卧,只好日夜倚坐床头。晋陵县令陆元光送来"懒版"，此物"纵横三尺，偃植以受背"（宋·费衮《梁溪漫志》），类似于今日的躺椅，靠在上面，感觉舒服多了。

苏轼自知不起，十八日，将三个儿子叫到床前，交代了后事，他说："吾生无恶，死必不坠。"

面对死亡，他平静地回顾自己的一生，光明磊落，无怨无悔，自信必能升入自由、自主的精神"天国"。他对生命意义的透辟理解，对人类自身终极关怀的深刻领悟，消融了濒死的痛苦和对死亡的恐惧。

二十三日，苏轼睡醒过来，看到径山寺长老维琳名刺，得知他冒着暑热远道前来探病，惊叹不已，连忙写信邀他于夜凉时来家对榻倾谈。

还在十几年前，苏轼任杭州知州时，就聘请维琳主持径山寺法席。径山古刹由唐代宗时牛头宗法钦禅师正式开山，但维琳却是云门宗法嗣。苏轼先后两次任职杭州时，与僧道交游频繁，是他接受佛教思想的最重要时期。他三上径山，写作诗文近二十首。

而今苏轼是劫后余生，病入膏肓；维琳远道专程探疾，话题自然集中到生死问题上。

二十五日，病情更见加剧，苏轼手书一纸与维琳道别：

> 某岭海万里不死，而归宿田里，遂有不起之忧，岂非命也夫！然死生亦细故尔，无足道者。维为佛法为众生自重。（《与径山维琳》）

虽然已觉大限将至，但心里非常平静。

二十六日他与维琳以偈语应对，他答道：

> 与君皆丙子，各已三万日。一日一千偈，电往那容诘。大
> 患缘有身，无身则无疾。平生笑罗什，神咒真浪出！（《答径山琳
> 长老》）

苏轼生于宋仁宗景祐三年（农历丙子年），至此时已在世二万三千四百六十日，这里说三万日，是举成数而言。五六两句是他四年前所作《思无邪铭》中的成句（仅改"病"为"疾"），说明直至病危之时，苏轼仍神智清明，记忆一如往常。在这篇《铭》的《叙》中，他说：

> 夫有思皆邪也，无思则土木也，吾何自得道？其惟有思而
> 无所思乎？

在《虔州崇庆禅院新经藏记》中，也提出过"能使有思而无邪，无思而非土木"的两难命题，他的答案是：只要努力寻找"思"与"无思"之间的契合点，是可以达到"浩然天地间，惟我独也正"的境界的。"大患缘有身，无身则无疾"，意思是人生的苦难来自俗谛，勘破俗谛则还我本真之身。"无身"也就是本真之身。结尾"平生笑罗什"两句，维琳也不懂，询问之后，苏轼索笔写道：

> 昔鸠摩罗什病亟，出西域神咒，三番令弟子诵以免难，不及
> 事而终。

明确表示对迷信虚妄的摒弃。这便是苏轼一生的绝笔。

二十八日，苏轼处于弥留状态，他已失去听觉、视觉，维琳在他耳边大声说："端明宜勿忘西方！"

苏轼喃喃回应道："西方不无,但此中着力不得!"

钱济明在旁,也凑近耳畔大声说："固先生平时履践至此,更须着力!"

苏轼又道："着力即差!"

苏迈含泪上前询问后事,不答,湛然而逝,时为建中靖国元年(1101)七月二十八日。

苏轼病逝的消息很快传遍了全国,四方震悼,山河同悲。"吴越之民,相与哭于市,其君子相与吊于家;讣闻四方,无贤愚皆咨嗟出涕。"(苏辙《亡兄子瞻端明墓志铭》)形成群众性、自发性的吊唁活动。

在荆州,大病初愈的黄庭坚悲痛万分,将苏轼遗像悬挂正厅,每天早起整肃衣冠,上香拱拜;当地士人举行哀悼仪式,他"两手抱一膝起行独步"(宋·邵博《邵氏闻见后录》),挣扎着前往参加。

在颍州,张耒白衣素帽,祭奠恩师,并拿出自己的俸钱在荐福禅寺做了一场佛事,寄托内心无限的哀思。

在汴京,数百名太学生自发地聚集在慧林僧舍,举行饭僧仪式,痛悼一代文坛巨星的不幸陨落。

在赣州,僧荣显等"为设斋供佛,哭之尽哀……"(宋·王象之《舆地纪胜》)

……

至于亲朋好友、门生故旧的哀悼之文,更是多不胜数,无法一一列举。这里仅录李廌的祭文片段作为本章的结束:

> 道大不容,才高为累。皇天后土,鉴平生忠义之心;名山大川,还千古英灵之气。识与不识,谁不尽(xì,伤痛)伤! 闻所未闻,吾将安放!(宋·朱弁《曲洧旧闻》引)

结束语 浩瀚渊深赞"苏海",流风余韵遗人间

苏轼走了,走过了他不平凡的一生。他来自自然,又还归自然,安详地躺在大地母亲的怀抱中。据说,荒芜了六十六年的彭老山重又变得郁郁葱葱,百花齐放,百鸟争鸣。

所有的政见之争,所有的是非恩怨,所有的功名利禄,以及所有的诬陷诽谤,如今都已远去,都已在时光的长河中湮灭无踪,永恒不朽的是他留给后人的巨大的文化遗产。

在长达四十多年的创作生涯中,苏轼为我们留下了二千七百多首诗、三百多首词和四千二百多篇散文作品。苏轼的诗歌内容丰富,题材广泛,在艺术上戛戛独造,别开生面。他想象飞驰,奇趣横生,新颖巧妙的比喻层出不穷;他笔力纵横,议论锋发,将散文的章法技巧引入诗中;他才思横溢,触处生春,无论是写景、抒怀、缘情、咏物,均能得心应手,意到笔随。他的创作推动了宋诗的新变,促成了"宋调"的成型,当时即为论者以"苏诗"相称。以作家姓氏冠于"诗"字前,组成专门术语,在中国诗歌史上,除"陶诗"、"杜诗"、"韩诗"外,苏轼也获此不可多得的光荣,正昭示其诗歌创作的独创性与典范意义。而在我国词史上,苏轼的意义更是无与伦比。王灼《碧鸡漫志》卷二说:

东坡先生非心醉于音律者,偶尔作歌,指出向上一路,新天下耳目,弄笔者始知自振。

自从他登上词坛,即从内容题材、意境风格、形式音律多方面,对词进行革新和突破,建立了革新词派,从而结束了传统词派独占词坛的单一局面,推进了宋词的繁荣与发展。苏轼是继欧阳修之后宋代古文运动的领袖。他的杰出的散文标志着从西魏发端、历经唐宋的古文运动的胜利结束。他的重大贡献之一在于和欧阳修一起,建立了一种稳定而成熟的散文风格:平易自然,流畅婉转。这比之唐代散文更宜于说理、叙事和抒情,成为后世散文家学习的主要楷模。苏轼有两句评论别人的话可以借以自评:

出新意于法度之中,寄妙理于豪放之外。(《书吴道子画后》)

苏轼以他澎湃的才情、闳博的学识、丰富而深刻的人生体验,准确地把握着他自己总结出来的这一艺术原理,熟练地驾驭各种艺术手法,诗、词、文创作均呈现出多样化的风格,或雄浑,或婉转,或激昂,或闲逸,或清新,或平淡,而自然奔放、挥洒自如则是其创作的总的艺术特色。诚如他在《文说》中所说:

吾文如万斛泉源,不择地而出。在平地滔滔汩汩,虽一日千里无难;及其与山石曲折,随物赋形而不可知也。所可知者,常行于所当行,常止于不可不止,如是而已矣。

读者从他的作品中可以获得一种淋漓酣畅的美学享受,也可以感受到作者写作时得心应手、左右逢源的艺术快感。

　　苏轼毕生致力于文学创作,虽然他曾痛苦地发现"平生文字为吾累",但文学仍和他的生命相始终,或者说,文学才是他真正的生命。他的作品是他那个时代的反映,他的生活和思想的体现,也是他一生心血的结晶。然而,作为我国文化史上一位罕见的全才,苏轼的成就又并不仅仅局限于文学领域。他还是一位杰出的书法家,名列"北宋四大家"之首;一位富有创意的画家,与文同、米芾等开创了墨戏一派。他的书画作品至今流传,成为不世的精品,而他关于书法与绘画的独特的理论建树,更奠定了他在艺术史上无可争辩的重要地位。

　　人们对苏轼所创造的文化世界,曾有"苏海"之称。虽然最早提及于此的宋人李性学,他原先的说法是"韩如海"、"苏如潮"(宋·李性学《文章精义》),但嗣后人们都习称"苏海韩潮"。韩愈的"驱驾气势,若掀雷挟电,撑抉于天地之间"(唐·司空图《题柳集后》),以"潮"作喻,至为恰当;而苏轼的文化世界,非大海之广不足以言其"波澜浩大,变化不测"(宋·吕本中《吕氏童蒙训》),非大海之深不足以言其"力斡造化,元气淋漓,穷理尽性,贯通天人"(宋孝宗《御制苏文忠公集序》),"苏海"遂成定评。

　　苏轼生活的时代,是一个承平日久、危机四伏的时代,求变图新的呼声与努力不断高涨,又不断被无法更改的制度本身带来的弊端所扼杀。无数仁人志士怀抱着救世的理想,投身到滚滚的时代洪流之中,却无一不在这纷繁错乱的局面中碰得头破血流,难逃注定的悲剧命运。而苏轼是其中最为典型的一个。他从小接受儒家思想的深刻影响,"奋厉有当世志"(苏辙《亡兄子瞻端明墓志铭》),充满了"以天下为己任"的责任感与使命感,胸襟坦荡,正气凛然,不向任何权势低头,只对自己的思想与行为负责,随时随地准备为理想付出生命中最高昂的代价。

因此，苏轼的一生，几与祸患相始终，承受过几起几落、大起大落的生活波折。他既经顺境，复历逆境。得意时是誉满京师的新科进士，独当一面的封疆大吏，赤绂银章的帝王之师；失意时是柏台肃森的狱中重囚，躬耕东坡的陋邦迁客，啖芋饮水的南荒流人。荣辱、祸福、穷达、得失之间反差的巨大和鲜明，使他咀嚼尽种种人生况味。这种希望和失望、亢奋和凄冷、轩冕荣华和踽踽独处，长时间交替更迭，如环无端，不知所终，促使他去领悟宇宙人生的真相，去探索生活的底蕴。于是，他出入佛、老，以超世的精神来纾解心灵的痛苦，但他并没有从前人"对政治的退避"变而为"对现实的退避"。相反，迫害和打击没有消磨他致君尧舜、匡世济时的政治热情，没有斫伤他批评现实、敢为天下先的勇锐之气；无尽无休的苦难也没有使他厌倦人生，变得冷漠，最后走向虚无。入世的理想和出世的精神，对刚直坚毅的人格力量的追求和对自由不羁的自我价值的珍重，奇妙地统一在他的身上。就这样，他成了那个沉重而悲哀的时代里勇敢和乐观的代表。

尤其难能可贵的是，苏轼的超然并不只是用来迎战厄运，对付失意，他对自我的期许并不因环境的改变而放弃。当人所渴慕的黄金大道在眼前展开，当权利与名望的诱人光彩在眼前闪亮，他心境恬淡，视若浮云。多少英雄人物在艰难困苦之中豪气不坠，却在富贵、名利与声色之中迷失自我。苏轼则有足够的勇气和力量蔑视这身外的一切。他有着更高层次的追求，那便是一种无所待于外的自我完成。得失、荣辱、升沉、起伏，皆如云烟，他真正达到了"富贵不能移，贫贱不能淫，威武不能屈"（《孟子》）的最高的人格要求与精神境界。

但是，苏轼绝不是一个道貌岸然、可望而不可及的圣贤，而是一个生活在现实之中，有血有肉、有着常人一样喜怒哀乐的普通人。

他感情丰富，心地善良，为人真挚诚恳，生性热情好动；他多才多艺，妙语连珠，往往自得其乐，充满了机趣和幽默；他热爱自由，张扬个性，绝对受不了一点点约束；他疾恶如仇，口无遮拦，从来不懂得掩饰自己内心的真实感受……他所有的言行都是心灵自然地流露，他活得光明磊落，无忧无惧，直到生命之旅的终点，他没有遗憾，没有牵挂地离去。

千百年来，苏轼的性格魅力倾倒过无数的中国文人，人们不仅欣羡他在事功世界中刚直不屈的风节、民胞物与的灼热同情心，更景仰他心灵世界中洒脱飘逸的气度、睿智的理性风范、笑对人间盛衰的超旷。因此，苏轼的意义和价值，并不仅仅在于他文学艺术领域的卓越成就，他的全部作品展现了一个可供人们感知、思索和效仿的活生生的真实人生，影响了无数后继者的人生模式的选择和文化性格的自我设计，从而使他与后世的读者，建立起了一种异乎寻常的亲切动人的关系。

在我国古代作家中，能够持久地跟同时和后世人们建立起亲切动人关系者并不多见，苏轼却是其中突出的一位。李白的天马行空、脱略羁绊，固然使人倾倒，但不免太高太远，难以企及；杜甫忠悃诚笃，感时伤世，人们不能无动于衷，但学起来又太苦太累，而苏轼则是现世性与超越性水乳交融在一起的一位智者。他总是拥有一代又一代的众多读者，永远令人怀想，永远给人启迪。

附 录

一　苏轼生平创作简表

皇帝年号	公元	年龄	生平经历	主要作品
宋仁宗景祐三年	1036	1	农历十二月十九日（公元1037年1月8日）卯时生于四川眉山纱縠行苏宅。	
景祐四年	1037	2		
景祐五年宝元元年	1038	3		
宝元二年	1039	4	二月，弟苏辙生。	
宝元三年康定元年	1040	5		
康定二年庆历元年	1041	6		
庆历二年	1042	7	开始读书。	
庆历三年	1043	8		

皇帝年号	公元	年龄	生平经历	主要作品
庆历四年	1044	9	弟辙入学。	
庆历五年	1045	10		
庆历六年	1046	11		
庆历七年	1047	12		
庆历八年	1048	13		
皇祐元年	1049	14		
皇祐二年	1050	15		
皇祐三年	1051	16		
皇祐四年	1052	17	姐八娘嫁与舅父之子程之才（字正辅）为妻。	
皇祐五年	1053	18	八娘事翁姑不得意，抑郁至死，苏、程二家绝交。	
至和元年	1054	19	与青神县乡贡进士王方之女王弗结婚，王弗十六岁。	
至和二年	1055	20	随父游学成都。苏辙娶史氏。	

皇帝年号	公元	年龄	生平经历	主要作品
嘉祐元年	1056	21	三月与父、弟离家赴京师。五月抵京。八月应开封府试,以第二名中举,苏辙亦中。	
嘉祐二年	1057	22	正月欧阳修主持礼部考试,苏轼兄弟同科进士及第,名震京师。四月,母程氏卒,赴丧返川。	《刑赏忠厚之至论》、《谢欧阳内翰书》、《上梅直讲书》。
嘉祐三年	1058	23	在家服母丧。	
嘉祐四年	1059	24	在家服母丧,七月免丧。十月启程还朝。长子苏迈生。	《初发嘉州》、《江上看山》、《屈原塔》、《江上值雪》;《南行集叙》。
嘉祐五年	1060	25	二月抵达京师。授河南福昌县主簿,不赴。与苏辙寓居怀远驿攻读,准备参加制科考试。	《荆州》十首。
嘉祐六年	1061	26	献《进策》、《进论》各二十五篇。应制科试,取为第三等,苏辙入第四等。授大理评事、签书凤翔府节度判官。十一月赴凤翔,十二月二十四日到任。	《辛丑十一月十九日,既与子由别……》、《和子由渑池怀旧》、《石鼓歌》、《王维吴道子画》、《馈岁》;《喜雨亭记》。
嘉祐七年	1062	27	在凤翔签判任。	《郿坞》、《题宝鸡斯飞阁》、《九月二十日微雪怀子由弟二首》。
嘉祐八年	1063	28	在凤翔签判任。与陈慥相识。	《和子由踏青》、《和子由蚕市》、《十二月十四日夜微雪,明日早往南溪小酌至晚》、《和子由论书》;《凌虚台记》。
宋英宗治平元年	1064	29	在凤翔签判任。与文同相识。十二月罢凤翔任。	《和董传留别》。

皇帝年号	公元	年龄	生平经历	主要作品
治平二年	1065	30	正月还朝，差判登闻鼓院。二月召试秘阁，入三等，得直史馆。五月，妻王弗病逝，年二十七。	
治平三年	1066	31	在京师直史馆。四月，父苏洵卒于京师，年五十八。六月扶丧归蜀。	
治平四年	1067	32	在川居丧。	
宋神宗熙宁元年	1068	33	七月免丧。十月续娶王弗堂妹王介幼女闰之为妻。十二月离蜀还京。	《石苍舒醉墨堂》。
熙宁二年	1069	34	二月还朝，在京任殿中丞直史馆判官告院。	
熙宁三年	1070	35	在京任殿中丞直史馆判官告院，权开封府推官。苏迨出生。	
熙宁四年	1071	36	在京任殿中丞直史馆判官告院兼判尚书祠部。四月有通判杭州之命。七月出京，初识张耒。十一月到杭州任。	《欧阳少师令赋所蓄石屏》、《颍州初别子由》、《出颍口初见淮山……》、《泗州僧伽塔》、《游金山寺》、《腊日游孤山访惠勤惠思二僧》、《戏子由》。
熙宁五年	1072	37	通判杭州。初读黄庭坚诗文，异之。苏过生。	《吉祥寺赏牡丹》、《和刘道原咏史》、《雨中游天竺灵感观音院》、《六月二十七日望湖楼醉书五绝》、《望海楼晚景五绝》、《吴中田妇叹》、《将至湖州戏赠莘老》、《赠孙莘老七绝》、《王复秀才所居双桧二首》;《祭欧阳文忠公文》。

皇帝年号	公元	年龄	生平经历	主要作品
熙宁六年	1073	38	通判杭州。	《法惠寺横翠阁》、《饮湖上初晴后雨》、《新城道中二首》、《山村五绝》、《於潜女》、《唐道人言：天目山上俯视雷雨……》、《立秋日祷雨……》、《有美堂暴雨》、《八月十五日看潮五绝》、《陌上花三首》、《除夜野宿常州城外二首》、《於潜僧绿筠轩》。
熙宁七年	1074	39	通判杭州。朝云入苏家。五月诏移知密州。九月离杭赴密州任。	《书焦山纶长老壁》、《无锡道中赋水车》、《铁沟行赠乔太博》、《雪后书北台壁二首》；《虞美人·有美堂赠述古》、《菩萨蛮·西湖赠述古》、《南乡子·送述古》；《盖公堂记》、《后杞菊赋》。
熙宁八年	1075	40	知密州。	《出城送客，不及，步至溪上》、《惜花》、《和子由送春》、《和子由首夏官舍即事》、《怀西湖寄晁美叔同年》、《祭常山回小猎》；《蝶恋花·密州上元》、《江城子·乙卯正月二十日夜记梦》、《江城子·密州出猎》；《超然台记》。

皇帝年号	公元	年龄	生平经历	主要作品
熙宁九年	1076	41	知密州。十二月以祠部员外郎直史馆移知河中府,离密州。	《登常山绝顶广丽亭》、《和文与可洋州园池三十首》、《和晁同年九日见寄》、《和孔郎中荆林马上见寄》、《别东武流杯》、《留别雩泉》;《水调歌头·丙辰中秋,欢饮达旦,大醉作此篇,兼怀子由》;《李君山房记》。
熙宁十年	1077	42	苏辙自京师来迎。同赴京师,抵陈桥驿,改知徐州,不得入国门,寓范镇东园,为苏迈娶妇。四月到徐州任。	《除夜大雪留潍州……》、《司马君实独乐园》、《次韵答邦直、子由》、《河复》、《韩幹马十四匹》、《答吕梁仲屯田》;《阳关曲·中秋作》、《水调歌头·安石在东海》。
元丰元年	1078	43	知徐州。初识秦观、参寥。	《仆曩于陈汉卿家……》、《送郑户曹》、《九日黄楼作》、《又送郑户曹》、《李思训画长江绝岛图》、《百步洪二首》;《浣溪沙·徐门石潭谢雨……》、《永遇乐·彭城夜宿燕子楼,梦盼盼,因作此词》;《放鹤亭记》、《日喻》。

皇帝 年号	公元	年龄	生平经历	主要作品
元丰 二年	1079	44	知徐州。三月改知湖州。四月二十九日到任。七月御史李定等以谤讪新政的罪名逮捕苏轼。十二月二十九日结案，责授黄州团练副使，本州安置，不得签书公事。	《月夜与客饮杏花下》、《罢徐州往南京走笔寄子由五首》、《舟中夜起》、《端午遍游诸寺得禅字》、《与王郎昆仲及儿子迈绕城观荷花……》《予以事系御史台狱……》、《十二月二十八日，蒙恩责授检校水部员外郎……》；《西江月·平山堂》；《灵璧张氏园亭记》、《文与可画筼筜谷偃竹记》。
元丰 三年	1080	45	贬官黄州。二月一日到达黄州。	《梅花二首》、《陈季常所蓄朱陈村嫁娶图二首》、《初到黄州》、《安国寺寻春》、《定惠院寓居月夜偶出》、《寓居定惠院之东……》；《卜算子·黄州定惠院寓居作》；《答言上人》、《与王元直》、《答毕仲举》、《与李公择书》、《答秦太虚书》、《答李端叔书》。
元丰 四年	1081	46	贬居黄州。躬耕东坡。	《正月二十日往岐亭……》、《东坡八首》、《侄安节远来夜坐》；《方山子传》、《书游垂虹亭》。

皇帝年号	公元	年龄	生平经历	主要作品
元丰五年	1082	47	贬居黄州,筑雪堂,自号东坡居士。同年蔡承禧为筑南堂。了元(佛印)寄书通问。	《正月二十日与潘、郭二生出郊寻春……》、《鱼蛮子》、《红梅三首》、《寒食雨二首》、《琴诗》;《江城子》(梦中了了)、《定风波·三月七日沙湖道中遇雨……》、《浣溪沙·游蕲水清泉寺……》、《西江月·顷在黄州,春夜行蕲水……》、《洞仙歌·余七岁时,见眉州老尼……》、《念奴娇·赤壁怀古》、《哨遍》(为米折腰)、《临江仙·夜归临皋》、《满庭芳·有王长官者……》;《前赤壁赋》、《后赤壁赋》、《游沙湖》、《黄州上文潞公书》、《雪堂记》。
元丰六年	1083	48	贬居黄州。朝云生子遁。	《六年正月二十日复出东门……》、《日日出东门》、《南堂五首》、《洗儿戏作》、《初秋寄子由》、《东坡》;《水调歌头·黄州快哉亭赠张偓佺》、《鹧鸪天》(林断山明);《二红饭》、《赤壁记》、《记承天寺夜游》、《书临皋亭》、《与范子丰书》、《书范蜀公约邻》。

皇帝年号	公元	年龄	生平经历	主要作品
元丰七年	1084	49	贬居黄州。四月诏移汝州团练副使。赴汝途中,游庐山,游石钟山,过金陵,访王安石。七月苏迈夭折。年底到泗州,上表求常州居住。	《和秦太虚梅花诗》、《上巳日与二三子携酒出游……》、《海棠》、《寿星院寒碧轩》、《别黄州》、《过江夜行武昌山上,闻黄州鼓角》、《岐亭五首》、《初入庐山三首》、《书李公择白石山房》、《庐山二胜》、《题西林壁》、《郭祥正家,醉画竹石壁上……》、《次荆公韵四绝》、《次韵蒋颖叔》;《满庭芳·元丰七年四月一日……》、《如梦令》(水垢何曾);《记游定惠院》、《赠别王文甫》、《再书赠王文甫》、《黄州安国寺记》、《自记庐山诗》、《石钟山记》。
元丰八年	1085	50	舟行至南都,得神宗诏旨,允许常州居住。五月起知登州。到官五日,以礼部郎中召还。入京师,在朝半月,升起居舍人。	《归宜兴,留题竹西寺三首》、《登州海市》、《惠崇春江晓景二首》。
元祐元年	1086	51	在京师。三月,升为中书舍人;九月又升为翰林学士,知制诰。	《武昌西山》;《与杨元素书》。
元祐二年	1087	52	在京师任翰林学士,知制诰。	《书晁补之所藏与可画竹三首》、《书鄢陵王主簿所画折枝二首》;《如梦令二首》。
元祐三年	1088	53	在京师任翰林学士,知制诰,兼侍读,权知礼部贡举。	《和子由除夜元日省宿致斋三首》、《书王定国所藏烟江叠嶂图》。

皇帝年号	公元	年龄	生平经历	主要作品
元祐四年	1089	54	在京师任翰林学士,知制诰,兼侍读。三月以龙图阁学士充浙西路兵马钤辖知杭州军州事。七月到达杭州任所。	《与莫同年雨中饮湖上》、《送子由使契丹》、《异鹊》。
元祐五年	1090	55	知杭州。	《寄蔡子华》、《次韵林子中、王彦祖唱酬》、《赠刘景文》、《次韵杨公济奉议梅花十首》;《南歌子·杭州端午》。
元祐六年	1091	56	知杭州。三月被召入京,任翰林学士承旨,知制诰,兼侍读。八月以龙图阁学士知颍州。	《泛颍》、《聚星堂雪》;《八声甘州·寄参寥子》。
元祐七年	1092	57	知颍州。二月以龙图阁学士充淮南东路兵马钤辖知扬州军州事。八月以兵部尚书兼差充南郊卤簿使召还。十一月迁端明殿学士、翰林侍读学士、礼部尚书。	《淮上早发》、《轼在颍州,与赵德麟同治西湖……》、《双石》、《和陶饮酒》;《木兰花令·次欧公西湖韵》、《减字木兰花》(春庭月午)。
元祐八年	1093	58	在京任端明殿学士、翰林侍读学士、礼部尚书。八月妻王闰之卒于京师。九月以本官出知定州。	《书晁说之考牧图后》、《雪浪石》、《鹤叹》。
绍圣元年	1094	59	知定州。四月以讥刺先朝的罪名贬知英州。八月再贬惠州。十月二日到达惠州贬所。苏迈、苏迨归宜兴。苏过、朝云随行。	《慈湖夹阻风》、《南康望湖亭》、《八月七日初入赣,过惶恐滩》、《过大庾岭》、《南华寺》、《舟行至清远县,见顾秀才……》、《游罗浮山一首示儿子过》、《十月二日初到惠州》、《寓合江楼》、《十一月二十六日,松风亭下梅花盛开》;《记游松风亭》。

皇帝年号	公元	年龄	生平经历	主要作品
绍圣二年	1095	60	贬居惠州。	《连江雨涨》、《和陶归园田居》、《四月十一日初食荔枝》、《食荔枝二首》、《江月五首》；《殢人娇》（白发苍颜）；《题嘉祐寺壁》、《与参寥子书》、《与子由弟书》。
绍圣三年	1096	61	贬居惠州。七月朝云卒于惠州。	《新年》、《迁居》；《西江月》（玉骨那愁）；《书归去来词赠契顺》。
绍圣四年	1097	62	贬居惠州。四月责授琼州别驾，昌化军安置。时苏辙贬化州别驾，雷州安置。五月，兄弟相遇于藤州，同行至雷州。六月渡海，七月二日到达贬所。	《纵笔》、《吾谪海南，子由雷州……》、《和陶止酒》、《行琼、儋间，肩舆坐睡……》、《儋耳山》、《闻子由瘦》、《谪居三适》。
绍圣五年 元符元年	1098	63	贬居儋耳。	《新居》、《和陶与殷晋安别·送昌化军使张中》；《与程秀才书》、《试笔自书》、《与参寥子书》、《书海南风土》。
元符二年	1099	64	贬居儋耳。	《被酒独行遍至子云、威、徽、先觉四黎之舍三首》、《倦夜》、《纵笔三首》；《减字木兰花·己卯儋耳春词》；《书上元夜游》。

皇帝年号	公元	年龄	生平经历	主要作品
元符三年	1100	65	贬居儋耳。五月大赦，量移廉州。六月渡海。七月到廉州贬所。九月改舒州团练副使，永州安置。行至英州，复朝奉郎，提举成都玉局观。年底度岭北归。	《汲江煎茶》、《澄迈驿通潮阁》、《六月二十日夜渡海》、《次韵江晦叔二首》。
宋徽宗建中靖国元年	1101	66	度岭北归。正月抵虔州。五月至真州。暴病，瘴毒大作，止于常州。六月上表请老，以本官致仕。七月二十八日卒于常州。	《过岭》、《赠岭上老人》、《自题金山画像》。

二　苏轼著作重要版本录

全集：

《东坡七集》〔清·光绪〕宝华庵覆印明本，中华书局《四部备要》本，1928年；商务印书馆《万有文库》本，1930年；中国书店，1986年

《苏轼诗集》〔清〕王文诰辑注，孔凡礼点校，中华书局1982年

《苏轼文集》〔明〕茅维纂集，孔凡礼点校，中华书局1986年

《东坡乐府》〔元·延祐〕七年南阜书堂本，古典文学出版社1957年影印本

《东坡乐府笺》〔清〕朱孝臧编年圈点，龙榆生校笺，上海商务印书馆1936年排印本；清朱孝臧编年，龙榆生校笺，朱怀春标点，上海古籍出版社2016年

《东坡乐府编年笺注》石声淮、唐玲玲笺注，华中师范大学出版社1990年

《东坡词编年笺证》薛瑞生笺证，三秦出版社1998年

选本：

《经进东坡文集事略》〔宋〕郎晔选注，商务印书馆《四部丛刊》本；文学古籍刊行社本1957年

《宋大家苏文忠公文钞》〔明〕茅坤编选，聚文堂重校刊本

《苏轼选集》王水照选注,上海古籍出版社1984年

《苏轼选集》刘乃昌选注,齐鲁书社1980年

《苏轼诗选》陈迩冬选注,人民文学出版社1957年

《苏轼词选》陈迩冬选注,人民文学出版社1959年

后　记

　　读者诸君在看完这部几十万字的传记以后，不知是否会产生一个问题：苏轼究竟长得什么模样？笔者在写作过程中对这问题倒是时时萦绕脑际的。苏轼同时代的画家如李公麟、程怀立、何充、僧表祥、妙善及道士李得柔等都曾为他画过像，但真迹至今都已亡佚，沉晦无闻。我们选了一幅经过清初著名学者翁方纲鉴定过的东坡扶杖醉坐图，作为本书卷端的插图，是认为此图比较接近苏轼的原貌。这幅图像据传是依照李公麟的原画，由翁方纲请友人朱野云临摹的。黄庭坚《跋东坡书帖后》说："庐州李伯时（即李公麟）近作子瞻按藤杖，坐盘石，极似其醉时意态。此纸妙天下，可乞伯时作一子瞻像，吾辈会聚时，开置席上，如见其人，亦一佳事。"此幅画像与黄庭坚所说的"按藤杖"、"坐盘石"、"醉时意态"是吻合的，但朱野云所临摹的是否为李公麟原画，还是需要继续考证的。然而，此画的东坡形象，比照苏轼本人和当时其他人的有关记载来看，恰是完全相符的。依据这些记载材料，苏轼的容貌、身材特点是：

　　一、身材颀长。苏轼和弟弟苏辙都是高个子，苏辙说过"颀然仲（轼）与叔（辙）"（《次韵子瞻寄贺生日》），苏轼写给苏辙的诗，有"观汝长身"、"身如丘"句子（《次韵和子由善射》、《戏子由》），别人也说苏轼跟他弟弟一般高:"江边父老能说子(辙),白须红颊如君(轼)长"(苏轼《吾谪海南,子由雷州……》)。最直截了当是苏轼自称"七尺顽躯走世尘"(《宝山昼睡》),他的朋友孔武仲也明确描述他为"颀然八尺"(《东坡居士画怪石赋》),"七尺"、"八尺",总是算高身材了。

二、眉疏目朗,眼神尤为炯然有光。这也见于孔武仲的《谒苏子瞻因寄》:"紫瞳烨烨双秀眉。"

三、颧骨高耸,两颊清瘦。苏轼的名篇《传神记》,说到他"于灯下顾自见颊影,使人就壁模之,不作眉目,见者皆失笑,知其为吾也"。仅从颧颊的影廓中即能辨认出是苏轼,说明他颧骨的特征最为显著突出,若是团团福相就不可能这样的了。

四、面容长形如圭,上下一方正、一尖圆。这见于米芾《苏东坡挽诗》:"方瞳正碧貌如圭。"

五、尤其重要的是须髯颇稀,后世多画成络腮胡子者,实离真像甚远。明人李东阳、清人翁方纲都分别指出"其多髯者妄也","世间所传丰颐多髯者非真也"(分见《题宋诸贤像后》、《跋坡公像三首》)。可举一则笑话为证。据《邵氏闻见后录》卷三十所载:秦观多髯,苏轼取笑他。秦观机智地说:"君子多乎哉!"借用《论语》成句,表明"多髯"者乃是"君子"。苏轼立即打趣说:"小人樊须也。"也用《论语》成句,说明"繁须"(与"樊须"谐音)者却是"小人"!这则笑话正表明苏轼自己不是"多髯"。

朱野云临摹的这幅画,完全符合高身材、长脸型、颧骨突出、两颊清瘦、胡须颇稀的特点,只是描绘的乃是"醉态",目光自然不能炯炯有神了。这是我们选中此画的缘故。

我们详细地叙述上述情况,除了对此怀有兴趣以外,还想借以说明本书写作的两个原则。第一,我们没有采取目前颇为流行的

"戏说"写法,特别是在一些影视剧中的历史人物,与真实情况相去颇远,甚或毫不相关(从娱乐或寄托某种理念出发,"戏说"作为一种手法,也有它存在的理由);我们坚持"无一'事'无来历"的宗旨,凡所讲述到的苏轼种种事件,包括一些细节,均有文献根据,绝不凭空编造。读者从我们对苏轼容貌、身材的考辨中,也可以看到我们写作态度的严肃与认真。但要说明两点:一是有些事件和故事,我们所据的是宋人的一些笔记,其中所记的遗闻逸事,有的未必可靠;但它们毕竟是产生于同时代的传说,因而在不完全真实的材料中,仍然保留着真实的时代风气、氛围和风俗习惯,有的固然属于并没有发生过的事情,却是有可能发生的事情。二是我们坚持"无一'事'无来历",却不主张"无一'字'无来历",也就是说,在追求某一事件、故事、情节在时、地、人的真实性的基础上,允许做一些合理的想象和推演,以表示笔者对这些事件等的个人理解,也使此书具有生动性与可读性。本书基本上是一部苏轼传记的"信史",读者可以放心地"信以为真",但也存在有限度、有节制的虚拟。我们能做到这一点,实在有赖于有关苏轼的种种材料,在他本人和其他宋人的笔下,原已十分丰富、鲜活,无须我们再做太多的虚构了。

　　第二,我们对苏轼的容貌、身材怀有兴趣,并认为在他的传记中提及此事也并非多余、离题,但又没有放在正文中来展开叙述,这是因为本书取材的重点在于苏轼本人的作品,尤其是他的诗、词、文、赋等文学作品。我们按苏轼从降生、出仕、贬谪到辞世的先后顺序,渐次展示他一生曲折坎坷而又丰富多彩的生活道路;但又以他的文学创作作为全书的基本架构,因为苏轼的大量文学作品是他一生最真实的形象写照,也是他思想、胸襟、性格的最生动的体现。我们期待读过本书的朋友,在了解苏轼一生经历的同时,也能欣赏到苏轼的充满艺术魅力的文学精品,获得一次切实的审美享受,从而更深入地认识苏轼的思想和人格。——也许是我们的一点奢望吧。

著　者

1999年3月